现代职业教育研究前沿论丛

丛书主编：王振洪　朱永祥

浙江省哲学社会科学重点研究基地
——浙江省现代职业教育研究中心重大研究成果

浙江省高职教育发展报告
（2016—2020）

王振洪　成军　邵建东◎编著

中国·武汉

图书在版编目(CIP)数据

浙江省高职教育发展报告.2016—2020/王振洪,成军,邵建东编著.—武汉:华中科技大学出版社,2022.6
ISBN 978-7-5680-8381-2

Ⅰ.①浙… Ⅱ.①王… ②成… ③邵… Ⅲ.①高等职业教育-发展-研究报告-浙江-2016—2020 Ⅳ.①G718.5

中国版本图书馆 CIP 数据核字(2022)第 099096 号

浙江省高职教育发展报告(2016—2020)　　　　王振洪　成　军　邵建东　编著
Zhejiang Sheng Gaozhi Jiaoyu Fazhan Baogao:2016—2020

策划编辑:	张　毅
责任编辑:	郭星星
封面设计:	廖亚萍
责任监印:	朱　玢

出版发行:华中科技大学出版社(中国·武汉)　　电话:(027)81321913
　　　　　武汉市东湖新技术开发区华工科技园　　邮编:430223

录　　排:华中科技大学惠友文印中心
印　　刷:武汉市洪林印务有限公司
开　　本:710mm×1000mm　1/16
印　　张:24.5
字　　数:480 千字
版　　次:2022 年 6 月第 1 版第 1 次印刷
定　　价:68.00 元

本书若有印装质量问题,请向出版社营销中心调换
全国免费服务热线:400-6679-118　竭诚为您服务
版权所有　侵权必究

总序

职业教育是国家教育体系中不可或缺的重要一翼。伴随着现代化建设进程的加快，职业教育不断壮大。时至今日，我国已经建成了世界上规模最大的职业教育体系，十八大报告中提出的"加快发展现代职业教育"更是将职业教育由"大"变"强"作为共同愿景上升到了国家战略的高度，表明了我国加强现代职业教育的决心和信心。职业教育不仅大有可为，更应当大有作为。作为其中重要的理论支持，职业教育研究也应当大有可为、大有作为。

一个领域的研究水平往往代表着这个领域的发展水平，作为教育学中的"后生"，我国职业教育研究的历史并不算长，但研究热情之高、总体趋势之好、形式内容之丰富都是前所未有的。一大批职业教育人将职教研究作为追求的方向与目标，积极回应和破解职业教育改革发展中的现实问题、重点问题、难点问题，积极探索中国特色职业教育的发展路径，取得了一批高水平、有影响、可借鉴的研究成果，推动了职业教育的发展。

但同时也应该看到，职业教育研究的总体成就与其他学科相比仍有差距，在国际舞台上的声音还不够响亮。职业教育尚有许多理论问题和实践问题需要通过深入的科学研究来进一步厘清和解决。在这样的时代需求中，"现代职业教育研究前沿论丛"的主编单位——浙江省现代职业教育研究中心应时而谋、顺势而生。中心前身为金华职业技术学院高职教育研究所，作为浙江省成立最早的高职教育研究机构之一，多年来致力于专深的职教研究。为适应新常态、谋求新作为、实现新发展，2012年5月，金华职业技术学院联合浙江省教育科学研究院成立了浙江省现代职业教育研究中心。2013年1月，中心获批成为"浙江省哲学社会科学扶持型研究基地"；2015年2月，中心正式成为"浙江省哲学社会科学重点研究基地"，是浙江省目前唯一依托高职院校的省级哲学社会科学重点研究基地。浙江省现代职业教育研究中心成立虽然只有几年时间，但以金华职业技术学院高职教育研究所为起点，则有着十余年的发展历史，十余年来，依托国家示范性高职院校建设项目，中心取得了丰硕的成果。作为职业教育的实践者、思考者和记录者，中心始终紧扣改革主题，专注现代职业教育研究，不断发挥在职教研究领域中的先导作用，形成了相当的知名度和影响力。

现代职业教育的快速发展需要强有力的科学研究作支撑,而"现代"两字凸显发展职业教育的时代性,赋予职业教育新目标和新内涵,同时给职业教育研究提出了新命题和新要求。身处五年发展的关键时期,职业教育即将进入一个全新的发展阶段,职业教育研究不仅要因势而动、积极求变,更要有的放矢、精准发力,围绕新常态下职业教育的新议题展开一系列的思考和探索,用职业教育理论来说明和阐释职业教育实践,用职业教育实践来丰富和发展职业教育理论,使两者互为补充、齐头并进。这既是现代职业教育发展的现实要求,也是广大职业教育人的责任担当。浙江省现代职业教育研究中心正是抱着这样的初衷出版"现代职业教育研究前沿论丛",作为中心的一员,我深感快慰。

丛书由浙江省现代职业教育研究中心主任主编,旨在通过优秀成果的集中展示反映当前职业教育的研究水平,可谓是职业教育研究者的一次集体思想行动。丛书的研究选题关注目前职业教育中的一些热点难点问题,基本代表了现阶段职业教育的理论前沿,将陆续呈现给读者。期待未来能有更多的职业教育研究者加入这一集体行动中来,将先进思想通过"现代职业教育研究前沿论丛"落地生根,为职业教育走向未来注入新理念、新智慧和新方法,使更多人因此认识职业教育、认可职业教育、推崇职业教育!

借此机会,把这套丛书推荐给广大职业教育的支持者、改革者和实践者,同时瞩望浙江省现代职业教育研究中心继往开来、砥砺奋进、乘势而上,取得新的更丰硕的研究成果!

是为序,更为盼。

亚洲职业教育学会(AASVET)原会长

中国职业技术教育学会原副会长兼学术委员会执行主任

华东师范大学职业教育与成人教育研究所原所长、教授、博士生导师

浙江省现代职业教育研究中心学术委员会主任

石伟平

2016 年 7 月于上海

前言

浙江是中国革命红船起航地、改革开放先行地、习近平新时代中国特色社会主义思想重要萌发地,是全面展示中国特色社会主义制度优越性的重要窗口,担负着高质量发展建设共同富裕示范区的历史使命,在40多年改革开放的发展历程中取得了重大成就。伴随着高质量的经济发展需求,我国急需更高质量的高职教育作支撑。一直以来,浙江省委、省政府高度重视高职教育发展,经过二十多年的探索创新,努力开创了一条具有浙江特色的高职教育内涵发展道路,并推动高职教育高质量发展。

高职教育发展背后离不开国家政策的大力支持和坚定推动。从国家层面来看,2016—2020年,职业教育政策密集出台。2015年10月,教育部印发了《高等职业教育创新发展行动计划(2015—2018年)》(教职成〔2015〕9号),明确了深入推进高职教育改革发展的路线图。2017年12月,国务院办公厅印发《国务院办公厅关于深化产教融合的若干意见》(国办发〔2017〕95号),着力构建教育和产业统筹融合发展格局。2018年2月,教育部等六部门印发《职业学校校企合作促进办法》(教职成〔2018〕1号),对职业学校开展校企合作的形式、促进措施及监督办法作出了规定。2019年1月,国务院印发了《国家职业教育改革实施方案》(国发〔2019〕4号),进一步明确了职业教育在国家战略体系中的地位以及类型教育的战略定位。2019年4月和2020年9月,《教育部、财政部关于实施中国特色高水平高职学校和专业建设计划的意见》(教职成〔2019〕5号)和《职业教育提质培优行动计划(2020—2023年)》(教职成〔2020〕7号)的印发,吹响了新时代高水平高职院校建设的冲锋号角。

在国家政策引领下,浙江省积极贯彻落实国家职业教育总体部署,结合本省实际于2015年印发了《浙江省人民政府关于推进我省高等教育新一轮提升发展的若干意见》(浙政发〔2015〕12号)和《浙江省人民政府关于加快发展现代职业教育的实施意见》(浙政发〔2015〕16号),明确了未来高职教育的发展目标和具体举措。2016年9月,印发了《浙江省高等职业教育创新发展行动计划(2016—2018年)实施方案》(浙教办高教〔2016〕87号),对之后三年高职教育改革和发展进行了重点部署,提出了45项创新发展任务、13个创新发展项目。同年9月,浙江省启动了高职院校优质暨重点校建设计划,在国家"示范校""骨干校"和省"示范校"建设成果的基础上,力争打造一批具有较大国内外影响力的高职教育"名校",引领和促进全省高职院校提升办学实力和综合竞争力。2018年8月,中共浙江省委、浙江省人民政府印发了《关于全面实施高等教育强省战略的意见》(浙委发〔2018〕36号),11月,浙江省人民政府办公厅印发了《关于深化产教融合的实施意见》(浙政办发〔2018〕106号)。2020年11月,《浙江省深化产教融合推进职业教育高质量发展实施方案》(浙政发〔2020〕27号)印发,强调了职业教育的类型教育属性和产教融合的核心要义,提出了全力打造职业教育质量发展高地的新目标。

在政府系列利好政策的推动下,浙江省努力探索实践,将职业教育政策理想转化为职业教育政策现实,开启了浙江省高职教育内涵建设、质量发展的新阶段。为系统总结和回顾2016—2020年浙江省高职教育发展的阶段性成果,浙江省现代职业教育研究中心编纂了《浙江省高职教育发展报告(2016—2020)》。该报告沿袭了《浙江省高职教育发展报告(2006—2015)》的研究传统,既有翔实的事实数据,也有深入的理论剖析,既有问题原因分析,也有对策建议探讨,既有对现状的回顾总结,也有对未来的发展思考,较为全面地梳理了近五年浙江省高职教育改革与发展的概况。报告共分为三大部分,分别为发展概览、内涵建设和典型案例。

发展概览部分梳理了近五年浙江省高职教育的发展历程,聚焦发展成就和发展现状,全景式地呈现近五年浙江省高职教育发展的全貌。内涵建设部分记录了近五年浙江省高职教育的发展重点,描述了专业设置与发展、产教融合与校企合作、师资队伍建设、课程建设、学生发展、质量保障、科学研究与社会服务、国际交流与合作、教育教学研究等九个方面的具体实践,提炼了浙江省高职教育发展的优势和特色。典型案例部分围绕浙江省高职院校的生动实践和探索,展示了浙江省高职院校在立德树人、专业群建设、技术研发与社会服务、创新创业教育、国际化办学等方面的发展经验,以期推动省内高职院校间以及省内外高职院校间的交流互鉴。

当下,职业教育正迎来前所未有的发展机遇,在教育改革创新和经济社会发展中位置更加突出,类型教育的定位更加明确,高质量发展成为职业教育发展的主基调和历史使命。新时代背景下,浙江省高职院校应深刻把握高职教育高质量发展内涵,彰显鲜明的类型特色,筑牢质量发展根基,集中力量打造一批引领改革、支撑发展、中国特色、世界水平的高水平高职院校。我们坚信,未来在"社会主义现代化先行省""展示中国特色社会主义制度优越性重要窗口"和"共同富裕示范区"建设进程中,浙江省高职教育将迸发新的活力,续写高质量发展新的篇章。

谨以此书献给辛勤耕耘在高职领域、为高职教育事业共同奋斗的同仁!

编著者
2021年12月

目录

第一章　发展概览 ·· 1
　第一节　浙江省高职教育发展成就 ·································· 1
　第二节　浙江省高职教育发展重大举措 ······························ 10

第二章　专业设置与发展 ·· 17
　第一节　浙江省高职教育专业设置现状 ······························ 17
　第二节　浙江省高职教育专业建设类重点项目 ······················ 26
　第三节　浙江省高职院校专业建设与经济社会互动 ·················· 41

第三章　产教融合与校企合作 ······································ 55
　第一节　浙江省产教融合、校企合作政策支持体系 ·················· 55
　第二节　浙江省产教融合、校企合作的实践与探索 ·················· 72
　第三节　浙江省产教融合、校企合作的挑战与展望 ·················· 81

第四章　师资队伍建设 ·· 86
　第一节　浙江省高职院校师资队伍建设的现状 ······················ 86
　第二节　浙江省高职院校师资队伍建设问题及原因分析 ·············· 102
　第三节　浙江省高职院校师资队伍建设的对策建议 ·················· 107

第五章　课程建设 ·· 114
　第一节　浙江省高职院校课程建设基本概况 ························ 114
　第二节　浙江省高职院校课程建设的举措与成效 ···················· 118
　第三节　浙江省高职院校课程建设的挑战与展望 ···················· 136

第六章　学生发展 ·· 142
　第一节　浙江省高职院校招生 ···································· 142

第二节　浙江省高职院校思想政治教育 …………………………… 148
　　第三节　浙江省高职院校学生管理 ………………………………… 152
　　第四节　浙江省高职院校职业技能竞赛 …………………………… 157
　　第五节　浙江省高职院校创新创业教育 …………………………… 163
　　第六节　浙江省高职院校就业与升学 ……………………………… 167

第七章　质量保障 ……………………………………………………… 173
　　第一节　高职教育质量保障体系发展历程和趋势 ………………… 173
　　第二节　浙江省高职教育质量保障体系构建与实施 ……………… 176
　　第三节　浙江省高职教育内部质量保障的实践探索 ……………… 195

第八章　科学研究与社会服务 ………………………………………… 201
　　第一节　浙江省高职院校科学研究状况 …………………………… 201
　　第二节　浙江省高职院校技术服务与社会培训 …………………… 230
　　第三节　浙江省高职院校科研平台建设与发展 …………………… 244
　　第四节　浙江省高职院校专利成果与成果转化 …………………… 249
　　第五节　展望 ………………………………………………………… 258

第九章　国际交流与合作 ……………………………………………… 262
　　第一节　浙江省高职院校国际交流与合作现状 …………………… 262
　　第二节　浙江省高职院校国际交流与合作的成效与问题 ………… 280
　　第三节　浙江省高职院校国际交流与合作的展望 ………………… 291

第十章　教育教学研究 ………………………………………………… 295
　　第一节　浙江省高职教育教学研究队伍和活动 …………………… 295
　　第二节　浙江省高职教育研究热点梳理 …………………………… 305
　　第三节　浙江省高职教育研究成果及其影响 ……………………… 314
　　第四节　研究展望 …………………………………………………… 330

第十一章　高职教育高质量发展的典型案例 ………………………… 333
　　第一节　金华职业技术学院：产教综合体，走产教融合实体化发展之路 … 333
　　第二节　浙江金融职业学院：以"教师千万培养"为载体　持续推进"人才强校"战略 ……………………………………………………… 340
　　第三节　杭州职业技术学院：基于"融"理念的文化育人创新与实践 …… 345

第四节　宁波职业技术学院：产教协同谋发展　国际合作创特色 ………… 351
第五节　温州职业技术学院：坚持立地式研发　促进新技术应用 ………… 356
第六节　义乌工商职业技术学院：构建"1333"模式，打造双创教育"义乌样板"
　　　　………………………………………………………………………… 361

结语与展望 …………………………………………………………………… 367

参考文献 ……………………………………………………………………… 371

后记 …………………………………………………………………………… 381

第一章 发展概览

2016—2020年是贯彻落实"十三五"规划的五年,是决胜全面建成小康社会的五年,也是持续深化高职教育改革的五年。国家高度重视职业教育发展,相继印发了《高等职业教育创新发展行动计划(2015—2018年)》《国务院办公厅关于深化产教融合的若干意见》《职业学校校企合作促进办法》《国家职业教育改革实施方案》《教育部、财政部关于实施中国特色高水平高职学校和专业建设计划的意见》《职业教育提质培优行动计划(2020—2023年)》等多项政策文件,为高职教育大变革、大发展提供了重要机遇期。浙江省秉承创新、协调、绿色、开放、共享的新发展理念,大胆探索、全面落实国家有关高职教育改革的各项政策,积极谋求创新发展,先后印发了《浙江省人民政府关于加快发展现代职业教育的实施意见》《浙江省高等职业教育创新发展行动计划(2016—2018年)实施方案》《浙江省人民政府办公厅关于深化产教融合的实施意见》《浙江省深化产教融合推进职业教育高质量发展实施方案》等系列重要政策文件。全省实施了"双高"建设项目、创新发展和提质培优行动计划、高职院校优质暨重点校建设、部省共建温台职业教育创新高地等系列富有浙江地域特色的重大改革,取得了巨大的发展成就,办学基础逐步夯实,培养质量稳步提升,办学水平显著增强。

第一节 浙江省高职教育发展成就

"十三五"期间,浙江省高职教育发展取得了巨大成就,主要表现在办学基础、培养质量和办学水平等方面。

一、办学基础逐步夯实

(一)院校结构稳定合理

2016年,浙江省独立设置高职院校48所,到2020年,浙江省独立设置高职院校51所,按规定提交质量年报48所(保留校名但已停办全日制教育校、"筹办"校和新"摘筹"校共3所,按规定暂不提交年报)。提交年报的高职院校按办学经费来源分,省级财政支持为主的19所,地方财政支持为主的20所,学校自筹为主的9所;按性质类别分,综合院校23所,理工院校10所,财经院校8所,医药院校2所,艺术院校2所,政法院校1所,体育院校1所,师范院校1所;按办学层次分,专科层次的47所,本科层次的1所。自《国家职业教育改革实施方案》提出"开展本科层次职业教育试点"工作,截至2020年底,教育部已批复24所职业院校开展本科层次职业教育试点。其中浙江作为最早一批开展本科层次职业教育试点省份,大力发展本科职业教育,完善现代职业教育体系。2019年12月,浙江广厦建设职业技术学院经教育部批准升格为本科层次职业学校,开展本科层次职业教育试点工作。次年6月,经教育部批准,学校正式更名为浙江广厦建设职业技术大学,成为浙江省第一所职业技术大学。

(二)办学条件逐步改善

办学条件是彰显学校办学实力的基础表征。浙江省高职院校在建筑面积、教学仪器设备、图书资料和专任教师队伍等办学条件方面取得较大成效。如表1-1所示,从2016年到2020年,全省高职院校生均占地面积从61.00平方米增长到71.60平方米,增长17.38%;生均教学行政用房从18.10平方米增长到26.08平方米,增长44.09%;生均宿舍面积从10.20平方米增长到11.86平方米,增长16.27%;生均教学科研仪器设备值从13647.5元增长到19336元,增长41.68%;生均纸质图书从89.00册增长到92.09册,增长3.47%;专任教师从14666人增长到17021人,增长16.06%。

表1-1 浙江省高职院校基本办学条件情况

基本办学条件	2016年	2017年	2018年	2019年	2020年	五年增幅/(%)
生均占地面积/平方米	61.00	60.90	77.07	75.10	71.60	17.38
生均教学行政用房/平方米	18.10	18.30	27.51	27.83	26.08	44.09
生均宿舍面积/平方米	10.20	10.50	12.60	12.73	11.86	16.27
生均教学科研仪器设备值/元	13647.5	14095	19180	20442	19336	41.68
生均纸质图书/册	89.00	89.00	97.72	98.44	92.09	3.47
专任教师总数/人	14666	14935	15417	15884	17021	16.06

(三)办学经费投入逐年增长

经费是高职院校办学水平、专业建设、人才培养质量的根本保障。一直以来,办学经费投入不足始终是制约高职教育发展的瓶颈因素。随着国家对高职教育越来越重视,浙江省高职教育办学经费投入稳步增长,详见表1-2。2020年,全省高职院校办学经费总投入126.5亿元,较2016年增加34.6亿元,增长37.65%。从经费投入结构来看,投入来源多元,建立了学费收入、财政补助和专项投入等多渠道经费筹措机制。从2016年至2020年,学费收入从28.2亿元增长至36.0亿元,财政补助从34.5亿元增长至49.4亿元,地方性专项投入也从16.8亿元增长至27.1亿元。从经费投入趋势来看,近年来,学费收入占比呈下降趋势,而财政补助以及地方专项投入因政府对高职教育的重视程度、扶持力度不断提高,占比总体缓慢增长,为实现高职院校生均财政拨款水平不低于12000元的发展目标提供了重要保障。此外,社会捐赠和其他收入由2016年的0.5亿元和11.9亿元分别增至2020年的0.9亿元和13.2亿元,波动较大,且相对其他各项收入占比偏低,多数高职院校社会捐赠收入比例在1%以下。

表1-2 浙江省高职院校各类办学经费投入比例情况

年度	经费投入/亿元	学费收入		财政补助		专项投入		社会捐赠		其他投入	
		总数/亿元	占比/(%)	总数/亿元	占比/(%)	总数/亿元	占比/(%)	总数/亿元	占比/(%)	总数/亿元	占比/(%)
2016	91.9	28.2	30.7	34.5	37.5	16.8	18.3	0.5	0.5	11.9	12.9
2020	126.5	36.0	28.5	49.4	39.0	27.1	21.4	0.9	0.7	13.2	10.4

经费的投入与使用直接影响高职院校建设发展的成效,随着全省高职院校发展思路由规模的外延式扩张向内涵可持续发展转变,各类办学经费支出占比呈现显著变化。如表1-3所示,基础设施建设和征地支出总额从2016年的11.9亿元增长到2020年的12.4亿元,占比却从13.1%降低到10.0%。而日常教学经费、教学改革与研究经费、师资建设经费等内涵性建设支出在总数与占比方面都呈现出了上升的趋势,总数分别从14.3亿元、3.5亿元、2.3亿元增长到24.5亿元、6.8亿元、4.2亿元,占比则分别从15.8%、3.9%、2.5%增长到19.8%、5.5%、3.4%。可见,高职院校各类经费支出结构越来越合理,也越来越注重内涵建设和质量提升,教学、科研和师资建设等成为经费重点投入领域。

表1-3 浙江省高职院校各类经费支出比例情况

年度	经费支出/亿元	基础设施建设和征地支出		设备采购支出		日常教学经费支出		教学改革与研究经费支出		师资建设经费支出		图书购置经费支出		其他支出	
		总数/亿元	占比/(%)	总数/亿元	占比/(%)	总数/亿元	占比/(%)	总数/亿元	占比/(%)	总数/亿元	占比/(%)	总数/亿元	占比/(%)	总数/亿元	占比/(%)
2016	90.7	11.9	13.1	5.9	6.5	14.3	15.8	3.5	3.9	2.3	2.5	0.6	0.7	52.1	57.4
2020	123.5	12.4	10.0	9.3	7.5	24.5	19.8	6.8	5.5	4.2	3.4	0.6	0.5	65.7	53.2

二、培养质量稳步提升

(一)打通本科培养渠道

浙江省聚焦高职领域,为深化技术技能人才培养模式改革,加强高端技术技能人才培养,积极探索建设四年制高职和应用型本科,打破了职业教育的"天花板"。

1. 探索四年制高职

2015年,浙江省发布了《浙江省教育厅关于开展四年制高等职业教育人才培养试点工作的通知》(浙教高教〔2015〕40号),启动了四年制高等职业教育人才培养试点,浙江机电职业技术学院、浙江金融职业学院等5所高职院校联合相应本科院校在6个专业先行开展了试点工作,首批安排招生计划300人,全部面向中职(中专、技校)招生。2016年,浙江省继续遴选了金华职业技术学院等10所高职院校申报的机械设计制造及其自动化等10个专业为四年制高等职业教育人才培养试点专业,招生人数达800名。各试点学校先后成立了试点工作领导小组、高职本科教学部和专业教学指导委员会,从专业建设、教学改革和学生管理与服务等方面进行系统设计,并从普通本科和专科高职的差异化培养出发,将四年制人才培养目标定位区别于三年制高职和普通本科教育,着重培养介于技术技能型(专科高职)与工程型(普通本科)之间的技术型人才。课程体系的架构体现理实并重的原则,课程内容的选择坚持以技术为核心的知识观。针对中职生文化基础课相对较弱,试点院校以小班化教学为主,实施导师制、"学练做"一体、项目教学、任务驱动等教学方法,激发学生的学习兴趣,实现专项能力、综合能力、创新实践能力、职业核心能力与自主学习能力的协同培养。

2. 建设应用型本科

为搭建技能人才成长立交桥,促进本科层次应用型人才培养工作,浙江省先后发布了《关于积极促进更多本科高校加强应用型建设的指导意见》(浙教高教〔2015〕47号)和《关于遴选第二批应用型建设试点示范学校的通知》(浙教办函〔2018〕308号)等文件,鼓励省内高校进行应用型建设试点。经学校自愿申报、专家评审、厅长办公会议审议和网站公示,分两批确定了杭州师范大学、浙江万里学院、浙江树人学院、宁波工程学院、宁波大红鹰学院、衢州学院、浙江大学城市学院、浙江大学宁波理工学院、浙江工业大学之江学院、浙江财经大学东方学院等20所应用型建设试点示范学校。这些高校在试点建设期间要完成转变办学理念、创新办学机制、改革培养方式、加强教师队伍建设、优化学科专业、增强创业能力应用型专业等任务,其中应用型专业要占所在院校专业数70%以上。目前,入选高校的应用型建设转型都已相继启动。如衢州学院拟成立地方社会发展合作处,通过创业学院和实训中心合署,以及校企协同等,实施全程交互式订单人才培养。浙江财经大学东方学院也通过优化行政机构设置、出台促进校企合作实施办法等措施,促进应用型建设尽快落地。

(二)就业服务质量较高

毕业生就业工作是全省高职院校人才培养质量的重要衡量标准。政府和各高职院校高度重视毕业生就业工作,着力完善服务内容,创新服务形式,拓宽就业渠道,为全省高职院校毕业生实现高质量就业创业提供坚实保障。一般而言,就业质量主要体现在就业率、月平均收入、母校满意度和雇主满意度等方面,如表1-4所示,2015—2019届毕业生一年后的就业率、月平均收入、母校满意度和雇主满意度均呈递增趋势。在严峻的就业形势下,高职院校能够实现毕业生高质量的就业离不开对毕业生就业工作的重视。一是从"点"上入手,定期邀请杰出校友、行业精英、人力资源专家等开展专场讲座,为毕业生提供个性化就业指导。如金华职业技术学院依托央央生涯咨询工作室、珍姐创业指导工作室、江江能力提升训练营等,联合高职院校就业咨询站,开展"周末就业超市""区域性招聘会""行业专场招聘会"等活动,提供精准化的就业指导与服务。二是从"面"上入手,积极举办大型招聘会、专场招聘会等活动,大力引进优质企业进校宣讲招聘,拓宽就业渠道,为学生搭建良好的就业平台。三是从"线"上入手,结合毕业生职业发展状况与人才培养质量调查工作,对紧密合作的企业深入开展毕业生回访工作,建立高校就业创业数据采集中心,以反馈育人成效和不足,助推毕业生高质量就业。

此外,浙江省积极响应国家"大众创业、万众创新"政策,各高职院校顺应潮流发展,将创新创业教育作为推进高职教育改革创新和高职院校特色发展的重要尝试,不断创新高职院校创新创业教育人才培养模式,增强学生创新精神、创业意识和创新创业能力,推动毕业生更高质量创业就业。整体来看,浙江省高职院校学生创业呈现两个特点。一是创业活力较强。得益于浙江省活跃的经济发展态势,高职院校在创新创业方面具有得天独厚的发展优势,虽然近些年浙江省高职院校毕业生自主创业比例有所下滑,从2015届的6.36%下降到2019届的4.77%,但整体创业意识依然较强。二是小微规模为主。浙江省高职院校的创新创业形式以电子商务和网络商店等个体经营方式最为普遍。据浙江省高职院校2016届毕业生创业规模分布统计,规模上以1~5人居多,占69.47%,6~10人的占14.69%,11~50人的占9.38%,50人以上的仅占6.46%。

表1-4 浙江省高职院校2015—2019届毕业生毕业一年后就业创业情况

指标	2015届	2016届	2017届	2018届	2019届
就业率/(%)	97.49	97.54	97.84	97.60	96.68

续表

指标	2015 届	2016 届	2017 届	2018 届	2019 届
月平均收入/元	3675	4019	4164	4727	4885
母校满意度/(%)	86.14	87.05	87.69	87.74	88.67
雇主满意度/(%)	86.60	88.72	93.12	91.23	91.97
自主创业比例/(%)	6.36	5.78	4.01	4.95	4.77

三、办学水平显著增强

(一)师资队伍素质夯实

教育大计,教师为本。"十三五"期间,师资队伍建设有效支撑了浙江省高职教育的快速发展,并向着更高层次和更高水平攀升。首先,数量结构合理。2016—2020年,专任教师人数从14666人增加至17021人;具有高级职称的教师人数从4859人增加至5748人,占比从33.13%增加至33.77%;具有博士学位教师人数从579人增加至807人,占比从3.95%增加至4.74%;具有双师素质教师人数从11516人增加至14097人,占比从78.5%增加至82.82%,教师数量以及职称、学历、双师结构日渐合理。其次,能力水平攀升。近年来,浙江省高职院校教师在国家级教学成果奖、全国职业院校技能大赛教学能力比赛获奖、国家教学名师评选、国家级教师教学创新团队等标志性成果方面取得了显著成绩。以国家级教师教学创新团队为例,2020年,全省11个高职院校教师团队获批国家级职业教育教师教学创新团队,入选数量位列全国第二;立项团队课题研究项目12个,位居全国高职院校前列。再次,管理制度健全。岗位管理方面,2017年9月,浙江省人力资源和社会保障厅、浙江省教育厅印发了《关于完善高校专业技术岗位结构比例调控的通知》(浙人社发〔2017〕105号),明确规定专业技术中级、初级岗位由高校自主设置管理,并大幅提高了高职院校专业技术高级岗位的比例,重点暨优质建设高职院校、高等专科学校正副高教师比例分别可到达14%、29%,一般高职院校正副高教师比例分别可达到12%、29%,充分增加了教师职称评聘的有效供给。职称评聘方面,为进一步下放高校教师专业技术职务评审权,浙江省高校自2014年起全面开展教师各级职务自主评聘工作,自定标准、自主评聘、自主发证,充分赋予高职院校在专业技术职称评审中自主权,为高职院校教师分类发展创设了良好的评价环境。双师配套制度方面,根据专校专策原则,省内各高职院校基于校情陆续制定了相关促进双师队伍建设的配套规章制度,如根据双师素质教师的界定,制定双师教师认定办法;为完善教师实践能力,建立教师赴企业实践、挂职锻炼相关制度;明确双师队伍培养目标,提出教师专业化发展的意见和方案等。兼职教师方面,浙江省关于兼职教师管理的政策制度不断健全,关注的焦点也从兼职教师数量和比例转向质量提升方面。最后,培养培训体系完善。浙江省积极拓宽师资培养培训路径,一方面针对高职院校师资队伍建设特点专门设立了"访问工程师"项目,鼓励青年骨干教师到世界知名、国内一流的高新技术企业参访,另一方面高职院校自身也通过实施"双师素质培养工程""双师结构教学团队培育工程"等,提升教师教育教学和专业实践能力。此外,教师专业发展的常态化、规范化和持续化离不开专业组织的支撑,各高职院校也日益重视教师专业发展服务平台的建设,基本成立了教师发展中心。依托教师发展中心组织优势,开展教学、科研、培训等交流活动,进一步优化了教师专业发展环境,尤其是为青年教师多元成长提供了培训发展的机会。

(二)社会服务能力增强

浙江省高职院校在与区域经济对接中,不囿于人才培养和技术开发,社会服务范围逐步拓宽,在服务区域发展、产业发展和国家发展战略等方面,能力明显增强。

1. 服务区域发展

浙江省高职院校服务区域发展主要体现在输送人才、社会培训、智库建设和社会服务等方面。首先,输送高质量毕业生。学校紧贴区域经济与行业产业发展前沿,准确定位人才培养目标,以专业与产业有效对接为纽带,整合多方资源,不断提升人才培养质量与就业质量,向行业企业输送大批高质量高技能应用型人才,区域人才贡献度明显提升。2016年全省高职院校共有毕业生113585人,就业率达98.86%。从就业地域流向分布看,留在当地就业的毕业生占就业人数的51.85%。2020年全省高职院校毕业生有125531人,就业率为95.26%,51%的毕业生选择留在当地就业,其中浙江工贸职业技术学院、浙江建设职业技术学院等9所院校的毕业生留在当地就业的比例甚至超70%,很好地体现了人才培养与地方经济间的良好互动。其次,开展高质量、多层次的职业培训。学校依托自身专业优势,结合地方需求广泛开展面向新型职业农民、现代产业工人和退役军人等人群的校内外职业培训,为各行各业、大中小企业培养高素质技能人才,优化区域人力资源结构。据统计,2016年,高职院校公益性培训服务达168.1万人日,非学历培训到款额达4.45亿元。2020年,浙江省高职院校开展非学历培训服务共552万人次,其中技术技能培训服务286.7万人次,新型职业农民培训服务56.3万人次,退役军人培训服务21.4万人次,基层社会服务人员培训服务101.5万人次。非学历培训到款额共5.67亿元,比2016年增加1.22亿元,增长27.42%。除此之外,高职院校还积极加强校地合作,以科研项目为载体,加强智力成果输出,同时结合地方需求加强研究智库建设,开展前瞻性、对策性研究,服务政府工作,推进地方重点工程建设。

2.服务产业发展

从高职院校自身的区域分布来看,大约55.8%的高职院校分布在非省会城市,这些非省会城市优质高等教育资源少,高职院校可能就是当地唯一的技术应用型高等教育机构①。因而,浙江省高职院校积极对接企业转型升级发展的技术研发需求,与行业企业共建各类应用技术协同创新中心,加强技术技能创新,强化科技团队培育与建设,鼓励教师开展技术服务与技术成果转让,帮助企业解决技术难题。2016年,全省高职院校横向技术服务到款额23053万元,纵向科研经费到款额12194万元,技术交易到款额5990万元,2020年分别增加至51879.6万元、17411.9万元和17439.3万元。可见,横向技术服务到款额、纵向科研经费到款额和技术交易到款额均有大幅度提升,尤其是技术交易到款额倍增。这在很大程度上说明全省高职院校技术服务水平较以往有了显著提升,同时,在助力产业转型升级、促进企业技术研发和产品升级等方面发挥了重要作用。

3.服务国家发展战略

首先,助力脱贫攻坚。2020年是全面建成小康社会和打赢脱贫攻坚战的收官之年。五年来,浙江省高职院校全面落实党中央、国务院关于脱贫攻坚和职教扶贫的重大决策部署,积极落实职业院校助力脱贫攻坚年度行动计划,开展结对帮扶、教育扶贫、消费扶贫、科技扶贫等帮扶工作,高质量完成帮扶新疆、西藏、青海、贵州、云南、四川、吉林等省区的职业教育对口帮扶工作。其次,助力乡村振兴。浙江省高职院校积极响应国家乡村振兴战略与省委省政府提出的浙江"大花园"建设,通过创新创业、科技助农、职业培训、智库建设和文艺活动等形式,促进乡村在产业经济、农民收入、生态环境和精神文明等方面快速发展。如浙江旅游职业学院2020年承办了3期"乡村振兴合作创业带头人培训班",以创业成功推动产业振兴,着力培养一批勇于创业、精于管理、能够带领村民致富的乡村创业领军人才,为开创全省乡村合作创业新局面提供人才支撑。再次,助力职教东西协作。为全面落实《职业教育东西协作行动计划(2016—2020年)》(教发〔2016〕15号)等政策文件要求,浙江省秉承"山海协作•对口帮扶"的相关精神,加强东西部高校合作交流,逐项落实职业教育东西部协作任务,并专门印发了《关于建立完善双高校对口帮扶机制助力新一轮山海协作的通知》(浙教厅函〔2020〕41号),推动双高学校与薄弱学校专业共建、资源共享、师资共育,提升职业教育的整体办学质量和水平。如浙江经贸职业技术学院根据四川区域农业产业发展,与达州职业技术学院持续共建"茶艺与茶叶营销专业",帮扶内容从"新专业创设"向"专业内涵建设"进行转变。最后,助力

---

① 刘晓,徐珍珍.职业教育产学研一体化办学模式研究[M].杭州:浙江大学出版社,2017:5.

疫情防控和复工复产。2020年,新冠肺炎疫情席卷全球,给人民生命健康和生产生活带来了严峻的挑战和考验,浙江省高职院校勇于担当,整合资源,在复工复产、科技抗疫、志愿服务和物资捐赠等方面都做出诸多努力。如杭州科技职业技术学院联合6名专业教师组成团队,在疫情防控最吃紧的一个多月时间里,辗转杭州各区县市10余家新转产口罩生产企业,解决了企业口罩生产线出现的进料位置偏移、切片机超声波焊接不良、点焊位置不准等问题。

(三)职教研究能力突出

党的十八大以来,职教研究作为我国职业教育事业的有机组成部分,得到了空前的重视。2019年10月,教育部印发了《关于加强新时代教育科学研究工作的意见》(教政法〔2019〕16号),对教育科研工作进行了系统谋划,明确指出教育科研对教育改革发展具有重要的支撑、驱动和引领作用,要把教育科研成果"转化为教案、决策、制度和舆论",汇聚成推进教育现代化的强大动力。《国家职业教育改革实施方案》(国发〔2019〕4号)、《关于推动现代职业教育高质量发展的意见》、《职业教育提质培优行动计划(2020—2023年)》(教职成〔2020〕7号)等都强调"加强职业教育理论研究,及时总结中国特色职业教育办学规律和制度模式,加快构建中国特色职业教育的思想体系、话语体系、政策体系和实践体系"。

因而,浙江省高职院校越来越重视职教研究队伍的建设、职教研究平台的搭建、职教研究氛围的营造和职教研究成果的培育,其突出成果和成效主要体现在以下方面。一是建立了一支职教研究队伍。浙江省高职院校在国内较早开展职教研究,并设立职教研究所。据不完全统计,省内一半以上高职院校都设立了职教研究所,一些学校将其设为独立部门,一些学校将其与科研处合署办公,形成了一批在全国较有影响力的职教研究机构,如浙江省现代职业教育研究中心、发展中国家职业教育研究院等。这些职教研究机构围绕职教重大前沿问题以及政策、制度、标准制定和学校改革实践等,开展一些战略性和前瞻性研究,很好地服务了国家、地方和学校的发展需要。如发展中国家职业教育研究院发布了《"一带一路"职业教育研究蓝皮书·南亚卷》《"一带一路"职业教育研究蓝皮书·东盟卷》等系列"一带一路"沿线国家职业教育研究的蓝皮书,对增进国际经济合作和文化交流、推动中国职业教育"走出去"、扩大中国职业教育国际影响力具有很好的促进作用。二是涌现了一系列高层次、高质量、高水平的职教研究成果。从立项课题来看,浙江省高职院校在国家社会科学基金项目、教育部人文社会科学项目等国家、省部级项目科研立项的数量领先优势明显,而且立项数量稳定增长,立项院校逐渐多元,项目覆盖逐渐广泛。从教育科研论文发表情况来看,据2015—2020年全国高校高职教育科研论文统计分析,发现在全国公办高职院校发表高职教育科研论文排名前20中,浙江省高职院校占5个,占比25%。其中浙江金融职业学院发文量达161篇,遥遥领先全国其他高职院校,宁波职业技术学院发文量90篇,排名第四,金华职业技术学院发文量68篇,排名第八,杭州职业技术学院发文量62篇,排名第十,宁波城市职业技术学院发文量58篇,排名第十五。

第二节　浙江省高职教育发展重大举措

浙江省认真贯彻落实国家职业教育发展政策,在启动"双高"建设项目、承接创新发展和提质培优行动计划、推进高职院校优质暨重点校建设、部省共建温台职业教育创新高地、深化产教融合校企合作、加强职业教育东西协作等方面做了有益探索,积累了丰富的实践经验。

一、启动"双高"建设项目

《国家职业教育改革实施方案》提出实施"双高计划",集中力量建设50所左右高水平高职学校和150个左右高水平专业群。随后,教育部、财政部陆续印发《教育部、财政部关于实施中国特色高水平高职学校和专业建设计划的意见》(教职成〔2019〕5号)、《中国特色高水平高职学校和专业建设计划遴选管理办法(试行)》(教职成〔2019〕8号)等,启动国家"双高"建设项目,并公布了"双高计划"第一轮建设单位。入选首批"双高"建设单位共有197家,其中,高水平学校建设单位56家,高水平专业群建设单位141家。浙江省共有金华职业技术学院、浙江机电职业技术学院、杭州职业技术学院、宁波职业技术学院、浙江金融职业学院、温州职业技术学院6所高职院校入选高水平学校建设单位,浙江建设职业技术学院、浙江交通职业技术学院、浙江经济职业技术学院、浙江经贸职业技术学院、浙江旅游职业学院、浙江工贸职业技术学院、浙江警官职业学院、浙江商业职业技术学院、浙江艺术职业学院9所高职院校入选高水平专业群建设单位。相比其他省份,浙江省高职院校入选高水平学校和高水平专业群的数量仅次于江苏省,全国排名第二。

为提升全省职业教育办学水平,加强高素质技术技能人才培养,打造高水平创新型省份,浙江省在积极响应建设国家"双高"建设的基础上,对标《教育部、财政部关于实施中国特色高水平高职学校和专业建设计划的意见》《中国特色高水平高职学校和专业建设计划项目遴选管理办法(试行)》,印发了《浙江省教育厅、浙江省财政厅关于组织开展高水平职业院校和专业群建设工作的通知》(浙教职成〔2020〕45号),启动了省"双高"建设项目。最终确定浙江经济职业技术学院、浙江建设职业技术学院、浙江旅游职业学院等15所高职院校为省高水平高职院校建设单位。这15所高职院校要主动服务本省"八大万亿"产业和区域优势产业,推动院校建设与浙江省社会经济发展需求更加契合,办学定位更加准确,办学特色更加鲜明,产教融合更加紧密,社会服务能力显著增强,形成浙江特色的职业教育高质量发展模式。确定温州科技职业学院的绿色食品生产与检验、杭州科技职业技术学院的模具设计与制造(智能制造)等30个高职专业群为省高水平高职专业(群)建设单位。这30个高水平高职专业(群)则要主动适应全省和区域产业布局对高水平技术技能人才和应用技术服务的需要,推动专业(群)紧贴产业需求,促进校企深度融合,打造特色鲜明、综合实力强、社会认可度高、招生就业好、具有示范引领作用、可推广可输出的专业品牌,为全省和区域经济社会发展提供高水准的技术技能人才和应用技术服务支持。具体名单参见第二章表2-15、2-16。

二、承接创新发展和提质培优行动计划

为响应《高等职业教育创新发展行动计划(2015—2018年)》,推动浙江省高职教育创新发展,2016年9月,浙江省教育厅发布了《浙江省高等职业教育创新发展行动计划(2016—2018年)实施方案》,方案共涉及45项创新发展任务、13个创新发展项目,对浙江省三年高职教育改革和发展开展了重点部署。方案提出,今后三年的主要目标是实施"三名工程",即名校名师名专业建设工程,推动高职教育结构体系进一步优化,培养质量持续提高,整体实力进一步增强,服务经济社会发展水平显著提升,现代职业教育体系日趋完善。同时还提出了四项重点任务与主要举措。一是实施高职教育质量工程,包括开展优质院校建设和四年制职业教育人才培养试点等,提升要素质量,创新发展形式,全面提高高职教育办学水平。二是深化教育教学改革。通过深化分类招生考试,推进教学改革和课堂创新,推动产教融合校企合作,加强创新创业教育等举措,提高高职院校适应能力和自主发展能力。三是加强教师队伍建设。加强骨干教师培养,强化"双师型"队伍,推进教师管理改革,加强师德师风建设,进一步提高教师队伍水平。四是加强教育质量保障。积极推进高职办学主体责任落实,强化院校依法治校,逐步形成办学主体依法履职、院校自主保证、社会广泛参与、内部保证与外部评价协调配套的现代职业教育质量保障机制。经过三年建设,《高等职业教育创新发展行动计划(2015—2018年)》圆满收官,浙江省共有342个各类项目通过教育部认定,其中包括170个骨干专业、88个生产性实训基地、12所优质专科高等职业院校、35个"双师型"教师培养培训基地、3个虚拟仿真实训中心、26个协同创新中心、8个技能大师工作室,为之后进一步开展提质培优行动奠定了坚实的基础。

随着高职教育进入高质量发展新阶段,教育部、国家发展改革委、工业和信息化部、财政部、人力资源和社会保障部、农业农村部、国务院国资委、国家税务总局、国家乡村振兴局(旧称国务院扶贫办)等九部门印发了《职业教育提质培优行动计划(2020—2023年)》,该行动计划围绕办好公平有质量、类型特色突出的职业教育,

以提质培优、增值赋能为主线,推动中央、地方和学校同向同行,形成因地制宜、比学赶超的工作格局。为进一步深化职业教育改革,办好公平有质量、类型特色突出的职业教育,浙江省延续良好势头,积极响应国家政策号召,遵循育人为本、质量为先、固本强基、综合改革等基本原则,接力新发展,主动承接44项任务,未来三年各项目总投入预计175亿元,开启整体推进职业教育提质培优新征程,以期通过整体职业教育提质培优建设走出一条具有浙江特色、在全国具有重要影响的职业教育发展道路,奋力打造"重要窗口"的高职教育力量。

三、推进高职院校优质暨重点校建设

优质高职院校建设是对国家示范性高职院校建设成果的深化、转化和固化。2015年10月,教育部印发《高等职业教育创新发展行动计划(2015—2018年)》,明确提出鼓励支持地方建设一批办学定位准确、专业特色鲜明、社会服务能力强、综合办学水平领先、与地方经济社会发展需要契合度高、行业优势突出的优质专科高等职业院校。随后,浙江、山东、广东、湖南等多个省份制定了行动计划实施方案,陆续启动优质高职院校建设工作。从时间来看,浙江省启动较早,于2016年9月印发了《浙江省教育厅、财政厅关于在高职院校实施优质暨重点校建设计划的通知》(浙教高教〔2016〕144号),正式启动优质高职院校建设工作。经过组织、遴选和论证,浙江省最终确立了金华职业技术学院、浙江机电职业技术学院、浙江金融职业学院、宁波职业技术学院和温州职业技术学院5所学校为省重点建设高职院校,对浙江经济职业技术学院、浙江经贸职业技术学院、浙江旅游职业学院、杭州职业技术学院、浙江建设职业技术学院、浙江交通职业技术学院、浙江商业职业技术学院、浙江工贸职业技术学院、浙江工商职业技术学院、浙江警官职业学院、浙江工业职业技术学院、浙江纺织服装职业技术学院、丽水职业技术学院、义乌工商职业技术学院和浙江艺术职业学院15所学校进行优质高职院校建设。在建设内容方面,为深入贯彻国家高职教育发展战略,确保浙江省高职教育在全国的领先地位,浙江省优质高职院校建设重点围绕推进管理体制创新、加强优势特色专业群建设、加强双师型教师队伍建设、促进技术技能积累与服务和提升国际交流与合作水平5个方面建设内容,力争打造若干所跻身全国先进行列的高职院校,引领全省高职院校创新发展。在经费保障方面,为加强过程管理,保障建设成效,省级财政对列入重点建设高职院校中的省属高职院校,平均每校每年安排建设资金5000万元;对列入优质高职院校建设的省属高职院校,平均每校每年安排建设资金200万元。地方所属高职院校按照省级财政支持标准,按隶属关系由地方财政落实资金。无疑,专项经费为优质暨重点校建设和可持续发展提供了重要经费保障。

四、部省共建温台职业教育创新高地

2020年以来,为贯彻落实《国家职业教育改革实施方案》,国家重点在东中西部布局,先后确定了山东、甘肃、江西三个试点省份推进部省共建国家职业教育创新发展高地。随后,浙江、江苏、福建等省份接续启动部省共建国家职业教育创新高地建设。为深入贯彻落实习近平总书记考察浙江重要讲话精神和《长江三角洲区域一体化发展规划纲要》《国家职业教育改革实施方案》《深化新时代教育评价改革总体方案》要求,进一步彰显职业教育类型特征,加快形成政府统筹管理、社会多元办学的格局,以制度创新推进温台职业教育与民营经济融合发展,助力打造"活力温台",服务长三角一体化发展和浙江"重要窗口"建设,2021年1月,浙江省联合教育部共同印发了《关于推进职业教育与民营经济融合发展助力"活力温台"建设的意见》(浙政函〔2020〕136号),以部省共建的形式,通过国家、省、市三级推动,建设温台职业教育创新高地,希望借助两地区域、产业、企业优势,探索吸引民营资本进入职教领域的新模式,为全省乃至全国职业教育改革提供宝贵的"温台经验",打造全新样本。

该意见主要涉及以下方面内容。一是激发企业参与职业教育新动能,通过建立企业参与职业教育办学负面清单、建立企业利润替代补偿机制、推广政府和社会资本合作(PPP)模式等多种形式,引导民营企业参与和举办职业教育。二是完善协作开放的职业培训体系,构建政府统筹、企业主体、社会参与的职业培训体系,面向中小微企业提供"共享员工"培训服务,满足民营企业多样性培训需求,打造服务民营企业技术技能人才蓄水池。三是创新产教融合校企合作方式,打造温台校企综合数据平台,实施温台产教融合型企业培育计划,组建跨区域、实体化职业教育集团,搭建生产、教学、研发、创业创新、社会服务一体化平台,全面推广现代学徒制。四是提升技术技能人才培养能级,主动适应温台民营经济发展新形势,优化两地职业院校空间布局和专业结构,支持进入国家"双高计划"的温台高职院校升格为职业教育本科院校或转型为职业技术师范大学,并支持其骨干专业试办本科层次职业教育,有序扩大温台五年制职业教育培养规模,长学制培养高端技术技能人才。五是协同推进产教人才高效流动,开放温台人才服务中心资源库,实施温台名校长和骨干教师培育计划,建立温台产业教授制度,实施温台职业院校教师国外研修计划等。六是打造职业教育助力"双创"新标杆,一方面建设省级创业创新基地,开设创业实验班、创业先锋班和企业接班人培训班,培育一大批"创二代""企二代",另一方面重点依托应用技术协同创新中心、产业研究院等平台,着力提升温台职业院校立地式研发服务能力,促进科技成果转化。七是推动温台职业教育助力民营企业"走出去",一方面研制温台区域特色优势产业行业的区域性技术标准和教学标准,培养国际化技术技能人才,携手民营企业抱团"走出去",另一方面实施温台职业教育伴随计划,在"一带一路"沿线国家和地区建设鲁班工坊、丝路学院,开展"中文＋职业技能"项目,为温台企业"走出去"提供本土化高素质技术技能人才。八是建设温台职业教育"数字大脑",联合建设职业教育资源云空间,共同开发专业核心课程资源和通识课程资源,整合两地专业教学资源库、在线课程、企业培训包、虚拟仿真实训等优质资源,探索开发新型活页式教材、工作手册式教材的数字化资源。此外,还从优化职业教育发展环境和加大组织实施保障力度两方面,提出了推进部省共建温台职业教育创新高地的若干举措。

五、深化职业教育产教融合、校企合作

为深化产教融合,促进教育链、人才链与产业链、创新链有机衔接,2017年12月,国务院办公厅发布《关于深化产教融合的若干意见》,明确提出要深化产教融合,全面提升人力资源质量。浙江省政府积极响应国家政策号召,2018年11月,发布了《浙江省人民政府办公厅关于深化产教融合的实施意见》。该实施意见明确了深化产教融合的目标体系、政策体系、工作体系和项目体系。发展目标方面,提出两个时段目标要求,一是到2025年,教育和产业融合发展的长效机制基本建立。二是到2035年,总体实现教育和产业统筹融合,校企协同育人机制全面推行,需求导向人才培养模式健全完善,支撑高质量发展的现代人力资源体系全面建立,职业教育、高等教育对创新发展和产业升级的贡献显著增强。具体任务方面,按照新时期聚焦高质量、竞争力、现代化的浙江发展要求,把深化产教融合作为实现全省经济社会创新发展、转型升级的重要途径,作为深化教育综合改革、建设现代人力资源体系的重要制度,作为促进高等教育内涵提升、实施高等教育强省战略的重要举措,提出了五个方面的具体抓手:一是提出了深化产教融合"四位一体"架构;二是提出了"五个一批"产教融合体系建设;三是提出了"双对接、双促进、双共建"机制;四是提出了强化企业在深化产教融合的重要主体作用;五是提出了建立健全产教融合推进机制。

2020年11月,发布了《浙江省深化产教融合推进职业教育高质量发展实施方案》。该实施方案要求把职业教育摆在教育改革创新、经济社会发展和人民生活水平提高中更加突出的位置,坚持类型教育定位,以深化产教融合为主线,以创新体制机制为突破口,以促进高质量就业创业和适应产业发展需求为导向,不断完善职业教育和培训体系,深化办学体制和育人机制改革,基本形成全省职业教育产教融合发展生态,不断健全符合职业教育发展规律的体制机制,大幅提升职业教育现代化水平,为全省"两个高水平"和"重要窗口"建设提供高素质技术技能人才支撑。

同时提出了高标准建设现代职业教育体系,打造质量高地;高水平推进产教深度融合,打造融合高地;高质量服务经济社会发展,打造创新高地的发展目标。明确了以下发展要求和实践举措:加强与产业行业对接,健全专业设置动态调整机制;加强与职业能力标准对接,构建具有浙江特色的职业教育标准体系;加强与生产过程对接,推进人才培养模式改革;加强与工作岗位对接,分类建设实训基地;加强与行业企业对接,建设高素质"双师型"教师队伍;优化多元分层的招生制度;完善技术技能人才贯通培养体系;构建育训结合的融通服务体系;构建优势互补的协调发展机制;深化主体多元的办学体制改革;推进职业教育数字化转型。

在系列政策引领下,浙江省高职院校积极创新产教融合、校企合作体制机制,不断提升产教融合水平。如金华职业技术学院以智能化精密制造产教园为实践样本,聚力"综合体"体制机制建设,探索创新了培养目标、教学内容、培养方式融合,政策、身份、资源及利益分配方式打通的"三融三通"产教综合体运行机制,推动了"产学研训创"一体化运行和实质性融合。杭州职业技术学院深化了"校企共同体"体制机制办学模式,根据专业、行业特征,发展了"专企融合""政行企校""行企校""企业托管"等多元合作模式的"校企共同体"。

六、加强职业教育东西协作

为全面落实《职业教育东西协作行动计划(2016—2020年)》《深度贫困地区教育脱贫攻坚实施方案(2018—2020年)》(教发〔2018〕1号)等政策文件要求,浙江省相继印发了《关于浙江省助力东西部扶贫协作地区脱贫攻坚的实施意见》(浙委办发〔2018〕32号)、《2019年浙江省职业教育东西部扶贫协作工作主要工作任务》(浙教办函〔2019〕159号)、《关于建立完善双高校对口帮扶机制助力新一轮山海协作的通知》等文件,积极开展职教东西协作,建立了长期稳定的东西部学校战略合作机制。

目前,浙江省高职院校东西协作项目覆盖面较广,涉及多个西部省份,且针对不同省份学校的切实需求由不同单位主要负责采取具有针对性的帮扶措施。如浙江交通职业技术学院积极响应党中央"精准扶贫"的号召,在西乡县职业技术中学建立脱贫攻坚就业培训基地,联合陕西交通职业技术学院开展"双百工程",与西乡县27家企业签约,成立学院西部水上专业帮扶助力脱贫项目。杭州职业技术学院依托自身原有优势,构建浙江省电梯人才培养联盟,在全国范围首创"校企精准扶贫班",采用"免费培养、定向就业"模式,拓宽了原有对口支援中西部院校途径。还有学校通过为贫困学生提供资助、开辟绿色通道、开展公益性职业技能培训、提供教师培训等各种形式开展东西协作,以自身优势资源为西部各职业院校提供切实帮助。经过一段时间的定向帮扶，西部地区的职业教育在办学理念、管理水平、办学条件、师资和专业建设、培养质量等方面得到了大幅提升和改善，职业教育服务当地经济社会发展、助推脱贫攻坚的能力得到了进一步加强，整体提升了全国职业教育的发展水平。

第二章 专业设置与发展

浙江省高职院校立足地方产业,充分利用国家职业教育政策红利,坚持类型教育属性,把握产业集群化趋势,布局与区域产业相适应的专业,并在"十三五"末,全面启动了专业群建设,有力服务了国家和地方重大战略,有效促进了经济社会的发展。

第一节 浙江省高职教育专业设置现状

"十三五"期间,浙江省高职院校专业规模大体与"十二五"保持一致,专业数量和专业点数保持稳定。财经大类专业依旧规模最大,新专业不断涌现,以服务数字经济和智能制造为代表的相关专业设置规模较同期有较大增长。

一、专业设置规模

截至2020年3月31日,浙江省共有高职院校49所,专业327个,专业点1347个,每个专业点平均在校生规模为305人,中位数为142人①。从院校办学规模上看,有10个专业点在校生超过1000人,排名前20的专业点在校生规模在900人左右,而在2015年,浙江省高职专业点规模超过2000人的专业有3个,可见,专业点在校生规模有均衡化的趋势。一般来说,专业办学时间与办学规模存在正相关关系,办学时间久的专业往往具有较好的专业积累,都获得了各级各部门颁发的重点专业或特色专业荣誉。2020年单个专业在校生规模排名前10的高职院校统计见表2-1,因浙江省高职院校专业点在校生为个位数的,大多为体育运动类的特殊专业,故不做小规模专业点统计汇总。

表2-1 2020年单个专业在校生规模排名前10的高职院校统计

序号	名称	专业名称	批准设置日期(年月)	首次招生日期(年月)	在校生数/人	重点专业	特色专业
1	浙江金融职业学院	会计	200006	200109	1528	国家级	省级
2	宁波幼儿师范高等专科学校	学前教育	200505	200508	1503	校级	地市级

① 数据来源于全国职业高等院校人才培养工作状态数据采集与管理平台。

续表

序号	名称	专业名称	批准设置日期（年月）	首次招生日期（年月）	在校生数/人	重点专业	特色专业
3	温州职业技术学院	会计	199907	199909	1454	省级	省级
4	浙江旅游职业学院	酒店管理	200005	200009	1339	国家级	省级
5	浙江金融职业学院	金融管理	200009	200009	1314	国家级	国家级
6	金华职业技术学院	学前教育	200103	200108	1285	国家级	国家级
7	浙江长征职业技术学院	会计	200110	200209	1181	无	省级
8	浙江医药高等专科学校	中药学	200004	200009	1172	校级	省级
9	浙江育英职业技术学院	空中乘务	200004	200009	1153	校级	省级
10	浙江旅游职业学院	会计	200305	200309	1000	校级	省级

从专业整体规模上看，专业布局整体变化不大，会计专业办学规模依旧全省最大。相较 2015 年同期，浙江省电子商务专业办学规模增长最快，开设该专业的院校数量增加了 6 所，在校生增加了 8110 人。2020 年浙江省高职院校在校生规模排名前 10 的专业见表 2-2。2015—2016 学年至 2019—2020 学年，浙江省高职院校各大类专业数、专业点数见表 2-3。浙江省高职院校共设 327 个专业，专业点数最多的 26 个专业见表 2-4。

表 2-2　2020 年浙江省高职院校在校生规模排名前 10 的专业分布情况

序号	专业名称	专业类别名称	院校数			在校生规模	
			开设院校数/所	较 2015 年数量变化	排名	规模/人	较 2015 年规模变化
1	会计	财经大类	34	+6	1	30343	+6280
2	电子商务	财经大类	30	+6	2	17600	+8110
3	机电一体化技术	制造大类	24	+1	4	11924	+3469
4	市场营销	财经大类	28	+8	3	11064	+3461
5	计算机应用技术	电子信息大类	22	−5	7	10657	+2649
6	建筑工程技术	土建大类	17	0	13	9363	−577
7	国际贸易实务	财经大类	16	0	17	9276	+1939
8	护理	医药卫生大类	9	+4	48	8823	+2477
9	酒店管理	旅游大类	19	0	9	8524	+224
10	工程造价	土建大类	18	+4	12	7557	+1506

表 2-3 浙江省高职院校专业和专业点数分布情况

专业大类(括号内为2015年版专业大类编号及名称)	专业数						专业点数						专业点比例					
	2015—2016年	2016—2017年	2017—2018年	2018—2019年	2019—2020年		2015—2016年	2016—2017年	2017—2018年	2018—2019年	2019—2020年		2015—2016年	2016—2017年	2017—2018年	2018—2019年	2019—2020年	
51 农林牧渔	16	14	14	13	13		41	36	36	35	35		3.35%	2.86%	2.81%	2.65%	2.60%	
52 资源环境与安全(54资源开发与测绘;60环保、气象与安全大类)	2+5	7	7	7	7		3+10	15	16	17	17		1.06%	1.19%	1.25%	1.29%	1.26%	
53 能源动力与材料(55材料与能源)	3	3	2	2	2		4	4	3	3	3		0.33%	0.32%	0.23%	0.23%	0.22%	
54 土木建筑(56 土建)	28	27	27	26	26		129	128	125	127	121		10.54%	10.17%	9.75%	9.62%	8.98%	
55 水利(57)	2	3	3	3	3		3	4	4	4	4		0.25%	0.32%	0.31%	0.30%	0.30%	
56 装备制造(58 制造)	34	28	28	30	28		178	171	174	182	180		14.54%	13.59%	13.57%	13.79%	13.36%	

续表

专业大类(括号内为2015年版专业大类编号及名称)	专业数					专业点数					专业点比例				
	2015—2016年	2016—2017年	2017—2018年	2018—2019年	2019—2020年	2015—2016年	2016—2017年	2017—2018年	2018—2019年	2019—2020年	2015—2016年	2016—2017年	2017—2018年	2018—2019年	2019—2020年
57 生物与化工(53生化与药品)	15	4	5	6	6	28	7	8	9	9	2.29%	0.56%	0.62%	0.68%	0.67%
58 轻工纺织(61轻纺食品)	24	15	14	14	13	46	28	26	26	25	3.76%	2.23%	2.03%	1.97%	1.86%
59 食品药品与粮食	—	12	16	16	16	—	28	32	33	32	—	2.23%	2.50%	2.50%	2.38%
60 交通运输(52)	27	24	24	24	24	60	49	50	59	63	4.90%	3.90%	3.90%	4.47%	4.68%
61 电子信息(59)	29	22	24	25	29	158	159	161	163	177	12.91%	12.64%	12.56%	12.35%	13.14%
62 医药卫生(63)	19	21	21	21	20	40	37	37	39	43	3.27%	2.94%	2.89%	2.95%	3.19%
63 财经商贸(62财经)	34	34	35	35	37	233	272	283	285	290	19.04%	21.62%	22.07%	21.59%	21.53%

续表

专业大类(括号内为2015年版专业大类编号及名称)	专业数					专业点数					专业点比例				
	2015—2016年	2016—2017年	2017—2018年	2018—2019年	2019—2020年	2015—2016年	2016—2017年	2017—2018年	2018—2019年	2019—2020年	2015—2016年	2016—2017年	2017—2018年	2018—2019年	2019—2020年
64 旅游	14	11	12	11	12	74	73	75	75	76	6.05%	5.80%	5.85%	5.68%	5.64%
65 文化艺术(64艺术设计传媒)	32	32	33	34	36	87	113	118	125	128	7.11%	8.98%	9.20%	9.47%	9.50%
66 新闻传播	—	10	10	11	10	—	16	18	18	18	—	1.27%	1.40%	1.36%	1.34%
67 教育与体育(66文化教育)	26	24	25	26	26	88	84	83	85	92	7.19%	6.68%	6.47%	6.44%	6.83%
68 公安与司法(68公安;69法律)	2+12	11	11	11	11	2+14	13	13	13	13	1.31%	1.03%	1.01%	0.98%	0.97%
69 公共管理与服务(65公共事业)	12	9	10	9	8	26	21	20	22	21	2.12%	1.67%	1.56%	1.67%	1.56%
合计	336	311	321	324	327	1224	1258	1282	1320	1347	100%	100%	100%	100%	100%

表 2-4 浙江省高职院校专业点数排名前 26 的专业分布情况①

序号	专业名称	专业类别名称	专业点数	较 2015 年排名变化	较 2015 年数量变化	专业点在校生人数
1	会计	财经商贸大类	34	0	+6	30343
2	电子商务	财经商贸大类	30	+1	+6	17600
3	市场营销	财经商贸大类	28	+4	+8	11064
4	机电一体化技术	装备制造大类	24	+1	+1	11924
5	计算机应用技术	电子信息大类	22	-3	-5	10657
6	商务英语	教育与体育大类	22	+2	+2	6833
7	物流管理	财经商贸大类	22	-3	-2	6481
8	酒店管理	旅游大类	19	+1	0	8524
9	计算机网络技术	电子信息大类	19	-3	-2	6227
10	工程造价	土木建筑大类	18	+11	+4	7557
11	电气自动化技术	装备制造大类	18	+3	0	6336
12	旅游管理	旅游大类	18	+8	+3	5417
13	建筑工程技术	土木建筑大类	17	+2	0	9363
14	工商企业管理	财经商贸大类	17	+2	0	5122
15	数控技术	装备制造大类	17	-5	-1	4910
16	汽车营销与服务	财经商贸大类	17	+3	+1	3668
17	国际贸易实务	财经商贸大类	16	0	0	9276
18	应用电子技术	电子信息大类	15	-7	-3	4173
19	数字媒体艺术设计	文化艺术大类	15	+3	+1	3342
20	软件技术	电子信息大类	14	+11	+4	5306
21	汽车检测与维修技术	装备制造大类	14	+3	-1	5245
22	金融管理	财经商贸大类	14	+17	+6	5150
23	模具设计与制造	装备制造大类	14	-5	-2	5015
24	投资与理财	财经商贸大类	14	+1	+2	4026
25	文秘	教育与体育大类	14	-12	-4	3163
26	工业机器人技术	装备制造大类	14	0∞	+14	1862

① 统计根据专业点数降序排序,同位次按照在校生规模降序排序,其中排名第 26 位的"工业机器人技术"专业为 2015 年以后新增专业。

二、专业覆盖面

截至 2020 年 3 月 31 日,全省高职院校共 327 个专业,覆盖了 19 个专业大类。在专业大类分布中,专业数最多的 5 个大类分别为财经商贸、文化艺术、电子信息、装备制造和土木建筑,专业点数最多的 5 个专业大类分别为财经商贸、装备制造、电子信息、文化艺术、土木建筑,见图 2-1。

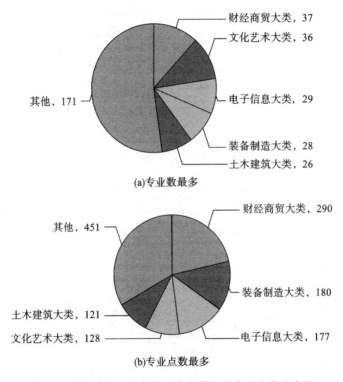

图 2-1 浙江省专业数与专业点数最多的专业大类分布图

为贯彻落实全国职业教育工作会议精神和《国务院关于加快发展现代职业教育的决定》(国发〔2014〕19 号),进一步扩大省级政府教育统筹权和学校办学自主权,引导高职院校科学合理设置专业,促进高职教育人才培养与经济社会发展实际更加吻合,教育部对现行的《普通高等学校高职高专教育专业设置管理办法》和《普通高等学校高职高专教育指导性专业目录》进行了修订,形成了《普通高等学校高等职业教育(专科)专业设置管理办法》和《普通高等学校高等职业教育(专科)专业目录(2015 年)》(以下简称《目录》)。《目录》是高职院校专业设置与调整的主要依据。修订后的《目录》在体系结构上做了较大调整,设置了"专业方向举例""主要对应职业类别""衔接中职专业举例""接续本科专业举例"等四项内容。专业大类维持原来的19个不变,排序和划分有所调整;专业类由原来的78个调整增加到99个;专业由原来的1170个调减到747个;列举专业方向749个、主要对应职业类别291个、衔接中职专业308个、接续本科专业344个。浙江省2016年度增补专业共13个,2017年度增补专业共6个,2018年度增补专业共3个,2019年度增补专业共9个。浙江省依据《目录》共新增专业31个。专业目录增补后浙江省新设专业布点统计见表2-5。

表2-5 专业目录增补后浙江省新设专业布点统计

增补年份	新增专业总数	浙江省新设专业布点	截至2020年专业点数
2016	13	食品药品监督管理	1
		大数据技术与应用	13
		医疗器械经营与管理	1
		中小企业创业与经营	4
		商务数据分析与应用	7
		电子竞技运动与管理	3
		幼儿发展与健康管理	3
2017	6	化学制药技术	1
		生物制药技术	3
		中药制药技术	1
		药物制剂技术	1
2018	3	虚拟现实应用技术	3
2019	9	人工智能技术服务	2
		跨境电子商务	2
		研学旅行管理与服务	2

三、专业的区域分布情况

总体看来,全省专业设置更趋合理。全省专业数量虽然变化不大,但专业点从2015年的1681个缩减到2020年的1347个。根据状态数据采集与管理平台公布的1347个专业布点数量,减去在校生为0的专业布点,合并同一专业的中外合作专业,对浙江省高职院校1244个专业点进行统计,11个地市专业布点分布见表2-6。

表2-6 浙江省各地市专业布点数量统计表

区域	专业数量	专业占比	在校生人数	在校生占比
杭州	446	35.85%	153970	38.37%

续表

区域	专业数量	专业占比	在校生人数	在校生占比
宁波	171	13.75%	58131	14.49%
温州	139	11.17%	43264	10.78%
绍兴	98	7.88%	33185	8.27%
湖州	35	2.81%	10061	2.51%
嘉兴	55	4.42%	15874	3.96%
金华	149	11.98%	42317	10.55%
衢州	22	1.77%	6835	1.70%
台州	68	5.47%	20878	5.20%
丽水	28	2.25%	7919	1.97%
舟山	33	2.65%	8838	2.20%
合计	1244	100.00%	401272	100.00%

四、专业的产业分布情况

根据高职专业目录和现有状态数据平台的专业大类与一产、二产、三产的归类情况,将51农林牧渔大类专业、55水利大类专业归入一产类专业;52资源环境与安全大类专业、53能源动力与材料大类专业、54土木建筑大类专业、56装备制造大类专业、57生物与化工大类专业、58轻工纺织大类专业、59食品药品与粮食大类专业归入二产类专业;60交通运输大类专业、61电子信息大类专业、62医药卫生大类专业、63财经商贸大类专业、64旅游大类专业、65文化艺术大类专业、66新闻传播大类专业、67教育与体育大类专业、68公安与司法大类专业、69公共管理与服务大类专业归入三产类专业。如此得出2020年浙江省高职院校327个专业的产业布局情况,详见表2-7。对全省专业数量布点进一步分析,发现全省面向三类产业的专业布点比例为5∶30∶65,专业点数比例为3∶29∶68,根据国家统计局对地区生产总值统一核算结果,2020年全省生产总值为64613亿元,三类产业增加值比例为3.3∶40.9∶55.8。总体上看,全省的专业设置与省内产业布局能较好地呼应,合理的专业布局能够为产业提升发挥一定的助推作用。

表2-7 2020年浙江省高职院校专业对应产业分布表

产业类别	专业大类	专业数	专业点数
第一产业	51农林牧渔	13	35
	55水利	3	4
	合计	16	39

续表

产业类别	专业大类	专业数	专业点数
第二产业	52 资源环境与安全	7	17
	53 能源动力与材料	2	3
	54 土木建筑	26	121
	56 装备制造	28	180
	57 生物与化工	6	9
	58 轻工纺织	13	25
	59 食品药品与粮食	16	32
	合计	98	387
第三产业	60 交通运输	24	63
	61 电子信息	29	177
	62 医药卫生	20	43
	63 财经商贸	37	290
	64 旅游	12	76
	65 文化艺术	36	128
	66 新闻传播	10	18
	67 教育与体育	26	92
	68 公安与司法	11	13
	69 公共管理与服务	8	21
	合计	213	921
	总计	327	1347

第二节 浙江省高职教育专业建设类重点项目

项目化建设推动专业提档升级是长期以来职业教育领域积累的建设经验。在《国家职业教育改革实施方案》《职业教育提质培优行动计划（2020—2023年）》等一系列重大政策推动下，浙江省延续"十二五"以来的专业建设政策，继续推动优势特色专业建设，进一步丰富专业内涵，并努力在类型教育的更高层次做出尝试，与此同时，全面开启了专业群建设新征程。

一、专业建设相关重点项目

(一)优势专业与特色专业

随着优质高职院校建设进程的推进,高职的专业不仅强调特色专业建设,更重要的是凸显无可比拟的专业竞争优势,发挥专业建设的集聚效应和示范辐射作用,达到带动一批、影响一群和提升一片的显性成效。早在"十一五"期间,浙江省便投入8000万元重点建设200个本科特色专业和200个高职(高专)特色专业。为进一步夯实专业建设基础,改善专业办学条件,促进全省高等教育内涵发展、特色发展和品牌发展,根据全省教育事业"十三五"规划要求,2016年和2017年浙江省分别公布了"十三五"优势专业建设项目(浙教高教〔2016〕164号)和特色专业建设项目(浙教高教〔2017〕29号),两个项目旨在改善专业基础条件,加强专业师资队伍建设,深化教育教学改革,创新专业人才培养模式,强化专业社会服务。

其中优势专业要求树立人才培养的中心地位,结合自身的办学定位和学科特色,注重内涵发展,优化人才培养方案,促进人才培养水平的整体提升,加快形成和强化在省内外同层次同类型专业中的领先优势,引领示范本校其他专业或同类高校相关专业的改革与建设。各优势专业建设项目要求负责人切实担负起建设责任,积极探索,加强管理,努力提高建设成效。入选项目实行动态调整的建设机制,建设中期组织开展检查评估,检查评估不合格的建设项目将中止建设计划并取消建设资格。建设期满组织终期验收,严格对照项目建设计划进行验收,对照评价标准,并积极采用第三方评价,全面考查建设任务达成情况。

其中特色专业同样要求树立人才培养的中心地位,结合自身的办学定位和学科特色,进一步培育和凝练专业特色,增强为特定领域和行业培养人才和提供社会服务的能力,快速形成省内外同层次同类专业中特色鲜明的骨干专业。特色专业建设项目要求负责人切实担负起建设责任,积极探索,加强管理,努力提高建设成效。验收通过后授予浙江省普通高校"十三五"特色专业称号。相关专业布点见表2-8和表2-9。

表2-8 浙江省优势专业和特色专业统计表(按区域分布)

地区	优势专业数量	特色专业数量(评审类)	特色专业数量(备案类)
杭州	77	48	39
宁波	17	11	10
温州	13	9	10
绍兴	9	6	6
湖州	4	3	2

续表

地区	优势专业数量	特色专业数量(评审类)	特色专业数量(备案类)
嘉兴	4	2	4
金华	14	12	8
衢州	2	2	2
台州	5	6	6
丽水	4	2	2
舟山	1	4	4
合计	150	105	93

表2-9 浙江省优势专业和特色专业统计表(按专业大类分布)

专业大类	优势专业数量	特色专业数量(评审类)	特色专业数量(备案类)
51 农林牧渔	8	6	2
52 资源环境与安全	13	1	1
53 能源动力与材料	0	1	1
54 土木建筑	0	8	9
55 水利	1	1	0
56 装备制造	26	14	11
57 生物与化工	2	0	0
58 轻工纺织	5	7	1
59 食品药品与粮食	4	2	0
60 交通运输	5	7	6
61 电子信息	17	10	5
62 医药卫生	4	6	4
63 财经商贸	26	19	30
64 旅游	10	5	8
65 文化艺术	13	6	7
66 新闻传播	3	1	0
67 教育与体育	7	7	6
68 公安与司法	5	3	2
69 公共管理与服务	1	1	1
合计	150	105	93

(二)实施"1+X"证书制度试点

启动"1+X"证书制度试点是健全国家职业教育制度框架、培养复合型技术技能人才的重要路径。对专业而言,启动"1+X"证书制度试点能推动技术技能人才培养体系的变革,推动专业和课程的重构,推动教学模式和教材的创新,推动教师团队的成长。

2019年4月4日,教育部等四部门印发《关于在院校实施"学历证书+若干职业技能等级证书"制度试点方案》的通知(教职成〔2019〕6号),要求有关院校将"1+X"证书制度试点与专业建设、课程建设、教师队伍建设等紧密结合,推进"1"和"X"的有机衔接。这说明"X"对专业而言,是专业建设的反映,是教育与培训一体推进的重要尝试。试点提出,要将证书培训内容有机融入专业人才培养方案,优化课程设置和教学内容,统筹教学组织与实施,深化教学方式方法改革,提高人才培养的灵活性、适应性、针对性。试点院校可以通过培训、评价使学生获得职业技能等级证书,也可探索将相关专业课程考试与职业技能等级考核统筹安排,同步考试(评价),获得学历证书相应学分和职业技能等级证书。

浙江省高度重视试点的组织工作,省教育厅要求试点院校以高等职业学校、中等职业学校(不含技工学校)为主,应用型本科高校及国家开放大学等积极参与。开展试点以来,相关院校加大投入,高标准地开展试点工作。比如杭州职业技术学院与北京中车行高新技术有限公司紧密合作,开展了"1+X"汽车运用与维修(含智能新能源汽车)职业技能等级证书制度全国试点工作说明会,设立了职业教育培训考核办公室,该校深度融合校、企、行三方,构建三位一体的职业技能等级的人才培养和考核评价体系,将职业技能等级标准与企业证书标准有机相融。浙江工贸职业技术学院提出了"1+X"证书试点工作与人才培养方案、产教融合方案、人才培养模式改革、教学标准研发"四结合"的改革路径。浙江省参与"1+X"证书制度试点的高职院校数量如表2-10所示。

表2-10 浙江省参与"1+X"证书制度试点的高职院校数统计表

批次	参与试点证书	试点院校数
第一批	建筑信息模型(BIM)	2
	Web前端开发	5
	老年照护	3
	物流管理	5
	汽车运用与维修	3
	智能新能源汽车	1

续表

批次	参与试点证书	试点院校数
第二批	电子商务数据分析	8
	网店运营推广	13
	工业机器人操作与运维	9
	工业机器人应用编程	10
	特殊焊接技术	2
	智能财税	13
	母婴护理	3
	传感网应用开发	10
	失智老人照护	2
	云计算平台运维与开发	11

(三)继续开展四年制高职教育人才培养试点

四年制高等职业教育人才培养试点是应对产业转型升级对高素质技术技能人才质量、层次提升的现实需求而设立的,是完善现代职业教育体系的有益探索。2015年浙江省启动四年制高等职业教育人才培养试点工作,首批遴选了浙江机电职业技术学院、浙江金融职业学院、金华职业技术学院等5所高职院校6个专业先行试点。2016年,在原有试点基础上,再增加了10个专业。在遴选过程中,从全省产业发展需要和提高学校专业办学条件水平的要求出发,明确了"社会对人才有需求,高职专业有优势,本科院校专业有布点但专业相对较弱"的遴选原则,使高职院校的四年制试点专业与本科院校相关专业实现双赢。

从高职院校内部看,四年制高职教育人才培养试点一方面在院校专业设置上体现了优势专业在类型教育下的层次性,专业内教师、课程、教材、教法都得到了进一步优化,有力推动了人才培养的教学科研改革;另一方面,四年制高等职业教育人才培养的目标定位于介于技术技能型与工程型之间的应用技术型人才,通过长学制的人才培养,人才培养规格得到了提升,职业教育成长立交桥构建进一步通畅,在中职生源长学制培养方面积累了宝贵的经验。从本科院校内部看,相关专业都属于培养应用型人才的专业,教学资源分配较难得到充分满足,专业实习实训设备以及技能课程、顶岗实习等方面与高职院校优势互补,能较好地实现专业的错位发展,相关专业布点见表2-11。

表 2-11　浙江省开展四年制高等职业教育人才培养试点专业汇总表

序号	试点学校	试点专业	批次	年招生数
1	浙江机电职业技术学院	自动化(机电一体化技术)	第一批	100
		材料成型及控制工程(模具设计制造技术)	第一批	100
2	浙江金融职业学院	金融工程(互联网金融)	第一批	100
3	浙江经济职业技术学院	物流管理(智能物流)	第一批	100
		电子商务(生产资料电子商务)	第二批	50
4	温州职业技术学院	电气工程及其自动化(自动化生产线应用技术)	第一批	100
		机械工程(机械设计与制造技术)	第二批	50
5	金华职业技术学院	电子信息科学与技术(电力电子技术)	第一批	100
		机械设计制造及其自动化(工艺装备自动化技术)	第二批	50
6	杭州职业技术学院	机械设计制造及其自动化(数控技术)	第二批	50
7	宁波职业技术学院	化学工程与技术(绿色化工生产运行控制技术)	第二批	50
8	浙江经贸职业技术学院	食品质量与安全(农产品加工与质量检测技术)	第二批	50
9	浙江工贸职业技术学院	机械工程(光机电应用技术)	第二批	50
10	浙江交通职业技术学院	土木工程(道路桥梁工程技术)	第二批	50
11	浙江工业职业技术学院	机械设计制造及其自动化(数控技术)	第二批	50
12	浙江建设职业技术学院	土木工程(建筑工程技术)	第二批	50

(四)启动"专升本人才联合培养"项目

2015年启动的四年制高职教育人才培养试点是浙江省破除职业教育"天花板"的有益尝试,但生源只面向中职生,对于希望接受更高层次职业教育的普高学生而言,原有的专升本项目既不是同一类型下更高层次的职业教育,从录取数量上也满足不了广大学生更高层次的求学需求。为贯彻落实《国家职业教育改革实施方案》明确的"开展本科层次职业教育试点"要求,浙江省教育厅统筹优质办学资源,启动"专升本人才联合培养"项目。利用2020年特殊时期专升本扩招的机遇,由17所高职院校相关专业与本科院校相应的专业对接,培养本科层次的技术技能人才。相关专业见表2-12。招收学生占用本科院校的专升本指标,本科院校负责学籍、监督和毕业证书学位证书发放，参与试点的高职院校则负责体现职业教育类型特征的特色化培养，探索高素质应用型人才培养的有效途径。

表 2-12　浙江省专升本人才联合培养项目统计表

培养院校	合作院校	合作专业	年招生数
宁波职业技术学院	浙江科技学院	轻化工程	30
	宁波工程学院	材料成型及控制工程	35
		电子信息工程	35
	浙江水利水电学院	机械设计制造及其自动化	60
温州职业技术学院	台州学院	电气工程及其自动化	40
	浙江传媒学院	电子信息工程	40
	浙江传媒学院	软件工程	40
	浙江科技学院	服装与服饰设计	30
浙江交通职业技术学院	宁波工程学院	网络工程	35
		汽车服务工程	35
金华职业技术学院	杭州电子科技大学	机械设计制造及其自动化	60
		电气工程及其自动化	60
	嘉兴学院	小学教育（师范）	35
		学前教育（师范）	35
浙江工贸职业技术学院	浙江水利水电学院	自动化	50
		材料成型及控制工程	50
浙江医药高等专科学校	浙江中医药大学	药学	60
浙江机电职业技术学院	浙江科技学院	自动化	40
		工业设计	40
		机械设计制造及其自动化	40
	浙江水利水电学院	物联网工程	40
浙江建设职业技术学院	浙江水利水电学院	工程管理	45
		工程造价	45
浙江艺术职业学院	浙江传媒学院	表演	30
	浙江音乐学院	表演（越剧音乐伴奏）	15
浙江经贸职业技术学院	浙江工商大学	计算机科学与技术	40
		电子商务	40

续表

培养院校	合作院校	合作专业	年招生数
浙江商业职业技术学院	杭州电子科技大学	电子商务	45
		国际经济与贸易	45
浙江经济职业技术学院	杭州电子科技大学	国际经济与贸易	45
	浙江财经大学	金融学	45
	浙江外国语学院	国际商务	30
浙江旅游职业学院	浙江工商大学	旅游管理	40
浙江警官职业学院	杭州电子科技大学	法学	80
浙江金融职业学院	杭州电子科技大学	国际经济与贸易	30
	浙江工商大学	金融学	30
	浙江财经大学	信用管理	30
杭州职业技术学院	杭州电子科技大学	机械设计制造及其自动化	35
	中国计量大学	安全工程	35
	嘉兴学院	服装设计与工程	35
		视觉传达设计	35
浙江特殊教育职业学院	浙江科技学院	视觉传达设计	20

二、以"双高"建设为引领的专业群发展

专业群建设最早提出可以追溯到 2006 年《教育部、财政部关于实施国家示范性高等职业院校建设计划加快高等职业教育改革与发展的意见》(教高〔2006〕14号)，文件提出通过国家示范性高等职业院校建设形成 500 个以重点建设专业为龙头、相关专业为支撑的重点建设专业群，其主要路径就是"选择 500 个左右办学理念先进、产学结合紧密、特色鲜明、就业率高的专业进行重点支持"。所以，国家示范院校建设以来，浙江省高职院校始终围绕重点专业做文章，并较早地完成了教学建设和教学改革、增强社会服务能力、创建共享型专业教学资源库等涉及重点专业的底层建设，并以此为基础开始从专业建设到专业群建设的探索。在国家高水平高职学校和高水平专业群建设之前，金华职业技术学院、浙江金融职业学院、浙江机电职业技术学院等院校就已围绕相关产业，通过专业压缩整合的方式探索专业群建设。以金华职业技术学院为例，从"十二五"末的近 70 个专业到"十三五"末的58 个专业，专业数量有效压缩，专业结构进一步优化，初步建立了以二级学院为专业集群单位的基层组织架构。总之，得益于浙江省丰厚的产业群基础和超前的专

业集群化建设,全省高职院校专业群得以先行改革,快速铺开,高质量建设。

(一)国家"双高计划"中的浙江高水平专业群

"双高计划"是落实《国家职业教育改革实施方案》的支柱项目,是立足新时代职业教育整体发展的引领性制度设计。2019年,《国家职业教育改革实施方案》提出"启动实施中国特色高水平高等职业学校和专业建设计划,建设一批引领改革、支撑发展、中国特色、世界水平的高等职业学校和骨干专业(群)"以及到2022年要"建设50所高水平高等职业学校和150个骨干专业(群)",同年4月,《教育部、财政部关于实施中国特色高水平高职学校和专业建设计划的意见》(教职成〔2019〕5号)提出"打造高水平专业群"。12月,教育部、财政部确定197所高职学校入选"双高计划",其中56所高职学校入选为高水平学校建设单位,141所高职学校入选为高水平专业群建设单位。

浙江省推荐的15所高职学校全部入选"双高计划"建设单位(以下简称"双高"建设校),其中6所高职学校入选高水平学校建设单位,9所高职学校入选高水平专业群建设单位。教育部和财政部公布的"双高计划"建设单位分为2类6档,浙江省"双高"建设校中第一类和第二类占比分别为11%和6%,超全国平均水平7.6和3.5个百分点,呈现"优中亦优"状态。浙江省15所"双高"建设校中,有12所高职院校是入选国家示范性(骨干)建设计划和创新发展计划的建设单位,其余3所高职院校则入选了浙江省的优质暨重点校建设计划,这表明国家示范校、优质校等建设项目的实施,对国家"双高"建设计划的推进和高职教育的高质量发展起着重要推动作用。国家"双高"建设计划立项单位统计情况见表2-13。

表2-13 国家"双高"建设计划立项单位统计表

序号	省份	高水平高职院校个数			高水平专业群建设单位个数			双高院校总计	
		A档	B档	C档	A档	B档	C档	总数/个	占比
1	江苏	2	3	2	1	7	5	20	10.15%
2	浙江	2	3	1	1	4	4	15	7.61%
3	山东	1	2	1	1	7	3	15	7.61%
4	广东	1	4	0	0	3	6	14	7.11%
5	湖南	0	3	0	2	2	4	11	5.58%
6	重庆	0	2	0	1	3	4	10	5.08%
7	河北	0	1	0	0	2	6	9	4.57%
8	陕西	1	1	2	0	2	2	8	4.07%
9	四川	0	0	1	2	3	2	8	4.07%

续表

序号	省份	高水平高职院校个数			高水平专业群建设单位个数			双高院校总计	
		A档	B档	C档	A档	B档	C档	总数/个	占比
10	湖北	0	0	1	2	2	3	8	4.07%
11	北京	1	1	1	2	1	1	7	3.55%
12	天津	1	1	1	2	1	1	7	3.55%
13	辽宁	0	1	0	1	0	4	6	3.04%
14	黑龙江	0	0	1	2	2	1	6	3.04%
15	江西	0	0	1	1	3	1	6	3.04%
16	河南	1	0	0	0	5	0	6	3.04%
17	山西	0	0	1	2	2	0	5	2.54%
18	安徽	0	0	1	2	2	0	5	2.54%
19	福建	0	0	1	1	3	0	5	2.54%
20	吉林	0	0	1	1	0	2	4	2.03%
21	广西	0	0	1	0	2	1	4	2.03%
22	内蒙古	0	0	1	0	1	1	3	1.52%
23	贵州	0	0	1	0	1	1	3	1.52%
24	云南	0	0	1	0	0	2	3	1.52%
25	甘肃	0	0	0	1	1	1	3	1.52%
26	宁夏	0	0	1	0	1	0	2	1.02%
27	新疆	0	0	1	0	0	1	2	1.02%
28	海南	0	0	1	0	0	0	1	0.51%
29	上海	0	0	1	0	0	0	1	0.51%
合计		10	20	26	26	59	56	197	100%

从立项数量上看,浙江省高职高水平专业群建设数量位居全国第二。具体立项院校及相关专业信息见表2-14。

表2-14 国家"双高"计划高水平专业在浙江省立项情况统计表

序号	院校	专业群	龙头专业	骨干专业
1	金华职业技术学院	机械制造与自动化专业群	机械制造与自动化	模具设计与制造、电气自动化技术、机电一体化技术
2		学前教育专业群	学前教育	早期教育、小学教育、美术教育

续表

序号	院校	专业群	龙头专业	骨干专业
3	浙江机电职业技术学院	机械制造与自动化（智能制造）专业群	机械制造与自动化	数控技术、模具设计与制造、工业机器人技术、工业设计等
4		智能控制技术专业群	智能控制技术	电气自动化技术、机电一体化技术、应用电子技术、物联网应用技术
5	浙江金融职业学院	金融管理专业群建设	金融管理	国际金融、农村金融、互联网金融、信用管理
6		国际贸易实务专业群	国际贸易实务	国际商务、跨境电子商务、商务英语
7	宁波职业技术学院	应用化工技术专业群	应用化工技术	环境监测与控制技术、电气自动化技术、工业分析与检验
8		模具设计与制造专业群	模具设计与制造	电子信息工程技术、机电一体化技术、机电设备维修与管理、工业机器人技术等
9	温州职业技术学院	鞋类设计与工艺专业群	鞋类设计与工艺	服装与服饰设计、家具设计与制造、产品艺术设计、大数据技术与应用
10		电机与电器技术专业群	电机与电器技术	电气自动化技术、电子信息工程技术、机电一体化技术、机械设计与制造
11	杭州职业技术学院	电梯工程技术专业群	电梯工程技术	机械设计与制造、机电一体化技术、工业机器人技术
12		服装设计与工艺专业群	服装设计与工艺	针织技术与针织服装、艺术设计（纺织装饰）、时装零售与管理
13	浙江建设职业技术学院	工程造价专业群	工程造价	建设项目信息化管理、建筑经济管理、建设工程监理、房地产经营与管理

续表

序号	院校	专业群	龙头专业	骨干专业
14	浙江经贸职业技术学院	电子商务专业群	电子商务	软件技术、计算机应用技术、计算机网络技术
15	浙江经济职业技术学院	物流管理专业群	物流管理	电子商务、报关与国际货运、金融管理、物联网应用技术
16	浙江旅游职业学院	导游专业群	导游	电子商务、研学旅行管理与服务、景区开发与管理（景区管理方向）
17	浙江交通职业技术学院	道路桥梁工程技术专业群	道路桥梁工程技术	工程造价、物联网应用技术、汽车运用与维修技术、通信技术
18	浙江商业职业技术学院	电子商务专业群	电子商务	移动商务、商务数据分析与应用、跨境电子商务、国际贸易实务、商务英语
19	浙江工贸职业技术学院	光电制造与应用技术专业群	光电制造与应用技术	工业机器人技术、模具设计与制造、机电一体化技术
20	浙江警官职业学院	刑事执行专业群	刑事执行	司法警务、司法信息安全
21	浙江艺术职业学院	戏曲表演专业群	戏曲表演	戏剧影视表演、表演艺术、舞台艺术设计与制作

浙江省多样化的产业布局和块状经济的基本特征使浙江省高水平专业群的产业面向也颇为多元，开展组群前的职业岗位分析和产业分析较其他省份更为复杂，组群难度相对较大。以同属高水平高职院校 A 类的金华职业技术学院和浙江机电职业技术学院的机械制造与自动化专业群为例，在申报书的组群逻辑表述中，两个专业群都只描述了"服务装备制造行业"，但面向的产业多元，如智能农机装备、现代五金产业、柔性制造、3D 打印等，两个专业群内的专业方向分别达到 16 个和 15 个，这会使专业群建设的面铺得很广。而无锡职业技术学院以机械制造与自动化专业为龙头专业的数控技术专业群将专业群面向定位于两机（航空发动机、燃气轮机）叶片制造，专业方向单一。纵观浙江省立项的高水平专业群，产业面向拓扑网状形态居多，聚合式形态少。当区域产业集群是由众多分散的中小企业自发聚集而成并且尚未形成完整的产业链条时，产业集群内部行业类型多样，在这种情况下

就不能将专业群的服务面向聚焦于某一特定产业,而应定位于不同产业或行业的职业岗位群[①]。因此,在后续的建设过程中,浙江省亟须发挥区域产业带动引领作用。浙江省的专业群一方面要通过群内专业的资源协同与优势互补整合,不断提高专业链与完整产业链的匹配度,另一方面要针对服务多样平行产业的单个专业群,鼓励群内专业利用群优势,及时跟进产业动态,瞄准新业态、新工艺,对标产业关键领域,加快专业提档升级,在专业方向上做出特色。

(二)省级"双高计划"中的高水平专业群

2020年,浙江省圆满完成了"十三五"规划既定任务,以推进省高职重点暨优质校建设为抓手,创新高职院校建设载体,完成培育省级"十三五"优势特色专业建设项目200个,在10月正式启动省级高水平职业院校和专业(群)建设工作。12月,在原21个国家高水平专业群的基础上,经严格评审论证,建设布局了51个省级高水平专业群。相关专业群统计情况见表2-15和表2-16。

表2-15 浙江省高职高水平学校建设名单[②]

序号	学校名称	专业群名称
1	浙江经济职业技术学院	汽车检测与维修技术
2	浙江建设职业技术学院	建筑工程技术
3	浙江旅游职业学院	酒店管理
4	浙江商业职业技术学院	烹调工艺与营养
5	浙江交通职业技术学院	航海技术
6	浙江经贸职业技术学院	食品营养与检测
7	义乌工商职业技术学院	国际经济与贸易
7	义乌工商职业技术学院	计算机信息管理
8	浙江工贸职业技术学院	人工智能
9	浙江艺术职业学院	舞蹈表演
10	浙江工业职业技术学院	机电一体化技术
10	浙江工业职业技术学院	工程造价
11	浙江纺织服装职业技术学院	纺织品设计
11	浙江纺织服装职业技术学院	服装与服饰设计

---

① 王亚南,成军,王斌.高职教育专业组群的逻辑依归、形态表征与实践方略——基于253个高水平专业群申报资料的质性文本分析[J].高等教育研究,2021,42(04):84-93.

② 高水平学校附建专业群均为A档。

续表

序号	学校名称	专业群名称
12	丽水职业技术学院	林业技术
		会计
13	浙江警官职业学院	安全防范技术
14	浙江工商职业技术学院	应用电子技术(智能家电)
		市场营销(数字商务)
15	宁波城市职业技术学院	园林技术
		计算机网络技术

表 2-16 浙江省高职高水平专业群建设名单

序号	学校名称	专业群名称	建设层次
1	温州科技职业学院	绿色食品生产与检验	A 档
2		畜牧兽医	B 档
3	杭州科技职业技术学院	模具设计与制造(智能制造)	A 档
4		市政工程技术(智慧建造)	B 档
5	台州职业技术学院	汽车制造与装配技术	A 档
6		药品生产技术	B 档
7	绍兴职业技术学院	计算机应用技术	A 档
8		电子商务	B 档
9	嘉兴职业技术学院	软件技术(工业互联网)	A 档
10		服装与服饰设计	B 档
11	湖州职业技术学院	工业过程自动化技术	B 档
12	宁波卫生职业技术学院	护理	B 档
13		老年保健与管理	B 档
14	浙江医药高等专科学校	药物制剂技术	B 档
15	浙江同济科技职业学院	水利工程	B 档
16		建筑工程技术(智能建造)	B 档
17	衢州职业技术学院	护理	B 档
18		计算机应用技术	B 档
19	浙江国际海运职业技术学院	航海技术	B 档

续表

序号	学校名称	专业群名称	建设层次
20	台州科技职业学院	园艺技术	B档
21		模具设计与制造	B档
22	杭州万向职业技术学院	国际贸易实务	B档
23	浙江农业商贸职业学院	茶树栽培与茶叶加工	B档
24		会展策划与管理	B档
25	浙江广厦建设职业技术大学	建筑工程技术	B档
26	浙江长征职业技术学院	跨境电子商务	B档
27	浙江邮电职业技术学院	通信技术	B档
28	浙江特殊教育职业学院	特殊教育	B档
29	浙江舟山群岛新区旅游与健康职业学院	导游	B档
30	宁波幼儿师范高等专科学校	学前教育	B档

结合浙江省重要产业布局看，浙江省21个国家高水平高职专业群和51个省级高水平高职专业群建设紧贴产业需求，实现了全省八大万亿产业的全覆盖，并且省内的中职学校也参与省级的高水平专业群建设，这使高职院校专业群建设无论是对接产业链还是对接教育链上都具有更强的活力，更充足的改革动能，能更好地促进校企深度融合，打造特色鲜明、综合实力强、社会认可度高、招生就业好、具有示范引领作用、可推广可输出的专业品牌，为全省和区域经济社会发展提供高水准的技术技能人才和应用技术服务支持。

浙江省高职院校坚持"目标导向、任务驱动、过程管理、制度保障"的思路，建章立制，以群建院，积极构建"转型、新增、设方向"三级并行推进的新型专业动态调整机制。比如，浙江金融职业学院，提出了敏捷型专业动态调整机制；金华职业技术学院在推进"以群建院"治理模式的变革中，打破了以单个专业为教学单位的层级管理逻辑和按专业将师资团队分割的现状，对现有的教学组织进行了整合与重组，形成了矩阵式、交互开放的组织形式，使整个治理体系更加弹性灵活。

在课程建设上，浙江省高职院校根据专业群的"一岗多能、首岗适应、多岗迁移"人才培养目标，按照"底层共享、中间分立、高层互选"的思路设计"平台＋模块"的课程体系，精准融入产业发展，设置专业基础平台课程、模块化的职业能力课程和专业拓展课，为应对信息化、智能化的挑战和浙江现代农业、高端服务业、战略新兴制造业等未来产业发展的需要，新设"人工智能＋""物联网＋"等模块化课程。同时浙江省以专业群教学资源库建设为主线，依托数字校园学习平台，推进了在线开放课程、教学名师资源、数字资源的共享,并用信息技术改造传统教学,建成了一批智慧教室、虚拟工厂,浙江省特别注重线上项目建设,推行混合式教学方式。

在专业群教学团队建设上,浙江省积极构建结构化的专业群教师团队,发挥教师团队协作优势,更加有效开展教育教学研究、技术创新和技术服务。专业群负责人是整个专业群教师团队建设的关键,对此,浙江省不少高职院校针对专业群带头人的能力实际,着手高水平专业群带头人引进工作,吸引具备扎实的专业基础,能够掌握最新的行业信息,具备较强的领导能力、协调能力和专业整合能力的人才作为"群主"。比如,宁波职业技术学院将专业群带头人引进作为人才引进的重头戏,模具设计与制造高水平专业群带头人、供应链管理高水平专业群带头人都纳入高层次人才招聘范围。

为降低专业群实训基地建设的重复率,浙江省推行"基础平台、专业群公共平台、专业专用"的理念开展实习实践大平台建设。比如浙江机电职业技术学院以"协同创新中心"为纽带,利用自身在智能制造领域的专业优势,跨平台培育组建了10支校企合作科研创新团队,实训基地的各类资源得以高效益地发挥,有效服务了专业群改革;金华职业技术学院则开展精密制造中心等高端的产教综合体建设,带动专业群实训平台的整体提档升级。

第三节 浙江省高职院校专业建设与经济社会互动

浙江省高职院校以服务国家重大战略为契机,深化专业内涵,通过优化专业布点,科学设置专业方向,积极服务区域内的都市圈建设,抓住高水平高职学校和高水平专业群建设机遇,扎根"八大万亿"产业推动专业集群化发展,实现专业群与产业群的耦合匹配。

一、内涵化建设服务国家重大战略

(一)在服务"一带一路"倡议中提升专业内涵

"十三五"以来,教育部系列政策都要求高职院校积极参与"一带一路"倡议。如《高等职业教育创新发展行动计划(2015—2018年)》提出,高职院校要配合国家"一带一路"倡议,助力优质产能"走出去",扩大与"一带一路"沿线国家的职业教育合作,主动发掘和服务"走出去"企业的需求,培养中国企业海外生产经营需要的本土人才。对此,浙江省高职院校紧贴"一带一路"沿线国家的人才需求,深化专业内涵建设,对专业内的课程、教学技术等进行基于教育资源输出的供给侧改革,为培养具有国际视野和通晓国际规则的高素质技术技能人才奠定基础。

服务"一带一路"国家,语言要先行。从语言类专业布局看,浙江省共有32所高职院校开设了外语专业,其中有9所开设了小语种专业,小语种在校生规模为2268人。开设小语种专业的高职院校见表2-17。这些外语类专业的开设紧密对接"一带一路"倡议,使专业建设更具国际化。比如浙江工贸职业技术学院的应用法语专业,开展了教学模式、课程建设、学生毕业鉴定等诸多方面的改革,尤其是进一步拓展学生的实训实习及就业渠道,与面向专业应用的海外中资企业积极联系,建立合作培养关系。仅2015年,应用法语专业就有20名学生分赴海外实习、就业。

表2-17 浙江省高职院校小语种专业汇总表

院校	开设专业	在校生规模/人	备注
宁波职业技术学院	应用韩语	244	
	商务日语	252	省特色专业
	应用西班牙语	108	
金华职业技术学院	应用阿拉伯语	190	校优势专业
宁波城市职业技术学院	应用法语	164	
浙江工贸职业技术学院	应用法语	166	
浙江经贸职业技术学院	应用日语	190	
浙江旅游职业学院	应用韩语	111	
	旅游日语	274	省优势专业、特色专业
	应用俄语	110	
	应用西班牙语	127	
浙江育英职业技术学院	应用日语	151	校特色专业
义乌工商职业技术学院	应用西班牙语	107	
嘉兴南洋职业技术学院	应用韩语	74	

浙江高职院校留学生接受的技能教育以学历教育为主。因此,除语言类专业外,其他专业也积极响应,不断丰富专业内涵,满足国际化发展的新要求。在专业课程建设上,配合"一带一路"倡议,打造国际化优势专业,适当调整内容,在专业课程中强化中国元素,实现双语授课甚至全外语授课,为培养国际化技术技能人才做好准备。如,2014年7月,金华职业技术学院卢旺达政府委托培养班正式开班,首批学生32名,其中,汽车检测与维修技术专业13名,通信网络与设备专业12名,酒店管理专业7名。2016年初和2018年4月,分别又有26名和20名卢旺达政府委托培养班的学生来校留学。学校通过对他们一视同仁地培养,探索国际化人才培养的新模式,为学校专业建设和专业标准输出奠定了良好的基础。与此同时,浙江省高职院校通过教育厅倡导的丝路学院建设,也进一步丰富了专业内涵建设。比

如,义乌工商职业技术学院以创业教育为中心,以电子商务专业为基础,与马来西亚ITS工业培训及服务有限公司携手成立"马来西亚义乌丝路学院",共同建设"一带一路"学生实习基地,为学校相关专业提供实习实训平台。

(二)在服务东西部协作和山海协作中彰显担当

高职院校东西部协作和省内的山海协作都是基于高职院校专业层面开展精准扶贫的重要举措。扶贫先扶志,2016年,教育部、国务院扶贫办(现为国家乡村振兴局)印发《职业教育东西协作行动计划(2016—2020年)》的通知,将实施东西职业院校协作全覆盖行动,实现东部地区职教集团、高职院校、中职学校对西部地区的结对帮扶全覆盖列为三大行动计划之一。

作为高职院校参与精准扶贫的"规定动作",浙江机电职业技术学院、浙江纺织服装职业技术学院、浙江医学高等专科学校、金华职业技术学院等国家级和省级示范高职院校对口帮扶阿克苏职业技术学院。根据协议,自2015年启动新一轮援疆建设以来,相关院校陆续以专业帮扶为抓手,根据阿克苏当地产业发展的需要,重点帮助建设纺织服装、机电技术、电子商务、护理、汽车维修等专业,促进学校内涵发展,为阿克苏地区的实用人才培养创造条件。金华职业技术学院委派2名专业教师对口支援园艺技术专业的省级示范建设项目,历时九个月,协助完成重点建设任务并顺利通过项目验收,具体工作包括人才培养模式改革、课程体系建设、"双师"培养与团队建设、实验实训条件改善等工作的目标落实、任务分解和项目执行。之后又针对新疆维吾尔自治区优质高等职业学校建设计划,2017年先后3次指导申报工作,对建设方案中的4个骨干专业项目、10个高水平建设项目进行了深度剖析和诊断,重点以教务处、督导处等职能部门和艺术设计、学前教育等专业为主体,以点对点的方式,开展了2轮次的建设方案研讨,提出了具有前瞻性和建设性的修改意见和建议。最终,阿克苏职业技术学院成功入围自治区级优质高职院校建设行列。

2019年,扶贫总攻战役打响,教育部开展"组团式"对口支援四川凉山州行动,协调东部的北京师范大学、西南大学、中央音乐学院、中国美术学院等院校以及四川省内重点本科院校开展专业帮扶。金华职业技术学院作为唯一一所东部高职院校,承担了西昌民族幼儿高等专科学校的专业帮扶工作。针对学校专业数量少、专业结构比较单一等情况,指导支援其新增美术教育、早期教育、会计等专业,使专业设置更加贴近地方经济、社会发展的需求。同时,金华职业技术学院积极分享"走园""走校"专业实践教学模式创新等成果与经验,指导受援学校效仿"走园"实训制度,建立学生见实习过程管理和考核评价制度,同时指导设置教学质量监控机构,探索建立教师工作质量评价机制。

针对省内欠发达地区可持续发展的新要求,2015年12月28日,浙江省人民政府办公厅印发《关于进一步深化山海协作工程的实施意见》(浙政办发〔2015〕132号),提出了推进新一轮山海协作工作,加强职业院校间的对口帮扶。2020年,浙江省教育厅印发《关于建立完善双高校对口帮扶机制助力新一轮山海协作的通知》,组织省内双高校与淳安、永嘉等26个加快发展县部分中等职业学校建立结对帮扶关系,帮助提升职业教育发展水平。一是以市域为单位,在市域内确定高职院校与山区县域中职学校的合作,比如浙江工贸职业技术学院帮扶平阳县第二职业学校旅游服务与管理专业的建设。二是联合中职院校相关专业实行"3+2"中高职一体化合作专业,比如2018年开始,温州职业技术学院与永嘉第二职业学校开展"3+2"中高职一体化合作项目,双方共同商讨完善五年制人才培养计划和全方位的资源共建共享体系,确保人才培养标准评价理念和评价模式的一致性,提升双方教育一体化人才培养水平和效率,提高职业教育对家长、考生和社会的吸引力。三是利用高职扩招的机遇,将招生专业向涉农专业倾斜。浙江省涉农及农业产业链的高职扩招专业统计见表2-18。

表2-18 浙江省涉农及农业产业链的高职扩招专业

涉农产业	专业名称	专业点数
农产品经营	电子商务	5
	电子商务技术	1
	农村经营管理	1
	市场营销	2
乡村环境建设	园艺技术	3
	园林工程技术	1
乡村旅游	旅游管理	3
	导游	1
	休闲服务与管理	1
	烹调工艺与营养	1
	景区开发与管理	1
农业服务	畜牧兽医	3
	种子生产与经营	1
	设施农业与装备	1
	畜牧兽医	1
合计		26

(三)在推动"中国制造2025"中建设示范专业点

制造业是国民经济的主体,是立国之本、兴国之器、强国之基。2015年5月19日,国务院正式印发《中国制造2025》,同年12月31日,浙江省人民政府印发《中国制造2025浙江行动纲要》(浙政发〔2015〕51号),明确在十一大领域突破发展一批优势和战略性制造产业,着力提升传统优势制造产业智能化水平,抢占未来产业竞争制高点。

就高职教育领域,涉及装备制造大类的专业名称也紧跟国家方向,在新版的高等专科学校专业目录中予以更新。浙江省27所高职院校及时跟进产业发展趋势,布局了19个专业,专业点数达到69个,详见表2-19和表2-20。

表2-19 2015年后获批的装备制造大类专业及专业点数统计

专业代码	专业名称	专业点数
560101	机械设计与制造	1
560102	机械制造与自动化	6
560103	数控技术	2
560112	理化测试与质检技术	1
560113	模具设计与制造	3
560118	工业设计	3
560301	机电一体化技术	6
560302	电气自动化技术	4
560304	智能控制技术	7
560308	电梯工程技术	1
560309	工业机器人技术	14
560501	船舶工程技术	1
560506	游艇设计与制造	1
560509	船舶动力工程技术	1
560601	飞行器制造技术	2
560610	无人机应用技术	4
560701	汽车制造与装配技术	3
560703	汽车电子技术	1
560707	新能源汽车技术	8
合计		69

表 2-20　浙江省 27 所高职院校的装备制造大类专业点数

院校	专业点数
宁波职业技术学院	2
温州职业技术学院	3
浙江交通职业技术学院	2
金华职业技术学院	3
宁波城市职业技术学院	1
浙江同济科技职业学院	1
浙江工商职业技术学院	3
台州职业技术学院	1
浙江工贸职业技术学院	1
浙江机电职业技术学院	6
浙江经济职业技术学院	1
浙江工业职业技术学院	8
杭州职业技术学院	3
湖州职业技术学院	2
绍兴职业技术学院	3
衢州职业技术学院	1
浙江东方职业技术学院	1
浙江纺织服装职业技术学院	1
杭州科技职业技术学院	5
浙江长征职业技术学院	3
嘉兴南洋职业技术学院	4
浙江广厦建设职业技术大学	1
杭州万向职业技术学院	2
台州科技职业学院	3
浙江国际海运职业技术学院	3
浙江汽车职业技术学院	3
浙江安防职业技术学院	2
合计	69

在 2017 年教育部办公厅、中国机械工业联合会遴选的全国职业院校装备制造类示范专业点上,杭州科技职业技术学院的模具设计与制造、杭州职业技术学院的数控技术、金华职业技术学院的机械制造与自动化、温州职业技术学院的电机与电气技术、浙江机电职业技术学院的机电一体化技术和智能控制技术共 6 个专业获批。

二、特色化建设服务浙江省四大都市圈

(一)浙江省四大都市圈建设概况

集聚是城市的天然属性和内在要求,人口和产业集聚也就成为城市的基本特征,吸引区域内的众多企业和机构及社会经济各部门集聚在相对狭小的空间内,从而显示出其强大的规模效应和集聚效应。都市圈形成的动力在于中心城市、次中心和周边城镇、农村地区中各种经济活动要素的集聚作用和在不同空间形成的职能分工和协作。近二三十年来,随着科学技术的进步,现代工业生产方式和市场交易方式发生了很大的变化,使得实现资源最佳配置的最小有效距离不断延伸、市场范围不断扩展、专业化分工不断深化,从而使区域一体化特征日益显著。2016 年 5 月 18 日,浙江省召开了全省城市工作会议。会议明确了浙江省将打造以杭州、宁波、温州、金义(金华、义乌,涉及该区域均以"金义"简称)为核心的四大都市圈,这标志着浙江省正逐步从县域经济向都市圈经济转型迈进。当然,高职院校基本都位于都市圈的中心城市,仅以中心城市为界限来分析都市圈内的专业建设是一种静态的分析,专业建设分析同时应该顾及不同区域的专业与圈内专业的流动互补关系,但采用动态分析存在较大的难度,之所以还以都市圈为单位分析,并不是追求都市圈内高职院校专业设置的大而全,而是想通过更加简单易得的专业建设数据和人口统计数据,从服务都市圈层面,在专业布局、专业分析、人才供给等方面为相关院校专业建设提供宏观参考。

(二)浙江省四大都市圈内高职专业主要特征及产业匹配分析

1.都市圈内各专业的技术技能人才储量较为充裕

四大都市圈内,除了宁波之外,其他各都市圈的专业均覆盖了一产、二产、三产,专业布局已经相对完善。各自地区仅从都市圈的地域角度看,地处杭州的高职院校有绝对的专业建设优势,在专业建设的资源获取上也比其他 3 个都市圈内的院校更加容易。而其他三个都市圈内,院校分布、专业点分布都相对均衡,专业人才供给平稳。相关专业布局分析见表 2-21。

表 2-21　浙江省 11 个地市专业规模及区域内劳动人口统计[①]

区域	专业数量	专业占比	在校生人数	在校生占比	区内常住人口	区内15～59岁人口	区内15～59岁人口比例	在校生占区内劳动人口比
杭州	446	35.85%	153970	38.37%	11936010	8369530	70.12%	1.84%
宁波	171	13.75%	58131	14.49%	9404283	6548202	69.63%	0.89%
温州	139	11.17%	43264	10.78%	9572903	6530634	68.22%	0.67%
金义	149	11.98%	42317	10.55%	7050683	4912915	69.68%	0.86%
绍兴	98	7.88%	33185	8.27%	5270977	3453347	65.52%	0.96%
湖州	35	2.81%	10061	2.51%	3367579	2246840	66.72%	0.45%
嘉兴	55	4.42%	15874	3.96%	5400868	3705861	68.62%	0.43%
衢州	22	1.77%	6835	1.70%	2276184	1361259	59.80%	0.50%
台州	68	5.47%	20878	5.20%	6622888	4354170	65.74%	0.48%
丽水	28	2.25%	7919	1.97%	2116957	1574433	62.79%	0.50%
舟山	33	2.65%	8838	2.20%	1157817	756127	65.31%	1.17%
合计	1244	100%	401272	100%	/			

表 2-21 中,15～59 岁人口反映的是都市圈内劳动人口的存量,高职院校学生在校生人数反映的是都市圈内高技术技能人才的存量,由于每年人口净流入保持相对稳定地增加,而每年高职院校人才输出也相对稳定,因此,两者之间的比值可以反映都市圈内高技术技能人才的体量储备。表中,前 4 个区域为浙江省的四大都市圈核心城市或核心区域,后 7 个为非四大都市圈的核心城市,从专业数量和专业占比看,四大都市圈占绝对的数量优势。

如果考虑高技术技能人才的流动因素,杭州都市圈周围的德清(隶属湖州)、安吉(隶属湖州)、海宁(隶属嘉兴)等县(市)近年来充分发挥区位优势,加大经济技术开发区建设,通过加大教育土地供应吸纳在杭高校设立新校区,从而更加高效地融入杭州都市经济圈,很多高职院校的专业也在服务杭州都市圈,其磁吸效应十分明显。反观金义都市圈,如果按照高职在校生占圈内劳动人口比值看,高技术技能人才的供给相对充足,但实际上,相关人才流动性很大,甚至刚毕业就跳出所在都市圈。而且,从在校生占圈内劳动人口占比看,位于杭州和宁波两大都市圈之间的绍

[①] 统计数据根据状态数据采集与管理平台公布的 1347 个专业布点数量,减去在校生为 0 的专业布点,合并同一专业的中外合作专业,对浙江高职院校 1244 个专业点进行统计;在校生人数按照 1347 个专业点统计;区域人口规模以及相关人口比例数据来源于第七次全国人口普查数据。

兴地区以及常住人口规模较小、拥有海洋经济优势的舟山地区，均超过了三大都市区，这反映出比都市圈经济能级更高的湾区经济（环杭州湾）发展蕴含巨大的人才潜能。温州和金义都市圈内的高职院校，需进一步巩固原有专业优势，通过专业更好地贴合产业，吸引更多的技术技能人才在当地就业，从而盘活人才存量，创造人才红利。

2. 都市圈内已经布局极具区域特色的专业

相同的专业名称，因院校办学处于不同的都市圈，在专业人才培养方向上也存在着不同，比如同为产品艺术设计专业，浙江机电职业技术学院和义乌工商职业技术学院都有工业产品造型设计方向和文创产品设计方向，也有因区域产业的差异而开设的不同方向，如浙江机电职业技术学院开设了陶瓷产品方向，义乌工商职业技术学院开设的方向则更加偏向于小商品设计。可见，由于浙江省特有的块状经济，都市圈内已经具备较为齐全的产业体系，因此，同一专业要想为全产业链服务，就必须基于都市圈内的产业需求，在专业相对稳定的前提下，与产业变革同步，灵活设置同一专业下不同的专业方向，以此增加专业厚度，形成新的专业增长点，实现人才链与产业链的匹配要求。都市圈内部分代表性产业与相关专业方向关联分析见表 2-22。

表 2-22　都市圈内部分代表性产业与相关专业方向关联分析

区域产业	院校	专业名称	专业方向名称或备注
杭州动漫产业	杭州职业技术学院	动漫设计	插漫设计、交互动画设计、数字空间漫游制作
余姚模具产业	宁波职业技术学院	模具设计与制造（阳明）	单独在阳明学院培养
瑞安汽摩配产业	温州职业技术学院	机械设计与制造	单独在瑞安学院培养
永嘉阀门产业		机械设计与制造（阀门设计与制造）	单独在永嘉学院培养（待批）
金华电动工具及永康五金产业	金华职业技术学院	机械制造与自动化专业	开设电动工具方向
义乌小商品及电商产业	义乌工商职业技术学院	产品艺术设计	工业设计、产品展示设计与工艺、小商品设计与工艺、平面设计、文创商品设计、时尚饰品设计、数字媒体艺术设计、家居软装设计
		模特与礼仪	电子商务模特、形象管理与服饰搭配

续表

区域产业	院校	专业名称	专业方向名称或备注
横店影视产业	横店影视职业学院	广播影视节目制作	电视节目制作、微电影制作、影视特效与动画制作

3. 都市圈内专业链与产业链匹配耦合

浙江省未来经济增长极和布局是"一体两翼",即以杭州、宁波、温州、金义四大都市圈为"一体",以海洋经济区和生态功能区为"两翼"。杭州、宁波、温州、金义四大都市圈的中心城市,集聚高端要素、发展高端产业;舟山聚焦国家海洋战略;衢州、丽水聚焦绿水青山;湖州、嘉兴、绍兴、台州作为区域中心城市,聚焦功能均衡,生产、生活、生态融合,宜居、宜业、宜游并重[①]。从政府规划的城市功能定位上看,都市圈内外需要形成一种集聚与离散相结合、统筹与分工相促进的发展格局。一批产业集群逐渐形成"专业化分工生产体系+国际性商贸市场为主的生产性服务体系+城市空间发展体系"的发展模式,推动工业化、市场化、城市化相互促进相互提升越来越成为浙江省产业集群的主导组织形态[②]。高职院校必须充分意识到因都市圈经济扩容而形成产业集群规模效应的新趋势,通过适切的专业给予产业有力的支撑。

"十三五"以来,都市圈内的高职院校专业设置与区域产业结合紧密,同时立足高端产业和产业高端谋划专业,积极对接区域内的龙头企业,注重产教融合和新技术新工艺的落地转化,搭建起了一批具有较高建设水平的专业,甚至为职教本科专业设置与布局奠定了良好的发展基础。都市圈内部分代表性产业与相关专业耦合匹配分析见表2-23。

表2-23 都市圈内部分代表性产业与相关专业耦合匹配分析

产业类型	产业名称	相关专业	代表院校
高端产业	智能装备制造产业	机械制造与自动化、模具设计与制造、电气自动化技术、材料成型与控制技术、工业机器人技术、智能控制技术、物联网应用技术	浙江机电职业技术学院、杭州科技职业技术学院
	信息技术产业	应用电子技术、信息安全技术应用、人工智能技术应用、安全智能检测技术、虚拟现实技术应用	浙江安防职业技术学院、杭州科技职业技术学院

---

① 浙江省发展改革委员会.浙江省新型城市化发展"十三五"规划[Z].浙发改规划〔2016〕506号,2016-8-3.

② 查志强.基于原产地多元化视角的浙江产业集群升级研究[M].北京:中国经济出版社,2012:58.

续表

产业类型	产业名称	相关专业	代表院校
产业高端谋划	交通服务产业高端	无人机应用技术、通用航空器维修、飞机机电设备维修	浙江交通职业技术学院、金华职业技术学院
	汽车芯片产业（含光学制造加工）	汽车电子技术、光电制造与应用技术	温州职业技术学院、浙江工贸职业技术学院
全产业链	时尚服装全产业链	纺织品设计、服装设计与工艺、服装与服饰设计、现代纺织技术、针织技术与针织服装、染整技术、纺织品检验与贸易、服装陈列与展示设计、人物形象设计、服装表演、连锁经营管理	浙江纺织职业技术学院
	智能建造全产业链	建设项目信息化管理、建筑动画与模型制作、建筑经济管理、给排水工程技术、建筑设计、建筑装饰工程技术、建筑电气工程技术、建筑钢结构工程技术、建筑设备工程技术、建筑智能化工程技术、建设工程监理、工程造价	浙江建设职业技术学院、浙江广厦建设职业技术大学

三、集群化建设服务浙江省"八大万亿"产业

（一）产业群与浙江省"八大万亿"产业

产业群是一组在地理上靠近的、因具有共性和互补性而联系在一起的公司和关联的机构。浙江省产业群在轻纺、电器、小五金、日用小商品等诸多行业都取得了竞争优势，很多产品在全国甚至全世界占据了重要的市场份额，加之"小商品大市场"的发展业态，进而形成了完整的上下游产业链，省内高职院校的专业设置上也就有了更加良好的产业粘连性和全面性，开展专业群建设也有更好的产业群基础。

2017年1月16日，浙江省十二届人大五次会议首次提到"八大万亿产业"。"八大万亿产业"指信息、环保、健康、旅游、时尚、金融、高端装备制造、文化产业，这些产业是浙江省重点推动的支柱型产业。浙江省发改委公布的统计数据显示，仅2019年1—6月，从规上工业看，数字经济核心产业制造业增加值891亿元，同比增长11.6%；节能环保制造业增加值770亿元，同比增长4.7%；健康产品制造业增加

值337亿元,同比增长6.9%;旅游产业增加值(1—3月)1004亿元,同比增长11.3%;时尚制造业增加值596亿元,同比增长5.7%;高端装备制造业增加值1771亿元,同比增长4.1%;金融业增加值2270亿元,同比增长11.7%;文化制造业增加值328亿元,同比增长6.3%。

(二)双高专业群与浙江省"八大万亿"产业匹配

考察高职教育与区域产业发展的互动关系,重视专业群与产业的匹配,成为评价高水平专业群的核心要素。除浙江警官职业学院因行业特殊性外,立项的国家和省级的高水平高职院校申报书当中都提到了对接省内的"八大万亿"产业,可见,专业群对接的产业靶向精准。国家级和省级"双高"专业群与浙江省"八大万亿"产业匹配分析见表2-24。

表2-24 国家级和省级"双高"专业群与浙江省产业匹配分析

重点产业及重大民生和安全领域		专业大类	国家级双高专业群布点数	省级双高专业群布点数
"八大万亿"产业	信息	电子信息大类	0	8
	环保	农林牧渔大类、土木建筑大类、水利大类、生物与化工大类	2	6
	健康	农林牧渔大类、食品药品与粮食大类	0	12
	旅游	旅游大类	1	4
	时尚	轻工纺织大类、文化艺术大类	2	3
	金融	财经商贸大类	5	6
	高端装备制造	装备制造大类	7	6
	文化	文化艺术大类	1	1
教育领域		教育与体育大类	1	2
海洋经济及交通运输领域		交通运输大类	1	2
公共安全领域		公安与司法大类	1	1

除涉及基础民生的教育与体育大类、公安与司法大类8个专业群没有与"八大万亿"产业相匹配之外,其余64个专业群均能直接匹配,可以预见,浙江省的高水平专业群建设确实能为服务全省"八大万亿"产业发挥巨大的推动作用。但对标浙江"走在前列"和"重要窗口"的建设目标,涉及绿色化工、海洋经济、文化创意相关的专业群还比较薄弱,服务"八大万亿"产业的专业群支撑力还不均衡,比如文化创意相关的专业群仅有艺术类高职院校获批,这与浙江文化强省和全省各地区丰富

的文化资源没有形成良好的互动效应,还有极大提升空间。

(三)专业群匹配产业群的生态化架构

产业革新发展的速度很快,因此,专业群建设不能简单地用单个专业群对接岗位群的视角去审视全省的专业群发展,而应立足长三角一体化甚至更高的全球价值链中深化专业群建设。当前技术革命正在把职业教育纳入经济发展链条,专业群的组建要注重发挥其对区域产业发展及创新驱动发展战略的支撑引领作用,促进人才培养供给侧和产业需求侧结构要素的全方位融合,带动形成教育与产业、学校与企业、专业群与岗位群紧密对接协同的生态系统[1]。可见,生态化是高职专业群治理的高水平状态,这也应该成为浙江省专业群建设追求的目标,并以目标为指引,做好专业群建设的顶层设计。

一是以数字化建设为抓手,加快形成群内的小生态。利用区域数字要素的资源优势,在长三角区域内打造浙江省专业群的特色和优势。浙江省依靠数字技术和资源,在智能制造、数字产业和数字医疗等产业领域具有独特优势[2]。发挥这些优势则必须让数字理念、数字技术向专业群全要素渗透,让数字技术完成专业资源的统合工作,通过专业数字平台、虚拟仿真实习实训平台、智能专业分析与诊断等方式,让群内的专业资源"活"起来,从而实现群内专业的数字化"治理"。

二是紧盯产业发展最前端,提早谋划群域外部要素的大生态。当前,浙江省奋力培育"链主型"企业和独角兽型企业,这些企业一直占据着产业发展的高端。据《2020杭州独角兽&准独角兽企业榜单》,截至2020年6月,杭州共有独角兽企业31家,准独角兽企业142家,所有企业总估值超3100亿美元。从榜单的分布产业上看,杭州独角兽与准独角兽企业在人工智能、大数据等高科技领域均实现数量增长与估值增长,相关技术在医疗、制造等行业的应用也有所延伸突破。相关企业与浙江省"八大万亿"产业高度重叠,并占据着某一产业的高端,虽然高职专业群较难匹配产业研发、设计等核心岗位,但高附加值的生产、销售、品牌服务等环节是高职院校专业群面向产业高端必须加以关注的。对此,要充分激发"群"在产业链延伸以及补链中的规模效应和协同效应,通过"群"的张力弥合过去单个专业无法达成的全产业链相衔接的状态,尽可能地靠近产业的风口,同步跟进产业转型升级的步伐。

三是把握产业互融新趋势,加快形成群与群之间的新生态。浙江省把发展循环经济与先进制造业基地建设、经济结构调整有机结合起来,与推进城乡一体化、加快欠发达地区发展有机结合起来,与生态省建设、发展海洋经济结合起来,在集

---

[1] 任占营.高职院校专业群建设的变革意蕴探析[J].高等工程教育研究,2019(06):4-8.
[2] 浙江大学数字长三角战略研究小组.数字长三角战略(2019)[M].杭州:浙江大学出版社,2019:20.

约利用资源中求发展,在保护生态环境中求发展,在提高质量效益中求发展,努力实现经济社会环境的共赢,形成了节能减排和循环发展的浙江新经验和新模式[①]。由此催生出的浙江省"八大万亿"产业并非简单的块状结构,而是相互嵌套关联的产业集群化结构,即产业与产业之间存在紧密关联,因数字革命、新制造、新零售等新业态的影响,产业之间交叉、跨界、融合更趋明显。因此,专业群对应的岗位群面临着多条外链交织、延长的趋势,通过简单的群内专业调整将难以形成相应的匹配耦合关系,必须在专业群层级设计更加柔顺的群间协同机制,通过跨群的资源调配,适应新业态人才培养需求。

---

① 周天晓,沈建波,邓国芳,等.习近平总书记在浙江的探索与实践·绿色篇[N].浙江日报,2017-10-8.

第三章 产教融合与校企合作

产教融合、校企合作是高职院校优化办学机制和践行高质量育人的重要手段。"十三五"期间,浙江省高职院校始终坚持以政策为引领,以深化产教融合、校企合作为主线,以服务地方产业发展需求为导向,不断创新合作体制机制,拓宽合作路径,深化合作内容,取得了突出的成绩,逐步构建了较好的职业教育产教融合发展生态。

第一节 浙江省产教融合、校企合作政策支持体系

"十三五"期间,我国经济已迈入转型升级的关键时期,产业结构不断优化调整,人才培养供给侧的配适度在新一轮经济发展中显得愈发重要。而产教融合、校企合作无论在国家政策的顶层设计还是地方政策的下层探索中均凸显出不可替代的作用。完善的产教融合、校企合作政策体系不仅优化了产教衔接的生态环境,也为其有序发展提供了根本遵循和行动指南。

一、完善政策顶层设计

产教融合、校企合作政策通过在国家层面的宏观规划以及浙江省地方层面的细化扩容,为浙江省高职院校产教融合、校企合作的蓬勃发展提供了优渥的政策土壤。

(一)国家政策

产教融合、校企合作是联结教育链、产业链和人才链的重要纽带。"十三五"期间,国家层面出台了相较于任何时期数量更多、针对性更强的产教融合、校企合作相关政策。其中国家机关单位发布的涉及产教融合的文件高达153项,仅2019年一年就颁布了55项,颁布频率之高和数量之多都是历史之最,进一步彰显了产教融合、校企合作在发展新时代中国特色社会主义社会和构建现代职业教育体系中的重要性[①]。这些文件中,最具统领性和代表性的是2017年的《国务院办公厅关于

---

① 王坤,沈娟,高臣.产教融合政策协同性评价研究(2013—2020)[J].教育发展研究,2020(17):66-75.

深化产教融合的若干意见》和2018年的《职业学校校企合作促进办法》。这两个文件一个侧重产教融合，一个倾向校企合作，共同形成了推动职业教育发展，深化产教融合、校企合作的政策"组合拳"。前者是首次由国务院层面颁布的产教融合的专项文件，对深化产教融合做了全局性的规划和设计，从宏观层面提出了产教融合的实施方案和推进路径，进一步厘清了深化产教融合的逻辑体系，为今后产教融合的纵深发展奠定了基调，具有划时代的意义。后者不仅明晰了校企合作中相关职能部门、学校和企业等主体之间的义务和责任，也为畅通其多元主体的协作提供了政策支撑。

为了使《国务院办公厅关于深化产教融合的若干意见》和《职业学校校企合作促进办法》的文件精神进一步落地，国家又相继出台与之相配套、更为细化的产教融合、校企合作文件。这些文件主要聚焦于产教融合、校企合作的具体实践路径、模式、机制等方面的规划和统筹。如《教育部办公厅关于全面推进现代学徒制工作的通知》（教职成厅函〔2019〕12号）对现代学徒制中的招生招工一体化、专业产业标准体系建设、双导师团队建设、教学资源建设、人才模式改革以及教学和运行管理机制建设6个方面提出了部署和要求。《国家产教融合建设试点实施方案》（发改社会〔2019〕1558号）提出把深化产教融合改革纳入人力人才资源供给侧改革的战略性策略，通过打造产教融合型城市、产教融合型行业和产教融合型企业等措施，形成教育和产业统筹融合、良性互动的发展格局。此外，教育部还印发了《关于开展示范性职业教育集团（联盟）建设的通知》（教职成司函〔2019〕92号），提出培育和建设一批有特色、成规模的职业教育集团。

（二）浙江政策

这一时期，浙江省政府高度重视产教融合的推进与发展，立足国家对产教融合、校企合作的部署和规划，结合区域发展的优势和方向，颁布了专项政策加以规范引导，具体如下。2018年11月，《浙江省人民政府办公厅关于深化产教融合的实施意见》强调产教融合为强省战略，将有序统筹教育和产业发展，合理规划产教融合发展布局，并纳入全省经济社会发展总体规划。这将产教融合的价值内涵从教育领域的发展扩大到整体的区域发展，给予了产教融合新的历史定位。文件提出"到2035年，总体实现产教统筹融合，校企协同育人机制全面推行，需求导向人才培养模式健全完善，支撑高质量发展的现代人力资源体系全面建立"。2020年11月，《浙江省深化产教融合推进职业教育高质量发展实施方案》中再次提出，"高水平推进产教深度融合，打造融合高地，以建设产教融合'五个一批'工程为契机，全面构建校企协同育人和协同创新机制，完善需求导向的人才培养模式"。通过实践产教融合的四个"对接"，切实推进和深化全省高职院校人才培养供给侧改革。除了纲领性的文件，浙江省还相继出台了以落地化、具象化纲领性文件为目的的指导性文件,如《浙江省产教融合"五个一批"工作方案(2019年)》(浙发改社会〔2019〕377号)、《关于开展现代学徒制试点工作的通知》(浙教职成〔2016〕31号)等。

二、统筹产教发展规划

"十三五"期间,国家层面以及浙江省区域层面对产教融合、校企合作的政策制定和规划部署,为进一步凝聚社会共识,凸显产教融合的重要性,发挥校企合作的融合优势以及完善和延续产教融合政策体系等均做出了重要贡献。

(一)突出了产教融合主体的协同性与共创性

产教融合作为企业和学校共同开展教育、生产和服务的产物,缺少任何一方都无法顺利实施。因此,为了解决以往"学校热企业冷"的现状,国家和浙江省相继出台的产教融合政策更强调和突出校企双主体之间的协同性和共创性。

《国务院办公厅关于深化产教融合的若干意见》中强调的重点由以往的职业院校内部改革转而强调以就业为导向进行校企结合的人才培养方式的改革,合作主体不再向学校单方面倾斜而是聚焦在校企共同协作之上。《职业学校校企合作促进办法》中的第一条就指出"为促进、规范、保障职业学校校企合作,发挥企业在实施职业教育中的重要办学主体作用,推动形成产教融合、校企合作、工学结合、知行合一的共同育人机制",第三条更是进一步明确了"校企合作实行校企主导、政府推动、行业指导、学校企业双主体实施的合作机制"。《建设产教融合型企业实施办法(试行)》(发改社会〔2019〕590号)的颁布对产教融合型企业给予了更清晰的定位,对其在产教融合中的权利和义务有了统一的解析和规范。

《浙江省教育事业发展"十三五"规划》(浙发改规划〔2016〕554号)中提出"推进校企合作、产教融合,实现双元主体共同育人,提升职业教育服务能力"。《浙江省深化产教融合推进职业教育高质量发展实施方案》强调"推进职业教育产教融合校企协同育人",通过四个维度的"对接"强化双元育人的重要作用等。这些文件的出台和颁布不仅延续和传承了国家政策对产教融合双元主导的定位和高度,也在省级层面再次强调了学校和企业协同育人对区域经济和高职教育发展的重要意义。而浙江省《关于开展现代学徒制试点工作的通知》等文件更是对双主体协同创新的内容给予了更加明确的解释,如"共同招生招工(徒)、共同制订培养方案、共同开发课程与教材、共同组织教育教学、共同建设师资队伍、共同管理与考核评价的一体化育人机制"等,进一步凸显了双主体之间的协同性和共创性。

(二)完善了产教融合政策的配套性与联动性

产教融合政策在制定过程中不仅考虑到政策上的纵向延伸,还着重强调了政策横向上与各相关单位、组织的协作、融通,确保政策制定以及实施的一致性与联动性。

《国务院办公厅关于深化产教融合的若干意见》明确提出要完善政策支持体系,以落实财税用地等政策、强化金融支持、开展产教融合建设试点等,将产教融合中联系最为密切的财税用地、金融支持等相关问题放于同一个构面进行统筹规划,为进一步完善相关配套政策提供了有力支撑;《中共中央国务院关于全面深化新时代教师队伍建设改革的意见》(中发〔2018〕4号)针对产教融合、校企合作中师资队伍建设也给予了政策指导,如支持高水平学校和大中型企业共建双师型教师培养培训基地,建立高等学校、行业企业联合培养双师型教师的机制等,为教师队伍质量提升和结构优化指明了方向;《关于在院校实施"学历证书+若干职业技能等级证书"制度试点方案》(教职成〔2019〕6号)为解决产教融合实施中的关键一环即"书证通融"奠定了基础,通过学历教育与职业培训相结合的方式,畅通技术技能人才成长通道,实现产教融合人才培养模式的闭环;《建设产教融合型企业实施办法(试行)》为解决产教融合中一直存在的企业职能和定位缺失问题提供了政策指引。此外,《国家产教融合建设试点实施方案》《关于开展示范性职业教育集团(联盟)建设的通知》等相关产教融合的配套政策方针,均对产教融合深化的路径、模式、机制等做了有益的政策补充,构建了以深化产教融合、校企合作为主线,配套政策完整的政策结构框架。

《浙江省人民政府办公厅关于深化产教融合的实施意见》《浙江省深化产教融合推进职业教育高质量发展实施方案》是浙江省产教融合的专项文件,相较于国家的专项政策,更强调结合浙江省职业教育以及区域发展的实际情况和发展特色提供探索产教融合在职业教育发展中的可行性路径的配套和联动政策;浙江省《关于开展现代学徒制试点工作的通知》,以政策制定的多部门联动性,探索实施产教融合的新路径、新方法和新举措;随后,《浙江省产教融合"五个一批"工作方案(2019年)》则更为细致地阐述了产教融合的发展目标、实施举措等,并通过对试点和专项项目建设为产教融合逐渐从点到面的整体发展提供了政策依据。

近年来,产教融合的相关政策也越来越注重对产教融合的整体规划和资源统筹,强调相关部门之间的协同合作,以"联合作战"取代"单兵作战"的合作方式,淡化了以往产教融合实施过程中因跨部门产生的制度壁垒。如国家层面,联合颁布政策的数量呈现出逐年递增的趋势,从2015年多部门联合共颁布8项政策(占据所有产教融合相关政策数的38.09%)到2019年的29项,占比达52.73%,多部门联合颁布产教融合政策已然成为其政策颁布的主要方式。省级层面,相关文件在强调多部门协同作战的同时还兼具协同合作中单个主体权责划分。特别是高职产教融合专项项目或试点工作的相关政策将协同任务中的具体条目落实到具体的行政部门,使其明确协同合作中的工作制职责和范围,为产教融合的具体实施打下了坚实的基础。

(三)增强了产教融合实施的操作性与延续性

产教融合政策也呈现出操作性和延续性更强的特质。首先,在政策内容的制定上以问题为导向。产教融合相关政策聚焦在实施和推进过程中的问题或短板,切实解决从宏观到微观层面的实际问题。例如,《职业学校学生实习管理规定》(教职成〔2016〕3号)、《职业学校教师企业实践规定》(教师〔2016〕3号)和《职业学校校企合作促进办法》等。这些政策内容直指产教融合、校企合作的关键问题,并通过政策进一步明确了产教融合领域应该重点做什么、如何来做、由谁来做、怎么做得更好等问题。其次,在政策执行上分工到部门。无论是在国家层面还是在省级层面,多部门联合颁布还是独立发布,都将相关主体对应的职责范围进行了详细的阐释,使其在政策执行过程中更易被落实到位,避免以往政策执行过程中"人浮于事"的现象。再次,政策推进过程中强调实施的延续性。产教融合不仅是一个由学校、企业、行业和政府合作产生的复杂产物,还包含教育、产业、人力资源等各种因素,因此它的实施和推进并不是一蹴而就的,需要一个发展和调节的过程,这一特点也在这一阶段的产教融合政策中很好地呈现出来。如《浙江省人民政府办公厅关于深化产教融合的实施意见》提出2025年建设完成产教融合的"五个一批"工程,随后《浙江省深化产教融合推进职业教育高质量发展实施意见》《浙江省产教融合"五个一批"工作方案(2019年)》相继发布,对"五个一批"的工作进行了更详细的部署,确保政策能够得以延续和产生实效。

三、专项项目创新驱动

"十三五"期间,浙江省基于产教融合"五个一批"工作方案切实开展类型多样的产教融合专项项目,通过以选促建、示范带动的方式激活产教融合各方合作主体的主动性,驱动浙江省高职产教融合整体向高水平、高质量发展。

(一)"五个一批"专项项目

1.浙江省产教融合联盟

浙江省产教融合联盟项目重点围绕"数字浙江""八大万亿"产业和战略性新兴产业等省级重点产业,组建由普通高校、职业院校、行业龙头企业、科研机构等组成的共建共享共赢的省级示范性产教融合联盟,以联盟推进实验实训实习基地建设、专业课程设置、师资队伍建设、人才培养、技术研发等,依托联盟做强一批行业龙头或者骨干企业,形成若干行业专业特色显著、人才支撑有力、产业链条完整、市场规模庞大的优势产业群。产教融合联盟专项项目建设对进一步完善产教融合的合作机制,探索建立以行业为纽带、专业为支撑的产教融合新模式具有开创性的意义。2020年,浙江旅游职业学院牵头组建的浙江省旅游产业产教融合联盟,作为唯一一个高职产教融合联盟入围浙江省2019—2020年度省产教融合联盟。

2.浙江省产教融合示范基地

产教融合示范基地项目是针对《中国制造2025浙江省行动纲要》确立的高新技术产业和战略性新兴产业,支持国家级经济技术开发区、国家级高新技术开发区、省"万亩千亿"产业平台、省级经济开发区,以及产业创新中心、产业创新服务综合体、特色小镇等产业集聚平台,与普通高校和职业院校开展深度合作的产教融合建设项目。通过"引校入企"和"引企入校"的双元路径实现人才培养供给侧和产业需求侧结构要素全方位融合,深度破解产教融合中合作内容不深、合作质量不高的现实困境。2019—2020年,浙江省共立项建设了20个产教融合示范基地,如表3-1所示。

表3-1 2019—2020年浙江省产教融合示范基地创建名单

序号	示范基地名称
1	上虞新材料与高端装备制造产教融合示范基地
2	浙江省中国眼谷产教融合示范基地
3	桐乡市濮院针织产业产教融合示范基地
4	台州市台州湾新区制造业产教融合示范基地
5	德清地理信息小镇产教融合示范基地
6	杭州市艺创小镇产教融合示范基地
7	杭州市艺尚小镇产教融合示范基地
8	台州市浙江头门港经济开发区医化产业产教融合示范基地
9	杭州市钱塘新区产教融合示范基地
10	台州市黄岩智能模具小镇模塑产业产教融合示范基地
11	宁波灵峰汽模产教融合示范基地
12	海宁市经编产业产教融合示范基地
13	湖州市吴兴美妆小镇产教融合示范基地
14	衢州智造新城高端电子材料产教融合示范基地
15	金华经济技术开发区高端装备制造业产教融合示范基地
16	丽水经济技术开发区装备制造业产教融合示范基地
17	浙南产业集聚区先进装备制造业产教融合示范基地
18	浙江省建德经济开发区(航空小镇)产教融合示范基地

续表

序号	示范基地名称
19	兰溪功能性新材料产教融合示范基地
20	杭州市富阳经济技术开发区圣泓园产教融合示范基地

3. 产教融合型试点企业

浙江省通过建设产教融合型试点企业，充分发挥企业在技术技能人才培养和人力资源开发中的重要主体作用，鼓励更多优质企业与高校建立人才联合培养机制。该项目要求申报企业通过独资、合资、合作等多种方式，利用资本、技术、知识等要素，参与技术技能人才的全过程培养、基地建设或技术研发。同时企业还须具备"累计已开展合作培养、培训学员600人以上；与高校共建学科专业点3个以上并累计接收职业院校或普通高校学生100人以上；与高校开展订单班3年以上并已有1届以上毕业生；近3年内累计投入100万元以上用于产教融合实验实训基地，或教学设施设备；拥有课程教材或教学辅助产品的知识产权证明3件及以上；拥有与合作院校共享知识产权证明1件及以上"等条件中的任意三项。此外，项目还对推进制造业转型升级的优质企业以及新能源等与社会或国家重大战略关系紧密的企业予以重点支持。截至2020年底，浙江省共有106家企业入围2019—2020年度产教融合型试点企业。

4. 浙江省产学合作协同育人

浙江省产学合作协同育人项目旨在促进高校与用人单位建立更加紧密合作的人才培养机制，促进高校人才培养与企业发展的合作共赢。2019—2020年，浙江省共立项了149个省级产学合作协同育人项目，如表3-2所示。项目建设紧紧围绕新工科、新医科、新农科和新文科的研究与实践，根据产业和技术最新发展的人才需求，鼓励校企合作办学、合作育人、合作就业、合作发展，通过对教学内容和课程体系、师资培训、创新创业等方面进行深入探索，形成可推广的"四新"建设改革成果。此外，项目还要求参与的企业必须成立2年以上，在所属行业及领域业务稳定，并具有一定经营规模，注册资金达到500万以上，具有行业内先进的知识、产品、技术和研发体系，具备以产业和技术发展的最新需求推动高校人才培养改革的能力。

表3-2　2019—2020年浙江省级产学合作协同育人项目高职院校立项情况

序号	学校名称	项目数
1	金华职业技术学院	8
2	宁波职业技术学院	8
3	温州职业技术学院	8

续表

序号	学校名称	项目数
4	浙江机电职业技术学院	8
5	浙江金融职业学院	8
6	杭州职业技术学院	6
7	浙江交通职业技术学院	4
8	浙江旅游职业学院	4
9	浙江工商职业技术学院	4
10	浙江商业职业技术学院	4
11	浙江艺术职业学院	4
12	浙江经贸职业技术学院	4
13	浙江纺织服装职业技术学院	4
14	浙江工业职业技术学院	4
15	义乌工商职业技术学院	4
16	浙江工贸职业技术学院	4
17	浙江警官职业学院	4
18	浙江经济职业技术学院	4
19	丽水职业技术学院	4
20	湖州职业技术学院	2
21	绍兴职业技术学院	2
22	台州职业技术学院	2
23	衢州职业技术学院	2
24	浙江育英职业技术学院	2
25	浙江东方职业技术学院	2
26	宁波卫生职业技术学院	2
27	宁波城市职业技术学院	2
28	嘉兴职业技术学院	2
29	嘉兴南洋职业技术学院	2
30	浙江长征职业技术学院	2
31	杭州万向职业技术学院	2
32	杭州科技职业技术学院	2

续表

序号	学校名称	项目数
33	浙江国际海运职业技术学院	2
34	台州科技职业学院	2
35	浙江同济科技职业学院	2
36	浙江汽车职业技术学院	2
37	浙江横店影视职业学院	2
38	温州科技职业学院	2
39	浙江特殊教育职业学院	2
40	浙江农业商贸职业学院	2
41	浙江舟山群岛新区旅游与健康职业学院	2
42	浙江安防职业技术学院	2
43	浙江建设职业技术学院	2
44	浙江广厦建设职业技术大学（浙江广厦建设职业技术学院）	2
45	浙江邮电职业技术学院	1

5.浙江省产教融合工程

浙江省产教融合工程项目以产教融合实验实训实习基地为建设重点，支持高职院校深化产教融合、校企合作，提高技能型人才的专业能力和综合素养。项目鼓励职业院校以校企合作的方式，共同建设"生产性实训基地，或者兼具生产、技能教学功能的专业化实训基地（中心）"。项目还制定了专项的评价性指标，对项目的专业能力、实施规划、培训规模、对外交流能力均有考核。该项目自2019年开展以来，共有21个高职院校的产教融合工程项目入围，如表3-3所示。

表3-3 2019—2020年浙江省产教融合工程项目名单（高职院校）

序号	项目名称
1	温州职业技术学院浙南轻工装备智能制造产教融合基地
2	浙江交通职业技术学院航空技术与服务产教深度融合实训基地
3	浙江经济职业技术学院智能供应链产教融合实训基地建设方案
4	浙江国际海运职业技术学院国际海员培养产教融合工程项目
5	金华职业技术学院人工智能产教综合体
6	浙江育英职业技术学院现代航空服务产教融合实训基地

续表

序号	项目名称
7	温州职业技术学院高校数字媒体产教融合创新应用示范基地
8	浙江旅游职业学院旅游产业"四共互融"实训中心
9	温州科技职业学院智能+现代农业产教融合工程项目
10	嘉兴职业技术学院现代农业产业群产教融合工程项目
11	浙江纺织服装职业技术学院产教融合共建宁波现代纺织服装产业学院
12	湖州职业技术学院市公共实训中心三期(高端装备制造实习实训基地工程项目)
13	浙江工贸职业技术学院眼视光技术实训基地
14	浙江商业职业技术学院电子商务产教融合工程项目
15	杭州科技职业技术学院精密制造与检测技术应用中心
16	浙江国际海运职业技术学院绿色石化产教融合实训学习基地建设
17	衢州职业技术学院四省边际中心城市大健康公共实训中心
18	义乌工商职业技术学院时尚产品设计智造创意工场
19	浙江工商职业技术学院智能制造产教融合实训中心
20	台州科技职业技术学院模具智能制造产教融合生产性实训基地
21	台州科技职业技术学院工厂化育苗生产性实训基地

"五个一批"项目作为浙江省产教融合的专项项目,受到了省政府的高度重视,给予重点支持。如对承担国家级重大创新载体建设任务的项目,浙江省财政给予最高3000万元支持;对纳入产教融合型企业建设培育范围的企业,可按投资额的30%抵免相应的地方税收;鼓励金融机构支持产教融合项目,引导进行股权融资、债券融资等多种方式的投资。这些举措为产教融合专项项目的发展提供了优质的发展环境。

(二)浙江省高等学校省级产教融合示范基地项目

浙江省高等学校省级产教融合示范基地项目(以下简称示范基地)旨在发挥高校、行业、企业的合力,通过"引企入教"实现人才培养供给侧和产业需求侧结构要素全方位融合,培养高素质创新人才和技术技能人才,为区域经济的发展提供智力、人才保障。示范基地建设的内容主要围绕创新人才培养、加强实践实训平台建设、打造高水平专兼职师资队伍以及构建共建共管的长效育人机制这四个维度展开。在项目建设对象上,要求参与申报的高等院校至少与1家行业骨干企业、行业协会或产业园区深度合作,共同建设、共同管理、共享成果。在项目遴选程序上,为了更好地发挥产教融合基地对区域经济的作用和优势,项目申报的领域将优先考虑浙江省重点发展的领域,如数字经济、生命健康和"八大万亿"等产业。在项目经费上,浙江省教育厅对立项为示范基地建设项目的高职院校,将纳入高职高专院校教学业绩考核,根据因素法给予相应支持,同时鼓励高职院校多渠道筹措经费,共建高素质、高技能人才培养培训基地。项目建设自2018年开展以来,共进行了3个批次的遴选,最终高职院校立项了30个省级产教融合示范基地,如表3-4所示。

表3-4 浙江省产教融合示范基地建设项目名单(高职院校)

序号	学校名称	基地名称	合作企业	备注	基地数
1	浙江金融职业学院	浙江省跨境电商综合服务产教融合基地	中国(杭州)跨境电子商务综合试验区、杭州市跨境电子商务协会、运河国际跨境电子商务园、阿里巴巴网络科技有限公司、浙江物产电子商务有限公司、浙江国贸云商企业服务有限公司、杭州佳成国际物流股份有限公司、杭州乐链网络科技有限公司、海盟控股集团、杭州峰澜信息科技有限公司、北京智欣联创科技有限公司、深圳市易仓科技有限公司、杭州嘉诺展览有限公司	第一批	3
2		浙江省服务万亿金融产业产学研协同创新基地	浙江省农村信用社联合社、浙商银行股份有限公司、浙江金融资产交易中心股份有限公司、浙江股权交易中心股份有限公司、浙江省金融学会、浙商证券股份有限公司、中国人寿保险股份有限公司浙江省分公司、中国人民财产保险股份有限公司浙江省分公司、杭州联合农村商业银行股份有限公司、新道科技股份有限公司、新华三集团有限公司、同花顺股份有限公司、杭州资信评估有限公司、浙江金苑培训中心、浙江地方金融发展研究中心	第二批	
3		智能财务产教融合基地	中联集团教育科技公司、新道科技股份有限公司、厦门网中网软件有限公司、杭州恒生聚源数据服务有限公司	第三批	

续表

序号	学校名称	基地名称	合作企业	备注	基地数
4	浙江机电职业技术学院	浙江机电职业技术学院智能制造基地	德国费斯托、西门子；日本三菱、发那科；美国通用电气；瑞士GF；北京精雕、中控集团等	第一批	3
5		3D打印应用技术实训基地	杭州先临、华曙高科、炽橙科技、喜马拉雅、宝鼎科技、杭氧铸造、杭汽轮、省机电设计研究院、省铸造协会；德国EOS、西门子工业软件等	第二批	
6		智能控制技术产教融合创新基地	浙江中控技术股份有限公司、浙江中控研究院有限公司、FESTO公司、FANUC机器人公司、西门子工业公司、ABB上海公司、华航唯实公司、苏州汇博机器人公司	第三批	
7	杭州职业技术学院	友嘉机电学院	友嘉实业集团(杭州友佳精密机械有限公司)	第一批	3
8		达利女装学院	达利国际集团(达利中国有限公司)	第二批	
9		电梯人才培养产教融合基地	浙江省特种设备科学研究院、杭州西奥电梯有限公司、奥的斯电梯管理(上海)有限公司	第三批	
10	金华职业技术学院	智能化精密制造实训中心	西子联合控股有限公司、浙江汤溪齿轮机床有限公司、浙江四方集团公司	第一批	2
11		浙中生物医药产教综合体	浙江康恩贝制药股份有限公司、浙江尖峰药业有限公司、华东医药股份有限公司	第二批	

续表

序号	学校名称	基地名称	合作企业	备注	基地数
12	浙江交通职业技术学院	交通工程建设人才培养产教融合示范基地	浙江省交通建设行业协会(省交通协会)、浙江省交通运输科学研究院(省交科院)、浙江交工集团股份有限公司(省交工集团)	第一批	2
13		汽车服务人才培养产教融合基地	杭州长运运输集团有限公司、戴姆勒大中华区投资有限公司、广州汽车集团乘用车(杭州)有限公司、浙江吉利杭州湾研究院有限公司、全国汽车服务职业教育集团、浙江省汽车服务行业协会	第二批	
14	浙江经贸职业技术学院	食品(农产品)质量与安全人才培养与服务基地	浙江方圆检测集团股份有限公司、绿城农科检测技术有限公司、浙江省农科院、浙江锐德检测认证有限公司(迪恩安正)、下沙经济技术开发区食安办、北京中合金诺认证中心、杭州安厨电子商务有限公司、浙江一鸣食品有限公司、杭州葫芦娃生态农业开发有限公司	第一批	2
15		电子商务数字化运营人才培养产教融合基地	阿里巴巴(中国)网络技术有限公司、新华三技术有限公司、杭州壹网壹创科技股份有限公司、杭州悠可化妆品有限公司、杭州安厨电子商务有限公司	第二批	
16	宁波职业技术学院	绿色石化人才培养基地	宁波石化经济技术开发区、恒河材料科技股份有限公司、宁波富德能源有限公司、宁波石油和化学工业行业协会	第一批	2
17		模具行业现代学徒制人才培养产教融合基地	舜宇集团、海天集团、宁波远东制模有限公司、北京精雕集团、宁波臻至机械模具有限公司、瑞士GF集团、浙江大丰实业股份有限公司、神通集团科技股份有限公司、宁波富佳实业股份有限公司、宁波泓耀光电部件有限公司、宁波尹球五金制造有限公司、宁波模具行业协会、吉利集团	第三批	

续表

序号	学校名称	基地名称	合作企业	备注	基地数
18	台州职业技术学院	面向汽车全产业链的智能制造产教融合基地	吉利集团·亚欧汽车制造(台州)有限公司、浙江台州金桥集团有限公司、珠海市欧亚汽车技术有限公司浙江百达精工股份有限公司、浙江凯华模具有限公司	第二批	2
19		台州智能制造·中德合作学习型工厂	德马吉森精机床贸易有限公司、西门子(中国)有限公司、德国莱比锡工商业联合会、德国bbw职教集团、吉利·亚欧集团、金桥集团珠海欧亚公司、浙江水晶光电科技股份有限公司、永高股份有限公司、赛豪实业有限公司、凯华模具有限公司、杰克缝纫机股份有限公司	第三批	
20	温州职业技术学院	浙南轻工装备智能制造产教融合基地	ABB公司、蔡司(中国)、亚龙教育装备股份有限公司、华为技术有限公司、金蝶集团、杭州安恒信息技术股份有限公司、华联机械集团有限公司等19家企业及瑞安经济开发区、乐清经济开发区	第一批	1
21	温州科技职业学院	温州数字农业产教融合基地	浙江科诚种业股份有限公司、浙江庆一种苗有限公司、温州市神鹿种业有限公司、浙江绿艺园林工程有限公司、红欣园林有限公司、温州市瓯歌投资有限公司、浙江子久文化股份有限公司、浙江托普云农科技股份有限公司、温州科苑农牧有限公司等18家	第二批	1
22	义乌工商职业技术学院	时尚产品设计智造双创人才培养基地	浙江中国小商品城集团股份有限公司、义乌市创意园、中国义乌工业设计中心	第一批	1
23	杭州科技职业技术学院	福特汽车智能制造技术应用中心	长安福特汽车有限公司杭州分公司	第一批	1

续表

序号	学校名称	基地名称	合作企业	备注	基地数
24	浙江同济科技职业学院	大禹现代学徒制学院	浙江省第一水电建设集团股份有限公司、浙江省水电建筑安装有限公司、浙江省正邦水电建设有限公司、浙江省围海建设集团股份有限公司、浙江省疏浚工程有限公司、浙江江南春建设集团有限公司、宁波龙元盛宏生态建设工程有限公司、浙江艮威水利建设有限公司	第二批	1
25	浙江经济职业技术学院	智能供应链集成服务产教融合基地	物产中大集团股份有限公司、顺丰速运浙江公司、杭州悠可化妆品有限公司、新道科技股份有限公司	第二批	1
26	浙江旅游职业学院	"全产业链"现代旅游产业人才培养及技术服务产教融合基地	意大利歌诗达游轮公司、乌镇旅游集团、开元旅业集团、南苑集团、阿里巴巴飞猪事业部、宋城集团等	第三批	1
27	浙江医药高等专科学校	食品药品智慧监管产教融合基地	浙江英特集团股份有限公司、浙江医药职业教育联盟、浙江省药品监督管理与产业发展研究会、宁波市生命健康产业研究所、浙江安宝药业有限公司、宁波四明大药房有限责任公司、宁波市四季康来医药有限公司	第三批	1
28	浙江纺织服装职业技术学院	时尚服装服饰产教融合实训基地	宁波智尚国际服装产业园、雅戈尔集团、太平鸟集团、博洋集团	第三批	1
29	嘉兴职业技术学院	时尚产业人才培养产教融合基地	海宁中国皮革城股份有限公司、雅莹集团股份有限公司、浙江嘉欣丝绸股份有限公司	第三批	1
30	浙江国际海运职业技术学院	现代航运人才培养产教融合基地	东方海外货柜航运有限公司、中国远洋海运集团有限公司、浙江新一海海运有限公司	第三批	1

(三)示范性职业教育集团

浙江省为了鼓励高职院校与企业通过共建教育集团的方式,积极探索产教融合、校企合作的新经验、新模式,高效整合和统筹人力、物力、财力等各类资源,以期培育和建设一批不同层次、不同类型、特色鲜明、规模较大、管理高效、成效显著的示范性职业教育集团。浙江省示范性职业教育集团的遴选标准涵盖了集团治理结构、资源共建共享、产教融合校企合作、人才质量、社会服务能力等维度。2019—2021年,全省共遴选了22家示范性职业教育集团,其中12家入选国家示范性职业教育集团,如表3-5所示。这标志着职业教育集团运行模式在集团实体化运作、深化职业教育办学体制机制改革、探索产权制度改革和利益共享机制建设上均取得了突出的成绩,对促进浙江省乃至全国的产教融合起到了重要的示范引领作用。

表3-5 浙江省高职院校国家示范性职业教育集团(联盟)培育单位名单

序号	集团名称	牵头单位	批次
1	浙江省建设职业教育集团	浙江建设职业技术学院	第一批
2	嘉兴市欣禾职业教育集团	嘉兴职业技术学院	第一批
3	浙江省现代农业职业教育集团	金华职业技术学院	第一批
4	浙江商业职业教育集团	浙江商业职业技术学院	第一批
5	全国机械行业现代模具人才培养联盟	杭州科技职业技术学院	第一批
6	全国安防职业教育联盟	浙江警官职业学院 浙江省安全技术防范行业协会	第二批
7	浙江旅游职业教育集团	浙江旅游职业学院	第二批
8	浙江三江职业教育集团	浙江工商职业技术学院	第二批
9	台州湾职业教育集团	台州职业技术学院	第二批
10	全国高等职业院校技术应用服务联盟	温州职业技术学院	第二批
11	宁波现代服务业职业教育集团	宁波城市职业技术学院	第二批
12	宁波智能制造职业教育集团	宁波职业技术学院	第二批

(四)省现代学徒制试点项目

现代学徒制作为深化产教融合、完善职业教育和培训体系,推动职业教育与产业发展契合的重要路径,受到了中央的高度重视。浙江省根据《国务院办公厅关于深化产教融合的若干意见》《教育部关于开展现代学徒制试点工作的意见》积极开展浙江省现代学徒制的试点工作,努力探索校企双主体育人机制、招生招工一体化、人才培养制度和标准、校企互聘共用教师队伍以及现代学徒制特点的管理制度等重点、难点和关键问题,通过地方政府牵头、行业牵头、职业院校牵头、企业牵头等多种形式展开试点工作建设。该项目的评选对象为非教育部现代学徒制第一、二批试点单位的高职院校,共有33所高职院校入围,如表3-6所示。该项目进一步扩大了现代学徒制的辐射度,使更多的高职院校也可以通过自身努力,探索学徒制在产教融合和校企合作中的优势,最终建立符合自身发展的现代学徒制新模式,最终激活带动现代学徒制在浙江高职院校的整体办学效益。

表3-6 2018—2019年浙江省现代学徒制试点项目名单

序号	名称	年份
1	浙江交通职业技术学院	2018
2	浙江旅游职业学院	
3	杭州职业技术学院	
4	浙江工商职业技术学院	
5	浙江艺术职业学院	
6	浙江纺织服装职业技术学院	
7	浙江工业职业技术学院	
8	衢州职业技术学院	
9	台州职业技术学院	
10	浙江工贸职业技术学院	
11	浙江东方职业技术学院	
12	浙江经济职业技术学院	
13	宁波卫生职业技术学院	
14	丽水职业技术学院	
15	嘉兴职业技术学院	
16	杭州科技职业技术学院	
17	台州科技职业学院	
18	浙江同济科技职业学院	
19	温州科技职业学院	

续表

序号	名称	年份
20	浙江金融职业学院	2019
21	浙江经贸职业技术学院	
22	湖州职业技术学院	
23	绍兴职业技术学院	
24	义乌工商职业技术学院	
25	浙江育英职业技术学院	
26	浙江警官职业学院	
27	浙江长征职业技术学院	
28	浙江国际海运职业技术学院	
29	浙江邮电职业技术学院	
30	浙江汽车职业技术学院	
31	浙江横店影视职业学院	
32	浙江农业商贸职业学院	
33	浙江特殊教育职业学院	

第二节 浙江省产教融合、校企合作的实践与探索

"十三五"期间,浙江省高职院校立足区域经济发展,结合自身优势和特点,积极推进产教融合、校企合作体制机制创新,探索多元模式,搭建多元平台,取得了良好效果。

一、体制机制创新

(一)深化职业教育集团化办学

职业教育集团化办学的主要职责是利用集团办学的优势,整合集团内外部资源,培育具有较高职业素养的技能型人才。近年来,浙江省以职教集团的形式大力推动行业、企业参与职业教育,鼓励各地建立以区域或专业为纽带、地方政府或行业为主导、高职院校为龙头、中职学校和企业共同参与的职业教育集团,进行多渠道、多类型、多领域的探索,在优化集团化办学管理模式、提升人才培养的供需契合度、完善校企合作制度体系方面取得了显著成效。

首先,以示范院校为核心,构建"多方参与"的职业教育集团。在推行集团化办

学的初期,浙江省政府鼓励整体办学基础较好或者在专业领域较为突出的高职院校率先展开集团化办学的探索,与知名企业及其他组织等合作,在"平等自愿、互惠互利"原则基础之上,开展包括专业建设、学生招收、人才培养、顶岗实习、师资队伍建设等系列工作。以浙江旅游职业教育集团为例,它是由浙江旅游职业学院牵头成立的全国第一家旅游职业教育集团,集团发展至今成员单位已由原来的18家发展成为42家,包括浙江省旅行社协会等3家省级旅游行业协会,金华职业技术学院、浙江商业职业技术学院等6所高职院校,杭州市旅游职业学校、浙江绍兴旅游学校等15所国家级、省级重点职业高中,浙江省旅游集团有限责任公司、杭州旅游集团有限公司、宋城集团、开元旅业集团等16家大型旅游企业集团及1家媒体联盟和1家出版社。浙江旅游职业教育集团涵盖了浙江省内最优质旅游院校、旅游企业,实施了"名校+名企"的品牌战略,极大地推动了浙江省旅游技术技能人才培养的整体水平。

其次,以资源整合为基础,构建多方联动的特色技能人才培养路径。浙江省高职院校在集团化办学过程中,不断衔接统筹集团各方资源,尝试构建多元化、特色化人才培养路径。以金华职业技术学院牵头成立的浙江省现代农业职业教育集团为例,在教学资源上,依托集团优势、职业教育农产品与食品检测技术国家级教学资源库建设,资源库共建设了24000余条素材,其中开发了800余个微课,41门在线开放课程,为培养高标准、高质量技能人才奠定基础;在实训基地建设上,集团联合勿忘农集团、浙江虹越花卉有限公司等企业为集团内高职、中职学校提供了生产实训、顶岗实习岗位,占地1030亩的温州种子种苗科技园为金华职业技术学院回温州顶岗实习的学生实施"训研创"一体教学模式,不仅提高了学生的实践技能,也改善了农业人才培养与农村需求不一致的现实问题;在实践技能培养方面,以生产技术、经营管理水平提升为两条主线,采用小班化和双导师制全程培养,每周3天在校"固定课堂"学习专业知识,每周2天以团队形式到职教集团成员单位金华市农科院基地、金华秋红家庭农场等"田间课堂"跟随技术专家训练生产技能和农产品经营管理能力。其中集团首届现代青年农场班主自主创业的学生达到了22.2%,从事农业技术推广工作的占43.75%,其成效获得了业界的高度认可。近年来集团培养的学生获农业类国家级职业技能大赛一等奖4项、二等奖6项、三等奖4项,省级一等奖15项、二等奖16项、三等奖18项。

最后,以人才培养为纽带,完善集团运行制度体系。集团化办学将原本分散在社会中的各个单位、组织、元素有机组合成一个整体。因此,集团化办学这一多元组合下产物能否有机融合、高效运作很大程度上要取决于完整的运行制度体系的建立。在这一领域,浙江省高职院校集团化办学展开了深入探索。以嘉兴市欣禾职业教育集团为例,它由嘉兴职业技术学院牵头,联合科研院所、中职学校、行业企业等87家成员单位组建而成。该集团自成立以来制定了从财务与产权管理制度、组织制度、奖惩制度、考核制度、合作制度、集团章程以及项目管理等17项制度,明确了各方参与者的权利和义务,规范和畅通了集团运作流程,极大提升了集团的运作效率。截至2020年,集团共开发课程79门,开发教材44门,接收学生专业实习2038人次,受益学生面达55%,学校还为合作企业提供技术服务和员工培训,参与企业项目研发,校企双赢逐步显现。

(二)探索混合所有制办学

浙江省政府积极引导高职院校探索股份制、混合所有制,破解传统办学中由于教育体制产生的办学资源有限、产教融合不深、企业积极性不高等现实问题。

首先,以股权确立企业的主导地位。在推进混合所有制办学的过程中,浙江省政府和学校允许那些有意愿、有实力的行业、企业、民间力量通过投入资本、知识、技术、管理等要素拥有学校产权,并以股权的方式明确其办学和治理的主体身份,在享受利益共赢的同时也共同承担办学风险,从而实现了企业从被动办学到主动办学的转变。如台州职业技术学院与珠海欧亚汽车科技和台州金桥集团按照"优势互补、各取所需、成果共享"的原则,组建全国首家混合所有制汽车学院——笛威金桥汽车学院,规定校企三方的权益比例分别为40%:25%:25%,另外10%作为汽车学院的激励基金,并作为虚拟权益在未来注册成立独立办学机构时兑现。实施混合所有制后,企业积极参与人才培养全过程,给予了人力、物力等方面的全力支持,使该学院在人才培养质量和办学实力方面均取得显著提升。

其次,以制度规范多主体联合办学。混合所有制办学从体制上突破了原有二元制即政府和学校办学的界限,让更多的主体如企业、行业组织等参与进来,实现共同办学。为了明确各方职责,发挥多元参与的混合所有制办学最大作用,浙江省高职院校进一步规范和完善了运行机制,努力在混合所有制制度建设上破题。如台州职业技术学院出台了《混合所有制人力资源管理办法》《混合所有制资产管理办法》等,进一步界定厘清了校企的有形资产与无形资产投入,为校企人、财、物等融合提供了制度保障。

最后,以机制实现资源配置最大化。浙江省高职院校通过混合所有制办学,与企业组建成关系更加紧密和稳固的校企命运共同体,发挥企业的主观能动性为双方办学投入教育资源,破解高职院校办学资源不足的困局。资金方面,如宁波职业技术学院与亚洲最大的注塑机生产企业海天集团共建海天学院,海天集团投入1000万元资金为海天学院建设实训大楼,并投入价值600多万元的数控机床等实训设备。人员方面,如浙江旅游职业学院在千岛湖校区开展混合所有制办学后,以集团参股的洲际、喜来登集团先后与学院建立订单班,联合制订人才培养方案,合作开发专业课4门,并安排9名高管担任行业导师,全程指导学生的学习、生活、实习和就业。同时,千岛湖校区为集团培训上千名员工,主动安排专家教授上门服务5次,提出发展建议10余条,并有超过570人次的师生为集团参办的各类重大旅游活动提供志愿服务。

(三)开展现代学徒制试点

浙江省通过开展现代学徒制试点,以校企协同育人的方式打破传统教学模式课程实施效果不佳、企业参与不深、育人双主体难以发挥等难题,从源头上改善供给侧和需求侧结构性偏差问题,切实提高了人才培养质量和配适度。

首先,实施双主体育人,优化人才培育机制。浙江省高职院校在开展学徒制的过程中,坚持实施双主体育人,充分调动企业在技能型人才培养中的优势,引入企业资源,动态融入国际、国内行业的新技术、新工艺、新标准,培养学生技能、认知、创新三个方面的能力。以教育部第一批现代学徒制试点项目金华职业技术学院汽车制造与装配技术为例,学校在招生过程中落实校企联合招生,校企生三方签订协议。以协议方式明确学徒作为企业员工和职业院校学生双重身份,同时明确各方权益及学徒在岗培养的具体岗位、教学内容、权益保障等。在人才培养方案设计上,试点专业依据专业人才培养目标和岗位职业能力特点,校企共同设计人才培养方案,制定培养标准,构建基于岗位工作过程、"学生"和"学徒"相互融通的课程体系,使学习过程融入真实生产的实际中,并根据学生成长规律,校企共建并实施了从入学初期"一师多徒"、培养中期"多师一徒"和培养后期"一师一徒"育人路径,充分发挥了企业的能动性,真正让企业融入人才培养全过程中。

其次,实施双师流动机制,改善教师队伍结构。由于高职院校招聘的教师主要来自普通高校的应届毕业生,其大多缺乏企业的工作经历,导致高职院校普遍存在教师队伍整体实践能力较弱的现象。在推进现代学徒制试点过程中,浙江省高职院校与企业建立了良好教师、师傅的合作交流机制,既切实提高了学生实践技能,同时提升了高职院校教师的实践技能水平。以浙江商业职业技术学院为例,学校通过实施现代学徒制试点,与企业共同制定双导师的选拔、培养、考核、激励制度,构建了"互聘互用"优化校企师资双向流动机制,与合作企业实施专业技术人才动态流动机制,实现学校专业教师和企业技术骨干角色的无缝转换。学校每年选派15~20名骨干教师"走出去",进入合作企业挂职锻炼,提升教师的实践能力和技术服务能力。企业方面每年选派15~20名企业技术骨干"走进来",担任现代学徒制企业师傅或兼职教师,实现校企双向流动。

最后,实施特色化育人,创新人才培养模式。浙江省高职院校在推进现代学徒制的过程中,充分考量企业和学校自身的优势、区域经济发展的特色以及学生学习兴趣和学习能力等,积极探索类型多样、各具特色的人才培养模式。如浙江商业职业技术学院实施双主体、双身份、双本位、双选择的专业群人才培养模式,校企深度融合、双元育人,共同制订人才培养方案、教学标准和教学内容,强化实习实训,动态评估调整完善专业设置。宁波职业技术学院围绕专业群的人才培养定位,以企业用人实际需求为导向,推进"产训合一、项目贯通、多元评价"现代学徒制人才培养模式改革,培养支撑企业和区域产业发展的复合型技术技能人才。学院将来自企业、市场的真实产品作为训练项目,在专业群内共享"学训"项目和"产训"项目,形成集认知能力、基本技能、专项技能、综合技术技能、创新能力于一体的项目化培养体系,保障人才培养质量。浙江建设职业技术学院则通过实行"六融合"的现代学徒制教学模式,一方面将工作坊作为生产性实训基地"校中厂",以真实的项目产生相应的经济效益,在企业获利的同时实现结构化双师教师的培训;另一方面,采取现代学徒制的方式完成学生的分层培养,工作坊模式下小班教学与平行班建立流动机制,实行优胜劣汰制和动态进出的管理。

二、探索多元模式

浙江省内高职院校紧紧抓住产教融合与校企合作的牛鼻子,开展了丰富多样的实践探索,形成了许多各具特色的校企合作模式,其中比较典型的有校企共同体模式、产教利益共同体、校企地一体化等模式。

(一)杭州职业技术学院:校企共同体模式

校企共同体是指在政府的主导下,高职院校与区域主导产业的主流企业通过相互开放、相互联系、相互依赖、相互促进而结成的利益实体。杭州职业技术学院自2008年探索校企共同体模式至今,积累了许多成功经验。学校在实践探索中,以专业、行业特征为根本依据,不断深化校企共同体内涵,探索发展了"专企融合""政行企校"等不同校企共同体合作模式。其中"专企融合"模式是基于专业行业专业性强、专业仅能对接一类职业岗位的专业特征而建立的合作模式,如学校友嘉机电学院数控技术专业与浙江西子航空工业有限公司共建西子航空工业学院,信息工程学院信息安全专业与杭州安恒信息技术有限公司合作共建安恒信息安全学院。"政行企校"模式是政府、行业、企业、学校四方联动、共同构建的合作模式,如学校动漫专业对接杭州市文化创意产业,依托政府文创产业资源,在杭州市政府的支持和牵头下,联合杭州市动漫游戏协会、杭州市创意设计协会和浙江省游戏行业协会以及杭州翻翻动漫科技有限公司等20余家动漫企业共同组建了杭州动漫游戏学院。此外,学校继续深化校企共同体内涵,推进如特种设备学院"混合所有制"模式、彩虹鱼康复护理学院"企业托管"模式等新型校企合作模式。

杭州职业技术学院校企共同体内涵的纵深发展,实现了三大突破。一是观念突破。学校提出校企合作目的更重要的是要以企业的生产实际引领学校的教学,明确培养目标和人才规格。二是体制突破。校企共同体(二级学院)实行理事会领导下的院长负责制,从体制机制上解决了校企合作"两张皮"的难题。三是政策突破。在政府部门的引导推动下,从政策层面解决了专业适应性、兼职教师聘任、生产性实训基地建设等难题。杭州职业技术学院的校企共同体建设经验陆续在中央电视台、新华社、中国教育报等媒体上报道,校企共同体成为高职校企合作典范,被全国众多高职院校借鉴应用。

(二)金华职业技术学院:产教利益共同体模式

金华职业技术学院始终坚持产教融合、校企合作的办学主线,创立了基地、招生、就业、教学、科研"五位一体"育人模式,并逐步升级产教融合、校企合作模式,全力打造产教利益共同体,从实体化运作和"产学研训创"一体化两个方面破题,推动实质性的资源协同与整合。

2011年开始,金华职业技术学院步入产教利益共同体建设阶段,根据人才共育、过程共管、责任共当、成果共享的原则,以合作办学、合作育人、合作就业、合作发展为导向,在基地中积极探索工学交替、任务驱动、项目导向等教学模式,建立了12家校企合作利益共同体,为专业群、跨专业建设提供了综合平台。2016年,学校领导审时度势,提出了产教融合、高端合作的战略决策,对接国内外500强企业、行业龙头企业(前10位),或与世界150强高校、国内双一流高校,或与国字号、中字头科研院所,或与县市区政府等合作,建设了华为ICT学院、中天建筑学院、辉瑞制药金职院俱乐部,与华东医药合作共建现代药房、与西子联合共建智能化精密制造实训中心等多个高端平台。进入"双高"时期,学校进一步推进产教利益共同体建设,着力打造"532"产教融合平台,"5"即智能化精密制造、儿童教育、人工智能、生物医药、文旅创意5个产教综合体;"3"即浙江省现代农业职教集团、新能源汽车产教联盟、浙中医养健康职教联盟3个职教集团(联盟);"2"即金义网络经济学院和建筑产业学院2个特色产业学院,形成了"一专业群一平台"的新发展格局。

(三)宁波职业技术学院:校地企一体化模式

宁波职业技术学院依据地方优势和产业定位,充分挖掘政府资源,与宁波市、北仑区等地区率先开展校地合作,逐步构建了形式多样、特色鲜明的集产教研创为一体的校地企产教融合项目群,深化了合作办学、合作育人、合作就业与合作发展。

宁波职业技术学院在打造校地企产教融合项目初期,采用院园融合的方式,以校地共建特色化园区为载体,共建人才培养与人力资源服务、科技合作与技术服务、产业聚集与企业服务相互融合促进的产学研合作基地。其中"院"代表高职院校,"园"代表具有一定特色的产业园区。学校与宁波经济技术开发区政府、宁波市经济和信息化委员会三方按股份公司制组建了宁波经济技术开发区数字科技园,宁波职业技术学院占51%股份,为数字科技园董事长单位,随后吸引了一批龙头企业入驻科技园。数字科技园在建设过程中,确立了政府主导、企业参与、学校实践的办学体制,形成了学校与企业合作办学、合作育人、合作就业"三位合一",政府、企业、学校"三方联动"的办学模式,有效调动了政府和行业企业的资源,建立了互惠共赢的校企深度合作机制。这一模式有效提升了学校服务区域经济社会发展的能力,该实践成果也荣获宁波市教育服务经济贡献奖特等奖,在全国产生了较大影响。随后,宁波职业技术学院将校地企产教融合模式进一步扩大和深化,吸收了北仑区政府、宁波经济技术开发区管委会、宁波市教育局等6家政府部门及海天塑机集团、海伦钢琴等5家行业龙头企业加入,孵化了北仑智能技术产业应用中心、中德智能制造国际学院等一系列校地企产教融合新项目。在建设过程中,学校发挥了理事会在学校发展中筹措经费、校企合作、决策咨询等作用。地方政府除了提供政策保障外,还提供了经费支持在院园融合的建设过程中,政府专项补助964.48万元;在智能技术产业应用中心与中德智能制造国际学院项目推进过程中,北仑区人民政府规划投资3.7亿元。企业在建设过程中也全力投入各项资源,无论在经费、技术、人力的支持上都呈现出较大的热忱。

三、搭建多元平台

浙江省高职院校在探索产教融合多重实践中,构建多元的产教融合平台,如校内外实习实训基地、产教融合高端平台等,为技能人才培养、产学间的衔接、校企合作的深化等起到了关键的助推作用。

(一)校内外实习实训基地

校内外实习实训基地是高职院校实现产教融合的重要组成部分,其建设呈现出规范化、差异化和现代化等特征。

1. 以制度完善促进规范化发展

浙江省出台了系列政策制度引导高职院校校内外实训基地建设向标准化、规范化发展。《浙江省人民政府办公厅关于深化产教融合的实施意见》提出了总体要求,到2025年要建成100个以上装备水平国内一流、产教深度融合的实验实习实训基地。《浙江省深化产教融合推进职业教育高质量发展实施方案》进一步细化了实训基地的建设要求,如对产业基地的建设方向、实训涵盖的内容以及实训学生数量等都进行了说明。另外,相关学校在校内外实习实训基地的制度建设上也不留余力,积极制定或修订《校内外实训基地遴选建设标准》《校内生产性实训基地建设标准》《校内生产性实训基地管理办法》等制度文件,规范实训基地的建设和管理,优化实验实训基地布局,实训基地与专业的匹配度、校企合作的融合度、专业群的共享性进一步突显。以金华职业技术学院为例,先后出台《实训基地管理办法(修订)》《校内实训基地安全管理规定(修订)》《实验实训教学工作规程》《学生实验实训实习守则》《校内实训基地共享使用暂行规定》等数十项制度,为实习实训基地的规范有序发展奠定了制度基础。

2. 以区域特色促进差异化发展

浙江省高职院校在校内外实训基地建设上立足区域优势,坚持走差异化、特色化发展道路。杭州湾地区以先进制造业为核心优势,聚集了汽车、智能电气制造、高端装备制造等六大先进制造核心产业。为了适应产业发展和升级需求,浙江机电职业技术学院紧跟智能发展方向,建成了包括数字化车间、智能制造技术、智能控制技术、机器人技术、3D打印技术等具有生产、科研等功能的智能制造实训基地,建有一批融"教学做"于一体的实训室,满足了学生"学中做、做中学、探中学"的实践教学需要,提升了学生专项技能、综合技能和创新能力。浙西南地区的丽水职业技术学院依托地方农林牧特色产业,建立了名优种苗生产基地,与当地苗木企业合作共同研发优质苗种,改良现有苗木品种,在苗木的无性繁殖、抗旱抗寒性上均取得突破,为地方苗木行业的发展提供了技术和人才支撑,该基地被评为浙江省"十三五"示范性实训基地。浙中地区的义乌工商职业技术学院以义乌"四大千亿"时尚产业规划建设为契机,联合政、校、行、企、研多方协同创新,共建省级生产性实训基地——时尚产品智造基地。基地内实现"研发→打样→制造→展示→体验→推广"全产业链实训,校企共同开展项目开发,建设融教学、研究、培训和职业技能鉴定功能于一体的教学实验实训基地。坐落在浙东南沿海地区的温州职业技术学院则建立了与温州的鞋业、服装业等特色产业相匹配的国际级服装实训基地和省级制鞋工艺及鞋机专业实践教学基地,为地方特色产业发展提供技术技能人才保障。

3. 以技术嵌入促进现代化发展

互联网、云计算、大数据、人工智能等高新技术的普及,为高职教育现代化实训基地建设提供了技术支撑。首先,改善实训环境。浙江省高职院校通过引入先进的高新技术,模拟工作流程,仿真工作环境,为学生营造了一个还原度高、逼真性强的实训工作场所,让学生在增加职业代入感的同时,也增强工学不同阶段的适应力。如浙江建设职业技术学院与合作企业开发虚拟植物园实训场地,将校园内的230多种植物标本通过二维码技术挂牌定位,采用信息化教学管理,实现虚拟植物园和真实场景的有效衔接。丰富的数据库包含植物的科属、识别特征、生态习性、适应地区、种植技术等,学生可以自主进入虚拟植物园进行植物认知训练。其次,丰富实训形式。浙江省高职院校一直积极探索利用互联网、物联网等技术,为学生提供更加丰富的实训形式。如浙江机电职业技术学院,投入100万元引入互联网技术,加强对数字化车间等实训基地的信息化建设,实现了对实训设备使用状态、学生实训情况、实践教学质量在线监控等,最终实现了"线上＋线下"实践教学新模式。浙江经贸职业技术学院与企业共建了国内首家基于互联网、人工智能等新技术的高职财税实践教学基地。该共享中心依托公司的智能系统建立会计核算智能工厂,依托智能工厂提供的财税大数据,开展财税咨询服务实践。再次,精准实训管理。实训基地通过信息化建设,可以有效地分享实训内容,精准地分配实训任务,科学地评价实训数据,从而有效提高实训管理的高效性和精准性。如浙江建设职业技术学院创设了多功能、全开放、自助式的智能实训基地,设置智能导览系统、团队讲解系统、二维码标识系统、智能考勤系统、视频监控系统等综合智能系统,凭校园一卡通进入,完成基坑支护、基础工程、支模架工程、框剪结构、钢结构节点、建筑节能等训练任务,实现自主自助学习。

(二)产教融合高端平台

浙江省一些产教融合建设实践较早、基础较好的高职院校积极打造产教融合高端平台。在探索构建产教融合平台的实践中,浙江省高职院校致力于从平台的高端性、综合性、国际性等多个维度破解产教融合辐射范围不广和合作力度不深的现实问题。

首先,以平台的高端性突破技能天花板。浙江省高职院校进一步拓宽合作渠道,积极打通产教融合资源整合、技术创新的壁垒,通过协同创建院士工作站、重点实验室、应用技术协同创新中心等方式为产教融合平台赋能增值。如金华职业技术学院与四川抗菌素工业研究所等建立技术创新服务的高端平台,发挥院士、"国千""省千"等专家领衔的高端科研团队作用,面向区域重点企业,围绕新能源汽车驱动系统、农业机器人关键技术、生物制药、航空航天钎焊技术、电机绿色控制技术、大型与微型液压泵等"卡脖子"技术开展联合攻关,形成系列高端应用技术研究成果,在服务区域智能精密制造等产业创新发展方面发挥引领与支撑作用。其次,以平台的综合性破解功能的单一性。浙江省高职院校积极探索构建集人才培养、社会培训、技术研发等多功能于一体的产教融合综合性平台,为服务区域经济发展、助力地方产业升级转型提供更为多元、精准的服务。如浙江机电职业技术学院积极推进应用技术协同创新中心建设,以中小企业车间智能化改造的具体需求为导向,以车间智能改造共性关键技术研发与工程实施、生产工艺与生产流程优化为抓手,构建智能专机、智能制造单元、数字车间三个层面的产学研协同创新平台。同时围绕人才培养和科技创新两条主线,产学研互动,探索"校企导师＋协同平台＋攻关项目"技术技能拔尖人才培养模式,优化智能制造人才培养体系,为中小企业车间智能化改造提供技术支撑,使中心成为提升人才培养质量、解决车间智能化改造难题和提升产业发展水平的协同创新体。最后,以平台的国际性打破合作的边界性。在原有产教融合项目的基础上打通专业和领域的国内外连接点,把点状分布的国内外专业和企业连接成网,凝结成覆盖面更广的校企合作国际合力。如义乌工商职业技术学院的浙中国际贸易产教联盟平台,对内重点提升省级示范性国际商贸综合实训基地,对外重点建设陆港电商小镇、商城集团等实训基地。依托平台资源,将产教融合的受众面逐渐扩展到整个国际经济贸易专业群,并以此构建了中国(义乌)数字经济与贸易研究中心等多个科研合作子平台,围绕数字贸易、智慧物流等相关领域,校企合作共同开展应用型课题研究20余个,辐射外贸企业50余家。同时平台下设的"一带一路"国际合作交流平台,对接"走出去"企业建设海外人才培训基地,设立海外丝路学院,为全球创业青年提供优质的跨境电商运营、物流操作等培训服务年均3期,举办国际会议、沙龙3场,为政府及相关企业决策提供资政服务,将平台的辐射力和影响力从国内扩展到国际。

第三节 浙江省产教融合、校企合作的挑战与展望

"十三五"期间,浙江省高职院校产教融合、校企合作成效显著,但整体而言,依然面临着合作对象松散、合作层级较浅以及合作投入较少等问题。新时代,面对新的机遇与挑战,浙江省高职院校如何克服产教融合现有的掣肘,凝练优势,再创辉煌,将是下一阶段产教融合的发展重点。

一、挑战

面对新的历史时期,浙江省"十四五"提出了"以推动高质量发展为主题,以深化供给侧结构性改革为主线"的经济社会发展指导思想,这对产教融合的发展提出了新的希冀和要求。但时下产教融合依然面临合作对象松散、合作层次较浅以及合作投入偏少等问题。

(一)合作对象松散

产教融合包含学校、企业、行业、政府以及相关组织等多元主体,且多元主体之间达成统一的共识,为实现同一目标而共同发挥各自的功效。但在实践过程中,产教融合的合作对象依旧呈现松散的状态,究其原因主要有:一是缺乏法律的约束。浙江省高职院校积极探索集团化办学、混合所有制办学、现代学徒制等模式,但由于缺少法律层面的约束,制约和规范各方多元主体的行为和职责主要依赖于合作章程。当合作主体出现违章办事的情况时,未能运用有效手段对其进行一定的惩戒,致使多元合作对象依然呈现松散化的状态。一些院校在与企业合作的过程中,企业随意终止合作的现象也频频出现,即使是保持合作的企业,也频频出现企业并

未安排专职人员与学校对接,致使很多相关工作的开展和执行上仍依赖于学校单方面,最终导致产教融合、校企合作的成效并不明显。二是难以形成发展共识。高职院校因其教育属性具有较强的公益性质,其最终目标是培育符合社会发展需要的技能型人才,而企业作为社会经济发展下的产物,具有较强的逐利属性,其开展产教融合的本质是希望通过合作,在人力、技术等资源上得以获利。由于中小企业相较龙头或者大型企业面临更为激烈的生存竞争,加之社会资源局限性也更强,致使中小企业在合作过程中逐利性的特质愈发明显。浙江省作为拥有较高比例中小企业的省份,所属的高职院校不得不选择中小企业进行产教融合、校企合作。合作需求上的矛盾也是众多高职院校与中小企业产教融合、校企合作不顺和卡壳的主要原因。虽然"十三五"期间,浙江省高职院校通过混合所有制的方式与企业以股权等方式建立了法律层面的链接,保障了企业在合作中的合法获利,在一定程度上缓解了校企之间的需求矛盾,然而如何处理产教融合投入和收益问题,校企双方依然存在诸多分歧,这也是产教融合下一阶段需要思考的重点内容。

(二)合作层次较浅

浙江省高职院校在产教融合、校企合作方面虽然突显了一批示范性的优秀典范,但合作层次依然较浅,合作内容大多只停留在学生去企业上课、培训等浅层面。追溯其背后的原因主要有两个方面:一是缺乏细化的引领和指导。无论是产教融合还是校企合作,大多数高职院校和企业对此并没有较多的成功经验,依然处于"摸着石头过河"的阶段。因此,选择浅层次的合作模式,无疑对企业和学校来说都是相对安全和稳妥的做法。虽然,现阶段不乏产教深度融合和校企深度合作的成功案例,但因为各自背景的差异,真正可以复制和推广的并不多。再加上高职院校和中小型企业的资源有限等因素,使双方的试错成本大大增加,极大地挫伤了高职院校和中小企业深度融合的积极性。二是缺乏对企业的吸引力。高职院校以产教融合、校企合作为契机在专业设置、课程设计、人才培养的层级与质量、科研课题与技术难题攻克等方面进行优化和改善,而这样的目标显然不足以吸引企业参与其中。再加之相关政策对一般企业进行产教融合的支持力度较小,企业投入的人力、物力费用都增加了其运作成本,而产出的利益呈现出时间跨度久、转化率不高等特点,吸引力明显不足。

(三)合作投入偏少

产教融合、校企合作深受合作投入的影响。首先,在政府层面,浙江省出台了《浙江省人民政府关于加快发展现代职业教育的实施意见》《浙江省人民政府办公厅关于深化产教融合的实施意见》等系列政策,对于示范性的产教融合和校企合作项目给予了一定的经费支持。但对于一般项目的资金支持并没有明确的规定,比如政策允许给予参与产教融合的企业一定的补助或税收减免,但并未明确补助与减免税收的额度,使其在执行过程中存在一定难度,企业较难获得相应资助。其次,在企业层面,浙江省的中小企业占据了较大比例,企业在投入过程中更多考虑的是投入与产出能否成正比,对投资回报和投资的时长往往比较看重。而产教融合本质是多元主体共同参与合作共同进行人才培养、技术研发的过程,其内涵决定了这一过程并不能一蹴而就,需要一定的时间周期。凡此种种,导致了许多企业对产教融合、校企合作望而却步。最后,在院校层面,院校是产教融合的最大受益者,通过产教融合调整人才培养的内容和方式使之更加契合市场和企业的需求,这也符合院校参与产教融合、校企合作的初衷。然而,院校作为一种公益性的组织,在资金、人力、物力等资源利用方面都有较大的限制,许多高职院校的收入只能勉强维持日常的教学,无法承担产教融合方面的过多投入。

二、展望

产教融合作为浙江省职业教育发展的主线和特色,其发展和深化还需要多方协同,共同发力,通过加大与大中型企业的合作交流、深化校企合作内容以及保障企业参与办学利益等多元举措的探索,为实现职业教育的内涵发展与质量提升注入新的活力。

(一)以点带面,加强与大中型企业的合作交流

"十三五"期间,教育部专项绩效评价组"对253所具有混合所有制特征的二级学院合作企业分析发现,合作企业多为行业内具有一定影响力的领军型企业,或行业内骨干型企业"[1]。因此,在浙江省产教融合高速发展迈入下一阶段的关键时期,加大与大中型企业的合作交流是产教融合功效最大化的利器。加大与大中型企业合作交流的底层逻辑在于:其一,有较强的物质基础。大中型企业作为产业中的骨干企业,通过长期的积累,具有较深厚的物质资源。产教融合作为一项系统的工程,在实训基地建设、新技术研发以及相应设备投入上都需要参与的企业有较大的投入。这就要求具备一定资金实力的企业参与其中,才能在一定程度上轻化产教融合项目在推进过程中面临的资金压力。其二,有较强的专业技能。产教融合过程中无论是人才实践技能的培养还是新技术的研发,对企业都有较高技术技能的要求,特别是运用尖端技能的能力,大中型企业往往是行业内少数具备精尖端技能的企业。因此,无论是对实践技能的提升还是新技术的研发,大中型企业具备更强的技术能力。其三,有较高的目标愿景。大中型企业作为行业中的佼佼者,企业规

---

[1] 童卫军,池云霞,庄榕霞,等.高职创新发展有作为[M].北京:高等教育出版社,2019:127.

划无论在目标层次还是在内涵建设上都远高于一般的小企业。具备较强行业实力的它们不再着眼于项目的短期利益,而是更多放眼于企业的未来,对企业人才的培养和新技术的研发都更注重与企业长远发展的需求相匹配,这也和学校产教融合的目标较为吻合。因此,浙江省高职院校通过与大中型企业开展产教融合的成功率将更高。在此基础之上,浙江省高职院校可以总结出成功的经验和模式,并将其惠及其他项目,从而实现以点带面,全面推动浙江省产教融合的质量和水平。

(二)由表及里,积极拓展和深化校企合作内容

浙江省高职院校在产教融合、校企合作上开启全方位、立体式的探索,为校企合作的深化奠定了坚实的基础。在今后的发展中,如何由表及里深化校企合作的内容是校企合作下一发展阶段的重点工作。基于浙江省已有基础,可以在以下方面展开有益的探索:其一,分层分类加以引导。"十三五"期间,浙江省高职院校在产教融合、校企合作过程中,已经涌现出一些实力强劲、运作规范、成果突出的合作项目。相关政府单位或者校企合作组织应深挖其成功的关键因素,归纳总结成功的普遍规律。此外,对目前正在运行或即将运行的校企合作项目展开评估,将有类似背景和资源优势的校企合作项目进行分层分类,并结合成功的合作项目案例进行指导,使浙江范式的产教融合能够真正惠及全省和全国。其二,构建一体化的质量管理体系。校企合作发展至今在国家层面尚未建立统一的质量管理体系,致使校企合作项目的水平和质量参差不齐。浙江省作为产教融合、校企合作走在全国前列的省份,应该率先构建校企合作一体化的质量管理体系,鼓励学校和企业围绕专业、课程、生产、技术、科研、管理等多重维度构建质量标准,以确保校企合作能够真正地深入合作发展,实现共赢。其三,优化校企合作长效运行机制。产教融合、校企合作深化阶段还需进一步完善和优化校企合作长效运行机制。通过机制,进一步细化和明确各方主体在校企合作中的职责和义务,构建互利共赢的需求动力机制,共享资源的配置机制以及企业、行业等深度参与的系统机制,以真正实现共建、共享、共赢。

(三)以上率下,保障企业参与办学利益

如何激励企业参与产教融合、校企合作,既需要宏观层面的科学顶层设计与正确的方向指引,也需要中观统筹与因地制宜的政策支持。"十三五"期间,浙江省已经对产教融合做了合理的部署和规划,但在保障和激励企业参与产教融合、校企合作的推进措施、实施步骤的细则上,还尚未给予详细的阐述。根据浙江省经济信息中心的监测数据,超过四分之三的企业对参与产教融合的积极性不高。其中,又有47.4%的受访企业认为校企合作对企业增效帮助不明显是影响其参与意愿的最主要因素,此外校企间信息不对称(32.5%)、合作准入门槛较高(23.3%)、合作中企

业主导权不高(19.2%)、缺乏财税政策支持(13.0%)等也是影响企业积极性的重要原因。因此,浙江省还需出台相应的配套激励和保障政策,以鼓励企业深度参与产教融合、校企合作。通过激励和保障政策增加企业对产教融合的认同感,解决企业参与的后顾之忧,充分发挥企业自身的内驱力。在同一合作理念、价值诉求和良好支撑环境的基础上,最终形成互利共赢、优势互补的局面。此外,在政府的激励和保障政策中,还需要对多种模式下的产教融合、校企合作的利益分配加以引导,确保企业在合作过程中能够获得相应的利益。如企业在实习实训中鲜有获利还需要倒贴学生实习补贴的境况,以及学徒制中师傅课时津贴未能落实的现实问题,均急需通过政府更为完善和细化的政策予以指导和疏通。

第四章　师资队伍建设

百年大计,教育为本;教育大计,教师为本。教师是教育发展的第一资源,是教育事业发展最根本的依靠力量。没有高素质师资队伍的支撑,高职教育的质量提升便无从谈起。浙江省全面贯彻《关于全面深化新时代教师队伍建设改革的意见》(中发〔2018〕4号)、《深化新时代职业教育"双师型"教师队伍建设改革实施方案》(教师〔2019〕6号)等国家文件精神,始终把师资队伍建设摆在职业教育改革发展的重要位置,着力打造一支道德素质高尚、结构科学合理、素质能力突出的"双师型"教师队伍,为全省职业教育现代化发展提供强有力的人才支撑。

第一节　浙江省高职院校师资队伍建设的现状

经过多年的探索和实践,在高职师资队伍建设方面,浙江省取得了长足的发展和进步,积累了经验,形成了特色,取得了成效,有效支撑了浙江省高职教育高质量发展。本节基于近些年《浙江省高等职业教育质量年度报告》数据的梳理和分析,从队伍数量结构、素质能力成效、教师管理制度和培养培训体系四个方面描述高职师资队伍建设现状。

一、队伍数量结构

(一)数量稳步增长

数量是高职师资队伍建设最基础的保障,只有保证充足的教师数量,才能为教学质量提升、教师企业实践常态化、教师培养培训等奠定坚实发展基础。近年来,浙江省高职师资队伍数量稳步增长,可以从专任教师总数、在岗教职员工总数和生师比进行观测分析。

从专任教师总数来看,全省高职院校2015年专任教师有14025人,2016年有14666人,2017年有14935人,2018年有15417人,2019年有15884人,2020年有17021人,呈现稳步增长趋势,五年间增幅21.36%,详见图4-1。

从在岗教职员工总数来看,全省高职院校2015年在岗教职员工有21695人,2016年有22358人,2017年有23310人,2018年有23974人,2019年有24589人,2020年有26301人,增长趋势明显,五年间增幅21.23%,详见图4-2。

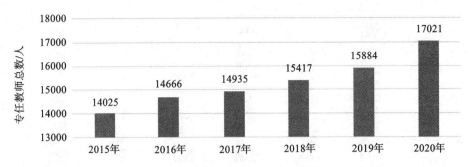

图 4-1　2015—2020 年浙江省高职院校专任教师总数增长情况

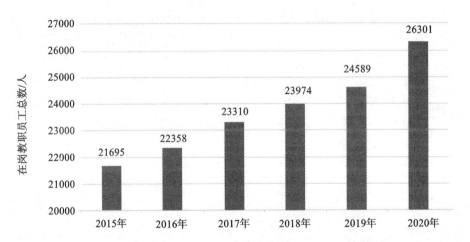

图 4-2　2015—2020 年浙江省高职院校在岗教职员工总数增长情况

从生师比来看,全省高职院校 2015 年生师比为 14.60,2016 年为 14.10,2017 年为 14.21,2018 年为 14.03,2019 年为 13.79,2020 年为 14.35。总体来看,教师数量不断增加,生师比呈下降趋势,但幅度不大。随着 2019 年高职教育百万扩招政策的落地,全省高职院校教师供给依然紧张,如图 4-3 所示。

(二)结构逐步优化

随着职业教育促进经济社会发展的功能越来越凸显,政府对职业教育越来越重视,高职师资队伍结构逐步优化,朝着数量充足、结构合理、专业精通的方向发展,主要体现在职称结构、学历结构和双师素质等方面,如表 4-1 所示。

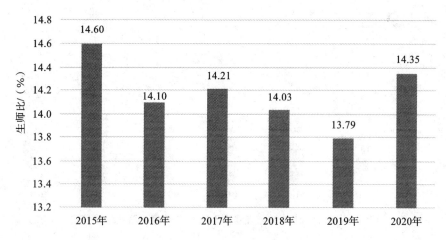

图 4-3 2015—2020 年浙江省高职院校生师比变化情况

表 4-1 2015—2020 年浙江省高职院校师资队伍结构情况

师资队伍结构	2015 年		2016 年		2017 年		2018 年		2019 年		2020 年	
	人数	比例	人数	比例	人数	比例	人数	比例	人数	比例	人数	比例
具有高级职称教师	4475	32.2%	4859	33.3%	4889	—	5069	33.53%	5228	33.91%	5748	34.28%
具有硕士及以上学位教师	8907	64.1%	10250	70.2%	—	—	—	—	—	—	—	—
具有博士学位教师	539	3.88%	579	3.97%	586	—	669	4.43%	702	—	807	4.81%
具有双师素质教师	10574	76.1%	11516	78.9%	12106	—	12605	83.38%	12939	—	14097	84.07%

职称结构方面,全省高职院校师资队伍的职称以中级和高级为主,2015 年高级职称教师有 4475 人,占比 32.2%,2016 年高级职称教师有 4859 人,占比 33.3%,2018 年高级职称教师有 5069 人,占比 33.53%,2019 年高级职称教师有 5228 人,占比 33.91%,2020 年高级职称教师有 5748 人,占比 34.28%。总体来看,高级职称教师数和高级职称教师占比逐年稳步提升。

学历结构方面,全省高职院校具有硕士及以上学位的教师,2015 年有 8907 人,占比 64.1%,2016 年增加至 10250 人,占比提高至 70.2%。近些年,高职院校对教师的学历提出了更高的要求,越来越注重博士层次人才的引进和培养工作。在各高职院校的共同努力下,具有博士学位的教师人数从 2015 年的 539 人,增加至

2020年的807人,增幅达49.72%,是职教师资结构中增幅最大的指标要素。

双师素质方面,全省高职院校双师素质教师2015年有10574人,占比76.1%,2016年人数和占比分别增加至11516人和78.9%,2018年分别增加至12605人和83.38%,2020年有14097人,占比84.07%,具有双师素质教师人数和比例提升较快。

二、素质能力成效

高职师资队伍专业能力逐步增强,整体素质显著提升,主要体现为教育教学水平稳中有升,可以从一些国家级的标志性成果获奖观测,如国家级教学成果奖、全国职业院校技能大赛教学能力比赛、国家教学名师、国家级教师教学创新团队等。

从国家级教学成果奖来看,在2018年职业教育国家级教学成果奖评审中,浙江省共获得一等奖7项、二等奖33项,以40项的总获奖数位居全国第四,一等奖获奖数位居全国第二。其中高职项目获国家级教学成果奖一等奖5项,二等奖17项,获奖比例居全国前列,详见表4-2。

表4-2 2018年职业教育国家级教学成果奖浙江省高职院校获奖情况

序号	学校名称	一等奖/项	二等奖/项	总计/项
1	金华职业技术学院		3	3
2	浙江金融职业学院		3	3
3	温州科技职业学院	1	1	2
4	浙江机电职业技术学院		2	2
5	杭州职业技术学院	1		1
6	浙江交通职业技术学院	1		1
7	浙江经贸职业技术学院	1		1
8	浙江医药高等专科学校	1		1
9	宁波卫生职业技术学院		1	1
10	宁波职业技术学院		1	1
11	绍兴职业技术学院		1	1
12	温州职业技术学院		1	1
13	义乌工商职业技术学院		1	1
14	浙江建设职业技术学院		1	1

续表

序号	学校名称	一等奖/项	二等奖/项	总计/项
15	浙江商业职业技术学院		1	1
16	浙江艺术职业学院		1	1
	总计	5	17	22

全国职业院校技能大赛教学能力比赛是衡量职教师资队伍教育教学水平的重要标准。2015—2020年，全省高职院校共有69个项目获奖，其中一等奖17项，二等奖22项，三等奖30项。从获奖的等级来看，一等奖呈现递增趋势，而且增幅较为明显。二等奖和三等奖都具有较明显的波动，尤其是三等奖，呈一定的递减趋势。总体来看，除2016年获奖项目只有3项外，省内高职院校每年获奖总数较为稳定，在10~16区间波动，详见表4-3。

表4-3　2015—2020年全国职业院校技能大赛教学能力比赛浙江省高职院校获奖情况

年度	一等奖/项	二等奖/项	三等奖/项	总计/项
2015	1	1	13	15
2016	1	1	1	3
2017	1	4	5	10
2018	2	9	5	16
2019	6	3	3	12
2020	6	4	3	13
总计/项	17	22	30	69

从国家教学名师来看，浙江省高职院校共有4位国家教学名师，分布在浙江交通职业技术学院、浙江工贸职业技术学院、浙江机电职业技术学院、宁波职业技术学院，仅次于江苏(9位)、广东(7位)、山东(5位)、河南(5位)和湖南(5位)，见图4-4。浙江省高职院校共有5位国家"万人计划"教学名师[①]，分布在浙江机电职业技术学院(2人)、温州职业技术学院(1人)和浙江金融职业学院(2人)，仅次于山东(9位)、广东(6位)，和河南、江苏并列第三，见图4-5。

---

① 由于2020年后国家"万人计划"教学名师文件不公开，因而统计截止到2019年。

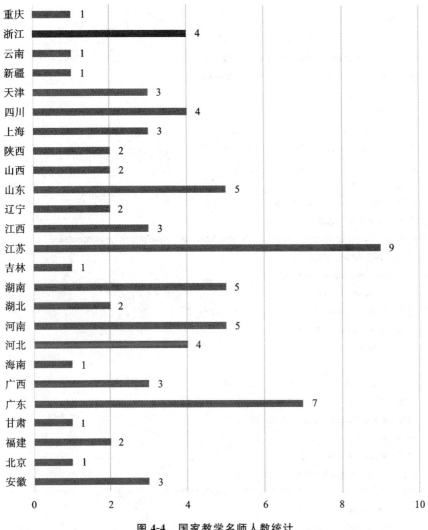

图 4-4　国家教学名师人数统计

从国家级教师教学创新团队来看，2019 年，全国共立项了 120 个首批国家级职业教育教师教学创新团队。其中浙江省共立项了 11 个国家级职业教育教师教学创新团队，仅次于江苏省，位列全国第二，具体分布详见图 4-6。浙江省 11 个国家级职业教育教师教学创新团队主要分布在金华职业技术学院、浙江机电职业技术学院、温州职业技术学院、浙江金融职业学院、宁波职业技术学院等 11 所高职院校，见表 4-4。

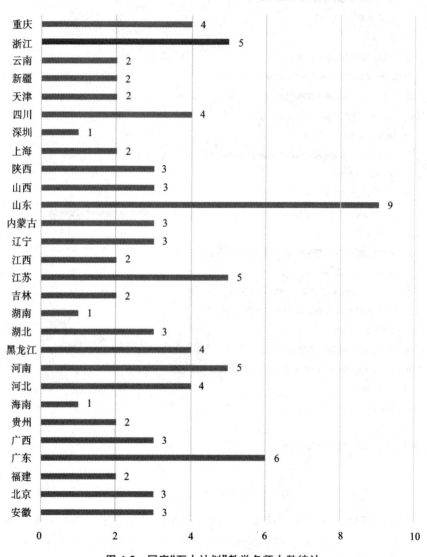

图 4-5 国家"万人计划"教学名师人数统计

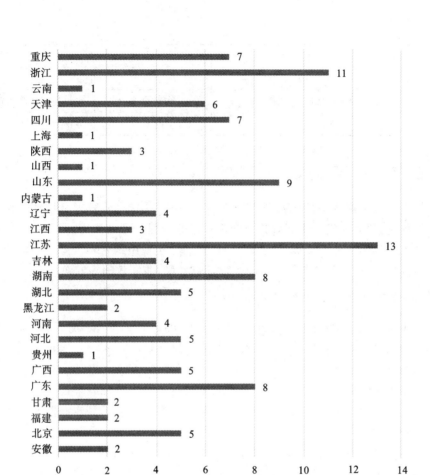

图 4-6 首批国家级职业教育教师教学创新团队数量统计

表 4-4 首批国家级职业教育教师教学创新团队浙江省高职院校立项情况

序号	学校名称	专业方向	备注
1	温州职业技术学院	电气自动化技术	
2	浙江机电职业技术学院	机电一体化技术	
3	浙江工商职业技术学院	计算机网络技术	
4	浙江建设职业技术学院	建筑工程技术	协作共同体牵头单位
5	绍兴职业技术学院	建设工程管理	
6	宁波职业技术学院	应用化工技术	协作共同体牵头单位
7	浙江经贸职业技术学院	电子商务	协作共同体牵头单位
8	浙江金融职业学院	电子商务	

续表

序号	学校名称	专业方向	备注
9	杭州职业技术学院	电子商务	
10	浙江经济职业技术学院	物流管理	协作共同体牵头单位
11	金华职业技术学院	学前教育	协作共同体牵头单位

三、教师管理制度

著名管理学家哈罗德·孔茨在畅销书《管理学》中指出，管理是设计和保持一种良好环境、使人在组织中高效达成既定目标的过程。可以认为，塑造良好的制度环境和工作环境是为了影响员工，使其努力工作，实现组织目标。就高职院校教师管理而言，主要涉及经费投入、岗位管理、职称评聘、兼职教师等方面。

（一）办学经费投入渐增

近年来，浙江省始终把发展职业教育作为教育工作的战略重点，努力加大对职业教育的经费投入和保障力度，积极探索建立健全财政投入稳定增长机制。一是以生均经费为抓手，建立职业教育保障机制。浙江省2011年开始尝试建立职业教育生均经费保障机制。2015年《浙江省人民政府关于加快发展现代职业教育的实施意见》提出，到2017年，全省公办高职院校生均财政拨款达到本科院校水平。从高职院校年生均财政拨款来看，2015年全省高职院校年生均财政拨款9960元，2018年全省高职院校年生均财政拨款15685.93元，增幅明显，增加了57.49%。二是以清单管理为方式，推进职业教育内涵建设。浙江省对各类教育项目专项进行清理整合，统一为教育发展专项，按因素法分类，实行清单式管理，推进重点项目建设。浙江省组织实施了"职业教育质量提升行动计划"，加大对职业教育基础能力、专业、师资队伍等建设的投入，重点支持实施名校名师名专业和名品牌实训基地的建设。三是以绩效奖补为动力，充分激发院校发展活力。将绩效考核与奖补结合起来，鼓励各地争先创优发展职业教育，这改变了过去通过大量专项直接引导学校办学的办法，充分发挥了市县和学校的积极性，让学校根据自身发展需要选择发展重点目标，争取补齐短板。毋庸置疑，随着职业教育办学经费投入增长，越来越多的经费也投入到职教师资队伍建设领域。据统计，2016年浙江省职教师资经费建设支出2.3亿元，相比于2015年增长0.3亿元，占全省经费总支出比例为2.5%。多数高职院校将师资队伍建设纳入学校事业发展规划，并建立了"双师"队伍建设专项经费，为高素质劳动者和技术技能型人才培养奠定了强有力的师资保障。

(二)岗位设置动态调整

岗位设置管理是高校一项重要的管理制度创新,在学校改革发展中具有基础性、长期性和根本性的深远影响。国家高度重视高校的岗位设置管理工作,早在2006年便颁布了《事业单位岗位设置管理试行办法》(国人部发〔2006〕70号)和《事业单位岗位设置管理试行办法实施意见》(国人部发〔2006〕87号),随后专门出台了《关于高等学校岗位设置管理的指导意见》(国人部发〔2007〕59号),作为高校岗位设置管理工作开展的根本指南,在探索高校岗位设置管理过程中确实发挥了不可代替的作用。但高职教育规模逐渐扩大,已占据高等教育的半壁江山,这无疑给高职院校岗位设置管理带来了系列新问题、新矛盾和新挑战,编制总量与发展需求不相匹配和岗位内部结构设置比例失衡的矛盾尤为突出,严重制约了人才晋升和学校发展的良性循环。

浙江省高度重视高校岗位设置管理工作,在严格遵循国家岗位设置管理要求的基础上积极探寻管理之道。在编制总量方面,浙江省高校实行报备员额制,在一定程度上有效缓解了编制总量和岗位总数之间的矛盾。在岗位内部结构设置比例方面,浙江省根据高等事业发展需求及时进行动态调整。2010年,浙江省印发了《浙江省部分行业事业单位专业技术岗位结构比例控制标准(试行)》(浙人社发〔2010〕165号),根据高职院校发展等级将之分为示范性高职院校和一般高职院校,并明确了不同层次学校的岗位结构比例,详见表4-5。从省级层面看,浙江省2010年确定的高职院校专业技术岗位结构比例基本满足和契合了当时高职教育的发展。但高职院校在国家示范高职院校建设和国家骨干高职院校建设计划的推动下,奠定了高职发展的深厚根基,积聚了一大批优质的师资队伍,使得原来专业技术岗位结构的比例与高职院校发展需求的矛盾逐渐显现,大多数高职院校中高级岗位趋于饱和,影响了教师的职称晋升。因而,为进一步深化高校人事制度改革,合理配置高校人才资源,充分发挥教学科研人员积极性,2017年9月,浙江省人力资源和社会保障厅印发了《关于完善高校专业技术岗位结构比例调控的通知》(浙人社发〔2017〕105号),明确规定高校专业技术高级岗位结构比例控制标准由省人力社保厅会同省教育厅负责确定,专业技术中级、初级岗位则由高校自主设置管理,并大幅提高了高职院校专业技术高级岗位的比例,重点暨优质建设高职院校、高等专科学校正副高分别不高于14%、29%,一般高职院校正副高分别不高于12%、29%,充分增加了教师职称评聘的有效供给,如表4-6所示。此外,高校引进顶尖人才和急需紧缺的高层次人才,可申请设立特设岗位,不受岗位总量、结构比例和岗位等级限制,为打造高标准、高层次、高质量教师队伍创设了良好的制度空间。与其他省份相比,浙江省在高校岗位设置管理方面具有一定的灵活性,相关经验值得借鉴。

表 4-5 浙江省高职院校专业技术岗位结构比例控制标准

单位类别	高级岗位/(%)		中级岗位/(%)	初级岗位/(%)
	正高	副高		
示范性高职院校	8	27	50	15
一般高职院校	6	26	50	18

表 4-6 浙江省高职院校专业技术高级岗位比例控制标准

学校类别	专业技术高级岗位比例/(%)	
	正高	副高
重点暨优质建设高职院校	≤14	≤29
高等专科学校		
一般高职院校	≤12	≤29

(三)职务评聘改革深化

职务评聘关涉教师职业生涯发展,是推动教师专业发展、激发教师内在动力、提升教师自我效能的重要评价机制。浙江省以岗位设置管理工作为基础,大力推进高校教师专业技术职务评聘改革工作,发挥岗位的政策导向作用。其实,省内高校教师专业技术职务评聘制度改革始于2012年的中小学教师职称改革试点,它推行"评聘结合",各学校在核定的岗位结构比例空岗数内推荐符合条件的教师参加职称评审,不再进行岗位结构比例之外、与岗位聘用相脱离的资格评审。借鉴中小学教师职称改革试点经验,2014年3月,浙江省教育厅、人社厅下发了《关于深化高校教师专业技术职务评聘制度改革的意见》(浙教高科〔2014〕28号)。依据"放管服"原则,该意见着眼于落实高校办学和用人自主权,在优化岗位管理的基础上,有步骤地全面下放高校教师专业技术职务评审权,深入探索建立分类评价、分类管理和高校自主评聘、政府宏观管理监督的高校教师专业技术职务评聘制度,形成竞争择优、能上能下、优秀人才脱颖而出的用人机制,打破聘任终身制,进一步调动和激发广大教师的积极性和创造性,努力建设一支师德高尚、业务精湛、结构合理、充满活力的高素质专业化教师队伍。

这意味着各高校从2014年起全面开展教师各级职务自主评聘工作,自定标准、自主评聘、自主发证,省里不再统一组织高校教师高级专业技术资格评审工作。这在一定程度上凸显了高职院校在专业技术职务评审中的自主权,是符合高职院校专业技术职务评聘发展趋势的主动性探索,具有一定的创新性。为突出职业教育特色,强化专业特征,各高职院校纷纷根据教学为主型、科研为主型、教学科研型和社会服务型等不同教师类别分别制定不同的评聘标准,引导教师分类发展。

(四)兼职教师聘用制度建立

兼职教师是职教师资队伍的有机组成部分,是支撑职业教育高质量发展的重要力量。国家高度重视兼职教师队伍建设,出台了以《职业学校兼职教师管理办法》(教师〔2012〕14号)、《国务院关于加快发展现代职业教育的决定》、《国家职业教育改革实施方案》、《深化新时代职业教育"双师型"教师队伍建设改革实施方案》(教师〔2019〕6号)等为代表的系列职业教育改革政策文件,从国家战略高度为高职院校兼职教师队伍建设提供有力支持。紧随国家政策,浙江省也制定了兼职教师相关政策,完善了兼职教师聘用制度,如表4-7所示。

表4-7 浙江省职业教育兼职教师相关政策

序号	时间	文件名	主要内容
1	2013年	《浙江省人民政府关于加强教师队伍建设的实施意见》(浙政发〔2013〕26号)	鼓励职业学校和高等学校聘请企业管理人员、专业技术人员和高技能人才等担任专兼职教师
2	2015年	《浙江省人民政府关于加快发展现代职业教育的实施意见》(浙政发〔2015〕16号)	建立和完善职业院校兼职教师队伍制度,构建兼职教师资源库,实现兼职教师在省内不同院校间的共享。允许学校根据教学需要,聘任专业技术人员、高技能人才兼职担任专业课或实习指导教学任务,并按专兼职教师总数的30%左右比例予以落实
3	2017年	《浙江省教育厅关于实施浙江省职业院校教师素质提高计划(2017—2020年)的通知》(浙教师〔2017〕49号)	设立兼职教师特聘岗。设立兼职教师特聘岗6000个,其中中职学校5000个,高职院校1000个。至2020年,全省中高职学校均设立兼职教师特聘岗
4	2018年	《中共浙江省委、浙江省人民政府关于全面深化新时代教师队伍建设改革的实施意见》(浙委发〔2018〕37号)	推动固定岗和流动岗相结合的职业院校教师人事管理制度改革,支持职业院校将专兼职教师总数的30%左右用于聘用兼职技能教师,吸引具有创新实践经验的企业家、高科技人才、高技能人才等兼职任教。建立政府、学校、企事业单位多渠道筹措兼职教师经费机制,保障兼职教师待遇

由上表可知,从政策文本角度分析,浙江省关于兼职教师管理的政策在不断完善中,其政策关注点也处在不断变化之中,逐步从聚焦兼职教师数量增加和比例提升转向质量提升方面,并对兼职教师的来源、经历资质、经费保障等都予以了明确的规范,为高职院校规范化、高质量、常态化的兼职教师队伍建设提供了制度保障。

四、培养培训体系

高职师资培养培训体系的设计源于教师职业专业化发展需求。现今发展趋势下,高职师资要想获得可持续发展,关键在于获得专业的成长。一直以来,浙江省高度重视高职师资的培养培训工作,主要体现在各类不同的政策文件中,见表4-8。

表4-8 浙江省高职师资培养培训相关政策

序号	时间	文件名	主要内容
1	2011年	《关于"十二五"期间全面提高高等职业教育教学质量的实施意见》(浙教高教〔2011〕169号)	加强"双师型"教师队伍建设:1.加大高职院校教师培养培训力度。依托相关高等学校和大中型企业,共建10个省级"双师型"教师培养培训基地。完善专业教师到对口企事业单位定期实践制度。鼓励学校建立名师和技能大师工作室,完善老中青三结合的青年教师培养机制。完善教师继续教育体系,健全教师继续教育考核制度和政策。2.重点建设150个省级人才培养优秀教学团队,努力造就一支适应时代发展需要的、结构合理的高素质专业化教师队伍
2	2012年	《浙江省教育厅关于加强高等职业院校"双师"教师队伍建设的若干意见》(浙教高科〔2012〕161号)	1.积极探索"双师"教师培养培训的有效途径。一是校本培养。二是实践锻炼。三是项目引领。四是进修提高。五是考察访问。2.完善"双师"教师的激励政策。对不同类型、不同成长期的教师制定不同的激励措施。3.建立省级"双师"教师培养培训基地。一是建立省级"双师"教师高校培养培训基地。二是建立省级"双师"教师企业培养培训基地。三是建立省级"双师"教师研发基地
3	2012年	《浙江省教育厅关于在全省高等学校全面实施青年教师助讲培养制度的指导意见》(浙教高教〔2012〕160号)	从2013年1月1日起,在全省高等学校全面实施青年教师助讲培养制度
4	2013年	《浙江省人民政府关于加强教师队伍建设的实施意见》(浙政发〔2013〕26号)	完善以企业实践为重点的职业学校教师培训制度。加强"双师型"教师队伍建设

续表

序号	时间	文件名	主要内容
5	2015年	《浙江省人民政府关于加快发展现代职业教育的实施意见》(浙政发〔2015〕16号)	以总量充足、水平提升、结构优化为目标,加快把中、高职学校"双师型"教师比例提高至80%和85%,把高职院校生师比降至18∶1。大力加强和创新职业技术师范教育,拓宽培养渠道,扩大培养规模,探索建设新招聘教师入职第一年进行"师范教育＋企业实践"培养培训制度。扩大"4＋2"教育硕士培养规模,提升在职教师学历层次。完善省市县校四级培训机制和培训质量监控保障制度,大力加强学校教师教学发展中心和各级各类教师培养培训基地建设。加强"双师型"教师培养,推进高水平职业院校和大中型企业共建"双师型"教师培养培训基地,完善教师行业企业"访问工程师"培养制度,多渠道多形式实施职业院校师资海外培训计划。加强名师和专业带头人培养,壮大职业教育高层次人才队伍
6	2017年	《浙江省教育厅关于实施浙江省职业院校教师素质提高计划(2017—2020年)的通知》(浙教师〔2017〕49号)	重点开展以下项目:(1)浙派名师名校长培养;(2)专业带头人领军能力研修;(3)高技能"双师型"教师培训;(4)优秀青年教师跟岗访学;(5)紧缺领域教师技术技能传承创新;(6)骨干培训专家团队建设;(7)企业实践锻炼培养;(8)赴境外培训研修
7	2018年	《中共浙江省委、浙江省人民政府关于全面深化新时代教师队伍建设改革的实施意见》(浙委发〔2018〕37号)	深入实施浙派名师名校长培养工程和骨干校长教师梯度培养计划。支持高水平综合大学积极参与职业院校教师培养培训,扩大职业教育专业教育硕士培养规模。完善"双师型"教师认定标准和考核认定办法,提高高素质"双师型"教师比例。探索建立政府、高校、行业企业和职业院校协同培养职教教师机制。完善职业院校专业教师定期到企业实践制度,探索青年教师教学指导和实践指导相结合的双导师培养模式。完善高职高专学校"访问工程师"培养制度

基于政策文本的分析，可知浙江省高职师资培养培训主要从以下方面着手。

（一）建立分层分类教师培养培训机制

浙江省积极落实《教育部、财政部关于实施职业院校教师素质提高计划（2017—2020年）的意见》和《浙江省高等教育"十三五"发展规划》文件精神，2017年6月印发了《浙江省教育厅关于实施浙江省职业院校教师素质提高计划（2017—2020年）的通知》（浙教师〔2017〕49号），通过分层分类组织，有计划、分步骤地开展教师全员培训，全面提升高职院校教师"双师"素质，造就师德高尚、素质优良、技艺精湛、结构合理、专兼结合的高素质专业化"双师型"教师队伍。重点实施了以下培养项目：(1)浙派名师名校长培养项目。安排校长研修80名，其中高职院校40名，培养一批具有较强改革创新意识、较强决策领导能力、依法办学和较强治校能力的职业院校卓越校长。(2)专业带头人领军能力研修项目。专业带头人是高职院校在专业这一基层教学组织中的核心建设者，肩负着专业发展规划、教学资源整合、教学诊断与改进、团队建设管理等职责，其能力高低在很大程度上决定了专业建设水平的高低。一直以来，浙江省高度重视专业带头人培养，努力培养一批具有先进职业教育理念、较高专业素养、较强研究和创新能力、具备专业领军水平的专家型教师。"十二五"期间便遴选了300名中青年专业带头人予以重点培养。"十三五"期间，计划安排1000名专业带头人进行领军能力研修，其中高职院校300名。2017年5月，浙江省启动了高职高专院校专业带头人遴选工作，最终确立了315人为高职高专院校专业带头人培养对象，覆盖全省47所高职高专院校。(3)高技能"双师型"教师培训项目。安排2400名优秀专业骨干教师进行专业技能培训，其中高职院校1200名，培养一批具有较高技能等级和专业水平的高技能"双师型"教师。(4)企业实践锻炼培养培训项目。企业实践锻炼培养培训3000名，其中高职院校1000名，重在培养一批了解产业结构调整及发展趋势、前沿技术研发、关键技术应用，掌握企业生产组织过程相关知识，具有企业实践成果向教学资源转化、结合实际改进教学方法和途径能力的专业教师。(5)优秀青年教师跟岗访学项目。在全省高等学校全面实施青年教师助讲培养制度，探索青年教师教学指导和实践指导相结合的双导师培养模式。此外，还多渠道多形式广泛开展专业课教师全员培训、专业骨干教师培训、新教师"师范教育＋企业实践"入职培训、职业院校师资海外培训计划等。

（二）探索多元化的教师专业发展路径

教师的专业成长路径是多元立体的，浙江省一直在探索建立政府、高校、行业企业和职业院校协同培养职教师资的机制，主要从以下方面探索教师专业发展路径。(1)鼓励学历进修提升。2015年，《浙江省人民政府关于加快发展现代职业教育的实施意见》提出,扩大"4+2"教育硕士培养规模,提升在职教师学历层次。2018年,《中共浙江省委、浙江省人民政府关于全面深化新时代教师队伍建设改革的实施意见》提出,支持高水平综合大学积极参与职业院校教师培养培训,扩大职业教育专业教育硕士培养规模。在政策的大力支持下,高职院校教师的学历有了大幅提升,高职院校具有博士学位的教师人数增幅明显,职教师资队伍的学历结构不断优化。(2)完善教师赴企业实践制度。教师赴企业实践是培养"双师型"教师的重要方式和有效途径。从"安排中青年教师参加企业生产实践"到"完善以企业实践为重点的职业学校教师培训制度"再到"完善职业院校专业教师定期到企业实践制度"表述上的转变,标志着全省职教教师赴企业实践的制度化。另外,省教育厅针对高职院校师资队伍建设特点专门设立了"访问工程师"项目,鼓励青年骨干教师到世界知名、国内一流的高新技术企业参访,另一方面高职院校自身也通过实施"双师素质培养工程""双师结构教学团队培育工程"等项目,为行业企业提供各种技术支持与服务。(3)共建"双师型"教师培养培训基地。为解决"双师型"教师紧缺和师资队伍总体质量不高的问题,浙江省依托相关高等学校和大中型企业,探索建立了"双师"教师高校培养培训基地、"双师"教师企业培养培训基地和"双师"教师研发基地三类省级"双师"教师培养培训基地。(4)大力加强学校教师发展中心建设。教师专业发展的常态化、规范化和持续化离不开专业组织的支撑,各高职院校也日益重视教师专业发展服务平台的建设,基本成立了教师发展中心。依托教师发展中心组织优势,开展教学、科研、培训等交流活动,进一步优化了教师专业发展环境,尤其是为青年教师多元成长提供了培训发展的机会。

(三)完善教师培养培训的制度性保障

完善制度性建设有利于提升高职师资培养培训的成效,也是完善高职师资培养培训体系的应有之义。浙江省在这方面一直在努力着。一是完善"双师"教师认定标准和考核认定办法。"双师"教师是高职院校师资队伍建设的薄弱环节,浙江省一直致力于"双师"教师队伍的建设,并从以往对数量比例的关注转移到了对标准质量的关注,明确提出完善"双师"教师认定标准和考核认定办法,以提高高素质"双师"教师比例。二是完善"双师"教师的激励政策。对不同类型、不同成长期的教师制定不同的激励措施。如引导高职院校为"双师"教师的职称评审开通绿色通道,弱化专利、论文等科研指标,强化创新创业、技术开发、社会服务等实践能力的考评,提升"双师"教师不断完善自我的积极性。三是完善青年教师成长机制。青年教师是未来师资队伍的中坚力量,浙江省在高职师资人才梯队建设方面,建立完善了高职院校专业教师定期到企业实践制度和高校青年教师助讲培养制度等,探索青年教师教学指导和实践指导相结合的双导师培养模式。此外,浙江省建立起了省、市、县、校四级培养培训机制和培训质量监控保障制度,为丰富培训方式、优化培训服务、提升培训质量提供全方位保障。

第二节　浙江省高职院校师资队伍建设问题及原因分析

随着浙江省高职教育发展从量的扩张转向质的提高,社会对技术技能人才的要求逐渐提高,对从事技术技能人才培养的教师也提出了数量和质量的双重要求,现有师资队伍建设与高职教育发展需求之间的矛盾进一步凸显。结合全省高职院校的问卷调研数据,本研究主要从教师供给、培养培训和教师管理三个层面进行分析。

一、教师供给层面:引进难

近些年,高职院校教师数量虽然不断增加,但随着办学规模的扩招,师资缺口仍然较大。通过对省内高职院校问卷调查的统计发现,在数量方面,64.86%的高职院校觉得教师数量与实际需求相比偏少,只有35.14%的高职院校认为当前教师数量发展合适;在结构方面,56.76%的高职院校认为教师队伍结构一般,24.32%的高职院校认为教师队伍结构合理,另外有18.92%的高职院校认为教师队伍结构不太合理,且不太合理主要表现在职称、双师素质和专兼结构方面。特别是一批高校应届硕士毕业生的引进在一定程度上拉低了整体的年龄结构和职称结构,使得高职院校师资队伍建设呈现青年教师多、骨干教师少的特点;在能力方面,81.08%的高职院校认为教师的教学能力较好,只有40.54%和54.05%的高职院校认为教师的科研能力和社会服务能力较好,甚至有5.40%和6.70%的高职院校认为教师的科研能力和社会服务能力较差。其实,无论是数量、结构还是能力方面的问题,从源头上来讲都是教师引进问题。一直以来,高职师资来源渠道单一,以非师范类高校毕业生为主体,缺乏在行业企业有重要影响力、承担成果应用开发和重大科研项目的老师,如此一来,使得高职师资队伍在实践教学和学生指导方面有所欠缺,另外也由于科研成果与市场、产业结合程度和利用率偏低,难以满足行业企业技术创新和服务创新的需要。而且通过对教师招聘难易程度的调查发现,45.95%的高职院校认为较困难,51.35%的高职院校认为一般,只有2.70%的高职院校认为较容易。进一步分析可知,教师引进和招聘的困难主要体现在高层次人才、高技能人才和兼职教师三个方面,这也是高职院校教师供给面临的主要问题。

(一)高层次人才引进困难

高层次人才是高职师资队伍建设的核心主体,特别是专业领军型人才起着重要的引领、辐射、带动作用。高职院校对高层次人才的需求迫切,却始终难以计获事足,主要原因可归结如下:一是人才政策配套不到位,高层次人才引进享受的待遇除学校兑现的外,享受地方政府给予的政策待遇非常有限,而且省属事业单位无法享受市(区)人才待遇政策,使得学校高层次人才安家费与同城其他学校比有差距,加剧了同城学校之间的竞争。二是后继职业发展受限。高职院校很多从中专升格而来,在专业建设、团队建设、平台资源、科学研究、实验设备、学术氛围等软硬件上与本科院校存在一定差距,较难满足高层次人才后继发展的需求,专业建设和学术环境缺乏引育动力。三是薪酬待遇缺乏吸引力。教师的薪酬水平特别是绩效工资制对市场紧缺类专业人才的吸引力较弱,一些较为优秀的专业人才都因为薪酬问题而选择去企业或其他单位。再加上,当前的薪酬结构注重短期引进及一次性补助,而轻视长期的资助和发展。

(二)高技能人才引进困难

高职院校很重视也很努力地开展高技能人才引进工作,但依然困难重重,成效不好,主要在于两方面的原因。一方面人才引进渠道不够通畅,想引进的人因为学历或其他条件受限而受阻,另一方面真正有"一技之长"的高技能人才,已经成长为行业企业的技术骨干,还存在着学校薪酬和企业薪资不平衡的问题,即使作为技术技能型人才引进后,也面临着适应性和发展性的问题。因为学校的评价考核和企业的评价考核不同,高技能人才即使被成功引进,也很大可能面临发展方面的"水土不服",直接影响高职院校"双师型"教师队伍建设。

(三)兼职教师引进困难

兼职教师是高职院校师资队伍建设的重要组成力量,但兼职教师的数量和比例不够合理,聘请企业里的能工巧匠和企业高级管理人员数量不多。这主要源于两方面的因素,一方面学校兼职教师课时费偏低、不具有市场竞争力,这是一个客观存在的问题,一些行业从业人员收入颇高,如财经类,因而很难吸引相关行业从业人员加入兼职教师队伍。另一方面受浙江块状经济发展模式的影响,地方企业以中小型企业为主,学校和企业之间难以形成长期稳定的校企合作和人才共享机制,这也加大了兼职教师的流动性,难以很好地保障高职院校教育教学质量。

二、培养培训层面:培养难

高职院校教师培养培训具有专业化、制度化和系统化的特征。据师资培养培训机制完善度调查,67.57%的高职院校认为较完善,27.03%的高职院校认为一般。可见,整体来看,在政策文件的指导下,浙江省各高职院校均建立起了较完善的分层分类培养培训机制。但是,教师的成长成才不是一蹴而就的,需要时间、经验和能力的积累,在这个过程中也必然面临着系列实践难题,主要集中在分层分类培养不到位、教师赴企业实践难落实和高质量发展平台缺乏三个方面。

（一）分层分类培养落实不到位

学校依托教师发展中心，制定教师培养培训方案，开展访问工程师、国内外高水平培训等项目，但是教师培养培训更多关注的是数量，不同层次不同类型的教师仍缺乏清晰可行的职业发展路径，教师的个性化发展还未完全实现。以专业带头人的培养为例，专业带头人是专业发展的领头雁，当前各高职院校不仅普遍缺乏有国际视野、有市场前瞻性、有行业影响力的专业带头人，而且一致认为专业带头人培养是当前高职院校教师培养培训的共同难题，卓有成效的培养举措不多，取得的突破性成果更是偏少。以青年教师的培养为例，青年教师是职教师资队伍的重要力量，学校通过实施"青年助讲"培养计划，帮助青年教师增强高校工作适应性，顺利实现角色转变，挖掘职业发展潜能，但整体来看，由于教师人均培养经费等条件的限制，对于还处于初级、中级职称的青年教师的培养举措和力度不够，另外，副高及以上骨干教师的传帮带作用也尚未充分发挥，青年教师的成长速度与学校发展要求仍有一定差距。以"双师型"教师为例，高职院校"双师型"教师匮乏，多数教师从学校到学校，缺乏企业工作经验，实践能力不强，而且目前对于"双师"的定义缺少权威释义，一方面缺乏统一的"双师"素质认定标准，另一方面"双师"素质能力也很难衡量，使得"双师型"教师认定流于形式，重量不重质。另外在培训项目上，缺少有针对性的适合教师个体需求的培训，在培训形式上也不够多元，很多高职院校反映专业教师3个月以上的国（境）外培训工作难以推进。

（二）教师赴企业实践难落实

教师赴企业实践锻炼是丰富企业工作经历、强化职业技能、增强实践教学能力、提高技能人才培养质量、培养"双师型"教师的重要方式和有效途径。《职业学校教师企业实践规定》要求职业学校专业课教师（含实习指导教师）根据专业特点每5年必须累计不少于6个月到企业或生产服务一线实践。《深化新时代职业教育"双师型"教师队伍建设改革实施方案》提出，完善教师定期到企业实践制度，推进职业院校、应用型本科高校专业课教师每年至少累计1个月以多种形式参与企业实践或实训基地实训。事实上，高职院校教师企业实践累计时间普遍不足，实践层面面临重重困难。一是教师动力不足。教师非常认可赴企业实践活动，但工学矛盾紧张是一个不可忽视的事实，教师精力主要用于教学上，随着进一步扩招，日常教学任务更加繁重，专业教师更是难以抽身参与企业实践活动，而利用双休日、节假日无疑加重了教师的额外负担，部分教师有畏难情绪，因而，教师赴企业实践总体积极性不高。二是学校管理亟待完善。一方面评价方式不合理，高职院校教师赴企业实践主要以终结性评价为主，如总结报告、专题汇报等，过程性评价缺失，这种缺乏精细化的考核评价方式难以确保质量和成效,也难以达到初衷与目的。另一方面激励措施不到位,经费补贴发放、个人荣誉称号、考核奖励等方面的管理欠缺,导致教师赴企业实践趋于形式化,严重影响了实际成效。三是企业自主性有待提高。企业是教师赴企业实践的重要主体,其参与程度是衡量实践成败的关键要素,但由于缺乏紧密的校企合作机制、合理的利益补偿机制和规范的制度约束机制,企业抱有"不作为"的思想,通常安排的任务较为单一,管理和指导也不够规范。另外,考虑到技术保护的问题,有些企业的关键技术和关键岗位不对外开放,也往往不愿意接收教师赴企业实践,即使接收了也不太重视,使得高职院校教师的培养培训缺乏实践支撑。

(三)高质量发展平台缺乏

67.57%的高职院校认为高质量发展平台缺乏是教师培养培训面临的最大瓶颈问题。目前,建有国家级和省级的产教融合示范平台、"双师型"教师培养培训基地、名师工作室、技能大师工作室、工程技术研究中心、重点实验室以及社科智库、社科研究基地等高质量教师发展平台的高职院校不多,而且发展平台的层次也不够完善。对于高职院校来说,无论是自身搭建,还是借助外部力量,由于师资实力的束缚,搭建高质量的教师发展平台都较为困难,难以满足新时代下高职师资大变革大发展趋势。可见,高职院校不仅缺高层次、高技能、高素质人才,更缺适合高层次、高技能、高素质人才后续发展的高质量平台。换言之,只有搭建高质量的发展平台,才能吸引更多高层次、高技能、高素质人才,也才能更好地发展好高层次、高技能、高素质人才,形成高职师资队伍高质量发展的良性循环。

三、教师管理层面:激励难

高职院校教师管理是学校发展的基本保障,涉及方方面面,是一项基础性、规范性、制度性的系统工程。通过调查显示,高职院校教师管理层面的问题主要表现在薪酬待遇、兼职教师、团队建设、考核与激励等方面。

(一)教师薪酬待遇整体偏低

薪酬待遇是高职院校吸引人才的关键要素。工资待遇满意度调查显示,43.24%的高职院校教师满意,45.95%的高职院校教师认为一般,另外有10.81%的高职院校教师不太满意。可见,整体来看,在绩效工资制度框架下,高职院校的薪酬待遇缺乏市场竞争力和吸引力,不仅薪酬待遇不高,而且上升速度较缓,导致教师工作缺乏动力和积极性。同时,薪酬待遇低容易造成人才流失,直接影响高职师资队伍发展的稳定性。如上文所述,这也是为什么高层次人才、高技能人才、兼职教师等紧缺但引进困难的内在原因。

(二)兼职教师管理难度较大

一是存在多部门管理。兼职教师存在用工部门多头管理现象,涉及学校人事、教务、二级学院等部门。如宁波职业技术学院兼职教师由教务处、人事处和二级分院共同管理,兼职教师的经费在教务处,课酬标准及发放由教务处负责;人事处负责制定兼职教师管理办法,核查兼职教师资格,维护兼职教师资源库;具体使用和管理在二级分院,再加上兼职教师人员流动性大,学校的信息化管理水平也不够,相应增加了兼职教师的管理难度。二是重聘任轻管理。为了完成人才培养工作,大多高职院校把兼职教师作为弥补专业师资不足的重要手段,在引进时非常注重任职资格,看重兼职教师的专业水平,聘任后往往忽视了对兼职教师的培养考核和聘用管理,而且在促进兼职教师与专职教师之间的互补与协调方面缺乏制度安排和相应环境。调查显示,大多兼职教师来自企业,没有经过规范系统的师范学习,虽然专业水平较高,但由于引进时对兼职教师的教学能力没有给出明确要求,他们在语言表达能力、教学组织管理、教学经验等方面可能存在不足,而且由于自身忙于工作,他们参与教研活动有限。如果不对他们加强教学能力方面的培训,可能会影响预期教学成效。三是管理的约束力较弱。高职院校虽然都制定了兼职教师管理办法,但兼职教师来自各个企业单位,不属于学校的人员,因而学校对兼职教师的管理约束力相对较弱。以浙江金融职业学院为例,学校的兼职教师以校友为主,主要依靠情感纽带维系,如果加强管理则面临着拒校友于门外的尴尬。

(三)教师团队建设制度滞后

近年来,国家高度重视专业教学团队建设工作,《国家职业教育改革实施方案》将建设一批国家级职业教育教师教学创新团队纳入发展目标,《教育部、财政部关于实施中国特色高水平高职学校和专业建设计划的意见》也基于打造高水平专业群的需求提出了组建高水平、结构化教师教学创新团队。但从当前的现状来看,教师团队制度已经成为制约高职院校师资队伍建设的关键要素。尽管有些高职院校建有教师团队建设的相关制度,但由于制定年份较久远,政策制度已经比较陈旧,落实情况不理想,建设成效也不突出,急需改革完善团队建设制度,并配套一系列针对团队的考核激励政策,助推新时代职业教育高质量发展。

(四)考核与激励效能待挖掘

考核的价值在于衡量和激励,而薪酬是最直接、最有效的激励方式,但高职院校现行的绩效考核尚未真正体现优绩优酬的原则,特别是一些专项激励机制不完善,如对教师科技成果转化的奖励收入。另外,绩效考核、岗位管理、薪酬制度之间也缺乏紧密的关联度,既未与能上能下的评聘机制对接,也并没有将考核结果很好地与教师薪酬相挂钩,基本以岗位等级为薪酬制定依据。而且,教师在聘期岗位内的晋升条件严格,考核条件却很轻松。如此一来,导致很多教师缺乏工作热情,得过且过,非常不利于促进人才脱颖而出的生态环境和发展机制形成,自然也无法体现出绩效考核的真正价值。

第三节 浙江省高职院校师资队伍建设的对策建议

新时代浙江省高职教育正向更高层次、更高水平和更高质量攀升。在这样的背景下,无论是从战略发展的高度,还是从高职自身发展的规律要求,都必须把师资队伍建设摆在突出位置,联合政府、企业、高职院校及社会各界,打造高职师资建设高地,着力培育一批专业、优质的高职师资力量。

一、精准引才,完善教师准入以及人才引进制度

引才方面最基本的问题就是"引谁"和"如何引",不同教师引进的条件和需求都不一样,需在精准上下功夫,为高职教育高质量发展"聚才气"。

(一)推进新教师准入制度改革

《深化新时代职业教育"双师型"教师队伍建设改革实施方案》明确提出自2019年起,除持有相关领域职业技能等级证书的毕业生外,职业院校、应用型本科高校相关专业教师原则上从具有3年以上企业工作经历并具有高职以上学历的人员中公开招聘;自2020年起,除"双师型"职业技术师范专业毕业生外,基本不再从未具备3年以上行业企业工作经历的应届毕业生中招聘。这改变了以往教师从学校到学校的培养现状,改变了高职教师理论与技能操作脱节严重的问题,从源头上保障了高职师资的专业性。为适应这样的改变,必须推进以双师素质为导向的新教师准入制度改革。一是完善职业教育教师资格考试制度,强化专业教学和实践要求,按照专业大类(类)制定考试大纲、建设试题库、开展笔试和结构化面试。二是明确准入条件,规范认证程序,最大限度吸引"双师型"职业技术师范专业毕业生、校外兼职教师以及具备3年以上丰富实践经历的企业人员等不同层次、不同类型、不同来源的优秀人才,通过专业笔试、结构化面试、实践性教学等多种考核方式,严格遵循"个人申请—学校初审—地市复审—最终认证"的程序进行准入资格认证。三是聚焦双师素质,强化入职教育,结合新教师实际情况,探索建立新教师为期1年的教育见习与为期3年的企业实践制度,严格审查见习期考核与选留环节。

(二)畅通高技能人才引进渠道

高技能人才引进是优化高职师资队伍结构,提升高职院校核心竞争力,推进高

职院校可持续发展的基础性保障。《国家职业教育改革实施方案》和"双高计划"建设中均提出了高技能人才的重要指标。山东省和江苏省在这方面的探索,生动诠释了政府对高技能人才的重视。浙江省在2015年《关于加快发展现代职业教育的实施意见》中也提出,"完善职业院校技术技能人才引进制度,放宽年龄、学历等有关条件,鼓励支持行业企业管理人员、专业技术人员和能工巧匠到职业院校从教"。但高职院校高技能人才引进依然效果不理想,建议地方政府部门结合职业教育特点,建立高职院校高技能人才引进绿色通道,进一步加大高职院校选人用人自主权,打破学历要求限制,简化高技能人才公开招聘程序,采用直接考察的方式进行,对于特殊高技能人才(含具有高级工以上职业资格或职业技能等级人员)可适当放宽学历要求。同时,引导高职院校完善高技能人才政策红利,突破高技能人才引进瓶颈,夯实基层技术技能型人才的建设基础。

(三)创新高层次人才引进机制

高层次人才是职业教育高质量发展的重要引擎,必须高度重视,完善人才分类评价标准,并在引进程序、引进待遇、绩效工资等方面给予全面、灵活、优渥的政策待遇。一是加大柔性引智力度。以企业、科研院所等引进为重点,支持全职引进、柔性引进等多元方式,通过年薪制、项目工资制等灵活用人机制,吸纳"国千"、企业技能大师等更多高层次人才或专业领军人才加入高职师资队伍。二是加大财政支持力度。建议政府部门在平台搭建、经费支持、体制机制等多个方面给予高层次人才队伍建设更大支持力度,保持与邻近省份的相对竞争优势,如设立高层次人才引进专项经费,大幅提高和完善高层次人才待遇和资助力度,为高层次人才在学校发展提供多维支持。三是积极拓宽人才引进渠道。主动对接相关高校、企业和人才交流中心,做好人才引进政策宣传,重点引进高学历、高职称、高技能人才,提高人才引进数量和质量。四是扩大高职院校人事自主权。建议政府部门明确学校配套资助不纳入单位绩效和工资总额。实施好绩效分配中高层次人才的标准,解决学校经费难下发问题。此外,目前省内各高职院校高层次人才的竞争越来越激烈,各个学校间安家费、科研经费等差距越来越大,不仅高层次人才引进难,而且还面临着严重的人才流失问题。建议地方政府做好统筹安排,加强对省属事业单位的人才引进补助和支持,争取按高校所在地享受市属单位同等待遇政策或单独的人才支持配套政策,营造良好的高层次人才引进竞争环境,引导和规范高层次人才合理流动,从而规避高校间"竞价挖人"无序竞争的现象。

二、系统育才,多措并举提升教师专业素质能力

教师的培养成长是多方面、多维度的,涵盖职前培养和职后培训两个阶段。

(一)完善现代化师资培养体系

长期以来,职教师资形成了职前培养与职后培训相分离的教师发展格局,导致职前教育缺少对教师职后实践工作、专业成长的关照。为此,借鉴发达国家职教师资培养经验,可从以下方面着手完善职教师资培养体系。一是拓宽师资培养专业与方向。当前,产业正朝着集群化的方向发展,专业也随之向着集群性、灵活性和适应性的方向发展,必须设置宽口径职教师资培养专业与方向,按需优化专业布局,将知识能力、技能方法等培养目标相似的专业归入宽口径的培养领域。如此一来,有助于培育高质量专业师资。二是探索校企一体化人才培养模式。职教师资培养有别于普通教育的最大特征在于,它囊括学术性、师范性和技术性。尤其是技术性,是当前职教师资培养的短板。因而,职教师资的培养要聚合社会各方力量,职业技术师范学校和高水平工科院校等培养单位不仅要优化内部培养机制,体现学术性和师范性,更重要的是要加强与各大高职院校和企业的交流联系,推动产学研一体化培养,彰显技术性的特征。三是提升职教师资信息化素养。信息化是未来教育教学改革的重点和趋势。近年来,教育部颁布的文件也要求教师利用信息化手段开展教育教学工作,因而,必须加强职教师资的信息化素养培养,提高教师信息化教学管理水平,以弥补传统职教师资培养模式的不足。

(二)制定"双师型"教师认定标准

"双师型"教师已成为我国职教师资专业化发展的主要目标和师资队伍建设评价的重要指标,通过科学化、规范化的标准建设对职业院校"双师型"教师的资格认证做出宏观规范的统一性规定,这对于"双师型"教师队伍建设至关重要。近年来,《深化新时代职业教育"双师型"教师队伍建设改革实施方案》《关于公布首批全国职业教育教师企业实践基地的通知》和《职业技术师范教育专业认证标准》等聚焦职业教育"双师型"教师队伍建设的文件颁布,为"双师型"教师资格认证标准的制定与实施带来了重要发展契机。目前,我国已有安徽、福建、重庆、河南、江西等省份依据《中华人民共和国教师法》《中华人民共和国职业教育法》《中等职业学校教师专业标准(试行)》等,探索实施了本省的"双师型"教师资格认证标准。建议浙江省根据相关文件精神,借鉴其他省份"双师型"教师认定标准,同时结合浙江省"双师型"教师队伍建设的实际,明确"双师型"教师标准的核心要素,制定"双师型"教师认定标准体系。在此基础上还要进一步形成能够维护"双师型"教师专业水平和"双师型"教师地位及利益的系列制度安排,保障"双师型"教师的发展利益。

(三)搭建教师高质量发展平台

高质量发展平台既是吸引人才的重要因素,也是发挥人才作用的重要载体。

一是搭建校企人才共育共享平台，深化产教融合，由政府牵头，建立政府、企业和学校多元参与的人才共育共享平台，加强校企协同创新联盟建设，完善产学研用协同育人模式，推动校企人才共育共享，特别是高层次人才的共建共享，如与行业企业合作共建相融相通的大师名匠人才资源库。二是深化"双师型"教师培养培训基地建设，全省在类型上已有"双师"教师高校培养培训基地、"双师"教师企业培养培训基地和"双师"教师研发基地，未来在层次上应进一步完善，形成国家、省、市、校级"双师型"教师培养培训基地，在合作上应进一步深入，推动优势专业群与知名企业或主导产业园区共建"双师型"教师培养培训基地。三是推动学校创建各类发展平台。支持高职院校通过内培外引的方式，加快建设一批工程技术研究中心、重点实验室以及社科智库、社科研究基地、名师工作室、技能大师工作室等重要平台，为教师专业化发展创设多元培养载体、良好学术研究条件和优质技术服务环境。此外，高职院校还应整合校内外各类资源，加强学校教师发展中心建设，充分发挥教师发展中心的组织功能，落实好教师校内的分层分类培养培训。

（四）实施高水平教师团队培育工程

《深化新时代职业教育"双师型"教师队伍建设改革实施方案》明确了"分年度、分批次、分专业遴选建设360个国家级职业教育教师教学创新团队，全面提升教师开展教学、培训和评价的能力以及团队协作能力"的发展要求。2019年6月，教育部启动了首批国家级职业教育教师教学创新团队遴选工作。目前，各高职院校也前所未有地重视教师教学创新团队建设，并把它作为师资队伍建设的重要突破口。一是启动省级职业教育教师教学创新团队遴选。建议政府以契合国家发展战略重点为导向，以取得教科研若干标志性成果为标准，积极遴选培育一批省级职业教育教师教学创新团队，主动对接国家级职业教育教师教学创新团队建设。二是推进高水平团队培育工程。通过团队建设的形式，有利于盘活存量、优化增量、提升总量，完善职教师资专业人才梯队，提高高职师资队伍建设的整体水平，推进标志性成果产出。高职院校应结合优势学科和特色专业（群）发展，以高层次人才为核心，通过项目牵引、平台搭建、政策配套、资金支持等举措，完善团队建设的制度环境，狠抓教学创新团队、科技创新团队以及技能大师团队等各类团队建设，着力培育国家、省级高水平、结构化教师教学创新团队。

（五）推进高素质师资培养计划

高职院校应以"三教改革"为抓手，分类开发教师专业发展标准，构建完善的教师培养培训体系，以满足不同层级、阶段、类型教师的个性需求，推进教师全生涯发展培养规划，可重点实施以下方面的培养计划。一是实施教师学历提升计划。调查发现大多数高职院校都实施了博士培养计划。在高层次人才引进困难的情况下,引导支持一批优秀的教师攻读博士学位,能够有效优化师资队伍结构。二是实施教师"双师双能"培养计划。以"双师双能"教师队伍建设为重点,一方面切实落实国家有关教师定期到企业实践相关制度,引导和支持专业教师定期到企业参与项目设计、挂职锻炼、跟岗训练等,另一方面引导和支持企业师傅到学校担任授课任务、参与科研课题、参加教研活动、参加教师培训等,切实建构起学校与行业企业之间"双师型"教师双向成长的完备通道和运行机制。三是实施专业带头人培养计划。加大专业带头人培养力度,优先安排其参与各级各类的专业培训和交流,同时对于入选的培养对象,每年在科学研究、学术交流、技能提升方面给予重点资助和津贴奖励。四是实施新教师后备人才培养计划。加大青年教师培养力度,根据新进教师、骨干教师、专业带头人、教学名师的生涯发展路径,帮助青年教师根据自己的现状、优势和特点,科学规划个人的职业生涯。五是实施骨干教师国(境)外研修计划,建议政府适当放宽国(境)外访学限制,每年按 15% 的比例递增选派优秀骨干教师到国(境)外高水平大学或研究机构从事为期 3 个月以上的访学,以提高高职师资队伍建设的国际化水平。此外,建议政府继续牵头组织各类省培项目,扩大专业带头人、名师名校长、高技能"双师型"教师等省培项目规模,增大高职教师培养培训的参与机会,同时也增进高职院校教师之间的交流与学习。

三、科学管才,全面深化教师管理体制机制改革

高职师资队伍建设,除了做好"重引进、重培养",更要做好"重管理、重服务"。

(一)继续深化教师队伍师风师德建设

《新时代高校教师职业行为十项准则》印发,明确了新时代教师职业规范,为教师严格自我约束、规范职业行为、加强自我修养提供了基本遵循。调查显示,2.70%的高职院校师风师德建设情况很好,70.27%的高职院校师风师德建设情况较好,只有 8.10% 的高职院校师风师德建设情况一般。总体来看,高职院校在落实教师职业行为准则方面情况良好,并将师德考核与职称评聘、等级晋升、年度考核、评优评先充分结合,严格执行师德考核一票否决制。高职师资队伍师风师德建设是一项常态化的工作,未来还需进一步提升教师思想政治素质,用习近平新时代中国特色社会主义思想武装头脑,争做"四有"好老师;继续推进"思政课程"与"课程思政"育人体系建设,全面推进"三全育人",落实立德树人根本任务;树立典型,挖掘榜样力量,讲好职教师德故事,弘扬职业精神、工匠精神和劳模精神。

(二)建立校企人员双向使用流动机制

完善"固定岗+流动岗"教师资源配置机制,助推校企人员双向使用流动,依托职教集团、产教融合型企业等建立校企人员双向交流协作共同体,尝试探索校企兼

职兼薪一体化管理模式,实现互兼、互派、互用。一方面,在企业设置访问工程师、教师企业实践流动站、技能大师工作室等,完善教师定期到企业实践制度,加强企业实践的过程管理,重点考察教师参与企业技术升级和产品研发的深度,促进科技成果本地转化,同时注重结果应用,将教师企业实践作为绩效考核、教师聘任、职称评定、评奖评优的重要指标和依据。另一方面,完善兼职教师聘任与管理。在数量上,增加兼职教师比例,如山东省规定落实学校20%编制员额内自主招聘兼职教师政策,广东省规定职业院校应按不低于专职教师10%的比例聘请校外兼职教师;在形式上,建立"产业教授""产业导师"等灵活机制,选聘企业技术专家、高技能人才、能工巧匠等到职业院校任教;在待遇上,参照高级专业技术职务人员平均薪酬水平核拨财政经费,提高兼职教师课时标准,对于特聘兼职教师,可借鉴上海经验给予一定的专项资助;在管理上,引进时明确标准和要求,引进后完善培养和考核,让一大批从企业引进的高科技人才、高技能人才等能够更好地适应学校,满足技术技能人才高质量培养的实践需求。此外,高职院校应联合行业组织,按专业分层次共建兼职教师资源库,充分增加兼职教师资源供给,建立一支相对稳定的兼职教师队伍,保障教学之需。

(三)推进教师分类考核评价体系改革

高职院校如何对教师做出客观、科学的评价,是关系高职师资队伍发展质量的重大问题。高职院校师资考核评价要坚持类型特征,明确"双师"导向,深入推进人才分类评价改革。一是适度放宽高级职称比例,如在政策上给予高职院校中的"双高"校适度倾斜,增加高级职称教师比例,为教师队伍成长成才创设良好发展空间。二是完善专业技术职务评聘办法,深入教师分类发展理念,依据不同类型弹性设置评审条件,建立以能力和业绩成果为导向的全方位、多元化人才评价机制,注重国家级教学成果奖、全国职业院校技能大赛教学能力比赛、全国职业院校技能大赛等标志性成果和技术服务、专利转化等高社会服务贡献的替代价值,破除"唯文凭、唯论文、唯帽子、唯身份、唯奖项"的顽瘴痼疾,从根本上解决人才评价指挥棒问题。同时,探索建立高层次人才专业技术职务直聘方案,为高层次人才脱颖而出创造发展条件。三是完善岗位聘任与考核制度,盘活岗位资源,建立各级各类人员岗位能力标准体系,将能力要求具体化、规范化,适当提高聘期考核要求,强化考核结果与岗位聘任紧密结合,完善教师聘任动态管理制度,制定低职高聘、高职低聘管理办法,建立流动、转岗和退出能上能下的用人机制。此外,在高职院校人才项目方面,建议政府部门充分考虑职业教育的特点,遵循职业教育人才的特征,有针对性地增设职业教育人才项目,增加高职院校教师申报人才项目的数量和机会,并在人才项目评选方面单列指标。

(四)完善绩效激励机制提升社会地位

与发达国家相比,我国职教师资的待遇和社会地位整体偏低。只有改革完善绩效激励,全面落实教师权益保障,切实提升教师社会地位,才能最大限度激发高职院校教师干事创业的积极性,确保高职师资队伍建设的稳定性和高质量发展,真正让教师成为令人羡慕的职业。一是适当提高绩效工资标准。提高高职院校的绩效工资标准,并加大对"双高"校建设的支持力度,在绩效工资核定中给予适当倾斜,按规定保障高职院校教师待遇。如山东省明确提出,公办职业院校绩效工资水平最高可达到所在行政区域事业单位绩效工资基准线的 5 倍。二是探索优劳优酬激励机制。坚持个人与团体有机结合的原则,加强绩效激励,完善考核评价的正确导向,强化考评结果运用和激励作用,将考核评价与教师职业生涯发展相结合,把个人的成长与团队的发展、学校的发展融合在一起。一方面提高科研项目与成果奖励标准,激励教师在国家级教改、科研等项目和高水平学术成果上有所突破。另一方面建议政府部门制定教师参与社会服务等相关激励政策,明确职业院校校企合作、技术服务、社会培训、自办企业等所得收入,可按一定比例作为绩效工资来源,且教师依法取得的科技成果转化奖励收入不纳入绩效工资,不纳入单位工资总额基数。如山东省明确规定,职业院校对外开展技术服务取得的收入结余,可提取 50% 以上用于教师劳动报酬,不纳入单位绩效工资总量管理,教师取得的科技成果转让费也不受绩效工资总量控制,最大程度激发了教师热情和活力。

第五章 课程建设

课程是人才培养的载体,是职业教育理论与实践联系的桥梁,无论什么样的教育理论、教育思想、教育观念或培养目标,最终都必须借助这座桥梁才能实现。课程建设是高职教育高质量发展的核心和重要载体,是体现高职院校竞争力的核心要素和专业建设的重要任务。近年来,浙江省加快探索高职课程建设的改革发展步伐,加大了对高职课程建设的支持力度,使高职课程改革不断推进,课程设置规范化程度不断提高,课程建设水平逐步提升,但高职课程建设仍然存在诸多问题,也面临不少困难和挑战。本章在梳理浙江省高职课程建设基本情况基础上,深刻分析浙江高职课程建设的举措与成效,结合浙江高职课程建设的问题与挑战,展望浙江高职课程改革建设的未来。

第一节 浙江省高职院校课程建设基本概况

课程建设是提高高职院校教学质量的核心,是提升高职院校专业内涵建设的重要途径,也是实现高职院校人才培养目标的主要依托[①]。在国家政策的指引下,浙江省政府和教育行政部门十分重视高职教育课程建设,在政策、经费等方面都给予了较大支持,以课程建设引领高职教育内涵发展。

一、高职课程建设的政策要求

浙江省高职课程建设的启动与推进,离不开政策的引导与支持。2016—2020年,国家和浙江省出台了一系列高职课程建设相关政策文件,为高职课程建设提供了政策支持与路径指引。

(一)国家政策

2016—2020年,国家加快高职课程建设的战略部署,出台了系列与职业教育课程建设有关的政策文件。尤其在2019年后,对高职课程建设的政策要求更加明确,更加具体,更加全面。

2016年6月,教育部印发的《教育信息化"十三五"规划》明确提出,要将教学改

---

① 刘东方.高职院校课程建设探讨[J].教育理论与实践,2014,34(09):17-19.

革尤其是课程改革放在信息时代背景下来设计和推进,推动高校建设一批在线课程并向社会开放等。2018年2月,《职业学校校企合作促进办法》提出,职业学校和企业"根据就业市场需求,合作设置专业、研发专业标准,开发课程体系、教学标准以及教材、教学辅助产品,开展专业建设"[1],为高职课程体系改革和建设指明了方向。

2019年1月,《国家职业教育改革实施方案》提出,"健全专业教学资源库,建立共建共享平台的资源认证标准和交易机制,进一步扩大优质资源覆盖面。该实施方案指出,遴选认定一大批职业教育在线精品课程,建设一大批校企'双元'合作开发的国家规划教材,倡导使用新型活页式、工作手册式教材并配套开发信息化资源"[2]。2019年3月,《教育部、财政部关于实施中国特色高水平高职学校和专业建设计划的意见》提出,"校企共同研制科学规范、国际可借鉴的人才培养方案和课程标准,将新技术、新工艺、新规范等产业先进元素纳入教学标准和教学内容,建设开放共享的专业群课程教学资源和实践教学基地"[3]。2019年6月,《关于职业院校专业人才培养方案制订与实施工作的指导意见》(教职成〔2019〕13号)提出,要"积极构建'思政课程+课程思政'大格局,推进全员全过程全方位'三全育人',实现思想政治教育与技术技能培养的有机统一。结合职业院校学生特点,创新思政课程教学模式。强化专业课教师立德树人意识,结合不同专业人才培养特点和专业能力素质要求,梳理每一门课程蕴含的思想政治教育元素,发挥专业课程承载的思想政治教育功能,推动专业课教学与思想政治理论课教学紧密结合、同向同行"[4]。

2020年9月,《职业教育提质培优行动计划(2020—2023年)》提出,要"遵循职业学校学生认知规律,开发遴选学生喜闻乐见的课程资源,因地制宜实施情景式、案例式、活动式等教法,建设学生真心喜爱、终生受益、体现职业教育特点的思政课程。"同时提出,要"建立健全共建共享的资源认证标准和交易机制,推进国家、省、校三级专业教学资源库建设应用,进一步扩大优质资源覆盖面,面向公共基础课和量大面广的专业(技能)课,分级遴选5000门左右职业教育在线精品课程"[5]。该文件从职业教育全局谋划了课程建设的行动计划,也为高职课程建设指明了方向。

---

[1] 教育部等六部门.关于印发《职业学校校企合作促进办法》的通知[Z].教职成〔2018〕1号,2018-02-05.

[2] 国务院.关于印发《国家职业教育改革实施方案》的通知[Z].国发〔2019〕4号,2019-02-13.

[3] 教育部、财政部.关于实施中国特色高水平高职学校和专业建设计划的意见[Z].教职成〔2019〕5号,2019-03-29.

[4] 教育部.关于职业院校专业人才培养方案制订与实施工作的指导意见[Z].教职成〔2019〕13号,2019-06-15.

[5] 教育部等九部门.关于印发《职业教育提质培优行动计划(2020—2023年)》的通知[Z].教职成〔2020〕7号,2020-09-16.

(二)省级政策

课程建设是高职教育改革的重点和难点,也是决定高职教育能否取得成功的关键。浙江省一直以来都重视高职课程建设,2016—2020年相继颁布了系列文件,对高职课程建设提出了相应的规定和要求。

2016年2月,浙江省《关于开展现代学徒制试点工作的通知》提出,要"加快推进全省职业教育课程改革和招生制度改革,把现代学徒制试点工作放在全省职业教育改革的全局中统筹设计,放在教育教学的全过程和课程改革中统筹考虑。打破应届的专业课程体系,完善课程相关内容,根据企业岗位用人标准和国家职业资格标准,结合课程改革要求,校企共同开发课程、编写教材,将职业资格标准和行业技术规范纳入课程体系,将相应的职业资格证书课程纳入教学计划,突出课程的职业性和应用性。建立院校、企业、行业和相关部门联合开发专业课程标准机制,加快实现职业院校课程标准与职业标准对接"[①]。

2016年9月,《浙江省高等职业教育创新发展行动计划(2016—2018年)实施方案》将建立产业结构调整驱动专业设置与改革、产业技术进步驱动课程改革的机制,立项建设省级高职教育专业教学资源库和精品在线开放课程,开发建设一批创新创业教育专门课程(群)等列为行动计划任务[②]。2016年9月,《浙江省教育厅、浙江省财政厅关于在高职院校实施优质暨重点校建设计划的通知》提出,"联合行业企业开发优质教学资源,建设共享型专业教学资源库和精品资源共享课,积极推动教学创新,增强课程选择性"[③]。

2020年11月,《浙江省深化产教融合推进职业教育高质量发展实施方案》提出,"聚焦省重点产业发展态势,组织开发一批与职业能力标准相对接、与国际先进标准接轨的专业教学标准和课程标准,支持地方标准上升为国家标准。构建'互联网+教育'支撑服务平台,支持精品在线课程、专业教学资源库等数字资源开发,促进信息技术与职业教育教学深度融合。建设500门省级精品在线开放课程、100个省级职业院校智慧校园,实现校校建有智慧教室"[④]。

---

① 浙江省教育厅等六部门.关于开展现代学徒制试点工作的通知[Z].浙教职成〔2016〕31号,2019-02-05.

② 浙江省教育厅.浙江省高等职业教育创新发展行动计划(2016—2018年)实施方案[Z].浙教办高教〔2016〕87号,2016-09-11.

③ 浙江省教育厅、浙江省财政厅.关于在高职院校实施优质暨重点校建设计划的通知[Z].浙教高教〔2016〕144号,2016-09-25.

④ 浙江省人民政府.关于印发《浙江省深化产教融合推进职业教育高质量发展实施方案》的通知[Z].浙政发〔2020〕27号,2020-11-06.

二、高职课程建设的总体情况

2016年以来,根据经济高质量发展和产业转型升级需要,浙江省高职教育坚持内涵发展和改革创新,整体发展水平走在全国前列,良好发展态势向纵深进展,实现了规模和质量的双提升,在高职课程建设上不断取得新的突破。

(一)课程建设意识不断增强

高职课程改革的关键在于增强高职院校课程建设的意识、提升课程建设的能力。近年来,在政策的指引下,浙江省各高职院校课程建设意识不断增强,把课程建设作为全面提高高职教育教学质量的重要抓手,在数字化课程资源的共建共享、教学资源库建设、专业群课程体系、课程思政等方面进行了积极的实践探索。浙江省高职院校越来越注重调动广大教师的积极性和主动性,增强教师参与课程建设的意识,发挥教师在课程开发、建设、实施以及评价过程中应有的主体性、创造性、能动性,开发了系列具有高职特色的校本课程。在"浙江省高校精品在线开放课程"建设带动下,高职院校教师积极参与基于"BB""Moodle"等平台的课程资源建设,不断完善课程整体设计,丰富慕课、微课、精品资源共享课等数字化资源。

(二)课程建设力度不断加大

浙江省聚焦打造高质量的高职课程,加强系统谋划,整体推进高职课程建设,课程门类更加齐全、品种更加丰富、类型更加多样,课程的时代性、适应性和育人功能不断增强。从整体来看,浙江不断扩大高职课程建设的规模,不仅数量上增幅明显,更涌现了一大批优质的高职教育课程资源,为高质量人才培养奠定了坚实的课程基础。据不完全统计,2016—2019年,浙江省高职教学计划内课程总数依次为845.93门、850.62门、860.60门、900.70门[①],呈逐年增加趋势。浙江省充分调动各方资源,通过加强高职院校数字化课程资源共建共享、推进专业教学资源库建设、构建专业群课程体系、创新课程思政育人等举措,切实加强高职课程建设。尤其在在线课程建设方面成效显著,以精品资源共享课、精品在线开放课程改革为重点,着力打造了国家、省、校三级在线开放课程建设体系。数据统计显示,2020年,浙江省高职院校线上开设课程数约为21958门,线上课程课均学生数约为23人[②]。浙江在线开放课程建设与应用已迈向深入发展阶段。

(三)课程体系建设不断完善

浙江省作为中国改革开放的先行地,在近些年的改革发展中,浙江省高职教育

---

① 数据来源于《浙江省高等职业教育质量年度报告(2016—2019)》。
② 数据来源于《浙江省高等职业教育质量年度报告(2020)》。

紧紧伴随着经济社会发展需求,初步建立起了现代职业教育体系,培养了一大批支撑"浙江制造"崛起的技术技能型人才。为适应经济社会快速发展对高素质技术技能人才的需要,浙江省对高职课程建设的支持力度不断加强,充分保障开展课程建设所需的经费,通过促进数字化课程资源的共建共享、全力推进专业教学资源库建设、构建专业群课程体系、创新课程思政育人等举措,探索加强高职教育课程体系建设的新路径[①]。总体来看,浙江省高职院校课程体系建设正在不断完善,不断取得新进展新成效。

第二节 浙江省高职院校课程建设的举措与成效

近年来,为进一步加强高职课程建设,提高人才培养质量,浙江省高职院校做出了积极探索,取得了显著成效。现将主要举措与成效总结如下。

一、促进数字化课程资源共建共享

课程资源是教学最基本的素材。在互联网技术的助推下,丰富优质课程资源,促进数字化课程资源的共建共享已经成为课程建设的常态化趋势。浙江省深入贯彻教育信息化建设和"互联网+"行动计划精神,出台了《关于加快推进普通高校"互联网+教学"的指导意见》(浙教高教〔2018〕102号)和《关于推进高等学校精品在线开放课程学分认定和转换工作的实施意见》(浙教高教〔2018〕103号),成立了浙江省高职院校教师信息化教学发展中心,以教育理念创新为先导,以优质教育资源和信息化学习环境建设为基础,以精品资源共享课、精品在线开放课程改革为重点,加快推进高职院校数字化课程资源的共建共享。

(一)精品资源共享课建设

精品资源共享课建设是国家精品开放课程建设项目的组成部分,是原精品课程的转型升级改造,旨在促进教育教学观念转变,引领教学内容和教学方法改革,推动高等学校优质课程教学资源通过现代信息技术手段共建共享,提高人才培养质量,服务学习型社会建设。精品资源共享课以量大面广的公共基础课、专业基础课和专业核心课为重点,以符合课程资源系统、丰富和适合网络传播为基本要求。目前,经过国家、省、校三级建设,我国已形成普通本科教育、高等职业教育、网络教育、教师教育多层次、多类型的优质课程教学资源共建共享体系,为高校师生和社会学习者提供了优质课程教学资源。

---

① 2021年6月,《浙江省中高职一体化课程改革方案》印发,进一步深化了中高职一体化课程改革,优化了中高职一体化课程体系、完善了一体化人才培养机制,畅通了高素质技术技能人才成长渠道。

根据《教育部、财政部关于"十二五"期间实施"高等学校本科教学质量与教学改革工程"的意见》(教高〔2011〕6号)、《教育部关于国家精品开放课程建设的实施意见》(教高〔2011〕8号)、《精品资源共享课建设工作实施办法》(教高厅〔2012〕2号)等文件精神,自2013年以来,教育部共批准了2911门国家级精品资源共享课(包括教师教育、本科教育、高职教育、网络教育课程)进行立项建设。2016年,教育部对国家级精品资源共享课立项建设课程(包括本科教育、高职教育、网络教育课程)进行审核,确定并公布了2686门课程为第一批国家级精品资源共享课,其中本科教育课程1767门、高职教育课程759门、网络教育课程160门。从高职教育课程来看,浙江省共有94门课程入选(见表5-1),其中高职院校有93门、本科院校(中国美术学院)1门。2017年,教育部委托全国教师教育课程资源专家委员会对立项建设的国家级精品资源共享课立项建设课程(教师教育课程)进行审核,确定并发布200门教师教育课程为第二批国家级精品资源共享课,其中浙江省高职院校共有2门教师教育课程入选,详见表5-1。

表5-1 浙江高职院校入选国家级精品资源共享课的课程名单

第一批国家级精品资源共享课的课程名单			
序号	学校名称	课程名称	负责人
1	金华职业技术学院	蔬菜生产技术	胡繁荣
2	金华职业技术学院	药物化学与工艺	李群力
3	金华职业技术学院	电动工具检验与测试	戴欣平
4	金华职业技术学院	电动工具结构设计与制作	张建荣
5	金华职业技术学院	成型设备操作与调试	马广
6	金华职业技术学院	CAD&CAM软件应用	胡新华
7	金华职业技术学院	智能电子产品设计与制作	马汝星
8	金华职业技术学院	电子电路调试与应用	余红娟
9	金华职业技术学院	电子商务实务	胡华江
10	金华职业技术学院	围手术护理技术	潘惠英
11	金华职业技术学院	急危重症护理	胡爱招
12	金华职业技术学院	小学语文新课程教学法	邢秀凤
13	金华职业技术学院	研究性学习	吴新武
14	金华职业技术学院	小学班级经营	童子双
15	金华职业技术学院	VI设计	芮顺淦
16	浙江交通职业技术学院	航运管理实务	徐秦
17	浙江交通职业技术学院	汽车发动机检修	朱福根

续表

序号	学校名称	课程名称	负责人
18	浙江交通职业技术学院	测量技术	金仲秋
19	浙江交通职业技术学院	通信线路工程与施工	楼惠群
20	浙江交通职业技术学院	运输管理实务	李佑珍
21	浙江国际海运职业技术学院	海上货物运输	王捷
22	温州职业技术学院	国际贸易理论与实务	鲁丹萍
23	浙江水利水电学院	数字测图技术	赵红
24	浙江水利水电学院	发电厂电气部分	郑晓丹
25	浙江水利水电学院	建筑工程造价	孙咏梅
26	浙江水利水电学院	水电站	温新丽
27	浙江水利水电学院	水工建筑物	王英华
28	浙江水利水电学院	Visual C#.NET 程序设计	梁曦
29	浙江水利水电学院	企业管理	刘庆生
30	宁波职业技术学院	化工产品定性定量分析	陈亚东
31	宁波职业技术学院	应用有机化学	袁正勇
32	宁波职业技术学院	模具 CAD/CAM 技术应用	王正才
33	宁波职业技术学院	数控机床调试、安装与维修技术	陈子珍
34	宁波职业技术学院	电子产品分析与制作	陈光绒
35	宁波职业技术学院	模拟电子技术与实践	吴志荣
36	宁波职业技术学院	仓储作业管理	刘智慧
37	宁波城市职业技术学院	园林工程招投标与预决算	吴立威
38	浙江同济科技职业学院	农村水电站计算机监控技术	张仁贡
39	浙江工商职业技术学院	中小型网络安全管理与维护	姚奇富
40	浙江工商职业技术学院	数据库技术与应用	黄崇本
41	浙江工商职业技术学院	市场营销学	徐盈群
42	浙江工贸职业技术学院	皮鞋结构设计	石娜
43	浙江工贸职业技术学院	鞋类生产工艺	卢行芳
44	浙江医药高等专科学校	药事法规	张建平
45	浙江医药高等专科学校	中药炮制技术	杨雄志
46	浙江医药高等专科学校	药物质量检测技术	张佳佳

续表

序号	学校名称	课程名称	负责人
47	浙江医药高等专科学校	医药电子商务	白锦表
48	浙江机电职业技术学院	冲压工艺模具及设备	范建蓓
49	浙江机电职业技术学院	可编程序控制器技术	张耀
50	浙江机电职业技术学院	自动生产线综合实训	田志勇
51	浙江机电职业技术学院	变频器应用与维修	葛惠民
52	浙江机电职业技术学院	过程检测与控制技术应用	金文兵
53	浙江机电职业技术学院	数控切削加工	来建良
54	浙江机电职业技术学院	软件项目开发与实施(实训)	戴坚锋
55	浙江建设职业技术学院	工程建设定额原理与实务	何辉
56	浙江建设职业技术学院	园林建筑设计	徐哲民
57	浙江建设职业技术学院	建筑力学	刘俊龙
58	浙江经贸职业技术学院	天然产物生产与实训技术	张星海
59	浙江经贸职业技术学院	Java语言程序设计	张红
60	浙江商业职业技术学院	经济数学	陈笑缘
61	浙江经济职业技术学院	自动变速器诊断与维修	陈开考
62	浙江经济职业技术学院	金融产品营销岗位实训	周叶芹
63	浙江经济职业技术学院	物流管理综合实务	王自勤
64	浙江经济职业技术学院	会计信息运用	王茜
65	浙江经济职业技术学院	高职体育	胡振浩
66	浙江经济职业技术学院	汽车英语	郑刚强
67	浙江经济职业技术学院	书画品鉴与装裱技术	朱红亮
68	浙江旅游职业学院	景点导游	周国忠
69	浙江旅游职业学院	旅游资源评价与开发	王昆欣
70	浙江警官职业学院	安全防范技术应用	付萍
71	浙江警官职业学院	安防工程设计	林秀杰
72	浙江警官职业学院	民事诉讼法原理与实务	唐长国
73	浙江警官职业学院	基层常用法律文书制作	胡晓军
74	浙江金融职业学院	商业银行综合柜台业务	董瑞丽
75	浙江金融职业学院	银行会计实务	吴胜

续表

序号	学校名称	课程名称	负责人
76	浙江金融职业学院	营销策划技术	章金萍
77	浙江金融职业学院	证券投资实务	王静
78	浙江金融职业学院	个人理财	陶永诚
79	浙江金融职业学院	现代金融概论	郭福春
80	浙江金融职业学院	外贸单证操作	章安平
81	浙江金融职业学院	财务管理实务	孔德兰
82	浙江工业职业技术学院	数控机床操作技能实训	刘健
83	杭州职业技术学院	路由与交换	沈海娟
84	湖州职业技术学院	过程控制与自动化仪表	高志宏
85	湖州职业技术学院	导游基础	傅昭
86	湖州职业技术学院	秘书理论与实务	杨群欢
87	湖州职业技术学院	思想道德修养与法律基础	崔春
88	丽水职业技术学院	税务会计	王碧秀
89	浙江医学高等专科学校	药理学	俞月萍
90	浙江纺织服装职业技术学院	染整工艺	吴建华
91	浙江纺织服装职业技术学院	羊毛衫设计与生产	陈国芬
92	浙江纺织服装职业技术学院	机织工艺	崔鸿钧
93	浙江纺织服装职业技术学院	成衣样板设计与制作	张福良

第二批国家级精品资源共享课的课程名单

序号	学校名称	课程名称	负责人
1	金华职业技术学院	幼儿园教育活动的设计与实施	成军
2	金华职业技术学院	幼儿教师音乐技能	姜华敏

(二)精品在线开放课程建设

近年来,大规模在线开放课程等新型在线开放课程和学习平台在世界范围迅速兴起,拓展了教学时空,增强了教学吸引力,激发了学习者的学习积极性和自主性,扩大了优质教育资源受益面,正在促进教学内容、方法、模式和教学管理体制机制发生变革,给高职教育教学改革发展带来新的机遇和挑战。浙江省落实《教育信息化十年发展规划(2011—2020年)》(教技〔2012〕5号)战略部署,按照《教育部关于加强高等学校在线开放课程建设应用与管理的意见》(教高〔2015〕3号)的要求,紧紧围绕立德树人的根本任务,遵循职业教育教学规律,主动适应学习者个性化发展和多样化终身学习需求,立足省情建设在线开放课程和公共服务平台,推动信息技术与教育教学深度融合,促进优质教育资源应用与共享,全面提高教育教学质量。

1. 国家级精品在线开放课程

2015年,《教育部关于加强高等学校在线开放课程建设应用与管理的意见》明确提出,认定一批国家精品在线开放课程,促进在线开放课程广泛应用。国家精品在线开放课程的建设,适应"互联网＋职业教育"新要求,特别是在新冠肺炎疫情期间和扩招后高职教育教学工作过程中发挥了积极作用,并创新发展形成线上线下相结合的教学模式,这也是今后职业教育教学改革的重点方向之一。浙江省支持具有专业优势和信息技术优势的高职院校,建设更多质量高、应用效果好的精品在线开放课程,因地制宜、因校制宜加强国家精品在线开放课程的建设、申报和推荐。

2017—2020年,浙江省高职院校国家精品在线开放课程共立项25门,见表5-2。2017年12月26日,教育部公布了2017年国家精品在线开放课程认定结果,全国高校共有490门课程被认定为2017年国家精品在线开放课程。其中,专科高职教育课程共22门,浙江省高职院校立项5门,位居全国各省份第一。2018年12月14日,教育部公布了2018年国家精品在线开放课程认定结果,认定了北京大学"慕课问道"等801门课程为2018年国家精品在线开放课程。其中,专科高职教育课程共111门,浙江省高职院校立项7门,占高职院校总数的6%。2020年11月25日,教育部公布了2020年国家精品在线开放课程(高职)认定结果,认定了北京电子科技职业学院"工业机器人实操与应用技巧"等99门课程为2020年国家精品在线开放课程(高职)。其中,浙江省高职院校立项13门,占高职院校总数的13.13%。省内高职院校国家精品在线开放课程立项名单见表5-2。

表5-2 2017—2020年浙江省高职院校国家精品在线开放课程立项名单

年份	课程名称	课程团队负责人	主要建设学校	主要开课平台
2017	急危重症护理	胡爱招	金华职业技术学院	人卫慕课
	Linux系统管理	颜晨阳	宁波城市职业技术学院	爱课程(中国大学MOOC)
	互联网营销策划实务	成荣芬	浙江工贸职业技术学院	浙江省高等学校精品在线开放课程共享平台
	外贸单证操作	章安平	浙江金融职业学院	爱课程(中国大学MOOC)
	基本救护技术	费素定	宁波卫生职业技术学院	浙江省高等学校精品在线开放课程共享平台

续表

年份	课程名称	课程团队负责人	主要建设学校	主要开课平台
2018	船舶文化	张棘	浙江交通职业技术学院	学堂在线
	插花艺术	邱迎君	宁波城市职业技术学院	爱课程(中国大学MOOC)
	园林景观效果图制作——PS篇	黄艾	宁波城市职业技术学院	爱课程(中国大学MOOC)
	大学生心理健康	康海燕	宁波城市职业技术学院	爱课程(中国大学MOOC)
	茶艺	初晓恒	宁波城市职业技术学院	爱课程(中国大学MOOC)
	B/S系统设计与开发	丁明军、姜洋	浙江机电职业技术学院	学银在线
	国际结算操作	刘一展	浙江金融职业学院	爱课程(中国大学MOOC)
2020	手绘构造——产品手绘设计	赵娜	金华职业技术学院	爱课程(中国大学MOOC)
	幼儿教师音乐技能——歌唱与声势	吴春瑛	金华职业技术学院	智慧职教MOOC学院
	跨境电商之速卖通	蔡文芳	宁波城市职业技术学院	爱课程(中国大学MOOC)
	浙江乡土旅游	丁春文	浙江工商职业技术学院	浙江省高等学校在线开放课程共享平台
	大学生创业基础	杨哲旗	浙江工贸职业技术学院	浙江省高等学校在线开放课程共享平台
	移动营销	魏振锋	浙江工贸职业技术学院	浙江省高等学校在线开放课程共享平台
	机械基础综合实训	叶红朝	浙江机电职业技术学院	浙江省高等学校在线开放课程共享平台

续表

年份	课程名称	课程团队负责人	主要建设学校	主要开课平台
2020	Java 语言程序设计	张红	浙江经贸职业技术学院	智慧职教 MOOC 学院
	市场调研与数据分析	张西华	浙江经贸职业技术学院	浙江省高等学校在线开放课程共享平台
	毛泽东思想和中国特色社会主义理论体系概论	张国宏	浙江商业职业技术学院	爱课程(中国大学 MOOC)
	网络营销	李玉清	嘉兴职业技术学院	浙江省高等学校在线开放课程共享平台
	商务礼仪	徐美萍	浙江纺织服装职业技术学院	学堂在线
	办公软件高级应用	蔡荣文	杭州万向职业技术学院	浙江省高等学校在线开放课程共享平台

2. 省级精品在线开放课程

为加快推进在线开放课程和平台建设,促进优质课程共享,推进教学内容、课程体系、教学模式和教学管理体制机制的改革与创新,浙江省教育厅组织开展省级精品在线开放课程建设。省级精品在线开放课程是充分利用现代技术手段,融入先进教学理念和思想,丰富多元创新性教学方法,具有区域、实用和可持续特色的课程资源,重点以受众面广的公共课、通识选修课、学科基础课、专业课等为主。根据《关于组织开展省级精品在线开放课程建设工作的通知》(浙教办高教〔2015〕95号)要求,浙江省采取"政府推动、高校为主、社会参与"的方式,集聚优势力量和优质资源,引入竞争机制,建立在线开放课程和平台可持续发展的长效机制。

2016 年,浙江省教育厅确定 200 门课程为首批省级精品在线开放立项建设课程,其中本科课程 125 门、高职课程 75 门。2018 年,浙江省教育厅确定 402 门课程为第二批省级精品在线开放立项建设课程,其中本科课程 208 门、高职课程 194 门。通过对两批省级精品在线开放立项建设课程统计分析发现,共有高职课程 269 门,由 42 所高职院校和 10 个高职高专教学指导委员会立项建设,其中课程立项数最多的 3 所学校为浙江金融职业学院、金华职业技术学院、宁波城市职业技术学院,见表 5-3。2019 年,浙江省教育厅对两批省级精品在线开放立项建设课程开展了认定评审工作,将建设质量高、使用效益好、师生评价高的课程认定为省级精品在线开放课程,对未开展应用的课程实行退出机制,并公布了省级精品在线开放课程认定公示名单,其中本科课程194门、高职课程194门。同时,还公布了省级精品在线开放课程(教师教育类)认定公示名单,其中本科课程17门、高职课程3门。通过统计发现,浙江省级精品在线开放课程(含教师教育类)共有高职课程197门,分布在41所高职院校,其中认定数最多的学校为金华职业技术学院,见表5-4。

表5-3 浙江高职省级精品在线开放立项建设课程数量统计

序号	学校名称	立项数/门		合计/门
		2016年	2018年	
1	浙江金融职业学院	4	15	19
2	金华职业技术学院	3	15	18
3	宁波城市职业技术学院	3	12	15
4	浙江工贸职业技术学院	1	11	12
5	浙江经贸职业技术学院	1	10	11
6	浙江纺织服装职业技术学院	2	9	11
7	宁波职业技术学院	2	8	10
8	湖州职业技术学院	1	9	10
9	杭州职业技术学院	2	7	9
10	杭州科技职业技术学院	1	7	8
11	浙江交通职业技术学院	3	5	8
12	浙江长征职业技术学院	0	7	7
13	浙江建设职业技术学院		7	7
14	浙江医药高等专科学校	2	5	7
15	温州职业技术学院	3	3	6
16	浙江商业职业技术学院	2	4	6
17	浙江警官职业学院	2	4	6
18	浙江工业职业技术学院	1	4	5
19	义乌工商职业技术学院	1	4	5
20	嘉兴职业技术学院	1	4	5
21	浙江广厦建设职业技术学院	2	3	5
22	温州科技职业学院	2	3	5
23	绍兴职业技术学院	1	4	5

续表

序号	学校名称	立项数/门		合计/门
		2016 年	2018 年	
24	浙江育英职业技术学院	0	5	5
25	浙江邮电职业技术学院	0	5	5
26	浙江艺术职业学院	2	3	5
27	浙江经济职业技术学院	2	2	4
28	浙江旅游职业学院	2	2	4
29	浙江机电职业技术学院	2	2	4
30	杭州万向职业技术学院	2	2	4
31	浙江东方职业技术学院	0	4	4
32	浙江安防职业技术学院	1	2	3
33	丽水职业技术学院	3	0	3
34	浙江农业商贸职业学院	0	3	3
35	浙江工商职业技术学院	2	1	3
36	台州职业技术学院	2	1	3
37	宁波卫生职业技术学院	2	0	2
38	浙江横店影视职业学院	0	2	2
39	衢州职业技术学院	2	0	2
40	浙江同济科技职业学院	0	1	1
41	浙江国际海运职业技术学院	1	0	1
42	浙江舟山群岛新区旅游与健康职业学院	0	1	1
43	高职高专艺术设计类教学指导委员会	1	0	1
44	高职高专医学类教学指导委员会	1	0	1
45	高职高专文化教育传媒教学指导委员会	1	0	1
46	高职高专旅游类教学指导委员会	1	0	1
47	高职高专经济类教学指导委员会	1	0	1
48	高职高专建设水利类教学指导委员会	1	0	1
49	高职高专计算机类教学指导委员会	1	0	1
50	高职高专公安法律公共事业类教学指导委员会	1	0	1
51	高职高专工商管理类教学指导委员会	1	0	1
52	高职高专纺织服装类教学指导委员会	1	0	1

表 5-4　浙江高职省级精品在线开放课程(含教师教育类)认定数量统计

序号	学校名称	认定数/门
1	金华职业技术学院	19
2	浙江金融职业学院	15
3	宁波城市职业技术学院	13
4	浙江工贸职业技术学院	11
5	浙江经贸职业技术学院	10
6	宁波职业技术学院	9
7	湖州职业技术学院	8
8	浙江建设职业技术学院	8
9	浙江长征职业技术学院	7
10	浙江商业职业技术学院	7
11	浙江纺织服装职业技术学院	6
12	杭州职业技术学院	6
13	杭州科技职业技术学院	6
14	浙江工业职业技术学院	6
15	义乌工商职业技术学院	5
16	嘉兴职业技术学院	5
17	浙江交通职业技术学院	4
18	浙江广厦建设职业技术大学(浙江广厦建设职业技术学院)	4
19	浙江育英职业技术学院	4
20	浙江邮电职业技术学院	4
21	浙江旅游职业学院	4
22	温州职业技术学院	3
23	温州科技职业学院	3
24	绍兴职业技术学院	3
25	浙江经济职业技术学院	3
26	浙江医药高等专科学校	3
27	浙江警官职业学院	2
28	浙江机电职业技术学院	2
29	杭州万向职业技术学院	2

续表

学校	主持	联合主持	总计
浙江警官职业学院	1	0	1
浙江旅游职业学院	1	0	1
浙江农业商贸职业学院	0	1	1
浙江商业职业技术学院	1	0	1
总计	24	16	40

表5-6 金华职业技术学院国家级专业教学资源库立项一览表

序号	项目名称	主持单位	负责人	立项年份	备注
1	职业教育学前教育专业教学资源库	金华职业技术学院	成军	2016	升级改进支持项目
2	职业教育康复治疗技术专业教学资源库	宁波卫生职业技术学院、金华职业技术学院、全国卫生职业教育学指导委员会	胡野	2016	联合主持建设项目
3	职业教育护理专业教学资源库	天津医学高等专科学校、金华职业技术学院、重庆医药高等专科学校	胡野	2019	升级改进支持项目
4	工业设计	常州机电职业技术学院、深圳职业技术学院、金华职业技术学院	戴欣平	2019	联合主持建设项目
5	民族文化传承与创新子库——中国烙画艺术传承与创新	河北工业职业技术学院、金华职业技术学院	张剑	2019	联合主持建设项目

三、构建专业群课程体系

《教育部、财政部关于实施中国特色高水平高职学校和专业建设计划的意见》提出集中力量建设一批引领改革、支撑发展、中国特色、世界水平的高职学校和专业群。2019年12月10日,教育部和财政部联合公布了《中国特色高水平高职学校和专业建设计划建设单位名单》,共遴选了253个专业群为高水平专业(群)建设单位。2020年,浙江省教育厅、省财政厅公布了浙江省高水平职业院校和专业(群)建设名单,确定15所高职院校、50所中职学校为省高水平职业院校建设单位,30个高职专业群、150个中职专业为省高水平专业（群）建设单位。在此背景下，浙江高职院校紧扣专业群建设，根据专业群的"一岗多能、首岗适应、多岗迁移"人才培养目标，按照"底层共享、中间分立、高层互选"的思路设计专业群课程体系。

课程体系是专业群建设的核心内容之一，也是实现专业群培养目标的重要载体，体现专业群办学的方向与定位。专业群课程体系是指专业群内课程按照门类顺序排列，是教学内容和进程的总和，课程门类排列顺序决定了学生通过学习将获得怎样的知识结构和操作技能。金华职业技术学院按照"底层共享、中层互融、顶层互选"的逻辑重构了学前教育专业群各专业课程体系。

在通识课与专业群平台课上下功夫，群内专业间互通落实"底层共享"。学前教育专业群内4个专业根据共同的通识素养需求，设置共通的通识模块，在坚定理想信念、厚植爱国情怀、加强师德养成等方面下功夫。重点梳理群内各专业共同的核心素养，开设《心理学基础》《教育学基础》《教师职业道德与政策法规》等教师教育理论课；《教师口语》《书写》《现代教育技术》等教师教育技能课；《美术基础》《音乐基础》等教师艺术特长类课程，架构体系完整的专业群平台课程。

基于关键职业能力与课程对应关系，专业课之间形成"中层互融"。学前教育专业群内不同专业对应的岗位职业能力互有重叠，如早教与学前专业对应的幼儿教育与游戏活动的组织实施能力，美术教育与小学教育专业对应的教学设计与实施能力、班级管理能力等，由于诸如此类能力需求的两两相关，群内专业课程间产生了互融效应。

面向课证融通设置选修拓展模块课，不同专业间实现"顶层互选"。学前教育专业群设置了以课证融通为主要特征的4个不同拓展模块课，分别对接"幼儿照护"等相关职业技能等级证书的"X证书模块课程"，幼儿教师、小学教师资格考试的"综合训练1""综合训练2"，以及面向教师职业素养拓展的"综合素质"。专业群内每位学生以模块为单位选修，有效拓宽其职业能力发展空间。

四、创新课程思政育人

2016年以来，浙江省各高职院校坚持把立德树人作为立校之本，以学生全面发展和成长成才为目标，整合各类教育资源，拓展育人工作载体，深入挖掘、提炼各类课程所蕴含的思政要素和德育功能，以优质课程为引领，把立德树人融入思想政治教育、学生管理工作、学生社团活动和社会实践教育等多个环节，努力适应新时代中国特色社会主义对技术技能人才培养的新要求，培养德智体美劳全面发展的社会主义建设者和接班人。各高职院校深入推进课堂教学创新行动计划，努力实现思政课程全覆盖，同时增强教师的"育德意识"，提升教师的"育德能力"，促进"思政课程"与"课程思政"的同频共振。"课程思政"建设取得了良好的效果，学生的满意度处于较高的水平。在2018年全省高职院校思想政治课满意度的调查中,共调查一年级21165课次,满意度为93.69%;共调查二年级13265课次,满意度为91.81%。

(一)推进课程思政改革

浙江省坚持以立德树人为根本任务,以服务地方经济发展为己任,围绕"中国制造2025"要求,紧跟区域经济社会发展趋势,以"双高"院校建设为契机,全面推进高职院校内涵建设与高质量发展,着力培养具有"工匠精神"的技术技能人才,提升服务"浙江智造"的能力和水平。高职院校不断优化人才培养方案,把"工匠精神"融入办学理念、专业教育和教风学风中,充分挖掘专业知识和技术体系蕴含的精神特质和文化品格,把人文素养、职业精神、职业技能的培育融为一体,构建具有文化特征的职业素质教育课程体系,在提升专业知识和操作技能的同时,培养学生工作专注、爱岗敬业和创新精神,着力培养担当民族复兴大任的时代新人和高素质技术技能人才。

"课程思政"一词最早由上海市委、市政府于2014年提出,它不是增开一门课,也不是增设一项活动,而是一种教育理念,是将思想政治教育融入高校课程教学和教学改革的各个环节,实现立德树人、润物无声[①]。浙江高职院校全面落实《浙江省全面深化高校"三全育人"综合改革实施方案》(浙教党办〔2019〕7号),以立德树人为根本任务,以理想信念教育为核心,以社会主义核心价值观为引领,以促进学生全面发展为导向,以课堂教学为主要阵地,不断优化人才培养顶层设计,推动"课程教学"向"课程思政"转化,实现公共课程、通识课程、专业课程、实践课程与思政课程同心同向同行的育人格局,构建全员、全程、全课程的"三全育人"体系。高职院校不断提升思政教学创新团队教学水平,全面统筹办学治校各领域、教育教学各环节、人才培养各方面的育人资源和育人力量,挖掘各群体、各岗位、各专业的课程思政育人元素,推进课程思政改革,用好课堂主渠道,推动习近平新时代中国特色社会主义思想"进教材、进课堂、进师生头脑",切实提高思想政治工作的亲和力和针对性,着力打通"育人最后一公里"。

(二)课程思政的实践探索

浙江省各高职院校围绕"培养什么人、怎样培养人、为谁培养人"这一根本问题,坚持显性教育和隐性教育相统一,挖掘其他课程和教学方式中蕴含的思想政治教育资源,实现全员全方位育人,在全面加强课程思政建设方面进行了有益的探索和实践。

---

① 张宏彬.高职院校如何实施课程思政[N].中国教育报,2019-04-16(011).

1. 浙江金融职业学院：全面加强课程思政建设推进全课程育人

（1）学校层面全面推进课程思政。

为了进一步做好课程思政工作，浙江金融职业学院制定了《关于加强课程思政建设推进全课程育人的意见》。要求在专业人才培养中全面贯彻党的教育方针，把思想政治教育贯穿于人才培养体系，发挥思想政治理论课的关键作用，全面推进学校课程思政建设，发挥好每门课程的育人作用。学校将课程思政有关要求融入人才培养方案，写入教学计划，落实在教学环节。通过组织开展"师生同修三门思想政治理论课"活动，发挥国家级教学名师、省级教学名师、省级思想政治理论名师工作室、"浙江省青年讲师团"讲师等优秀教师的引领作用，推动做好全员育人工作。

在学校党委的正确领导下，在各课程的扎实推进下，学校当选了教育部职业院校文化素质教育指导委员会课程思政研究中心主任单位，在全国职业院校"战役课堂"思政案例评选中荣获优秀组织奖，提交的案例中有11项获奖。学校的《明理教育——高职院校思想政治工作的模式创新》成功入选"2020高职院校思政创新示范案例50强"。为进一步发挥好学校马克思主义学院的引领作用，充分发挥教研室、教学团队、课程组等基层教学组织的重要作用，持续开展了"课程思政"教学设计等活动，将教师思想政治教育与教师职业素养教育、师德师风建设、教书育人能力有机结合。综合运用第一课堂和第二三课堂，发挥社会实践、志愿服务、实习实训活动的育人作用，不断拓展思政课程和课程思政建设方法和途径。把教师参与课程思政建设情况和教学效果作为教师考核评价、岗位聘用、评优奖励、选拔培训的重要内容，加大对课程思政建设优秀成果的支持力度。

（2）二级学院特色推进课程思政育人。

一是金融管理学院实施专业课程思政育人。为引导学生弘扬爱国主义精神、科学精神、奋斗精神，引导学生自觉担当青春使命，金融管理学院任课老师在编制授课教案时，全部增加了课程思政内容，将课程思政内容和要求融入每一次课堂教学。学院通过组织老师参加校内外的课程思政培训和系统学习教育部《高等学校课程思政建设指导纲要》（教高〔2020〕3号），完成"现代金融概论""商业银行综合柜台业务""小额信贷实务""三农经济""国际金融实务"等36门课程的课程思政教学设计。如"互联网金融"课程思政指引理念为"创新思辨、德育为先"，融入对互联网创新精神的理解、对金融职业素养的遵守、对行业变化的思辨精神。在抗疫的特殊时期，课程更多地加入关于抗疫的案例与精神，从三个方面"联网、联心、联未来"协同做好互联网金融战疫课堂。经过数月，互联网金融战疫课堂收效良好，能够较好地结合实事与专业，深入贯彻课堂思政理念。

二是投资保险学院实施全员课程思政育人。投资保险学院2020年6月开展了"全员课程思政"主题教研活动，认真学习《高等学校课程思政建设指导纲要》，引导老师们深入挖掘专业教育中的课程思政元素,强化育人意识,找准育人切入点,依托投资者教育基地建设,在育人和育才相统一的过程中努力把学生培养成为德智体美劳全面发展的社会主义建设者和接班人。在此基础上,学院对所有专业课程逐步开展课程思政育人教学改革全覆盖建设,同时避免思想政治教育与专业教育相互隔绝的"孤岛效应",将立德树人贯彻到专业课堂教学的全过程、全方位、全员之中,推动两者协同前行、相得益彰。一方面,通过教学设计使专业知识体现明显的价值倾向、家国情怀;另一方面,在已有思政元素的基础上进一步拓展和深度挖掘,实现思政元素与专业课程有机融合、相互促进、协调发展。通过专业课程思政育人系列举措,建设了"理财规划方案设计""个人理财""创业投资理论与实务"等18门专业课程的思政设计系列材料,形成了课程思政系列案例库。

三是信息技术学院实施全程课程思政育人。信息技术学院将课程思政融入课堂教学建设全过程,落实到课程目标设计、教学大纲修订、教材编审选用、教案课件编写各方面,贯穿于课堂授课、教学研讨、作业论文等各环节。创新课堂教学模式,推进现代信息技术在课程思政教学中的应用,激发学生学习兴趣,引导学生深入思考。首先,科学设计课程思政教学体系,根据学院专业的特色和优势,深入研究不同专业的育人目标,深度挖掘提炼专业知识体系中所蕴含的思想价值和精神内涵,科学合理拓展专业课程的广度、深度和温度,从课程所涉专业、行业、文化等角度,增加课程的知识性、人文性,提升引领性、时代性和开放性。其次,推动学院教师进一步强化育人意识,找准育人角度,提升育人能力,确保课程思政建设落地落实、见功见效。学院将课程思政纳入教师培训、师德师风、教学能力专题培训中,充分发挥教研室、教学团队等基层教学组织作用,建立健全优质资源共享机制,充分利用现代信息技术手段,促进优质资源共享共用。

2. 金华职业技术学院:因势而新,思政教育无处不课堂

2020年疫情防控期间,金华职业技术学院积极探索"因势而新"的思政新课堂,通过将战疫素材融入理论、专业、实践三课堂,全面推进"三全育人",构建思政育人新格局。

(1)做"新"做"优"思政理论课堂。

金华职业技术学院用活战"疫"素材打造战"疫"思政"金课"。推出"爱国报国:战疫时期,我们这样看爱国!""一马当先,共克时艰:共产党员跟我上"等10余节课程。浙江省思政名师徐建丽老师的《战"疫"家书里的家国情怀》微课,分别被学习强国、人民网、全国高校思想政治理论课教师备课平台等转发。中国教育网、中国高职高专教育网以《打响思政育人"战疫"》《搭建思政防疫站,打造战役思政"金课"》为题,做了专题报道。

(2) 做"特"做"亮"思政专业课堂。

金华职业技术学院将思政教育融入专业教育全过程。全校师生积极发挥专业力量与科研优势，教师与学生主动出击，为打赢抗"疫"阻击战贡献力量。探索"浸润式"思政教育新模式。如机电工程学院师生为市区十余家企业提供技术咨询和服务，制药学院利用实验室现有原材料积极研制抗菌洗护产品等。中国教育报以《企业能手未返岗 高职专家助复产》为题做了报道。

(3) 做"实"做"活"思政实践课堂。

金华职业技术学院以社会实践激活思政教育课堂。全校2000余名师生积极响应号召，组建战疫突击队，通过线上、线下的形式，投身家乡疫情防控工作，协助做好测量体温、登记出入信息等志愿服务工作。中国青年网以《助力企业复工复产，制药学子逆行助战"疫"》为题进行了报道。

第三节　浙江省高职院校课程建设的挑战与展望

在高质量发展背景下，浙江省高职课程建设迎来诸多机遇，也面临不小挑战，必须准确把握内涵发展趋势，进一步深化课程改革，全面提高人才培养质量。

一、高职课程建设面临的挑战

(一) 高职教育扩招对高职课程建设带来新挑战

2019年以来，我国高职院校不断扩招，在校生规模持续扩大。高职扩招意味着我国应届的高职招生制度正在发生变化，将真正面向社会开放，成为人们实现终身教育理想目标的重要路径。高职扩招与以往的扩招有所不同，最大的变化是将退役军人、下岗职工、农民工等社会生源纳入高职院校招生范畴，这是维护社会稳定、缓解就业压力、解决高技能人才短缺问题的战略之举，也是对这一群体公民教育权益的保护，更是对应届职业教育发展理念的重大突破。但社会生源与应届生源在认知特点、学习需求等方面存在诸多不同，给浙江省高职院校人才培养工作带来了巨大冲击与影响，特别是高职现行的课程体系遇到了极大的挑战。

1. 同质化的课程内容，难以满足差异化学习需求

应届生源是以获得学历以及职业资格为主要学习目的的，而社会生源是以技能提升为主要学习目的的，通常社会生源技能基础较中职生差，文化基础也较中职生薄弱，远不如普高生。因此，同样的课程内容对于社会生源来说不仅突显学习负担，也加大了学习的难度。此外，社会生源虽然是以技能提升为主要学习目的，但是不同个体对所需技能的种类、难易程度有不同的需求，当前同一专业同质化的课

程内容很难满足他们差异化的学习需求。

2. 单一化的课程结构，难以满足多样化教学目标需要

目前，浙江的高职课程结构多以满足学历教育为主，缺乏对课程结构的灵活整合与变通，课程结构总体较为单一，缺乏证书课程、技能课程等多样化的专门性课程。对于社会生源而言，学习虽然以专业为基础进行，但主要是以获得技能证书或学习技能提升所需课程为主线，形成相应的课程内容和结构。同时，由于不同的学习需求，教学目标也呈现多样化趋势。因此，目前以学历教育为主的课程结构，很难满足多样化的学习需求。如何对课程结构进行合理安排，对于高职院校来说是在招收社会生源之前就亟须解决的一个问题。

3. 硬性的教学管理制度，难以满足社会生源不同学习需求

从浙江来看，高职院校教学管理主要以全日制和学年制为主，教学管理更具有刚性，学生全天参与课程学习，以学年作为毕业的划分标准，最后的目标是取得相应的学历。但是，对社会生源来说，他们的学习需求往往是多样的。有的是为了提升自己的职业能力，提高岗位竞争力；有的是为了增强自己的就业竞争力；还有的是为了提升自身的文化素养。但总体来说，大部分社会生源是为找个好工作或能调整到更好的工作岗位而做准备。对于社会生源而言，部分学习者需要边工作边学习，尤其是女性学习者还需要照料家庭，因此，很难全身心地参加全日制的学校教育；而对于受季节、天气影响，农忙与赋闲时间兼有的职业农民来说，课程安排的灵活性就显得尤为重要。所有这些，都对高职院校教学管理制度、教学组织形式，乃至教学模式改革提出了新的要求。

(二) "职业教育提质培优行动计划"对高职课程建设提出高要求

《国家职业教育改革实施方案》《职业教育提质培优行动计划（2020—2023年）》等政策文件表明我国职业教育进入提质培优、增值赋能新阶段，高职教育正由数量普及阶段转向内涵发展阶段，对高职课程建设提出了新的要求。从浙江省来看，新一轮科技革命和产业变革深入发展，推进产业结构转型升级，各行各业对技术技能人才的需求越来越紧迫，也对高职课程建设质量提出了更高要求。

1. 推动"思政课程"与"课程思政"同向同行

"立德树人"是教育的根本任务，育人先育德。推动思政课程与课程思政同向同行是实现立德树人目标的重要手段。《职业教育提质培优行动计划（2020—2023年）》明确提出，要引导专业课教师加强课程思政建设，将思政教育全面融入人才培养方案和专业课程；同时要遵循职业学校学生认知规律，开发遴选学生喜闻乐见的课程资源，因地制宜实施情景式、案例式、活动式等教法，建设学生真心喜爱、终身受益、体现职业教育特点的思政课程；遴选10000个左右思想政治课示范课堂、

10000个左右具有职业教育特点的课程思政教育案例。虽然浙江省高职院校已进行了初步的探索,但仍需继续推动"思政课程"与"课程思政"同向同行,协同育人,确保思政工作贯穿教育教学全过程。

2.提升高职教育专业和课程教学质量

课程是一所高职院校内部系统的最小管理单元,又是专业建设的"细胞工程",其质量是建设的根本。《职业教育提质培优行动计划(2020—2023年)》明确提出,推动依据国家战略和区域产业发展需求、专业建设水平、就业质量等合理规划引导专业设置,建立退出机制。规范人才培养方案研制发布程序,建立职业学校人才培养方案公开制度,为行业指导、企业选择、学生学习、同行交流、社会监督提供便利。加强课堂教学日常管理,规范教学秩序。推动职业学校"课堂革命",适应生源多样化特点,将课程教学改革推向纵深。加强实践性教学,实践性教学学时原则上占总学时数50%以上,积极推行认知实习、跟岗实习、顶岗实习等多种实习方式,可根据专业实际集中或分阶段安排。完善以学习者为中心的专业和课程教学评价体系,强化实习实训考核评价。正所谓,课程是高职院校办学质量的重要体现,课程建设是高职院校提高人才培养质量的基础工作。今后,浙江省高职课程建设在质量上要下狠功夫,在提高质量的道路上继续前进。

(三)高职专业群课程体系建设任重道远

经过近几年探索,浙江省一些高职院校专业群已形成了层次清晰、特色鲜明的课程体系,但总体来看,高职院校的专业群课程体系仍然存在如下问题。

1.专业群课程理念认识不深

目前,专业群建设已成为高职院校专业内涵式建设和提升学校竞争力的重要任务,但学校更多的是把精力放在专业建设层面,落实到课程建设层面则显得力量微弱。因此,在课程体系构建过程中便出现"敷衍""应付"的现象,如流于形式的内容增减或顺序调整。其主要原因在于专业群带头人和课程负责人对群集课程理念认识不深,并未认识到群集课程对于专业群内人才培养的重要意义。

2.专业群课程定位认识不清

目前,高职院校本着"底层共享、中层分立和高层互选"的原则以及本校实际情况,形成了类似"平台+模块"的课程体系。但很多高职院校未能认识到平台课的作用与意义,导致平台课的功能缺失与定位不清。其一,从现有课程结构来看,平台课有的包括公共基础课和专业基础课,有的只包括专业基础课或只包括公共基础课,平台课的定位不清会对专业群内的学生培养产生一定影响。其二,还存在"做大平台课就是加强基础课"的误区。不少高职院校为了加强平台课的建设,将原来的公共基础课和专业基础课都囊括在平台课中,未对课程进行整合和优化,只有数量堆积而无内容优化,只会形成"外强中干"的平台课。其三,专业群课程体系构建只是将原有课程进行简单拼凑和整合,形成的平台虽然庞大,但是平台内的课程模块之间并无关联度,课程与课程之间、平台与平台之间仍然是独立状态,缺少有效的信息交流。

3.专业群课程模块互相脱节

首先,现有的"平台+模块"课程体系其实是课程模块间的横向整合,缺少纵向衔接。目前,高职专业群课程体系中公共基础课与专业课之间交流不畅,缺少专业群课程体系内的纵向沟通与衔接。若只是仅仅集中于拓宽平台课范围,而忽视了纵向的课程衔接,也难以达到专业群课程的集聚效应,更不能称之为群集课程。其次,高职除了专业群课程体系内部缺少纵向衔接,与中职、应用型本科的专业群课程体系也缺少纵向交流,资源的利用和整合力度不够,各级各类职业学校的交流与合作较少,不利于中高职、中高本之间的衔接发展。最后,高职院校的专业群课程体系构建由学校自主进行,由学校相关负责人组成课程领导小组,对原有的课程资源进行重组和重构。许多课程负责人未能真正理解专业群人才培养需要怎样的课程体系作支撑,往往按照传统的课程构建方式进行专业群的课程体系构建,忽视专业群课程体系与单个专业课程体系的差异性。这种固化的课程构建模式会限制不同课程平台的交流,难以实现课程之间的物质、能量与信息在横向和纵向层面的交互流动。

4.专业群课程环境支持不够

第一,企业支持系统微弱。目前,在高职院校专业群课程体系构建过程中,企业的参与度较低,只有当涉及实训实践课程的整合时,才会邀请企业专家共同讨论并制订课程方案。专业群课程体系构建是针对行业企业人才需求和学校人才培养模式创新的过程,企业参与对于制定合理的课程体系至关重要。现在高职院校制定课程体系时只是着眼于学校现有的课程资源,并未考虑到企业丰富的资源和先进的技术,忽视了课程体系重构的生成性。第二,制度环境不足。从"示范"建设到如今的"双高计划",十几年来,政府和教育部门始终致力于高职院校专业建设,但对课程建设的关注仍然较少,尚未出台关于专业群课程建设相关的指导文件。在过去的观念中,往往把制度问题定位为宏观问题,而把课程问题定位为中观或微观问题,因而课程问题很少被实质性地纳入国家政策范围内[①]。由于缺少政策指导和制度环境的培育,专业群内课程建设缺乏有利的外部共生环境,高职院校只能按照自身实际情况自发进行,盲目性、自主性和分散性等问题较为明显。

---

① 徐国庆.职业教育课程、教学与教师[M].上海:上海教育出版社,2016:104.

二、高职课程建设的展望

(一)不断增强高职课程的生源适应性

今后,高职院校要基于不同生源差异化的学习需求,精准设计课程模块内容,构建"菜单式+模块化"的多层级开放式课程体系,满足不同学生对课程的不同要求。为了方便学习者根据学习内容需求与时间灵活选择课程,也为了便于学习者累积学习,学习者可在学业指导教师的指导下,根据自己的需要、水平和时间对课程模块进行选择和组合。为了使学习者能够在有限的时间和精力范围内精选学习课程,达成最优学习目标,一方面各高职院校要积极开展面向社会生源的课程学习指导;另一方面,各高职院校要基于科学的评价测量工具,对学习者学习需求、学力基础进行测评,给这些学生提供课程选择决策的参考依据。不同生源其学习存在明显的差异,反映到教学中就是既要有共性的教学模式,也要体现他们不同的生活状况、职业活动特点等对教学模式的适应性。为此,高职院校应改变长期以来实施的传统单纯的全日制教学模式,特别是要积极利用现代信息技术开启"线下教育+线上课堂"的混合式课堂教学模式,为学习者搭建新的信息化学习平台。

(二)进一步提高高职课程的建设质量

加强课程质量建设是浙江高职院校提高整体教学水平和人才培养质量的重要举措,它涉及教师队伍、教学内容、教学方法和手段、教材、教学管理等教学基本建设工作的诸多方面,是一项整体性教学改革和建设工作。第一,拥有一支师德高尚、治学严谨、学术水平和教学水平"双高"的教师队伍是提高高职课程建设质量、实现课程建设可持续发展的关键。第二,深化教学改革是加强课程建设的核心,是提高课程建设水平的源泉。为使课程建设内容不断更新,高职院校实行校、院二级教改立项,在加强对原有教改立项项目管理,强化教改研究成果的实践和应用的基础上,重点支持与课程建设关系密切的,以改革教学内容、课程体系、教学方法、教学手段和考试方式等为内容(含实践教学)的研究项目,使先进的教学经验和教改成果及时融入课程建设之中,从而不断提高课程建设水平。第三,要加大经费投入力度,为课程建设提供必要的经费支持,这是提高课程建设质量的物质保障。第四,课程建设是一项长期的基础性的教学工作,必须建立科学合理的管理机制,确保各类课程建设质量。第五,要推动"思政课程"与"课程思政"同向同行,形成思政寓于课程、课程承载思政的共识,将核心价值观融入教育教学全过程,加强理想信念、时代使命和责任意识的教育,帮助学生树立正确的世界观、人生观和价值观,实现全方位育人,达到"润物细无声"的理想信念层面的精神指引。

(三)完善高职专业群课程体系建设

专业群课程体系建设是今后浙江高职院校必须认真面对和思考的问题。第一,要坚持以"群集课程"理念进行课程建设。在课程建设过程中融入"群集课程"理念,才能符合专业群课程体系的构建目标。专业群带头人和课程负责人是课程建设的领导者,应组建高素质、高水平的课程领导团队,从课程组建工作伊始便深入贯彻"群集课程"理念,创建基于共生理论的课程机制,并贯穿于人才培养全过程。第二,要统整课程模块,优化课程资源,构筑纵横交替的课程衔接体系。专业群的课程组建是把普通课程与专业课程进行整合与优化,但并非简单地对两类课程"做加法",不是拼凑和堆砌,而是重新融合与优化,以激发专业群课程内生力。在横向层面,依据群核心能力优化专业群课程体系;在纵向上,更加强调专业群课程体系的立体化,避免出现层级结构和间隔状态,加强高职院校与中职学校和本科层次职业学校的专业群课程联系,以便更好地实现职业教育人才的贯通培养。第三,要优化专业群课程体系的建设环境。专业群课程体系的环境不单是校内课程的紧密联结,还要充分利用校外资源,从而使课程体系不断完善优化。一方面,要加强校企深度合作,开发和丰富课程资源,完善企业支持系统;另一方面,政府与教育部门需优化专业群课程建设的制度环境,出台专业群课程建设相关指导文件,提高专业群课程建设的针对性和适用性,激发学校的办学活力并提升专业建设水平。

第六章 学生发展

《国家职业教育改革实施方案》明确指出,职业教育与普通教育是两种不同的教育类型,具有同等重要地位。但实际上,职业教育在人们心目中的地位不如普通教育,职业院校学生的发展情况在人们看来也不理想。一项面向全国职业院校、家庭、企业等进行的大型问卷调查发现,有近50%的人对当前职业院校学生的整体状态停留在"一般及以下"印象[①],职业院校的"学生发展"不被看好。为了改变这样的状况,浙江省高职院校付出了大量的努力,大力加强思想政治教育,不断优化学生管理,积极开展职业技能竞赛,深入推进创新创业教育,努力满足学生的就业与升学需要,取得了较好的成绩。本章将在对招生工作进行简要介绍的基础上,从思想政治教育、学生管理、职业技能竞赛、创新创业教育、就业与升学等五方面,梳理浙江省高职院校近5年在促进学生发展方面所进行的探索与实践。

第一节 浙江省高职院校招生

招生是教育的基础性工作,做好招生工作对于提高教育质量具有重要意义。近年来,国家高度重视考试招生制度改革,《国家职业教育改革实施方案》《关于推动现代职业教育高质量发展的意见》等文件均提出,建立"职教高考"制度,完善"文化素质+职业技能"的考试招生办法。浙江省也积极探索,各高职院校因地制宜,通过具体措施高质量地完成了招生工作,为学校人才培养质量的提高提供了有力保障。

一、浙江省高职院校积极应对新高考招生制度改革

浙江省是全国两个高校考试招生制度综合改革试点省市之一,《浙江省深化高校考试招生制度综合改革试点方案》(浙政发〔2014〕37号)指出,要"遵循教育规律和人才成长规律,把促进学生健康成长和全面而有个性地发展作为改革着力点,深入推进素质教育","强化分类考试、综合评价和多元录取机制,增加学生的选择性,分散学生的考试压力","加强政府宏观管理,健全社会监督机制,确保高校考试招生公平公正"。2017年,浙江省开始全面实施高校考试招生制度综合改革,进一步

---

① 王湘蓉,孙智明,王楠,等.中国职业教育发展大型问卷调查报告[J].教育家,2021(17):13.

完善高职提前招生、单独考试招生和"三位一体"招生改革,加快建立多类型、多元化考试招生制度。

面对新高考招生制度的改革,浙江省高职院校积极应对,结合不同招生方式合理配置招生计划,精心制作专业宣传材料,充分利用互联网+、移动端开展招生宣传;实施分层分类精准招生宣传,深化生源基地内涵建设,强化招生工作的责任意识与主体意识,充分依托行业办学优势,拓宽招生合作渠道[①]。例如,浙江交通职业技术学院按照"稳、严、精、优"要求加强招生规范管理,优化"基于高考的'知识+技能'招生""单独考试招生""对口招生""中高职贯通招生"和"技能拔尖人才免试招生"等招生方式,合理安排分省分类分专业招生计划,并充分依托行业办学优势,加强与省教育厅、各省教育考试院等主管部门及省军区、海军部队、浙江科技学院、中职学校的沟通和协调工作,拓宽招生合作渠道;宁波职业技术学院优化专业招生结构,加强招生宣传,强化招生工作的责任意识与主体意识,让专业介绍专业,并充分利用互联网、移动端,为考生、家长提供便利,还开设了学业先修课程,让考生提前了解专业,提升专业吸引力。

二、浙江省高职院校招生的类型

为了促进学生健康成长和全面而有个性的发展,浙江省根据国家有关文件精神,全面深化统一高考招生改革,进一步完善高职提前招生、单独考试招生和"三位一体"招生改革,加快建立多类型、多元化考试招生制度。2016—2020年间,浙江省高职院校招生类型主要有如下几种[②③④⑤⑥]。

(一)统一高考招生

由于浙江省从2017年开始全面实施高校考试招生制度综合改革,所以2016年的统一高考招生与2017—2020年的有所不同。2016年,统一高考招生实行全科学考(会考)基础上的分类测试、分批选拔、综合评价、全面考核、择优录取。考试分文

---

① 浙江省教育厅.浙江省高等职业教育质量年度报告(2018)[R].2019:8-9.
② 浙江省人民政府.关于印发浙江省深化高校考试招生制度综合改革试点方案的通知[Z].浙政发〔2014〕37号,2014-9-9.
③ 浙江教育考试院.2016年浙江省普通高校招生工作实施意见发布[EB/OL].https://gaokao.eol.cn/zhe_jiang/dongtai/201605/t20160516_1398364.shtml,2016-05-16.
④ 浙江省教育厅.关于印发《浙江省推进中高职一体化人才培养模式改革工作方案》的通知[Z].浙教职成〔2012〕26号,2012-3-1.
⑤ 浙江省教育厅.关于深入推进中高职一体化五年制职业教育工作的指导意见[Z].浙教职成〔2019〕47号,2019-6-19.
⑥ 浙江省教育厅办公室.关于组织开展2020年高职扩招专项工作的通知[Z].浙教办函〔2020〕218号,2020-9-21.

理科考试和艺术、体育类考试两类进行。文理科考试科目分三类设置，一类考试科目为语文、数学（文/理）、外语、综合（文/理）和自选模块，满分为810分；二类考试科目为语文、数学（文/理）、外语和综合（文/理），满分为750分；三类考试科目为语文、数学（文/理）、外语和技术（信息技术/通用技术），满分为550分。艺术、体育类考试科目分本、专科两类，其中专科考试科目为语文、数学（文/理）、外语和艺术专业/体育术科。技术科目（包括信息技术和通用技术）考试成绩既用于高校招生录取，又用于评定学业水平等第。外语考试分英语、俄语、日语、德语、法语、西班牙语等六个语种，由考生任选一种。考生文化成绩总分按报考（含兼报）的不同考试类别分别合成。招生录取工作也分三批进行，分别对应三个考试类别科目组。第一批为"985""211"高校和经批准列入该批的本科高校专业，对应一类考试科目；第二批为其他一般本科高校（包括独立学院、民办高校）的本科专业，对应二类考试科目；第三批为高职（专科）院校专业，对应三类考试科目。

2017—2020年，统一高考招生实行统一高考和高中学考（高中学业水平考试）相结合的机制。考生自主确定选考科目，高校确定专业选考科目及其他选拔条件要求，综合评价，择优录取。考生总成绩由必考科目成绩和选考科目成绩两部分组成。必考科目为语文、数学、外语3门，得分计入考生总成绩，其中外语从英语、日语、俄语、德语、法语和西班牙语中任选1门。选考科目由考生根据本人兴趣特长和拟报考学校及专业的要求，从思想政治、历史、地理、物理、化学、生物、技术（含通用技术和信息技术）等7门设有加试题的高中学考科目中选择3门组成，该类科目按等级赋分，以高中学考成绩合格为赋分前提，根据事先公布的比例确定等级。

（二）高职提前招生

浙江省的"高职提前招生"是2016年从"自主招生"调整过来的。该类型的招生实行考生自主报考机制。普通高中学生以高中学考成绩为基本依据，中职学生以全省统一组织的职业技能考试成绩为基本依据。高校根据有关规定确定报考条件、选拔评价办法和录取规则，并在招生章程中公布。高校对考生文化素质和职业适应性进行综合评价，择优录取。考生可报考多所高校，并可同时被多所高校拟录取，最后选择确认一所录取高校。已被录取的考生不再参加其他类型的考试招生。

（三）单独考试招生

该类型的招生主要面向中职学校（包括中专学校、技工学校），实行文化素质和职业技能相结合的招生机制，综合评价，择优录取。考生总成绩由文化考试成绩和职业技能考试成绩两部分组成。文化考试科目包括语文、数学2门，每门单独命题、单独考试，以原始分记入考生总成绩。职业技能考试分17个大类，全省统一组织，分点实施。学生可自主选报1~2个类别。职业技能考试成绩以原始分记入考生总成绩,考试每年组织1次,同类考试允许学生至多参加2次,成绩2年有效。拟报考有外语要求的学校、专业的考生,可选择参加全国英语等级考试一级(PETS-1)考试,但外语成绩不记入总成绩。

(四)"三位一体"招生

该类型的招生由高校依据考生统一高考、高中学考和综合素质评价成绩按比例合成综合成绩,择优录取。高校确定报考条件、综合素质测试内容和实施办法、综合成绩合成比例、录取规则等,在招生章程中公布。高考成绩占比原则上不低于综合成绩的50%。考生自主向相关高校报名,参加高校的综合素质测试,并按规定参加高考。高校组织专家组,先根据考生高中综合素质评价等材料进行初次遴选,再按照随机匹配、相互制约、全程录像、公平公正的要求组织综合素质测试,最后按照综合成绩择优录取。

(五)中高职一体化五年制职业教育招生

浙江省实行中高职一体化五年制职业教育培养是从2019年开始的,它由原来的"3+2"培养模式和"五年一贯制"培养模式整合而成。该模式的招生要在各设区市教育行政部门统一领导下进行,并纳入当地高中阶段招生管理与服务平台,具体由合作中职学校负责实施。初中毕业生参加中考,报考合作中职学校对应专业。录取后前三年在合作中职学校学习,后两年根据升学政策择优录取到高职院校学习。招生学校依据中考成绩,结合综合素质评价和职业院校考核评价录取。

(六)技能优秀中职毕业生免试入学

浙江省从2012年开始实施技能优秀中职毕业生免试升学政策。技能优秀中职毕业生免试入学面向本省籍应届中职毕业生进行,参照现行普通高校招收保送生政策,凡获得教育部等国家部委举办的全国职业技能大赛一、二、三等奖的本省籍应届中职毕业生,可免试保送就读本省高职院校相关或相近专业。符合条件的学生需要向所在中学提出申请,学校会对其材料进行审核、公示。已录取的考生不再参加当年普通高考或单独考试招生。

(七)高职扩招

高职扩招从2019年国务院《政府工作报告》提出高职大规模扩招要求开始。这一类型的招生由招生学校自主组织考试,根据考生考试成绩和招生计划择优录取。符合报考条件的报考对象由学校组织相关职业适应性测试或技能测试。对于符合免试条件的技能拔尖人才,招生院校可予以免试录取,具体免试条件由各校根据专业需要自行确定。对取得相关职业技能等级证书的考生,报考相关专业可免予职业技能测试。当年在各类高校招生考试中已被高校录取的考生,以及当前已在各类高校（包括成人高校）学习的在籍学生，不得参加此类招考。

三、浙江省高职院校招生概况

近年来，浙江省高职院校坚持内涵化发展，努力提升办学水平，吸引了越来越多的学生报考。2018—2020年，浙江省高职院校招生总数分别为14.5万、18.07万和18.7万，三年增加了4.2万，增长了28.97%。这表明越来越多的家长和学生认可浙江省的高职教育，愿意选择到浙江省的高职院校就读。

近几年，浙江省的高校招生制度做了一个比较大的改革，即招生方式变为分段不分批，本、专科院校不再分批录取，所有院校的录取均分段进行，每一段录取时根据"志愿有限"原则，按高考总分从高到低顺序投档录取。改革后，高职院校的招生突破了以往只能招收专科批次生源的局限，生源质量得到了有效提高。

现在以金华职业技术学院、浙江金融职业学院、杭州职业技术学院、宁波职业技术学院、温州职业技术学院和浙江机电职业技术学院等6所高职院校2018—2020年的招生为例，来介绍浙江省高职院校这几年的招生情况。我们对这6所高职院校2018—2020年间的统一高考普通第二段投档的相关数据进行了分析，发现具有以下几个特点：第一，完成投档专业数显著增长。2018年至2020年，6所学校在统一高考普通第二段完成投档专业数都有明显增长，其中，金华职业技术学院从9个增长至46个，增长了4.1倍；浙江金融职业学院从7个增长至19个，增长了1.7倍。第二，完成投档专业数占比显著增长。至2020年，有3所高职院校完成投档专业数占比超过了50%，其中，金华职业技术学院从2018年的17.6%增长至2020年的90.2%，浙江金融职业学院从2018年的36.8%增长至2020年的86.4%，杭州职业技术学院从2018年的10.0%增长至2020年的57.7%。第三，投档专业最高分呈提升趋势或处于较高水平。2018年至2020年，浙江金融职业学院从506分增长至517分，杭州职业技术学院从493分增长至518分，金华职业技术学院则稳定在550分左右。具体情况见表6-1。

表6-1　浙江省六所高水平高职院校2018—2020年在统一高考普通第二段投档情况

学校		2018年	2019年	2020年
金华职业技术学院	完成投档专业数/个	9	31	46
	未完成投档专业数/个	42	25	5
	完成投档专业数占比/(%)	17.6	55.4	90.2
	投档专业最高分	554	550	550
	超出二段线分数	64	54	55

续表

学校		2018 年	2019 年	2020 年
浙江金融职业学院	完成投档专业数/个	7	13	19
	未完成投档专业数/个	12	7	3
	完成投档专业数占比/(%)	36.8	65.0	86.4
	投档专业最高分	506	510	517
	超出二段线分数	16	14	22
杭州职业技术学院	完成投档专业数/个	2	9	15
	未完成投档专业数/个	18	15	11
	完成投档专业数占比/(%)	10.0	37.5	57.7
	投档专业最高分	493	507	518
	超出二段线分数	3	11	23
宁波职业技术学院	完成投档专业数/个	2	7	11
	未完成投档专业数/个	22	21	18
	完成投档专业数占比/(%)	8.3	25.0	37.9
	投档专业最高分	493	505	511
	超出二段线分数	3	9	16
温州职业技术学院	完成投档专业数/个	0	1	2
	未完成投档专业数/个	20	20	21
	完成投档专业数占比/(%)	0	4.8	8.7
	投档专业最高分	490	497	500
	超出二段线分数	0	1	5
浙江机电职业技术学院	完成投档专业数/个	0	0	3
	未完成投档专业数/个	19	21	19
	完成投档专业数占比/(%)	0	0	13.6
	投档专业最高分	490	496	499
	超出二段线分数	0	0	4

注:本表根据浙江省教育考试院公布的 2018—2020 年浙江省普通类第二段平行投档相关数据整理。

近几年,浙江省高职院校招生中还有一件比较大的事情,那就是扩招。高职扩招工作是中央为了抓"六保"、促"六稳"做出的重大决策部署,是我省推进高质量发展的有力举措。2019 年 5 月,浙江省教育厅等六部门出台了《浙江省高职扩招专项工作实施方案》(浙教职成〔2019〕143 号),以保障高职扩招工作有序、高质量地完成。

2019年5月,浙江省教育厅办公室发布《浙江省教育厅办公室关于做好2019年高职院校扩招报名工作的通知》(浙教办考〔2019〕47号),正式启动浙江省高职扩招工作,这就是浙江省2019年高职扩招的第一阶段。此次招生的对象为当年"未报考普通高校招生、单独考试招生的应往届普通高中、中等职业学校(含普通中等专业学校、成人中等专业学校、职业高级中学、技工学校)或综合高中毕业生及同等学力以上的社会人员(包括退役士兵、下岗失业人员、农民工、新型职业农民等四类人员)",招收对象范围比较广泛。然而,最后结果却是招生计划中有7300人左右的缺口,参与扩招高职院校大部分没有完成扩招计划。

2019年9月,浙江省教育厅办公室发布《浙江省教育厅办公室关于组织开展2019年高职扩招第二阶段工作的通知》(浙教办函〔2019〕290号),并公布了"2019年高职扩招第二阶段面向社会考生分校分专业指导计划表"。这一阶段扩招的总计划数为8812人,参与扩招的学校40所,招生专业144个。在浙江省教育厅的指导与推动下,扩招工作顺利开展,实际录取人数为10600人。其中,13个浙江省中国特色高水平高职学校和专业建设计划建设单位扩招2980人,占总扩招数的33.82%,平均每所学校扩招229.23人,共开设招生专业43个。有一部分高职院校,如湖州职业技术学院、杭州科技职业技术学院,超额完成了扩招计划[1]。

2020年9月,浙江省教育厅办公室发布《浙江省教育厅办公室关于组织开展2020年高职扩招专项工作的通知》(浙教办函〔2020〕218号),并公布了"2020年高职专项扩招分校分专业指导计划表"。这一次扩招的总计划数为8465人,参与扩招学校28所,招生专业80个。与2019年高职扩招第二阶段相比,此次高职扩招呈现出"收缩"特征,其中,总计划数减少347人,参与扩招学校减少12所,招生专业减少44个。

第二节 浙江省高职院校思想政治教育

加强思想政治教育是培养具有正确世界观、人生观、价值观的社会主义建设者和接班人的途径,"立德树人"是当代大学生思想政治教育的根本任务。为了促进学生全面发展,培养大批国家和区域经济社会发展所需要的高素质技术技能人才,浙江省高职院校在思想政治教育方面进行了深入的探索,取得了积极的成效。

一、大学生思想政治教育的根本任务

在党的十八大报告中,"立德树人"首次被正式确立为教育的根本任务,成为党

---

[1] 何树贵,杨悦梅,曲海洲,等.高职扩招:政策落地、面临问题、对策建议——以浙江省为例[J].职业技术教育,2020(9):27.

和国家教育方针的本质要求,也成为当代大学生思想政治教育的根本任务。党的十九大报告也提出,要落实立德树人根本任务。2018年9月,习近平总书记在全国教育大会上所作的重要讲话中指出,要努力构建德智体美劳全面培养的教育体系,形成更高水平的人才培养体系,要把"立德树人"融入思想道德教育、文化知识教育、社会实践教育各环节,贯穿基础教育、职业教育、高等教育各领域,学科体系、教学体系、教材体系、管理体系要围绕这个目标来设计,教师要围绕这个目标来教,学生要围绕这个目标来学。"立德树人"成了党和国家关于人才培养的核心理念。

思想政治教育与立德树人有着内在一致的育人指向,开展思想政治教育要自觉地围绕"立德树人"进行。面对新时期历史任务,思想政治教育要把握有效的教育价值目标,将教育内容和理念外化为规范行为,切实为"立德树人"服务。将"立德树人"作为当代大学生思想政治教育的根本任务是全面贯彻党的教育方针的迫切需要,是引导大学生健康成才的迫切需要,是培养德智体美劳全面发展的社会主义建设者和接班人的迫切需要,是推进中国特色社会主义事业发展的迫切需要[1]。

《高等学校课程思政建设指导纲要》明确指出:"立德树人成效是检验高校一切工作的根本标准。"[2]在完成大学生思想政治教育"立德树人"根本任务的过程中,高职院校要促使学生德智体美劳全面发展,将他们培养成具有坚定马克思主义信仰、具有良好社会公德、职业道德、家庭美德和个人品德的高素质技术技能人才,为此,高职院校要充分发挥党建、实践教学、文化建设、学生家庭的作用[3],建立"立德树人"根本任务在教学中落实的课程标准,明确"立德树人"的核心素养范围与内容,研发各专业、各门课尤其是专业核心课程的职业素养手册,开发德技并存的新教材,提升教师胜任力[4],将思想政治教育贯穿于人才培养的全过程,实现全面、全员、全方位育人。

二、浙江省高职院校开展思想政治教育的探索与实践

在完成"立德树人"根本任务的过程中,浙江省高职院校不断优化人才培养方案,把"工匠精神"融入办学理念、专业教育和教风学风中,把人文素养、职业精神、职业技能的培育融为一体;积极落实《关于深化新时代学校思想政治理论课改革创新的若干意见》《高等学校课程思政建设指导纲要》《浙江省高校课程思政建设实施方案》《浙江省全面深化高校"三全育人"综合改革实施方案》等文件精神,积极推动

---

[1] 陈勇,陈蕾,陈旻.立德树人:当代大学生思想政治教育的根本任务[J].思想理论教育导刊,2013(4):9-10.
[2] 教育部.关于印发《高等学校课程思政建设指导纲要》的通知[Z].教高〔2020〕3号,2020-5-28.
[3] 周建松.精心构建新时代高职院校立德树人新机制[J].中国职业技术教育,2019(1):29-30.
[4] 左春雨.高职院校在教学中落实立德树人根本任务的调查分析[J].天津电大学报,2018(4):73-74.

"课程教学"向"课程思政"转化,不断提升思政教学创新团队教学水平,全面统筹办学治校各领域、教育教学各环节、人才培养各方面的育人资源和育人力量,挖掘各群体、各岗位、各专业的课程思政育人元素,推进课程思政改革,努力实现"立德树人"根本任务①。

(一)积极探索思想政治教育实践育人模式

高校思想政治教育实践育人模式是指高校在一定思想政治教育理论指导下,在丰富的思想政治教育实践基础上,为实现特定的育人目标特别是思想政治教育目标,总结归纳形成的整合理论与实践育人价值、突出实践育人功效的育人模式②。为了完成大学生思想政治教育"立德树人"根本任务,实现思想政治教育目标和人才培养目标,浙江省高职院校在思想政治教育实践中结合自身资源积极探索,构建思想政治教育实践育人模式。

宁波职业技术学院积极构建并实施"四课堂"联动育人模式③。该校精心打造"课堂教学"第一课堂,实施课程思政,使育人成为每门课程、每位教师的责任,所有老师都挑起"思政"担,着力实现全课程育人;深入挖掘"校园文化"第二课堂,实施文化思政,围绕锤炼工匠精神"一条主线",促进校园文化与产业、企业、职业、专业文化相结合,校园文化与中华优秀传统文化相结合,打造工商管理学院文化特色;认真组织"职业实践"第三课堂,实施实践思政,创新构建以校内实训、科技创新活动、校外顶岗实习、技能志愿服务、专业社会实践为途径的职业实践思政;充分利用"网络媒体"第四课堂,实施网络思政,通过工商管理学院公众号进行"两学一做"、大国工匠精神等的宣传。通过"四课堂"联动,有效实现全员、全过程、全方位育人。

浙江纺织职业技术学院构建"课堂—竞赛—基地"多元育人模式④。该校深化思政课教学改革,创新教学方式方法,构建了"课堂—竞赛—基地"多元育人模式。在该模式中,学校采取线上线下混合式教学、与博物馆和企业共建思政课实践教学基地、制作《思政课学习与实践手册》、举办思政课实践教学表彰会议等多种措施推进教学改革,增强思想政治教育效果。

金华职业技术学院积极加强"课程思政"工作,将高职人才培养的特征与专业课程教学的规律相结合,从育人维度来提升专业课程的价值,提高学生的思想水平、政治觉悟、道德品质和文化素养。一是以"纲要模式"编制课程思政指导文件。二是以"项链模式"开发课程思政通识课程。三是以"团队模式"培养课程思政名师

---

① 浙江省教育厅.浙江省高等职业教育质量年度报告(2020)[R].杭州,2021:6.
② 徐丽曼.高校思想政治教育实践育人模式研究[D].沈阳:辽宁师范大学,2009:10.
③ 浙江省教育厅.浙江省高等职业教育质量年度报告(2019)[R].杭州,2019:11.
④ 浙江省教育厅.浙江省高等职业教育质量年度报告(2020)[R].杭州,2021:7.

名课。四是以"竞赛模式"打造课程思政示范课堂。五是以"课题模式"培育系列研究实践成果。

(二)系统推进课程思政改革

课程思政是指在所有课程中,充分用好课堂教学主渠道,努力发掘课程本身所蕴含的思想政治教育元素,坚持有机融合和春风化雨的原则,在系统、科学地进行知识讲授的过程中,有意识地开展理论传播、思想引领、价值引导、精神塑造和情感激发的教育方式①。为了把思想政治教育贯穿于人才培养体系中,全面推进高校课程思政建设,发挥好每门课程的育人作用,提高高校人才培养质量,中共中央办公厅、国务院办公厅于2019年8月印发了《关于深化新时代学校思想政治理论课改革创新的若干意见》,教育部于2020年5月印发了《高等学校课程思政建设指导纲要》。为了落实好这些文件精神,做好高校课程思政建设工作,浙江省教育厅于2020年12月印发了《浙江省高校课程思政建设实施方案》。在这些文件的指导下,浙江省高职院校结合自身条件系统推进课程思政改革,努力完成"立德树人"根本任务。

浙江工贸职业技术学院在2017年就成立了省内高职院校第二所马克思主义学院,在2018年出台《课程思政三年行动方案(2018—2020)》,启动课程思政科研专题项目,明确将课程思政纳入教师教学质量业绩考核,在2021年又发布新一轮《课程思政建设实施方案》。该校要求每一位教师都成为思政课教师——教师们在国际贸易实务、跨境电商营销等课程中渗透工匠精神、诚信品质,在经济学基础、国际市场分析等课程中增强文化自信、拓宽国际视野,在大学英语口语、剑桥商务英语等课程中教会学生表达沟通,在产品形态设计课上有意识地引入中国传统文化元素,让学生领会"道在器中"的同时,启发学生"器以载道",在国际金融实务课上,通过模拟交易将学生引入即期外汇交易"艺术与科学"的讨论,让学生领悟作为一名金融工作者必须要有职业道德操守②。

湖州职业技术学院落实"德育为先、能力为重、全面发展"的育人观,实现知识传授、能力培养与价值引领有机统一的课程思政理念,扎实推进"课程思政"教学改革,构建全面覆盖思政课程、课程思政、专业思政、第二课堂思政的"四维协同"思政教育改革新模式和全员、全程、全方位育人的思政教育大格局③。

温州科技职业学院各个部门结合各自工作推动课程思政——该校农生学院注

---

① 张荣军,汤云晴.深化"思政课程"到"课程思政"的立德树人观[N].贵州日报,2020-10-28(3).
② 胡梦甜."大思政"理念如何融入专业教学?——来自浙江职校的思与行[N].浙江教育报,2021-5-7(2).
③ 湖州职业技术学院.湖州职业技术学院高等职业教育质量年度报告(2019)[R].湖州,2019:13.

重挖掘课堂中的育人元素,在教师的教学设计、课堂教学、实践课程教学中融入思政教育,注重培养学生吃苦耐劳、踏实肯干、实事求是的精神;信息技术学院举行"课程门门有德育,教师人人讲育人"课程思政比赛,开阔教师教学思路,引导专业教育与思政教育同心同行;公共教学部创新教学方式,于十九大开幕当天,组织近千名师生共同收看十九大开幕式直播,感受马克思主义中国化理论成果展现出的强大创新性和生命力[①]。

第三节 浙江省高职院校学生管理

学生管理是职业院校管理的重要组成部分,做好学生管理,对于提高高职院校学生综合素质、促进学生发展具有重要意义。高职院校学生管理涉及的问题很多,例如,心理健康教育问题,学生资助问题,社团管理问题,寝室管理问题,学生干部问题,等等。在日常学生管理工作中,浙江省高职院校遵循以人为本、正面引导、刚柔并济和管理育人等基本原则,进行了许多探索与实践,取得了较好的效果。

一、心理健康教育

心理健康是一种个人的主观体验,它既包括积极的情绪情感和消极的情绪情感,也包括个人生活的方方面面,其标志有两个:第一,没有心理疾病;第二,处于一种积极向上发展的状态[②]。影响高职学生心理健康的原因主要有以下几点:一是学习和生活环境发生了改变,心理适应存在障碍;二是学业、家庭经济和人际交往等方面存在困难,导致学生出现自卑、孤僻等心理问题;三是情感问题使学生心理偏离正常轨道;四是就业竞争压力越来越大,而高职学生学历层次较低,自信心不足。

高职院校学生管理中的心理健康教育是指以高职学生为教育对象,根据学生身心发展特点与规律,运用相关理论知识与专业技术,通过心理咨询、心理健康教育课程、心理健康教育活动、学科渗透、优化环境等多种方法与途径,帮助学生妥善解决成长过程中的心理问题,增强其心理素质,健全其人格发展,开发其心理潜能,促进学生自由全面发展的教育活动[③]。我国传统的心理健康教育往往是对已经出现的心理问题进行事后救治,从而使得它更像是针对少数有心理问题学生的心理咨询。新的时代背景下,高职院校所要开展的心理健康教育应该是一种大健康教育观下的心理健康教育,它面向全体高职生,以预防为主,鼓励学生进行心理自助,

---

① 浙江省教育厅.浙江省高等职业教育质量年度报告(2019)[R].杭州,2019:11-12.
② 林崇德,李虹,冯瑞琴.科学地理解心理健康与心理健康教育[J].陕西师范大学学报:哲学社会科学版,2003(5):110-116.
③ 卢爱新.我国大学生心理健康教育发展研究[D].武汉:华中师范大学,2007:21.

在获得技术技能的同时,提高心理健康水平,进而实现全人教育;它以不同阶段学生的特点为导向,有针对性、有步骤地实现全过程心理健康教育;它以学生的职业生涯发展为基点,更好地将心理健康教育服务于个体的生涯发展,进而实现全生涯过程的心理健康教育[①]。

浙江省高度重视心理健康教育工作。《浙江省教育事业发展"十三五"规划》明确指出,要"加强心理健康教育,完善学校心理辅导室建设,发挥心理危机识别与干预机制作用,关心、辅导加及时治疗,切实增强学生的珍爱生命意识和抗挫折能力"。《浙江省〈高等职业教育创新发展行动计划(2016—2018年)〉实施方案》要求,2018年底前在全省高职院校实现心理健康教育全覆盖。为了落实好这些文件精神,夯实高职院校学生心理健康安全防线,浙江省高职院校着力构建心理育人质量体系,提升心理工作的科学性、规范性和实效性,开展了丰富多彩的心理健康教育活动,全方位地加强学生心理健康教育。

金华职业技术学院在实践中逐步形成了"四三二一"心理健康工作法。在该心理健康工作法中,"四"是指学校心理中心、二级学院、班级和寝室四级心理危机防控;"三"是指心理量表测量、班主任对学生家庭状况和生活重大事件摸底、心理咨询师(辅导员)邀约面谈等三重筛查;"二"是指全体教职员工、心理咨询专业教师对生活困难、学业困难、心理困难和行为失范学生进行"日常关爱"和"心理技术"二重帮扶;"一"是指学校健全心理危机预警及干预机制、心理咨询流程、心理工作考核机制、心理教师培训督导机制、心理工作例会制、心理咨询中心运行机制等一整套工作机制[②]。

浙江机电职业技术学院健全"四级心理信息网络",深化心理健康教育。该校以"关注学生心理健康、优化学生心理品质"为中心任务开展心理健康教育教学工作,形成了"1+X"的课程教学体系;以"525心理健康"和"青春自护"两个宣传月为依托,开展丰富多彩的第二、三课堂活动,促进学生心灵成长;以"队伍建设、制度建设、场地建设"为保障,构建了由"寝室长—心理委员—院心理辅导员—校心理健康中心"组成的学生心理防护四级网络,逐级逐层,全方位推进心理健康教育工作[③]。

浙江建设职业技术学院打造心理健康教育工作"大平台"。该校坚持以服务育人为先导,以促进师生心灵和谐为宗旨,构建"学校—学院—班级—宿舍"四级心理健康教育工作网络,不断创新心理健康教育工作建设的新思路、新载体和新形式,形成了教育教学、实践活动、咨询服务、预防干预、网络畅通"五位一体"的心理健康教育工作格局,努力打造新时代高校心理健康教育工作"大平台"。

---

① 田蕊.中国高职生心理健康状况的元分析[J].高等职业教育探索,2018,17(04):64-70.
② 金华职业技术学院.金华职业技术学院高等职业教育质量年度报告(2020)[R].金华,2020:14.
③ 浙江机电职业技术学院.浙江机电职业技术学院高等职业教育质量报告(2019)[R].杭州,2019:19.

二、学生资助

高职院校有较高比例的学生来自经济欠发达地区和经济水平较低家庭,其经济承受能力有限,因此,不少高职院校学生面临比较大的经济困难,难以继续完成学业。为此,党中央、国务院高度重视高职院校的学生资助工作,结合我国国情以及高职院校的具体情况,不断调整、完善学生资助政策,建立健全学生资助政策体系,逐步形成了以奖助学金、助学贷款、勤工助学、临时困难补助和学费减免等多种形式结合的高职院校学生资助体系[1]。

高职院校学生资助体系的运行对于帮助经济困难学生顺利完成学业起到了重要作用,但是,在资助工作实施过程中,也发现了不少问题。例如,缺乏合理科学的经济困难生认证标准,学生家庭经济困难信息无法及时清楚准确地掌握;勤工助学岗位少,获得途径不通畅;重视提高学生经济资助力度,而忽视帮助学生解决因家境困难而导致的心理问题。为了更好地帮助经济困难学生顺利完成学业,应采取构建从生源地到高等职业院校互相衔接配合的高职困难学生认证标准体系、拓宽勤工助学渠道、帮助经济困难学生增强心理素质等措施推进高职学生资助工作[2]。

在日常的学生管理工作中,浙江省高职院校在学生资助方面进行了很多的探索与实践[3][4][5]:

(1)建立完善资助体系。

《浙江省教育事业发展"十三五"规划》明确提出,要"完善覆盖各级各类教育的学生资助体系,建立与物价相联系的资助标准调整制度,加强学生资助信息系统建设,确保不发生学生因家庭经济困难而失学辍学"。在政府主导和学校、社会的积极参与下,经过几年努力,浙江省建立起了以"奖、贷、助、补、减"为主要内容的高校学生资助体系,在资助范围上实现了家庭经济困难学生的全覆盖,使得"不让一个学生因家庭经济困难而失学"的承诺成为现实。家庭经济困难新生可以通过高校绿色通道先注册入学,申请缓交学费、住宿费。入学以后,学校会根据学生家庭经济状况,采取不同措施进行资助。

浙江省高职院校秉承"精准资助、应助尽助"的理念,坚持"教育与资助并重,管理与育人并举",将"扶困"与"扶智""扶志"有效融合,不断完善学生资助体系,围绕受助学生的发展需求,着力推进个性化资助,努力达成"助学、筑梦、铸人"三层次资

---

[1] 魏芹. 高职院校学生资助体系研究[D]. 南京:南京农业大学,2013:8.
[2] 田琪琛. 高职学生资助政策研究[D]. 上海:上海师范大学,2015:41-45.
[3] 浙江省教育厅. 浙江省高等职业教育质量年度报告(2019)[R]. 杭州,2019:17-18.
[4] 浙江省教育厅. 浙江省高等职业教育质量年度报告(2020)[R]. 杭州,2021:17-18.
[5] 浙江省教育厅. 浙江省高等职业教育质量年度报告(2018)[R]. 杭州,2018:12-14.

助育人目标,全面助力学生成长成才。全省高职院校积极开展贫困生"绿色通道"、退役军人复学补助、勤工助学等学生资助工作,在经济上帮助学生,在精神上培育学生,在能力上锻炼学生,为家庭经济困难学生搭建多样化成长成才平台。2017年,浙江省高职院校享受困难补助学生共计23万人次,其中奖学金11万人次、助学金5.6万余人次;全省发放各类奖助学金等补助共计4.2亿元,其中助学金发放1.4亿元,占33%。2018年,全省高职院校共发放各类资助3.89亿元,资助学生达24万余人次,其中,发放奖学金1.62万人次共2.54亿元,发放助学金3.27万人次共4113万元,发放助学贷款1.01万人共2555万元,发放困难补助1.65万人共2877万元,减免学杂费0.93万人共1921万元。

(2)广开社会资助渠道。

除了充分利用高校学生资助政策为学生提供资助外,各高职院校还广开社会资助渠道,尽可能多地为学生提供各种资助。例如,丽水职业技术学院争取到很多企业在该校设立奖助学金,2018年就给学生发放"泰隆奖学金""恒祥奖学金""丽人木业奖学金""一鸣启智企业奖学金"等各类企业奖助学金200余万元;浙江机电职业技术学院积极顺畅入学绿色通道,2018年,在军训服、运动服、商业保险和床上用品招标过程中,与供应商协议赠送部分经济困难生爱心券,共准备商业保险400份、运动服200套、军训服200套、床上用品50套,为经济困难学生提供9.85万元的生活用品;2019—2020学年,浙江国际海运职业技术学院争取到10家企业、社会团体为该校捐赠奖助学金56万元。

(3)不断创新资助工作。

为了增强学生资助工作的针对性和有效性,更好发挥资助工作对学生发展的影响,浙江省各高职院校结合学校自身条件、学生需求特点和时代特点,不断创新资助工作。例如,金华职业技术学院推行"互联网+"下的无障碍入学。该校从2014年开始实现"网上+网下"的无缝对接,搭建绿色通道自助服务系统,提供多途径咨询解困、志愿者一对一热心服务,营造浓郁的迎新资助文化氛围。学校通过咨询手册、在线QQ、4部热线电话、学院新生群、迎新自助报到网页等多途径开展资助咨询解困工作。挑选出1000余名讲奉献、肯吃苦、素质高的学生骨干组建成志愿者队伍,由志愿者一对一为家庭经济困难新生提供热心服务。浙江商业职业技术学院打造学生"自我教育、自我管理、自我服务"的特色品牌。每年寒暑假,该校团委积极动员年轻辅导员带队,精选数十名优秀学生干部,组建"朋辈关怀"爱心团队,分头奔赴全省各地走访慰问贫困学生。学生代表结合自身学习、工作经历与受访同学分享体验,交流心得,在轻松愉悦的气氛中送去同学、朋友的关怀和温暖。"朋辈教育"以"同伴教育"的新途径为抓手,从思想、学习、生活等多方位关怀困难学生。

三、社团管理

学生社团活动有助于丰富校园文化生活,拓宽学生视野,促进知识向能力的转化,为学生综合素养的提升奠定基础,是高职院校复合型人才培养的重要平台。为了更好地发挥学生社团在高职技术技能人才培养中的积极作用,高职院校相关部门应做好正确定位高职学生社团、建立健全社团管理制度、加强对社团的教育指导和加大对社团的帮扶力度等工作[①]。

浙江省各高职院校大力支持开展理论学习、职业技能、兴趣爱好、志愿服务等多种不同类型的学生社团活动。在学生社团建设过程中,专业要素受到了高度重视,各高职院校纷纷创建基于"专业+"的学生社团,建立科技创新教育新模式,积极打造优秀精品社团,形成百花齐放的育人新局面。

例如,浙江工商职业技术学院以理论型社团为阵地,以青马工程为载体,培育优秀学生社团骨干,健全防范和抵御宗教向校园渗透的工作机制[②]。该校组织开展社团文化节、社团梦想秀、街舞专场、大学生篮球赛等各类社团活动,充分发挥社团文化活动在培育和践行社会主义核心价值观中的重要作用。围绕宁波市"一带一路·汉文化驿站"项目,建设社区国学文化展示区,开展戏曲曲艺展演、高雅艺术进校园等非遗文化活动,组织开展中外学生汉文化交流体验,建设好雅韵戏曲协会、绮罗汉文化社等众多汉文化社团。金华职业技术学院探索科技社团育人模式,提升学生创新创业能力[③]。该校高度重视科技社团的引导和培育工作,积极探索科技类社团发展模式,整合校内外资源,扶持开放实验室建设,实施"专业教师指导、社团负责管理、科技竞赛促进发展"的社团运作模式,形成了学校社团的品牌文化。该校建设的科技创新类社团,已成为各类竞赛人才培养的摇篮,在培育优秀的创新型、创业型和技术技能型人才中发挥了重要作用。该校社团品牌活动的层次逐年提高,科技创新活动惠及面大幅提升。

根据2018年全省高职院校学生社团参与度调查结果,浙江省高职院校学生社团参与情况较好,其中,一年级学生社团数为2973个,二年级学生社团数为3214个;一年级学生参与社团达227376人次,二年级学生参与社团达187940人次[④]。

---

① 孟美蓉.高职学生社团管理与教育问题研究[J].无锡职业技术学院学报,2016,15(4):84-86.
② 浙江省教育厅.浙江省高等职业教育质量2020年度报告[R].杭州,2021:15-17.
③ 金华职业技术学院.金华职业技术学院高等职业教育质量年度报告(2020)[R].金华,2020:17.
④ 浙江省教育厅.浙江省高等职业教育质量年度报告(2019)[R].杭州,2019:12-13.

第四节　浙江省高职院校职业技能竞赛

职业技能竞赛是面向职业院校教师和学生、重点考查其职业技能水平的比赛活动[1]。它不同于行业内举办的技能竞赛,其定位是一项教育活动。举办全国职业院校职业技能大赛是我国职业教育的一项制度创新,自2008年全国首届职业院校技能大赛举办以来,高职组竞赛项目越来越多,覆盖面越来越广,产教融合程度越来越深,职业技能竞赛已成为提升高职院校学生综合素质、提高高职人才培养质量的重要载体。

一、浙江省高职院校职业技能竞赛赛项设置概况

2016—2020年间,除2020年因新冠肺炎疫情影响未举办外,全国职业院校技能大赛每年都如期举办。相应地,浙江省也举办了省级职业院校技能大赛。这些竞赛项目大多数对接国赛项目,也有一些体现产业发展最新动态、为未来国赛赛事变化做准备的自设赛项[2][3][4]。这几年,浙江省职业院校技能大赛设置赛项总数、赛项涉及专业大类数、对接国赛设置的选拔赛数量和省内自设赛项数量整体呈现出稳中有增的趋势,见表6-2。

表6-2　2016—2019年浙江省职业院校职业技能竞赛赛项设置情况　　（单位:项）

年份	赛项总数	赛项涉及专业大类数	对接国赛设置的选拔赛数量	省内自设赛项数量
2016	53	14	39	14
2017	61	16	42	19
2018	61	15	43	18
2019	67	16	43	24

在2016—2019年的浙江省职业院校职业技能竞赛中,有38项赛事连续四年举办,为省赛常规设置赛项,涉及电子信息(7项)、旅游(7项)、财经商贸(5项)、装备制造(4项)、农林牧渔(3项)、土木建筑(2项)、生物与化工(2项)、医药卫生(2项)、教育与体育(2项)、能源动力与材料(1项)、轻工纺织(1项)、食品药品与粮食(1

---

[1] 王娟娟.职业技能竞赛对中等职业教育生态的影响研究[D].南京:南京师范大学,2013:9.
[2] 浙江省教育厅高等教育处,等.2016年浙江省职业院校技能大赛质量分析报告[R].杭州,2017:1.
[3] 浙江省教育厅高等教育处,等.2017—2018年浙江省职业院校技能大赛质量分析报告[R].杭州,2018:1.
[4] 浙江省教育厅高等教育处,等.2019年浙江省职业院校技能大赛质量分析报告[R].杭州,2020:1.

项)和交通运输(1项)等13个专业大类,其中,园林景观设计与施工等18个赛项连续四年对接国赛,为国赛选拔赛,见表6-3。工程造价、药物制剂技术技能、航空服务、跨境电子商务、投资与理财、会展管理、咖啡技能、中华茶艺、秘书等9个赛项连续四年均为省赛自设赛项[①]。

表6-3 2016—2019年省赛中对接国赛的18个赛项

序号	专业大类	赛项名称
1	农林牧渔	园林景观设计与施工
2	装备制造	工业机器人技术应用
3	生物与化工	化工生产技术
4	生物与化工	工业分析检验
5	轻工纺织	服装设计与工艺
6	电子信息	嵌入式技术应用开发
7	电子信息	电子产品芯片级检测维修与数据恢复
8	电子信息	物联网技术应用
9	电子信息	计算机网络应用
10	电子信息	信息安全管理与评估
11	电子信息	移动互联网应用软件开发
12	电子信息	云计算技术与应用
13	医药卫生	护理技能
14	医药卫生	中药传统技能
15	财经商贸	会计技能
16	财经商贸	市场营销技能
17	财经商贸	电子商务技能
18	教育与体育	英语口语

二、浙江省在高职院校职业技能竞赛方面的探索

为了更好促进高等职业教育发展,以便为浙江省经济高质量发展提供大量高素质技术技能人才,浙江省在高职院校职业技能竞赛方面进行了一些探索,主要体现在以下几个方面。

---

① 浙江省教育厅高等教育处,等.2019年浙江省职业院校技能大赛质量分析报告[R].杭州,2020:1-2.

1.将技能竞赛纳入教学业绩考核[①]

浙江省进行这方面探索的目的是引导高职院校更加重视技能竞赛,更加注重将新技术、新工艺、新方法引入教学内容当中,探索基于真实工程、服务、管理项目的教学方法。采取将技能竞赛纳入教学业绩考核这一措施后,浙江省各高职院校对技能竞赛的重视程度进一步提高,获奖数量和竞赛质量都有了明显的提升。

2.办好省级职业院校技能竞赛[②]

经过多年建设,浙江省高职院校省级技能竞赛已发展成为既全面对接国赛又注重培育特色赛项,竞赛体系、竞赛平台与选拔机制不断完善的省级竞赛。为了更好发挥职业院校技能竞赛对学生发展的作用,浙江省积极采取措施,努力办好省级职业院校技能竞赛:一是进一步扩大省赛承办校覆盖面,提高技能竞赛的普及率与影响力;二是完善制度建设,加强省赛项目品牌建设;三是推进省赛项目对接国赛,提高省内职业院校参赛选手的竞赛水平。

3.积极推进"赛教融合"改革[③]

浙江省高职院校坚持"以赛促学,以赛促教,以赛促改"理念,持续推动"赛教融合"教学改革,提升学生技术技能水平。通过建立"赛教融合"特色班、开展"企业项目、竞赛项目、科研项目的教学化改造"、培育竞赛重点夺金项目、将竞赛成果转化为教学资源等措施,深化"赛教融合"人才培养模式改革,从根本上提高学生的技术技能培养水平。

4.积极应对技能竞赛新情况

近年来,全国职业院校技能大赛不断改革,世界技能大赛也逐步进入民众的视野,成为我国高职院校技能竞赛体系的重要组成部分。面对技能竞赛的这些新情况,浙江省高职院校积极开展赛项研究、团队组建、标准融合、平台拓展,持续强化学生专业实践能力和综合职业能力的培养,锻造适应新业态新技术新赛项的高水平技术技能人才。

三、浙江省高职院校在全国职业技能大赛获奖情况

在各高职院校师生多年来的共同努力下,浙江省高职院校在全国职业技能大赛上取得了较好的成绩。整体情况见表6-4[④]。

[①] 浙江省教育厅高等教育处,等.2016年浙江省职业院校技能大赛质量分析报告[R].杭州,2017:19.
[②] 浙江省教育厅高等教育处,等.2016年浙江省职业院校技能大赛质量分析报告[R].杭州,2017:19-20.
[③] 浙江省教育厅.浙江省高等职业教育质量年度报告(2019)[R].杭州,2019:16-17.
[④] 2020年,全国职业院校技能大赛因新冠肺炎疫情影响未举办。

表 6-4 浙江省高职院校 2016—2019 年间在全国职业技能大赛上的获奖情况

年份	一等奖/项	二等奖/项	三等奖/项	获奖总数/项	一等奖获奖数在全国排名	总获奖数在全国排名
2016	40	36	37	113	3	4
2017	21	60	34	115	5	4
2018	20	54	50	124	6	5
2019	22	47	54	123	6	7

从表 6-4 可以看出,浙江省高职院校在全国职业技能大赛上的获奖总数在 2016—2019 年间整体呈上升趋势,获一等奖数量在 2017—2019 年间也基本持平,而且处于全国高职院校前列。这表明浙江省高职院校学生的职业技能竞赛成绩比较稳定,而且一直位于全国前列。职业技能竞赛提高了浙江省高职院校在全国的知名度与美誉度,为浙江省高职院校学生的未来发展打下了良好的基础。

具体到各高职院校,其获奖情况如下:

2016 年,浙江省高职院校在全国职业技能大赛上的获奖总数最多的 8 所院校为金华职业技术学院、浙江经贸职业技术学院、浙江旅游职业学院、浙江商业职业技术学院、杭州职业技术学院、宁波职业技术学院、浙江纺织服装职业技术学院和嘉兴职业技术学院,它们的获奖数量分别是 21 项、8 项、7 项、7 项、6 项、6 项、6 项和 5 项;获一等奖最多的 5 所院校分别是金华职业技术学院、浙江旅游职业学院、浙江经贸职业技术学院、宁波职业技术学院和嘉兴职业技术学院,获奖数量分别是 9 项、5 项、3 项、3 项和 3 项①。

2017—2019 年,浙江省高职院校在全国职业技能大赛上的获奖总数在 10 项及以上的高职院校有 10 所,获奖总数在 20 项以上的高职院校有 2 所,获奖总数最多的有 81 项,为金华职业技术学院;有 22 所高职院校获得了一等奖,其中获奖数量排在前 5 位的为金华职业技术学院、宁波职业技术学院、浙江建设职业技术学院、浙江金融职业学院和浙江艺术职业学院,获奖数量分别为 23 项、6 项、5 项、4 项和 3 项。具体情况见表 6-5。

表 6-5 2017—2019 年浙江省各高职院校在全国职业技能大赛上的获奖情况②

学校	一等奖/项	二等奖/项	三等奖/项	获奖总数/项
金华职业技术学院	23	38	20	81

① 浙江省教育厅高等教育处,等.2016 年浙江省职业院校技能大赛质量分析报告[R].2017:8.
② 由于 2016 年数据不全,2020 年大赛受新冠肺炎疫情影响未举办,所以此处只统计了 2017—2019 年浙江省高职院校在全国职业技能大赛获奖的数据。

续表

学校	一等奖/项	二等奖/项	三等奖/项	获奖总数/项
宁波职业技术学院	6	8	8	22
义乌工商职业技术学院	2	8	7	17
杭州职业技术学院	2	7	8	17
浙江商业职业技术学院	1	9	5	15
浙江经贸职业技术学院	1	9	3	13
浙江交通职业技术学院	2	4	6	12
宁波城市职业技术学院	1	5	6	12
浙江经济职业技术学院	2	3	6	11
温州职业技术学院	0	3	7	10
杭州科技职业技术学院	1	2	6	9
浙江机电职业技术学院	0	5	4	9
浙江建设职业技术学院	5	1	2	8
嘉兴职业技术学院	1	2	5	8
浙江工业职业技术学院	0	5	3	8
衢州职业技术学院	0	4	4	8
浙江纺织职业技术学院	0	4	3	7
台州职业技术学院	0	3	4	7
浙江金融职业学院	4	1	1	6
浙江艺术职业学院	3	2	1	6
浙江旅游职业学院	2	4	0	6
绍兴职业技术学院	1	5	0	6
丽水职业技术学院	0	3	3	6
湖州职业技术学院	0	3	3	6
浙江工商职业技术学院	1	3	1	5
浙江医药高等专科学校	1	2	2	5
浙江工贸职业技术学院	1	1	3	5
温州科技职业技术学院	0	4	0	4
杭州医学院	0	1	3	4
杭州万向职业技术学院	0	1	3	4

续表

学校	一等奖/项	二等奖/项	三等奖/项	获奖总数/项
浙江国际海运职业技术学院	1	1	1	3
浙江同济科技职业学院	0	3	0	3
台州科技职业学院	0	2	1	3
宁波卫生职业技术学院	0	0	3	3
浙江广厦建设职业技术学院	1	0	1	2
浙江横店影视职业学院	0	1	1	2
浙江舟山群岛新区旅游与健康职业学院	0	1	1	2
浙江农业商贸职业学院	0	1	1	2
浙江安防职业技术学院	0	1	1	2
浙江警官职业学院	1	0	0	1
嘉兴市南洋职业技术学院	0	1	0	1
浙江邮电职业技术学院	0	0	1	1
浙江东方职业技术学院	0	0	0	0
浙江特殊教育职业学院	0	0	0	0
浙江长征职业技术学院	0	0	0	0
浙江体育职业技术学院	0	0	0	0
浙江育英职业技术学院	0	0	0	0
总数	63	161	138	362

注：杭州医学院由浙江医学高等专科学校升格而来，参赛选手为其高职部学生。

四、职业技能竞赛对浙江省高职院校学生发展的影响

由于构建了"初赛人人参与，省赛选拔参与，国赛集训参与"的职业技能竞赛体系，浙江省高职院校的职业技能竞赛工作一般由选拔、备赛、参赛和总结四个环节组成，随着竞赛工作的开展，参与其中的学生技能不断得到提升。当然，由于不同学生参与职业技能竞赛的程度不同，其发展受到职业技能竞赛影响的程度也不相同。

（一）选拔：认清自我，明确努力方向

为了选出合适的参赛选手，浙江省的高职院校对有意参加竞赛的学生进行选拔。如果学生的职业技能达到了一定水平，就可以参加竞赛。选拔分省赛选拔和国赛选拔两种。在每一次选拔过后，职业技能水平较高的学生得到肯定，可以继续

参加后面的竞赛,当然,由于后面的竞赛竞争更激烈,需要付出更大的努力来提高自己的职业技能水平;职业技能水平低一些的学生会止步于本次竞赛,回归到日常的学习中去,如果想要参加下一次的竞赛或者本专业别的竞赛,就要针对自己的薄弱之处进行练习,努力提高自己的职业技能水平。

(二)备赛:全面提高,增强综合实力

职业技能竞赛是检验参赛选手在模拟真实的工作环境与条件下,完成一个与其职业教育层次相适应的完整的模拟工作任务。浙江省各高职院校高度重视技能竞赛的备赛过程,较早开展技能竞赛选手的选拔工作,建立了合理的技能竞赛选手梯队,制定了详细的技能训练计划。通过备赛,以便选手充分理解竞赛项目的理论重点、技能特点、操作细节和易犯错误之处,全面扎实地提高自己的职业技能和职业精神水平。

(三)参赛:接受检验,找出存在不足

参赛是参赛者在模拟真实的工作环境与条件下,综合运用自己在备赛阶段所学知识与技能完成模拟工作任务的过程。在这一阶段,参赛者可以检查自己相关知识与技能的掌握程度,找出存在的不足之处。竞赛现场,参赛者要受到场地不够熟悉、时间比较有限、心理压力较大等多方因素影响,更容易发现自己知识与技能学习中的不足之处。

(四)总结:回顾反思,努力完善提高

走过从选拔到备赛再到参赛的这个过程后,参赛者可以更清楚地认识到自己学习与训练中相关知识与技能达到的程度及存在的问题。因此,在后续的学习过程中,参赛者可以更有针对性地进行训练,努力完善提高自己。参加职业技能竞赛是高职院校学生学习生活的重要内容,与获奖相比,获得职业技能水平的大幅提升更应受到重视。

第五节 浙江省高职院校创新创业教育

创新创业是国家经济新常态和创新驱动发展战略的整体要求,被誉为经济增长的新引擎。国家和浙江省对创新创业都高度重视,先后发布了《关于深化高等学校创新创业教育改革的实施意见》(国办发〔2015〕36号)、《关于强化实施创新驱动发展战略进一步推进大众创业万众创新深入发展的意见》(国发〔2017〕37号)、《关于推进高等学校创新创业教育的实施意见》(浙政办发〔2016〕9号)等系列文件,为浙江省高职院校创新创业教育教学改革提供了方向指导与政策保障。浙江省高职

院校积极响应国家"大众创业、万众创新"政策,顺应时代发展潮流,将创新创业教育作为改革创新和特色发展的重要尝试,不断探索创新高职院校创新创业教育人才培养模式。

一、成立创业学院

组织基础是高职院校创新创业活动开展的依托载体,它主要考察两个方面:一是机构组建方面,是否成立实体的专业组织和管理机构;二是人员配置方面,是否成立领导小组或职能小组。不可否认,创新创业学院的设立对高校创业管理和研究、课程体系打造和实践服务提供等方面发挥了组织性和建设性的作用[①],是开展创新创业教育的重要平台。但有些高等职业院校在机构设置上采用非实体的运作方式,即"无形学院,有形运作",严重影响了创新创业教育功能和成效的发挥。因而,从促进创新创业教育的专业化、规范化和常态化发展的视角出发,2015年8月,浙江省教育厅印发了《关于积极推进高校建设创业学院的意见》(浙教学〔2015〕98号),提出"要以人才培养为根本任务,以培养学生创业意识、创业精神和创业能力为目标,全面系统地开展创新创业教育、创业培训和创业实践,着力培养、培育具有企业家精神与创业能力的创新创业领军人才和优秀创新创业团队"。于是,很多高职院校专门成立了创新创业学院,统筹各类创新创业教育活动,全力推进创新创业教育实体化建设进程。

2018年5月,浙江省公布了普通高校示范性创业学院评选结果,共34所高校入选,其中高职院校13所,分别是金华职业技术学院、宁波职业技术学院、温州职业技术学院、浙江旅游职业学院、杭州职业技术学院、浙江商业职业技术学院、浙江经贸职业技术学院、湖州职业技术学院、绍兴职业技术学院、义乌工商职业技术学院、浙江工贸职业技术学院、浙江经济职业技术学院和杭州科技职业技术学院。此外,浙江工贸职业技术学院、温州职业技术学院、杭州职业技术学院、义乌工商职业技术学院等高职院校还入选了全国创新创业典型经验高校名单。

二、开办创新创业班

高职院校可以通过"开办创新创业班"的形式对已具有一定基础的有创业意向的学生实施创新创业教育。这样的"创新创业班"分为两种:一种是创新创业专修班(也叫"创新创业班"或"创新创业实验班")。一般采用"2+1"形式,即学生前两年在原专业学习,第三年在"创新创业班"(一般设在学校创业学院)学习;学生学籍

---

① 陈伟忠,张博.以"创业学院"为载体的高校创新创业人才培养工作的模式、困境与改进[J].高教探索,2017(01):113-115.

身份不变,仍保留在原专业班级;学生修满《"创新创业班"人才培养方案》规定课程,完成规定学分准予结业,颁发学校"创新创业班"结业证书;通过课程替代、学分互认和成果认定等形式认定原专业学分,达到原专业培养方案要求的,发放原专业毕业证书。另一种是"创新创业辅修班"。一般采用开设创新创业相关选修课程的方式进行,学生仍然在原来专业学习,只是在第四学期和第五学期选修"创新思维与创业"等几门具有较强针对性和实践性的创新创业课程。

三、开设创新创业教育基础课程

高职院校可以为学生开设"创新创业教育""大学生创业基础"等创新创业教育基础课程。在这些课程中,可以引导学生认识创意内涵,评估创新潜质,转换思维视角,应用创新技法,从而培养他们的创新意识和创新能力;可以引导学生掌握如何选择创业项目,如何组建创业团队,如何获取创业资源,如何制定初创企业经营方案,如何制定企业计划书,从而为创业做好准备;可以引导学生学会如何带好创业团队,如何做好创业初期的营销管理、财务管理和客户管理,如何规避投资风险,从而做好创业型企业的生存管理;也可以引导学生了解如何到创业型企业就业,从而为创业准备一条"退路"[1][2]。这些课程有利于增进高职院校学生对创新意识与能力、创新创业过程等的认识,无论他们今后是否投身创新创业实践,这样的认识都是一个重要的积淀。

四、促进专业教育与创新创业教育融合

高职院校创新创业教育是结合各个专业的不同特点,引导学生根据专业特长进行创造、创新、创业的嵌入式教育类型[3]。高职院校可以通过将具有开放性、跨学科性及创造性特征的创业类课程与专业课程相融合,鼓励专业教师积极参与创业教育教学改革来促进专业教育与创新创业教育融合。高职院校应大力推进专业类创业课程开发,尝试将创新创业教育的内容纳入专业课程体系,鼓励专业教师开设专业类创新创业教育的选修课程,从而强化创新创业教育在全校的影响力;另外,高职院校应积极转变专业教师对创新创业教育的认识,鼓励专业教师探索创新创

---

[1] 丛子斌.创新创业教育[M].北京:高等教育出版社,2016.
[2] 朱建新,郑捷.大学生创业基础[M].北京:清华大学出版社,2009.
[3] 王占仁."广谱式"创新创业教育的体系架构与理论价值[J].教育研究,2015(5):56-63.

业教育教学，在专业课程的教学过程中渗透创新创业教育的内容①。浙江省高职院校十分重视专业教育与创新创业教育的融合，积极开展相关探索与实践。例如，杭州职业技术学院积极将创业教育融入专业教学，重点推进创新创业课程体系建设及教学改革，初步构筑形成"3334"创新创业教育模式，即根据专业人才培养目标确立创新创业教育目标，将课堂教学和专业实训作为创新创业教育的主阵地，探索专业个性化的创新创业模式，取得了很好的教育效果。

五、搭建创新创业实践教学平台

无论从教育目标、知识类型还是教学方式来看，高职院校创新创业教育都是一种具体实践的教育形式，必须秉承理论结合实践的原则，搭建真正面向实践的多元化教育实践体系。为了增强创新创业教育的效果，浙江省高职院校认真遵循创新创业教育规律，积极搭建创新创业实践教学平台：一是依托创新创业大赛，以竞赛思维培养学生创新创业能力不仅本身体现了创新创业教育的真谛，而且"挑战杯"等大学生创业计划竞赛也成为全省大学生创新创业的主要实践平台；二是整合校内外创新创业教育资源，融合数字科技园、大学生创业园、众创空间、技师工作室、学生工作坊等平台，充分发挥高等职业院校创新创业的平台优势、技术优势、资源优势和智力优势。通过不同层次、不同形式活动的开展，培育学生的创新创业意识和能力，从而形成开放、互惠、共享的创新创业协同育人体系，实现创新创业教育的社会价值。

六、构建创新创业服务体系

为了增强创新创业教育的效果，浙江省高职院校不仅着力于创新创业教育理论与实践教学的开展，还探索构建了创新创业服务体系。例如，浙江建设职业技术学院构建了全方位的学生创新创业指导服务体系——"三课堂、三教学、三平台、三体系"创新创业教育模式。"结合三个课堂"即结合自主学习课堂、培养学生质疑能力，结合生涯教育课堂、激发学生创新兴趣，结合专业学习课堂、拓宽学生创新视野。"实施三段教学"即广撒种子抓启蒙、导师起航训技能、帮助扶持一对一。"打造三个平台"即搭建大学生创新创业竞赛、构建创新创业评价平台、搭建创业园与梦工场孵化平台。"完善三大体系"即完善创新创业教育课程体系、完善创新创业导师队伍建设体系、完善创新创业组织服务体系。

---

① 黄兆信,王志强.论高校创业教育与专业教育的融合[J].教育研究,2013(12):65-66.

第六节　浙江省高职院校就业与升学

在我国,不少学生将进入高职院校学习视为一种失败。实际上,高职教育是一种以高素质技术技能人才为培养目标的另一种类型的高等教育。如果学生摆正心态、认真学习,一样可以掌握过硬的本领,满足自己的就业和升学需要,获得很好的发展。

一、高职院校学生发展需要的满足与学生发展

高职院校技能人才培养过程实际上是一个高职院校满足学生的就业和升学等需要、不断促进学生发展的过程。当前,就业是高职院校人才培养工作中的重点工作,但随着高职教育发展水平的提高,学生的升学需要也越来越多地得到满足。

(一)就业需要的满足与学生发展

就业是高职院校学生的基本需要,也是国家希望大多数高职院校学生在毕业时做出的选择。为了满足学生的就业需要,高职院校一方面基于"人职匹配"原则,在教学过程中培养学生具备未来就业岗位所需要的职业素养,另一方面在培养过程中为其提供职业指导。

1. 基于"人职匹配"的学生职业素养培养

所谓"人职匹配",是指求职者所具有的条件与相应职业岗位的要求相符合。基于"人职匹配"对高职院校学生进行培养,就是要让学生具备相应职业岗位所需要的职业素养。为此,高职院校首先应对用人单位的需求进行调研,明确与本校各专业相关职业岗位对人才的职业素养要求是什么;其次,高职院校应根据调研结果,确定各专业人才培养目标,编制人才培养方案,构建课程体系,配备相应的师资、实训设备等条件。由于用人单位的需求可能会较快发生变化,但人才培养目标、人才培养方案、课程体系、师资和实训场地等方面的调整存在一定的时滞,因此高职院校在根据对用人单位调研调整这些内容时,应预留一定的变化空间。当然,高职院校也应该适当提高人才培养目标等的调整频率,让学生职业素养的培养基本能够满足用人单位的需要。

2. 职业指导

认真参与学校安排的各项学习活动,培养较高水平的职业素养是高职院校学生毕业时顺利就业的关键,但是,仅有这一点可能还难以让高职院校学生找到满意的职业岗位,学生还需要学校提供的职业指导。

职业指导是帮助学生和社会求职者了解社会就业形势与当前就业状况,了解

社会人才需求和有关人事与劳动政策法规,认识自己的职业志趣、职业能力与个性特点的过程;是运用职业评价分析、调查访谈、心理测量等方法和手段,依据市场人才供求,按照求职择业者个人条件与求职意愿以及单位用人要求,提供咨询、指导和帮助,实现人职合理匹配的过程[①]。可见,职业指导不仅有利于高职院校学生了解社会就业形势、当前就业状况、社会人才需求以及有关人事与劳动政策法规,从而找到更适合自己的职业岗位,而且有利于学生更清楚地认识自己,从而提高自身职业素养培养的效果。高职院校应在技能人才培养全过程中实施职业指导,努力增强学生职业素养培养效果,提高学生就业率。

(二)升学需要的满足与学生发展

升学需要是高职院校学生发展需要的一种,是很多高职院校学生都希望得到满足的一种需要。升学需要在国内外高职院校学生中普遍存在,其驱动因素不仅是学生提高知识水平的需求、学生提高就业竞争力的需求,而且是国家经济社会发展对长学制技术技能人才的需求、学生家长对子女升学的需求。制约因素包括相关政策限制高职专科生"升本"比例和本科层次职业教育发展不足。

当前,高职院校学生的升学需要主要可以通过专升本、技能竞赛升本、高职四年制本科和职教本科等途径实现。第一,专升本。"专升本"是专科层次学生升入本科学校或者专业继续学习的招生考试制度的简称,目前我国主要存在成考"专升本"、远程教育"专升本"、自考"专升本"和普通"专升本"四种形式的"专升本",其中,普通"专升本"即通常职业教育界所说的"高职学生'专升本'"。高职学生"专升本"一般是指在校的专科层次应届高职毕业生参加的升本考试,一般是由所在省、区、市的教育厅(局)统一组织招生考试,被录取的高职毕业生进入本科院校学习,毕业时达到条件的,颁发普通高等教育本科毕业证和学位证(与正式本科基本相同)[②]。第二,技能竞赛升本。技能竞赛升本是指在职业技能竞赛中表现突出的高职院校学生,可以获得免试就读或优先就读普通本科院校的机会,从而实现自己的"升学"目的。目前,有一些省份,如广东、福建、湖南、天津,高职院校学生可以通过这一途径"升学"。当然,不同省份的具体要求不尽相同。第三,四年制高职本科。四年制高职是指高职院校与普通本科院校联合举办的四年制高职本科专业,高职院校学生可以通过这个专业的学习实现自己的"升学"目的。第四,职教本科。职教本科是真正意义上的本科层次职业教育,高职院校学生可以通过在相关职教本科专业的学习实现自己接受本科层次教育的目的。

---

① 曾玉兰.我国高校职业指导存在的问题与对策研究[D].武汉:华中师范大学,2004:5.
② 靳浩.我国高等职业院校学生专升本供需问题研究[D].开封:河南大学,2010:12-13.

二、浙江省高职院校在学生就业、升学方面的探索与实践

(一)就业方面的探索与实践

近年来,浙江省高职院校高度重视毕业生就业工作,以提高毕业生和用人单位满意度为抓手,着力创新毕业生就业服务,不断拓宽毕业生高质量的就业渠道,助力毕业生充分就业、自主创业,毕业生就业质量稳步提升①。具体情况见表6-6。

表6-6 浙江省高职院校2015—2019届毕业生毕业一年后有关数据

届别	就业率/(%)	月收入/元	专业相关度/(%)	母校满意度/分	自主创业比例/(%)	雇主满意度/分
2015届	97.49	3674	60.76	86.14	6.36	86.60
2016届	97.54	4019	62.36	87.05	5.78	88.72
2017届	97.84	4163	63.21	87.69	4.01	93.10
2018届	97.60	4727	64.58	87.74	4.95	91.23
2019届	96.68	4885	67.78	88.67	4.77	91.97

从上表可见,浙江省高职院校2015—2019届毕业生毕业一年后的月收入、专业相关度、母校满意度和雇主满意度等呈整体上升趋势,自主创业比例虽然呈下降趋势,但最低也有4.01%,处于较高水平,就业率稳定在96%以上。这表明近5年浙江省高职院毕业生就业质量整体较好。在满足学生就业需要方面,浙江省高职院校结合自身实践开展了大量探索。

一是完善就业工作机制。高职院校坚持以服务为宗旨,建设顶岗实习基地和毕业生就业基地,加强就业教育与专业教育相结合、就业指导与职业发展指导相结合、毕业生就业与顶岗实习相结合,做到工作机制、经费投入、人员落实、考核奖惩等到位。

二是搭建就业平台。高职院校积极利用网络平台和校内外就业资源,整合"线上+线下"各方面互动服务功能,推出"云课堂""云对话""云咨询""云团辅""云帮扶""云招聘""云面试"等一站式就业云服务,为用人单位、毕业生和高职院校搭建一站式、立体化就业服务平台,全年分层分类举办各类"线下+线上"校园招聘活动。另外,借助就业信息化管理系统,搭建移动就业平台,实现"指尖上的就业"。

三是加强就业指导。高职院校结合自身有利条件进行探索,加强对学生的就业指导。例如,金华职业技术学院依托央央生涯咨询工作室、珍姐创业指导工作

---

① 相关数据来自浙江省教育厅编制的2016—2020年度的《浙江省高等职业教育质量年度报告》。

室、江江能力提升训练营等载体,联合高职院校就业咨询站,通过周末就业超市、区域性招聘会、行业专场招聘会等形式,提供精准的就业指导与服务。宁波职业技术学院按照"理论加实践,三年不断线"原则,构建以教师课堂讲授为基础,就业创业指导讲座、实践演练和走进企业考察为拓展的"一体三翼"就业指导立体化课堂①。课堂讲授包括必修课24学时以及各类选修课;就业创业指导讲座包括"生涯早规划""职场零距离""职引人生行业论坛""HR谈求职"和"创业大讲堂"等5个模块20余场,每位学生听满一定学时数就能取得相应学分;实践演练为"职业规划活动月""坚持与梦想服务月""素质拓展活动周"和"宁职院有约"4个系列;走进企业考察是将教学场所从课堂延伸到企业,设计"职业体验日""职场化训练"和"HR潜力新人特训营"三个项目,提升就业指导的针对性和有效性。

四是推进信息化就业管理。高职院校充分利用信息技术手段,加强政府、企业、社会信息沟通和资源交互,推进信息化就业管理。例如,宁波职业技术学院以就业信息网为主体,集成用人单位校园招聘系统、毕业生就业服务管理系统、就业工作考核系统,外接全国大学生就业一站式服务平台、浙江省就业管理系统,搭建了移动就业平台,充分实现了就业信息资源有效整合和互联互通。

(二)升学方面的探索与实践

在专升本、技能竞赛升本、四年制高职本科和职教本科等4条高职院校学生升学途径中,浙江省的"专升本"已开展二十余年,"四年制高职本科"已开展多年,"职教本科"正在进行探索。其中浙江广厦建设职业技术学院于2019年12月经教育部批准升格为本科层次职业学校,开展本科层次职业教育试点,2020年6月正式更名为浙江广厦建设职业技术大学,并于当年开始本科层次职业教育招生。

1.专升本

为有利于在更广的范围和更高的层次上提升各类优秀专科学生的学历层次和知识结构,有利于全面促进高职高专学校的校风、学风建设,努力构建高等教育人才成长立交桥,从2001年开始,浙江省在浙江大学、浙江工业大学等院校开展了面向全省高校选拔优秀专科生进入本科学习的试点工作②。经过不断地探索与实践,浙江省的"专升本"工作越来越完善。每年,浙江省教育考试院都会制订《选拔高职高专毕业生进入本科学习工作实施细则》,对"专升本"工作的招生计划、招考类别、报考条件、报名与志愿填报、考试、录取和学籍管理等做出明确的规定。2020年,浙江省教育厅印发《关于做好高职与本科院校联合开展专升本教育试点工作的通知》

---

① 浙江省教育厅.浙江省高等职业教育质量年度报告(2016)[R].杭州,2016:11.
② 胡建钧.高职院校开展专升本工作的路径研究——以浙江商业职业技术学院为例[J].时代文学(下半月),2015(7):200.

(浙教办函〔2020〕62号),落实专升本扩招任务,遴选确定17所高职院校与14所本科院校在43个专业联合开展普通高校专升本专业人才培养试点工作,探索高素质应用型人才培养的有效途径,拓宽技术技能人才的上升通道[①]。

2.四年制高职本科

为了深化教育改革,探索发展本科层次职业教育,加快高端技术技能人才培养,浙江省于2015年开始以职业技术学院和本科院校联合培养方式开展四年制高等职业教育人才培养试点[②]。首批试点在浙江机电职业技术学院、浙江金融职业技术学院、浙江经济职业技术学院、温州职业技术学院和金华职业技术学院5所高职院校的自动化、材料成型及控制工程、金融工程、物流管理、电气工程及其自动化和电子信息科学与技术6个专业进行,面向中职(中专、技校)招收300人。试点专业的招生纳入合作本科院校招生计划,在高职"单考单招"普通批中填报志愿。

试点高职院校按照试点工作要求,与合作招生本科院校深入研究,会同相关行业企业,认真制定四年制高等职业教育人才培养方案,准确定位人才培养目标和培养标准,科学设置理论课程体系和技术技能实践训练体系,明确学历文凭和学位证书发放标准,形成四年制高等职业教育人才培养特色;各试点院校先后成立了试点工作领导小组、高职本科教学管理机构和专业教学指导委员会,从专业建设、教学改革、学生管理与服务等方面进行系统设计,其中,教学组织管理和学生日常管理由高职院校负责,学生学籍和学历学位管理由本科院校负责;试点专业学生在高职院校就读,就读期间不得转学和转专业[③]。针对中职生源学生文化基础课相对较弱的特点,试点院校以小班化教学为主,实施导师制、"教学做一体化"、项目教学、任务驱动等教学方法,激发学生的学习兴趣,实现专项能力、综合能力、创新实践能力与自主学习能力的协同培养。

2016年,浙江省坚持"社会对人才有需求,高职专业有优势,本科院校专业有布点但专业相对较弱"的遴选原则,以本省产业发展需要和学校专业办学条件水平为主,遴选金华职业技术学院等10所高职院校申报的机械设计制造及其自动化等10个专业为四年制高职本科人才培养试点专业,招生人数达800名。2017年,浙江省委教育工委、省教育厅将"继续开展四年制高职教育人才培养试点"列入年度工作要点,继续推进"四年制高职本科"。2019年,浙江省首届四年制高职本科学生毕业。这一年,在全国高职院校扩招100万的背景下,浙江省的四年制高职本科的招生人数和招生专业基本没有扩大,例如,浙江工商大学和浙江经济职业技术学院联

---

① 浙江省教育厅.浙江省高等职业教育质量2020年度报告[R].杭州,2021:21.
② 李剑平.浙江试点四年制高等职业教育[N].中国青年报,2015-04-06(4).
③ 浙江省教育厅.关于开展四年制高等职业教育人才培养试点工作的通知[Z].浙教高〔2015〕40号, 2015-04-01.

合开办的物流管理(智能物流)和电子商务(生产资料电子商务)2个专业在2019年共招收100人,招生人数与2018年持平①。2020年,推进四年制高职试点仍然是浙江省教育系统工作会议上重点部署的工作之一,"四年制高职本科"得以进一步发展。实践中,浙江省的四年制高职本科试点呈现出四个特点:一是以专业为试点遴选主要标准;二是以联合培养推进校校合作;三是以四年制高职探索构建现代职教体系;四是推进学科建设与专业建设有机融合②。

---

① 匿名.浙江"四年制高职"录取结束[EB/OL].(2019-08-05)[2021-08-27].https://baijiahao.baidu.com/s?id=1640957413076484374&wfr=spider&for=pc.

② 吴金旺,郭福春.基于构建现代职教体系的四年制高职本科教育模式研究——以浙江金融职业学院为例[J].教育学术月刊,2016(8):18-19.

第七章 质量保障

伴随着高职教育波澜壮阔的发展历程,高职院校质量保障体系逐渐完善,形成了政府依法履职、院校自主保证、社会广泛参与、教育内部保证与外部评价协调配套的现代职业教育质量保障机制,为高职教育高质量发展保驾护航。"十三五"期间,浙江省积极贯彻落实国家相关质量保障文件精神,进一步完善以往高校教学工作及业绩考核、年度质量报告、教学工作诊断与改进等,开展了系列质量工程和督导评估,对全省高职院校教育教学质量进行动态监测与评价。与此同时,各高职院校提升质量的自我意识不断增强,并开始多元化地探索学校内部质量保障体系建设。

第一节 高职教育质量保障体系发展历程和趋势

高职教育质量保障体系建设是一项长期、持续、系统的人才培养工程。回顾高职教育质量保障体系发展历程,有利于从宏观层面深入了解高职教育质量保障体系"是什么""为什么""怎么办"等核心问题。

一、高职教育质量保障发展历程

高职教育质量保障体系建设主要经历了从无到有、探索改革、管评分离三个阶段,政策、制度、体系等逐步完善。

(一)从无到有发展阶段

20世纪90年代,国家采用"三改一补"的方式大力发展高职教育,各地高职院校如雨后春笋般冒出,短短数年时间,学校规模就由原来的200多所发展到1000多所。办学规模的井喷式发展不可避免地带来了质量保障忧虑。因为大部分高职院校是由原先的中专、中职,甚至技工学校升格而来,办学基础和条件相对薄弱。为了保障人才培养的基本质量,规范高职教育办学,2004年教育部成立了高等教育教学评估中心,启动了第一轮高职院校人才培养工作水平评估工作。虽然首轮评估的方案、指标体系等主要借鉴本科经验,但在高职教育规模发展阶段,为守护人才培养质量发挥了重要作用,也实现了质量保障体系从无到有的飞跃。2004年,教育部印发《关于进一步加强职业教育工作的若干意见》(教职成〔2004〕12号),明确提出提高职业教育质量和效益的目标追求。2006年,教育部印发《关于全面提高高等职业教育教学质量的若干意见》(教高〔2006〕16号),将教学质量提高上升到国家战略高度,并明确高职院校的主体责任,对于高职教育发展具有里程碑意义。自此,高职教育旗帜鲜明地走上了内涵发展的道路,质量保障体系建设也进入了新的发展阶段。

(二)探索改革发展阶段

管评一体的评估方式逐渐显现出一些不容忽视的问题,一是教育行政部门既是院校的管理方,又充当教育教学的评估方,职责不清,评估结论缺乏公信力。二是有侵犯学校办学自主权之嫌。三是管评不分助长了以评代管的不良风气。四是易于诱发不正之风[1]。因而,教育部依据高职教育发展规律和特色,对原评估方案进行了系统全面的修改,并根据新的评估方案,于2008年启动了第二轮院校评估工作。与第一轮评估相比,第二轮评估在理念导向上更强调服务原则,突出学校质量发展的内在需求和主体地位;在评价主体上更强调多元力量,邀请了行业企业专家参与;在数据采集上建立了"高等职业院校人才培养工作状态数据采集平台",将定时、集中的信息采集转为每年常态化信息采集,有利于纵横对比分析高职教育教学质量变化情况。经过改革和探索,第二轮评估工作得到了社会各方的普遍肯定,也为高职教育内涵建设和质量发展提供了很好的保障,各高职院校人才培养质量均有明显提升。但管评一体的质疑声依然不断,高职教育质量保障体系探索依然任重道远。

(三)管评分离发展阶段

2010年,《国家中长期教育改革和发展规划纲要(2010—2020年)》提出"政校分开、管办分离"。在此背景下,建立政府宏观管理、学校自主办学、社会评估质量的高职教育质量保障体系,成为高职教育改革发展的重要话题,这也是顺应政府积极转变职能、实行"放管服"改革的重要体现。一方面强化外部教育督导功能。2014年,国务院明确要求实施"管办评分离",教育行政部门(管理方)以及办学方不再组织教育教学评估,并成立教育督导委员会办公室,牵头负责"管办评分离"后的职业教育评估工作。另一方面完善内部质量保证体系。2015年7月,教育部印发了《关于建立职业院校教学工作诊断与改进制度的通知》(教职成厅〔2015〕2号),12月印发了《高等职业院校内部质量保证体系诊断与改进指导方案(试行)》(教职成司函〔2015〕168号)。2016年5月,印发了《关于确定职业院校教学诊断与改进工

---

[1] 杨应崧,袁洪志,何锡涛.回顾与期望:奏响高职教育质量保障"三重奏"[J].中国职业技术教育,2019(17):54-58.

作试点省份及试点院校的通知》(教职成司函〔2016〕72号),确立了江苏、山东、山西等9个省份27所高职院校为试点省份和试点院校。2017年6月,职业院校教学工作诊断与改进制度建设在全国范围内全面推进。2018年12月,全国职业院校教学工作诊断与改进专家委员会印发了《高等职业院校内部质量保证体系诊断与改进复核工作指引(试行)》(职教诊改〔2018〕25号),作为制定复核工作方案和开展复核工作的参考。自此,高职院校内外部质量保障体系基本建成。

二、高职教育质量保障发展趋势

纵观高职教育质量保障体系建设的发展历程,呈现出以下几个明显的发展趋势。

(一)评价理念由管理转向服务

高职教育评估主要由教育行政部门组织实施,而教育行政部门既是院校的管理方,又是教育教学的评估方,不可避免地存在以评代管现象,引起了社会各方的深切关注和广泛质疑。为回应社会关切,高职教育评估先行改革,开始探索新的评估理念和评估方案,形成了评估不是一种基于管理需要的结果性评价,而是服务教育需要的形成性评价的发展共识。评估也不再仅仅注重测量结果的描述,判断其是否达标,转而成为一种价值中立的判断。在服务理念引导下,评估工作逐渐从粗放、浅层变得更为细化和深入,更加凸显学校自身的主体地位,关注的要点也由外在规模向内涵提升转变,如诊改工作一直强调职业院校是质量保证的第一责任主体,明确以诊改促进发展的目标导向。

(二)评价主体由单一转向多元

高职教育质量保障体系建设初期,质量评价以主管部门为主,行政化倾向较为明显。随着"管办评分离"的深入推进,评价主体社会多元化特征逐渐彰显。依据评估主体,大致可以分为以下四类:一是以政府为主体的评价。如合格性评估、示范性评估、适应社会需求能力评估等,这些评价注重政府引导。二是具有官方背景的评价。如麦可思研究院与高职高专校长联席会联合发布的"中国高等职业教育质量年度报告50强"名单,内容丰富,涵盖服务贡献、教学资源、育人成效、国际影响力等方面。三是第三方教育评估机构的评价。影响较大的主要是3家,分别是杭州电子科技大学中国科教评价研究院和浙江高等教育研究院、武汉大学中国教育质量评价中心(ECCEQ)以及中国科教评价网联合发布的"中国高职高专院校综合竞争力排行榜"(简称"中评网榜"),由武书连担任课题组长进行研究并发布的"武书连中国高职高专综合实力排行榜"(简称"武书连榜"),由广州日报数据和数字化研究院(GDI)发布的"广州日报高职高专排行榜"(简称"广州日报榜")。除此之外,还有一些专项排名,如高职发展智库发布的"全国高职院校发明专利授权排行榜",亚洲教育论坛组委会评选的"亚太职业院校影响力50强",世界职业教育大会暨展览会组委会评选的"中国职业院校世界竞争力50强",中国青年报社组织的"思想政治工作创新示范案例50强"等。四是以学校为主体的评价。职业院校按照"需求导向、自我保证、多元诊断、重在改进"的工作方针,基于大数据平台和分析,积极推进内部质量保障体系建设,建立与外部相协调配套的现代职业教育质量保障机制,切实发挥职业院校教育质量保证主体作用。

(三)评价手段由传统转向现代

高职教育教学质量评价初期,由于数据信息采集渠道较少,评价标准和评价指标体系不完善,对于办学内涵、质量、教学效果的呈现非常有限,高职教育教学质量评价以定性检查为主。但随着信息技术的发展,以及信息技术与教育教学的深度融合,高职院校开始探索专门的数据信息采集渠道。2008年4月,教育部印发了《高等职业院校人才培养工作评估方案》(教高〔2008〕5号)。该方案创新了已有的评估工作方式,提出建立"高等职业院校人才培养工作状态数据采集平台"(简称"状态数据平台"),把影响高职院校人才培养质量的"关键要素"进行量化,为评估提供了更加真实、客观及细致的数据支撑。通过数据分析,状态数据平台可以清晰呈现学校人才培养的状态,也成为高职院校优化办学条件、推进专业建设、完善课程设置、监控教学质量等的重要判断依据。这标志着高职教育教学质量评价开始由传统向现代转变。当下,我国高职院校正在全面推行诊改,着力构建五纵五横网络结构、8字形运行单元、双引擎动力机制、一平台技术支撑(简称"55821")的职业院校内部质量保证体系。基于10多年的状态数据平台建设和经验积累,诊改不仅仅注重教育教学质量的信息化监控和评价,更加注重基于客观、全面、翔实数据背后的数据挖掘和综合分析,关注质量生成的过程分析,避免唯数据评价倾向,引导高职院校提升质量意识,完善质量标准体系,树立现代质量文化,实现质量持续改进与提高。可见,在信息化手段支持下,高职教育教学质量评价更加注重"用数据说话、用数据决策、用数据管理、用数据创新",越来越科学化、精准化和智能化。

第二节 浙江省高职教育质量保障体系构建与实施

习近平总书记指出要"推动新时代中国经济由高速增长转向高质量发展,从量的扩张转向质的提升,从'有没有'转向'好不好'"①。但"从量的扩张转向质的提升"并不是轻而易举就能实现的,经济是如此,教育同样是如此。就高职教育质量保障体系而言,不仅需要高职院校自觉担当内部质量保障的主体责任,还要完善外部控制和监督,以形成质量保障的内外合力。近年来,浙江省积极贯彻落实国家文件精神,在原来教学工作及业绩考核、年度质量报告等质量保障体系的基础上,重点完善督导评估和诊改制度建设,探索外部监督与内部自评相结合的质量保障体系。

一、教育督导评估

(一)政策要求

教育督导评估是推动教育事业发展和教育领域各项改革落实的重要手段,是现代教育治理体系的重要组成部分,教育督导评估水平直接影响着教育改革发展成效,其地位和作用越来越受到关注②。

从国家层面来看,2013年11月,《中共中央关于全面深化改革若干重大问题的决定》提出,"强化国家教育督导,深入推进管办评分离",明确了其重要地位。2014年2月,国务院教育督导委员会出台《深化教育督导改革转变教育管理方式的意见》(国教督办〔2014〕3号),提出"建立督促地方政府依法履行教育职责的督政机制、指导各级各类学校规范办学提高教育质量的督学体制、科学评价教育教学质量的评估监测体系,形成督政、督学、评估监测三位一体的教育督导体系"。同年,《国务院关于加快发展现代职业教育的决定》明确提出要"强化督导评估",进一步将督导和评估联结在一起,突出了两者内涵的密切相连。2019年2月,《国家职业教育改革实施方案》明确提出"加强职业教育办学质量督导评价,建立健全职业教育质量评价和督导评估制度"。

从省级层面来看,2019年5月,浙江省第十三届人民代表大会常务委员会第十二次会议通过《浙江省教育督导条例》,该《条例》填补了教育督导的地方性法规空白,完善了督政、督学、评估监测三位一体的教育督导体系,对教育督导的职责、范围、内容、实施、结果运用和督学管理等做出细化规定,进一步提升了教育督导地位,提高了督导的权威性。2020年6月,浙江省人民政府教育督导委员会通过《浙江省人民政府教育督导委员会工作规程》(浙政教督办〔2020〕3号),进一步健全了

---

① 习近平.习近平同出席博鳌亚洲论坛2018年年会的中外企业家代表座谈[EB/OL].[2018-04-11][2021-12-09]. www.gov.cn/xinwen/2018-04/11/content_5281665.htm.

② 梁燕.职业教育督导评估现代化的要义[J].职业技术教育,2020,41(06):19-23.

全省教育督导体制机制。2021年3月,浙江省人民政府教育督导委员会办公室印发了《关于开展高职院校督导评估的通知》(浙政教督办〔2021〕3号),启动了浙江省高职院校督导评估工作,以督导评估引领高职院校高质量发展。

(二)具体实践

1. 年度常态化督导评估工作机制

构建了"网上评估为主、实地核查为辅"相结合的年度常态化督导评估工作机制。"网上评估"按照每年一次,面向所有高职院校开展。"实地核查"按照每年10所、5年一轮,完成对所有高职院校的实地督导评估。同时,对实地核查的学校,在第二年进行"回头看",并明确了实地核查及"回头看"院校名单,如表7-1所示。

表7-1 高职院校督导评估实地核查及"回头看"院校名单(2021—2025年安排表)

年度	实地核查院校	"回头看"院校
2021年	金华职业技术学院 浙江广厦建设职业技术大学 浙江横店影视职业学院 浙江机电职业技术学院 浙江商业职业技术学院 浙江艺术职业学院 湖州职业技术学院 嘉兴职业技术学院 嘉兴南洋职业技术学院	杭州万向职业技术学院 丽水职业技术学院 宁波职业技术学院 绍兴职业技术学院 台州科技职业学院 义乌工商职业技术学院 浙江工贸职业技术学院 浙江国际海运职业技术学院 浙江金融职业学院 浙江经贸职业学院
2022年	浙江建设职业技术学院 浙江旅游职业学院 浙江同济科技职业学院 浙江体育职业技术学院 浙江工业职业技术学院 浙江邮电职业技术学院 浙江农业商贸职业学院 台州职业技术学院 浙江汽车职业技术学院 温州职业技术学院	金华职业技术学院 浙江广厦建设职业技术大学 浙江横店影视职业学院 浙江机电职业技术学院 浙江商业职业技术学院 浙江艺术职业学院 湖州职业技术学院 嘉兴职业技术学院 嘉兴南洋职业技术学院

续表

年度	实地核查院校	"回头看"院校
2023年	浙江育英职业技术学院 杭州职业技术学院 浙江交通职业技术学院 浙江经济职业技术学院 浙江警官职业学院 浙江工商职业技术学院 宁波城市职业技术学院 浙江纺织服装职业技术学院 宁波卫生职业技术学院 浙江舟山群岛新区旅游与健康职业学院	浙江建设职业技术学院 浙江旅游职业学院 浙江同济科技职业学院 浙江体育职业技术学院 浙江工业职业技术学院 浙江邮电职业技术学院 浙江农业商贸职业学院 台州职业技术学院 浙江汽车职业技术学院 温州职业技术学院
2024年	杭州科技职业技术学院 浙江长征职业技术学院 浙江特殊教育职业学院 浙江东方职业技术学院 温州科技职业学院 浙江安防职业技术学院 浙江科贸职业技术学院（筹） 衢州职业技术学院 浙江宇翔职业技术学院	浙江育英职业技术学院 杭州职业技术学院 浙江交通职业技术学院 浙江经济职业技术学院 浙江警官职业学院 浙江工商职业技术学院 宁波城市职业技术学院 浙江纺织服装职业技术学院 宁波卫生职业技术学院 浙江舟山群岛新区旅游与健康职业学院
2025年		杭州科技职业技术学院 浙江长征职业技术学院 浙江特殊教育职业学院 浙江东方职业技术学院 温州科技职业学院 浙江安防职业技术学院 浙江科贸职业技术学院（筹） 衢州职业技术学院 浙江宇翔职业技术学院

2.高职院校督导评估指标体系

构建了较为完善的高职院校督导评估指标体系。该指标体系涵盖党的领导、学生成长、产教融合、"三教"改革、社会服务和持续发展6个一级指标,23个二级指标,65个观察点,并科学设计了每个观察点的评价标准和计分办法,详见表7-2。

表7-2 浙江省高职院校督导评估指标体系(试行)

一级指标	二级指标	观察点
1.党的领导 (150分)	1.1 党的建设 (50分)	1.1.1 党委履职(20分)
		1.1.2 党的组织、队伍与廉政建设(15分)
		1.1.3 思想政治工作(15分)
	1.2 办学方向 (45分)	1.2.1 目标与定位(25分)
		1.2.2 发展规划制定、落实情况(20分)
	1.3 学校治理 (55分)	1.3.1 教育法规政策落实举措(25分)
		1.3.2 内部治理体系(25分)
		1.3.3 督导工作机制(5分)
2.学生成长 (200分)	2.1 立德树人 (60分)	2.1.1 五育并举(20分)
		2.1.2 思想政治理论课满意度(10分)
		2.1.3 课程思政覆盖面及成效(10分)
		2.1.4 体育达标率(10分)
		2.1.5 用人单位对毕业生的满意度(10分)
	2.2 技术技能水平 (50分)	2.2.1 职业技能等级证书获取情况(15分)
		2.2.2 每百名学生获得省级及以上各类竞赛奖励数(20分)
		2.2.3 每百名学生授权专利数(15分)
	2.3 就业质量 (60分)	2.3.1 就业率(30分)
		2.3.2 毕业生薪酬(10分)
		2.3.3 毕业生对学校满意度(20分)
	2.4 社会吸引力 (30分)	2.4.1 省内招生计划完成率(10分)
		2.4.2 省内新生报到率(10分)
		2.4.3 中高职贯通培养情况(10分)

续表

一级指标	二级指标	观察点
3. 产教融合（200分）	3.1 专业建设与布局（80分）	3.1.1 专业（群）建设成效（40分）
		3.1.2 专业对接产业动态调整机制（20分）
		3.1.3 毕业生区域（行业）就业比例（20分）
	3.2 校企共建（60分）	3.2.1 企业（准）捐赠值（10分）
		3.2.2 共建共享生产性实训基地生均工位数（25分）
		3.2.3 牵头或参与职业教育集团（联盟）等情况（25分）
	3.3 合作培养（60分）	3.3.1 现代学徒制培养情况（30分）
		3.3.2 企业接收顶岗实习学生占比（15分）
		3.3.3 合作企业接受就业学生人数占比（15分）
4. "三教"改革（200分）	4.1 师资队伍（90分）	4.1.1 生师比（20分）
		4.1.2 "双师型"教师占比（20分）
		4.1.3 师资建设经费（10分）
		4.1.4 教师教学创新团队（10分）
		4.1.5 教师企业实践（10分）
		4.1.6 企业兼职教师课时比例（10分）
		4.1.7 3个月以上国（境）外研修经历的专任教师比例（10分）
	4.2 课程及教学资源建设（60分）	4.2.1 课程资源（40分）
		4.2.2 其他教学资源（20分）
	4.3 教材建设（30分）	4.3.1 开发教材数（10分）
		4.3.2 新型活页式、工作手册式、新形态教材数（15分）
		4.3.3 建立并执行教材每3年大修改调整一次、每年小修改调整一次的机制（5分）
	4.4 教法改革（20分）	4.4.1 人才培养方案制定与实施（10分）
		4.4.2 普及项目教学、情景教学、模块化教学等方式（5分）
		4.4.3 实践性教学课时和顶岗实习时长（5分）

续表

一级指标	二级指标	观察点
5.社会服务(100分)	5.1 职业培训(40分)	5.1.1 培训规模(10分)
		5.1.2 培训到款额(10分)
		5.1.3 社会人员经学校培训获取资格证书人次(10分)
		5.1.4 退役军人、下岗失业人员、农民工、新型职业农民的培训规模(10分)
	5.2 技术研发(20分)	5.2.1 技术服务到款额(10分)
		5.2.2 授权专利数(10分)
	5.3 社区公益(20分)	5.3.1 面向中小学生开展劳动和职业启蒙教育人次数(10分)
		5.3.2 社区教育服务人次数(10分)
	5.4 国际(合作)交流(20分)	5.4.1 面向国(境)外职业技能培训量(10分)
		5.4.2 学生国(境)外交流交换人数占比(10分)
6.持续发展(150分)	6.1 办学条件(35分)	6.1.1 基本办学条件(15分)
		6.1.2 生均投入经费(20分)
	6.2 内部质量保证(25分)	6.2.1 学校教学质量保障与诊断改进工作(15分)
		6.2.2 学校年度目标完成率(10分)
	6.3 信息化(30分)	6.3.1 网络生均教学资源量(10分)
		6.3.2 网络教学覆盖率(10分)
		6.3.3 智慧校园建设(10分)
	6.4 平安校园建设(10分)	6.4.1 平安校园等级(10分)
	6.5 特色创新(50分)	6.5.1 改革创新与成果(50分)

二、适应社会需求能力评估

为贯彻落实《国务院关于加快发展现代职业教育的决定》，推动高职院校坚持"以立德树人为根本，以服务发展为宗旨，以促进就业为导向"，深化办学机制和教育教学改革，全面提高高职院校适应社会需求能力和水平，国务院教育督导委员会办公室制定出台了《高等职业院校适应社会需求能力评估暂行办法》(国教督办

〔2016〕3号),按照统一标准、统一程序、客观公正、注重实效的原则,对高职院校进行评估。截至2020年底,分别于2016年、2018年、2020年开展了三次全国性的高职院校适应社会需求能力评估。2016年7月,浙江省人民政府教育督导委员会办公室印发了《关于做好2016年职业院校评估工作的通知》(浙政教督办〔2016〕22号),启动了全省2016年职业院校评估相关工作。2016年,浙江省共有48所高职院校(其中10所民办)参与适应社会需求能力评估,2020年共有47所高职院校参与适应社会需求能力评估,该评估对浙江省高职院校加强内涵建设,促进产教融合、校企合作,提高人才培养和服务地方经济社会发展能力发挥了重要的引导作用。

从评估指标体系来看,高职院校适应社会需求能力评估主要涵盖办学基础能力、"双师"队伍建设、专业人才培养、学生发展、社会服务能力五个方面,详见表7-3。与人才培养工作水平评估相比,适应社会需求能力评估将评估重点落在社会需求方面,具有鲜明的导向性。评估指标设计注重国家要求,注重发展导向,注重高职特征,注重产教融合、校企合作,注重就业与社会服务。而人才培养工作水平评估主要围绕师资队伍、教学条件与利用、教学建设与改革、教学管理、教学效果等展开,落在具体的教学和人才培养上。

表7-3 高职院校适应社会需求能力评估指标

序号	指标名称	备注
1	年生均财政拨款水平	办学基础能力方面,主要考察学校年生均财政拨款水平、教学仪器设备配置、校舍及信息化教学条件
2	生均教学仪器设备值	
3	生均教学及辅助、行政办公用房面积	
4	信息化教学条件	
5	生均校内实践教学工位数	
6	生师比	"双师"队伍建设方面,主要考察学校教师结构与"双师型"教师配备
7	"双师型"教师比例	
8	课程开设结构	专业人才培养方面,主要考察学校的专业人才培养模式、课程体系、校内外实践教学及校企合作情况
9	年生均校外实训基地实习时间	
10	企业订单学生所占比例	
11	年支付企业兼职教师课酬	
12	企业提供的校内实践教学设备值	
13	专业点学生分布	
14	专业与当地产业匹配度	

续表

序号	指标名称	备注
15	招生计划完成质量	学生发展方面，主要考察学校毕业生获得职业资格证书情况和就业情况
16	毕业生职业资格证书获取率	
17	直接就业率	
18	毕业生就业去向	
19	政府购买服务到款额	社会服务能力方面，主要考察学校专业设置，向企事业单位提供技术服务和满足政府购买服务情况
20	技术服务到款额	

三、教学工作诊断与改进

（一）政策要求

教学工作诊断与改进制度建设是建立常态化职业院校自主保证人才培养质量机制的一项创新性工作，同时也是一项基础性、系统性、长远性的工作，一方面旨在实现对高职院校办学条件与办学成效的实时监控，另一方面旨在进一步推动以需求为导向的高职院校内涵深化建设。

从国家层面来看，教育领域全面深化综合改革，推行"管评办"分离，必须加快健全学校自主发展、自我约束的运行机制[①]。于是，教学工作诊断与改进制度建设紧锣密鼓地推进。2015年到2018年，教育部分别印发了《关于建立职业院校教学工作诊断与改进制度的通知》《高等职业院校内部质量保证体系诊断与改进指导方案（试行）》《关于确定职业院校教学诊断与改进工作试点省份及试点院校的通知》《关于全面推进职业院校教学工作诊断与改进制度建设的通知》和《高等职业院校内部质量保证体系诊断与改进复核工作指引（试行）》等多个工作文件，推动教学工作诊断与改进制度从局部试点走向全国推广。高等职业院校内部质量保证体系诊断项目参考表，设置了5个诊断项目、15个诊断要素、37个诊断点，详见表7-4。

---

① 教育部.关于深入推进教育管评办分离促进政府职能转变的若干意见[Z].教政法〔2015〕5号,2015-05-04.

表7-4 高等职业院校内部质量保证体系诊断项目参考表

诊断项目	诊断要素	诊断点	影响因素参考提示
1. 体系总体构架	1.1 质量保证理念	质量目标与定位	学校发展目标定位是否科学明确；人才培养目标是否符合区域经济和社会发展要求，规格是否符合学生全面发展要求；质量保证目标与学校发展目标的一致性，达成度
		质量保证规划	质量保证体系建设规划是否科学明晰；质量保证目标与学校发展目标，人才培养目标具有可操作性
		质量文化建设	师生质量意识，对学校质量理念的认同度；质量保证全员参与程度；质量文化氛围；持续改进的制度设计是否科学有效，是否实现持续改进
	1.2 组织构架	质量保证机构与分工	学校、院系各层面的质量保证机构、岗位设置是否科学合理；人员配备是否符合岗位职责要求；分工与职责权限是否明确
		质量保证队伍	质量保证队伍建设是否符合质量保证体系建设规划要求；人员是否是否考核规范，考核机制是否严格规范；能否实现持续改进
	1.3 制度构架	质量保证制度	学校、院系、专业、课程、教师、学生层面的质量保证制度是否具有系统性、完整性与可操作性
		执行与改进	质量保证制度落实情况与改进措施；是否不断改进和完善；质量保证制度是否准确明确；院（系）、专业自我诊断是否到位
	1.4 信息系统	信息采集与管理	定期发布质量年度报告，质量管理平台建设；人财物是否有保障，管理是否到位，运行是否良好；是否建立信息采集与管理平台建设；数据采集是否实时、准确、完整
		信息应用	是否运用平台进行日常管理和教学质量过程监控，各级用户是否定期开展数据分析，形成常态化的信息反馈诊断分析与改进机制

续表

诊断项目	诊断要素	诊断点	影响因素参考提示
2. 专业质量保证	2.1 专业建设规划	规划制定与实施	专业建设规划是否符合学校发展实际、是否可行；规划实施情况如何；专业机构是否不断优化
		目标与标准	有无明确的专业建设目标和标准；专业人才培养方案是否规范、科学、先进并不断优化
		条件保障	新增专业设置程序是否规范；专业建设条件（经费、师资、实验实训条件）是否有明确的保障措施
	2.2 专业诊改	诊改制度与运行	学校内部是否建立常态化的专业诊改机制
		诊改效果	诊改成效如何，人才培养质量是否不断提高；专业服务社会能力是否不断提升；品牌/特色/重点专业（群）建设成效、辐射影响力是否不断增强
		外部诊断（评估）结论应用	是否积极参加外部专业诊断（或评估、认证）；外部诊断（评估）结论是否得到有效应用，对学校自诊自改是否起到良好促进作用
	2.3 课程质量保证	课程建设规划	课程建设规划是否科学合理；是否具有可行性与可操作性
		目标与标准	课程建设规划目标达成度；课程标准是否具备科学性、先进性、规范性与完备性
		实施制度与效果	校内是否开展对课程建设水平和教学质量的诊改，是否形成常态化的课程质量保证机制；是否对提高课程建设水平和教学质量产生明显的推进作用

续表

诊断项目	诊断要素	诊断点	影响因素参考提示
3.师资质量保证	3.1 师资队伍建设规划	规划制定	学校、院系、专业等层面师资队伍建设规划的科学性、一致性和可行性；规划目标达成度
		实施保障	是否能为师资建设规划目标的实现提供必需的外部环境、组织管理、经费资源等保障
	3.2 师资建设诊改工作	诊改制度	是否制定专兼职教师、专业带头人与骨干教师聘用资格标准；是否开展对师资队伍建设成效的诊改，形成常态化的师资质量保证机制
		实施效果	教师质量意识是否得到提升；教学改革主动性是否得到改善；学生满意度是否得到持续提升；师资队伍数量、结构、水平、稳定性、社会服务能力等是否得到持续提升
4.学生全面发展保证	4.1 育人体系	育人规划	是否制定学生综合素质标准；学生素质教育培养目标定位是否准确；培养目标定位是否科学，全过程全员全方位育人、加强创意、创新、创业教育因材施教、注重分层培养与分类教学；是否实施全员全过程全方位育人
		诊改制度	是否实施对育人部门工作及效果的诊改
		实施与效果	育人工作是否已形成常态化诊改机制；育人目标达成度如何；学生自主学习能力、主动学习积极性、职业能力和创新创业能力是否得到提高
	4.2 成长环境	安全与生活保障	是否实施对服务部门服务质量的诊改，并形成常态化安全与生活质量保证机制；学校安全设施是否不断完善；学生生活环境是否不断优化；学生诉求回应速度、学生生活保障意外事故率是否不断降低；学生满意度是否持续提高
		特殊学生群体服务与资助	建立家庭困难学生、残障学生、少数民族学生等特殊学生群体管理运行机制情况；能否为特殊学生群体提供必要的设施、人员、资金、心理健康教育等文化等保障

续表

诊断项目	诊断要素	诊断点	影响因素参考提示
5.体系运行效果	5.1 外部环境改进	政策环境	能否促进社会资源引入、共享渠道的拓展；政策环境是否利于学校的质量保证体系和人才培养素质量的持续改进与完善
		资源环境	是否能够促进校内办学资源的不断优化；学校资源环境能否促进质量保证体系和人才培养质量持续改进与完善；学校的办学条件是否持续改善
		合作发展环境	学校自主诊改机制是否有利于政校合作、校企合作、校校合作的不断优化；合作发展的成效与作用是否不断呈现
	5.2 质量事故管控	管控制度	是否建立质量事故管控反馈机制，制定质量事故管理办法、分等分类的认定办法、分等的认定管理机构，制定质量事故投诉受理机制、院系两级质量事故自查自纠、形成质量事故管控常态化管理反馈机制
		发生率及影响	学校质量事故的发生率、影响程度；处理安全事故、群体性事件的速度与能力；学校质量事故与投诉发生率是否逐年减少
		预警机制	是否建立过程信息监测分析机制与质量事故预警制度；是否有突发性安全事故、群体性事件应对工作预案；是否有近三年质量事故分析报告及其反馈处理效果报告
	5.3 质量保证效果	规划体系建设及效果	各项规划是否完备、各项体系是否完备，实施是否顺利、目标达成度如何
		标准体系建设及效果	专业、课程、师资、学生发展质量标准是否完备、先进、成体系；社会认可度如何
		诊改机制建设及效果	内部质量保证体系是否日趋完善；能否在诊改过程中不断调整优化；持续改进的机制是否呈常态化并步入良性循环；人才培养质量是否得到持续提升
	5.4 体系特色	学校质量保证体系特色	学校自身质量保证体系能否形成特色、应用效果好、并能发挥辐射与影响作用

(二)具体实践

从省级层面来看,浙江省高度重视内部质量诊断与改进工作。2016年8月,浙江省教育厅印发了《浙江省高职院校内部质量保证体系诊断与改进工作实施方案》(浙教办高教〔2016〕81号),启动了内部质量保证体系诊断与改进工作。第一,成立了专门的组织机构。设立了省高职院校内部质量诊断与改进工作秘书处,协助省教育厅责任处室处理部分日常工作;组建了省级职业院校诊断与改进专家委员会,开展对高职院校诊改工作的指导、对组织抽检的复核和其他业务工作;建立了动态的诊改工作专家库,遴选熟悉高职教育教学工作、具有丰富管理经验的专家充实组织队伍和加强工作力量。工作专家委员会名单如表7-5所示。第二,加强了技术宣传支持。在全国统一的状态数据采集与管理平台基础上,开发了高职院校人才培养管理信息系统,并逐步推广应用。另外,在浙江金融职业学院校园网开辟了"浙江省高职院校内部质量诊断与改进工作"网页,集中发布全省高职院校诊改工作的相关信息。第三,明确了首批试点院校名单。浙江省共确定了金华职业技术学院、浙江工业职业技术学院、浙江国际海运职业技术学院、杭州职业技术学院、浙江经贸职业技术学院、浙江建设职业技术学院和绍兴职业技术学院7所高职院校为首批试点院校。2017年12月,浙江省教育厅按照教育部统一部署,印发了《关于全面推进高职院校教学工作诊断与改进制度建设的通知》(浙教办高教〔2017〕78号),全面推进教学工作诊断与改进制度建设。按照教育部全面覆盖的总体要求和全省高职教育创新发展实际,在2016年确定的第一批7所省级试点实施院校基础上,将未参与第一批试点的所有省重点建设校和优质建设校均增列为第二批省级试点实施单位。第四,完善了诊改制度的常态化运行,一方面浙江省教育厅继续实施全省高校教学巡回诊断检查制度,通过自我诊断和专家巡查的方式促进高职院校教育教学的改进,另一方面督促学校自身的教学诊改工作,突出诊改的主体性、自主性和针对性,这也是质量保障理念由监控评价转向诊断改进的内在原因。如浙江建设职业技术学院、浙江警官职业学院等积极响应政策号召,探索"一校一案"的特色诊改样本。整体来看,浙江省教学工作诊断与改进制度建设工作进展顺利,学校自主诊断、教育行政部门复核、学校落实诊改"三步走"扎实有效,教育教学中心地位凸显,育人成效和质量明显提高。

表7-5 浙江省高职院校内部质量保证体系诊断改进工作专家委员会名单

序号	成员姓名	成员单位及职务
1	郑亚莉	浙江金融职业学院院长(召集人)
2	管平	浙江机电职业技术学院原院长(召集人)
3	盛健	浙江金融职业学院原院长

续表

序号	成员姓名	成员单位及职务
4	谢志远	温州职业技术学院原院长
5	王怡民	浙江交通职业技术学院原院长
6	王良春	浙江工业职业技术学院原院长
7	何向荣	浙江工贸职业技术学院原院长
8	汪建云	丽水职业技术学院原院长
9	陈丽能	浙江经济职业技术学院原院长
10	胡世明	湖州职业技术学院原院长
11	胡野	金华职业技术学院原副书记
12	任君庆	宁波职业技术学院副院长
13	张红	浙江经贸职业技术学院副院长
14	李贤政	浙江商业职业技术学院副院长
15	黄柏江	绍兴职业技术学院执行院长
16	潘菊素	宁波城市职业技术学院副院长
17	张志成	浙江建设职业技术学院原院长助理
18	王成方	浙江金融职业学院原总督导(兼秘书长)

四、质量年度报告

2012年,我国开始探索实施高职教育质量年度报告制度。2019年,《国家职业教育改革实施方案》明确指出要"实施职业教育质量年度报告制度,报告向社会公开"。经过多年实践,我国已经建立了国家、省、校三级高职教育质量年度报告制度。高职教育质量年度报告制度不仅是提高人才培养质量、完善职业院校内部治理的重要途径,也成为各省级教育行政部门的一项重要工作。从全国范围来看,浙江省高职教育质量年度报告质量较为优质。

(一)省级质量年报和院校质量年报合规性评价排名前列

浙江省质量年报合规性整体水平比较高,2017—2019年《中国高等职业教育质量年度报告》显示,2016—2018年其合规性评价等级均为A,其中2016年位列第七,2017年位列第六,2018年位列第十三。浙江省各院校质量年报的合规性评价也较高,2016年85分,位列全国第十,高于全国平均值(83.4分);2017年82.56分,位列全国第十,高于全国平均值(81.1分);2018年85.07分,位列全国第五,高于全国平均值,详见表 7-6。

表 7-6 2016—2018 年高职教育省级质量年报和院校质量年报合规性评价排名

年份	省级质量年报合规性等级评价 A 等次	院校质量年报合规性评价得分排序
2016	江苏、上海、广东、北京、湖南、江西、浙江、山东、宁夏、河北、天津、云南(共 12 个省份)	浙江省 85 分,位列全国第十,高于全国平均值
2017	上海、江苏、广东、黑龙江、宁夏、浙江、重庆、北京、天津、贵州、陕西、河北、江西、山东、湖南、山西、云南、湖北、甘肃、海南(共 20 个省份)	浙江省 82.56 分,位列全国第十,高于全国平均值
2018	北京、广东、贵州、河北、湖北、湖南、江苏、宁夏、山西、陕西、上海、云南、浙江、重庆(共 14 个省份)	浙江省 85.07 分,位列全国第五,高于全国平均值

(二)国际影响 50 强省域排名前列

国际影响 50 强主要评选根据是全日制国(境)外留学生人数(一年以上)、非全日制国(境)外人员培训量、在校生服务"走出去"企业国(境)外实习时间、专任教师赴国(境)外指导和开展培训时间等 7 项指标。从 2017—2019 年《中国高等职业教育质量年度报告》发布的高职院校国际影响 50 强数据来看,入选高职院校集中分布在江苏、浙江和山东等沿海经济发达的省份。其中浙江省高职院校入选国际影响 50 强累计 18 所,在全国各省中处于前列水平,仅次于江苏省,充分彰显了浙江省高职教育的国际影响力,如表 7-7 所示。

表 7-7 2016—2018 年各省份高职院校入选国际影响 50 强情况　　(单位:所)

省份	2016 年	2017 年	2018 年	总数
江苏	14	18	19	51
浙江	6	6	6	18
山东	6	3	7	16
云南	5	4	1	10
广东	3	2	2	7
河北	2	2	2	6
重庆	1	1	3	5
贵州	2	2	1	5
湖北	2	2	1	5

续表

省份	2016年	2017年	2018年	总数
黑龙江	1	1	1	3
海南	1	1	1	3
内蒙古	1	1	1	3
广西	1	2	—	3
天津	1	—	1	2
江西	1	1	—	2
吉林	1	—	1	2
北京	—	2	—	2
陕西	—	1	1	2
河南	—	1	1	2
上海	1	—	—	1
湖南	1	—	—	1
福建	—	—	1	1

2016年,浙江省共有金华职业技术学院、义乌工商职业技术学院、宁波职业技术学院、浙江经贸职业技术学院、浙江旅游职业学院和浙江商业职业技术学院6所高职院校进入国际影响50强榜单;2017年,浙江省共有金华职业技术学院、义乌工商职业技术学院、宁波职业技术学院、浙江旅游职业学院、浙江商业职业技术学院和浙江工贸职业技术学院6所高职院校进入国际影响50强榜单;2018年,浙江省共有金华职业技术学院、义乌工商职业技术学院、宁波职业技术学院、浙江旅游职业学院、浙江商业职业技术学院和浙江交通职业技术学院6所高职院校进入国际影响50强榜单。由表7-8可知,上榜的高职院校中,除去义乌工商职业技术学院,其余高职院校均是国家"高水平学校"和国家"高水平专业群"建设单位。

表7-8 2016—2018年浙江省高职院校入选国际影响50强名单

序号	学校名称	2016年	2017年	2018年
1	金华职业技术学院	入选	入选	入选
2	义乌工商职业技术学院	入选	入选	入选
3	宁波职业技术学院	入选	入选	入选
4	浙江经贸职业技术学院	入选	未入选	未入选
5	浙江旅游职业学院	入选	入选	入选

续表

序号	学校名称	2016年	2017年	2018年
6	浙江商业职业技术学院	入选	入选	入选
7	浙江工贸职业技术学院	未入选	入选	未入选
8	浙江交通职业技术学院	未入选	未入选	入选

(三)服务贡献50强省域排名前列

服务贡献50强主要依据技术开发服务、就业贡献和培训服务3个维度排出。在打造高职教育强省战略目标的指引下,经过多年的实践和探索,浙江省高职院校综合实力跃升,就科学研究和社会服务而言,质量水平不断提高、服务范围无限拓展、方式渠道日趋多元。从近年《中国高等职业教育质量年度报告》发布的高职院校服务贡献50强数据来看,入选高职院校集中分布在江苏、浙江、广东和山东等沿海经济发达的省份。浙江省每年入选服务贡献50强高职院校的总数较为稳定,在全国各省中处于前列水平,仅次于江苏省,充分彰显了浙江省高职教育的服务贡献力,如表7-9所示。

表7-9 2016—2018年各省高职院校入选服务贡献50强情况　　　　　(单位:所)

省份	2016年	2017年	2018年	总数
江苏	10	12	16	38
浙江	9	8	9	26
广东	9	7	4	20
山东	7	5	2	14
湖北	5	3	—	8
重庆	2	3	2	7
陕西	3	1	1	5
四川	1	1	2	4
云南	—	1	2	3
贵州	—	1	2	3
湖南	—	1	2	3
河北	—	1	2	3
甘肃	1	1	—	2
青海	1	—	1	2
新疆	1	—	1	2

续表

省份	2016 年	2017 年	2018 年	总数
北京	—	1	1	2
河南	—	1	1	2
安徽	—	1	—	1
天津	—	1	—	1
黑龙江	—	1	—	1
福建	1	—	—	1
江西	—	—	1	1
辽宁	—	—	1	1

2016 年，浙江省共有 9 所高职院校入选服务贡献 50 强，分别是金华职业技术学院、温州职业技术学院、浙江建设职业技术学院、浙江金融职业学院、杭州科技职业技术学院、宁波职业技术学院、温州科技职业学院、浙江交通职业技术学院和浙江旅游职业学院。2017 年，浙江省共有 8 所高职院校入选服务贡献 50 强，分别是金华职业技术学院、宁波职业技术学院、浙江工贸职业技术学院、浙江机电职业技术学院、浙江建设职业技术学院、浙江金融职业学院、浙江交通职业技术学院和浙江旅游职业学院。2018 年，浙江省共有 9 所高职院校入选服务贡献 50 强，分别是金华职业技术学院、宁波职业技术学院、温州职业技术学院、义乌工商职业技术学院、浙江工贸职业技术学院、浙江机电职业技术学院、浙江建设职业技术学院、浙江交通职业技术学院和浙江旅游职业学院。由表 7-10 可知，上榜的高职院校中，除去义乌工商职业技术学院、杭州科技职业技术学院和温州科技职业学院，其余 9 所高职院校均是国家"高水平学校"和国家"高水平专业群"建设单位，并具有鲜明的行业性特色。

表 7-10　2016—2018 年浙江省高职院校入选服务贡献 50 强名单

序号	学校名称	2016 年	2017 年	2018 年
1	金华职业技术学院	入选	入选	入选
2	温州职业技术学院	入选	未入选	入选
3	浙江建设职业技术学院	入选	入选	入选
4	浙江金融职业学院	入选	入选	未入选
5	杭州科技职业技术学院	入选	未入选	未入选
6	宁波职业技术学院	入选	入选	入选
7	温州科技职业学院	入选	未入选	未入选

续表

序号	学校名称	2016 年	2017 年	2018 年
8	浙江交通职业技术学院	入选	入选	入选
9	浙江旅游职业学院	入选	入选	入选
10	浙江工贸职业技术学院	未入选	入选	入选
11	浙江机电职业技术学院	未入选	入选	入选
12	义乌工商职业技术学院	未入选	未入选	入选

(四)教学资源 50 强稳中有进

《中国高等职业教育质量年度报告(2018)》首次发布高职院校教学资源 50 强。报告中的教学资源涵盖教学计划内课程总数、教学科研仪器设备值、年财政拨款水平、全日制在校生人数、专任教师总数、教学及辅助行政办公用房面积、校内实践教学工位数、双师素质专任教师比例、校园网主干最大带宽、企业提供的校内实践教学设备值、企业兼职教师年课时总量等 11 项指标。通过对 2017 年 50 强院校的区域分布分析,发现东部地区高职院校教学资源条件整体较好,共有 31 所院校上榜。其中山东和广东各 7 所,江苏 6 所,而浙江只有金华职业技术学院 1 所。2018 年,浙江省共有杭州职业技术学院、金华职业技术学院、宁波职业技术学院、温州职业技术学院和浙江机电职业技术学院 5 所高职院校入围教学资源 50 强,均是国家"高水平学校"和国家"高水平专业群"建设单位,入选教学资源 50 强数量在省域层面排名第三,仅次于江苏省和山东省。

(五)育人成效 50 强省域排名前列

《中国高等职业教育质量年度报告(2019)》首次发布高职院校育人成效 50 强。该指标主要涵盖学生就业创业、学生在校体验、学生技能培养等 3 个维度,就业率、毕业三年职位晋升比例、留在当地就业比例、各类大赛等 16 个指标项目。综合排序,2018 年浙江省共有金华职业技术学院、温州职业技术学院、义乌工商职业技术学院、浙江工贸职业技术学院、浙江机电职业技术学院、浙江建设职业技术学院、浙江交通职业技术学院和浙江旅游职业学院共 8 所高职院校入围育人成效 50 强,除义乌工商职业技术学院、浙江工贸职业技术学院,其余高职院校均是国家"高水平学校"和国家"高水平专业群"建设单位,入围数量仅次于江苏省。

第三节 浙江省高职教育内部质量保障的实践探索

教学工作诊断与改进制度是高职教育内部质量保障体系建设的重要方面,是一项系统性、复杂性工作,涵盖学校、专业、课程、教师、学生5个层面,以及决策指挥、质量生成、资源建设、支持服务、监督控制5个管理环节。本小节内容主要聚焦高职教育内部质量保障体系建设,并基于浙江省高职院校教学工作诊断与改进制度建设的实践探索,通过归纳总结、案例展示等,尝试呈现浙江省高职院校内部质量保证体系建设的概貌。

一、实践举措

2017年,浙江省高职教育教学工作诊断与改进制度建设工作全面推进,各高职院校纷纷响应,聚焦质量提升,诊改纵深推进,探索形成了各具特色的内部质量保证体系。如金华职业技术学院探索建立了共建全要素网络化的"四四三四"内部质量保证体系;宁波职业技术学院探索建立了以提升人才培养质量和院校内部治理能力为核心,以"一平台两认证三服务四标准五成效"为目标任务的内部质量保证体系;浙江商业职业技术学院探索了以"五纵五横一平台"为基本框架的内部质量保证体系,建立了"树立质量理念→构建诊改体系→实施诊改运行→建立诊改机制→培育质量文化"的教学诊改模式。

(一)调整机构设置,完善组织体系

组织机构是诊改机制有序运行的前提条件。各高职院校按照"五横五纵一平台"的内部质量保证体系架构,纷纷在学校层面成立了专门的领导机构,二级单位和专业(课程)层面也成立了质量保证工作组,建成了完善的组织体系,以保证诊改工作的落地。如温州职业技术学院建成了"学院诊改委员会、诊改办和各工作小组、系部(二级学院)质量保证工作组、专业(课程)质量保证工作小组"的四级教学诊改队伍组织体系,多部门多层面协同推进教学诊改工作。其中诊改委员会由院长任主任,相关院领导任副主任,党院办、教务处、教学质量监控处等18个职能部门负责人任委员,设立7个专项工作小组,负责推进学院教学诊改制度建设。浙江商业职业技术学院成立了以校长为组长的教学诊改领导小组,质量监控办公室具体负责教学诊改工作的实施。以学校教学诊改领导小组为统领,相继成立了专业诊改、课程诊改、师资诊改和学生发展诊改工作组,分别对应学校、专业、教学、教师和学生5个横向系统进行专项诊改,明确各教学单位和职能部门在决策指挥、质量生成、资源建设、支持服务和监督控制5个纵向系统的功能和作用,形成了一张全员、全方位、全过程的教学诊改网。浙江艺术职业学院在"校诊改委""校诊改办"的指导下,成立了各职能部门和二级单位诊改工作小组,明确了二级教学单位、专业团队、课程团队的质量保证工作职责。

(二)坚持系统推进,优化诊改机制

第一,建立制度体系。制度建设是内部质量保证体系有效运行的机制保障。常态化诊改工作机制的运行是一项系统性工程,仅仅依靠《内部质量保证体系诊断与改进实施方案》远远不够,还需要专业建设诊改办法、专业课程建设诊改办法、教师年度工作业绩考核办法等系列制度支撑,最终形成以目标管理为核心、以过程管理为关键、以绩效管理为导向的制度链,推进职业院校治理体系和治理能力现代化。如浙江商业职业技术学院以《章程》为总纲,健全了教学管理制度、学生管理制度、校院二级管理办法、人事、财务和后勤等450余项管理制度,构建了以基本管理制度和具体规章制度为主体的制度体系。义乌工商职业技术学院以"制度管权、流程管事、绩效量化"为原则,梳理完善了运行管理、约束激励和实践实施等模块的诊改相关核心制度。第二,分层分步推进。按照试点先行、分步实施、整体推进的步骤,分层分步推进"学校、专业、课程、师资、学生"五个层面的诊改工作。学校层面,实施目标任务年度、月度考核性诊断,通过"目标—标准—运行—诊断—改进"螺旋递进的常态化自我诊改机制,形成及时诊断、持续改进的良性循环。专业层面,按照专业教学标准和专业建设方案开展诊改,根据《教育部关于职业院校专业人才培养方案制订与实施工作的指导意见》要求,完成专业人才培养方案修订工作。课程层面,推动课程标准的修(制)订工作,同时加强课堂教学质量督导。如浙江旅游职业学院完善了三级教学督导队伍,建成专职督导与兼职督导相结合、院内专家与院外专家相结合、教师与学生相结合双向三级督导体系。浙江金融职业学院在原有教学工作例会、学生座谈会和教师座谈会上的口头反馈、督导周报和邮件反馈基础上,定期汇编《教学与观察》,推荐与交流教改经验、学习质量监控制度及前沿动态,构建了常态与专项、广度和深度、线上与线下相结合的质量监控反馈立体网络。教师层面,以教师发展标准为依据开展自我诊改和考核性诊断。学生层面,按学生发展标准开展自测诊断并引导改进。

(三)构建信息平台,强化数据支撑

建立诊改平台有利于对各层面质量实施全面数据分析,通过纵横对比和持续跟踪展现分析结果,实时、常态化支撑学校教学诊改有效推进,进而不断强化内部质量保障体系建设。因而,为科学支撑精准治理与个性化学习,各高职院校大力推进大数据诊改平台建设,以实现数据的源头采集、即时采集和实时开放共享。如浙江艺术职业学院投入300余万元,建设统一信息门户和数据中心,打造学校层面的共享数据中心和大数据云教学管理平台,实现师生服务、质量诊断和日常教学管理的信息化。浙江旅游职业学院投入200余万元建成一个信息化诊改平台,促进学院各个部门之间的联动,联通各相关平台数据,打通数据最后"一公里",打破"信息孤岛",将学院绩效考核、人才培养状态数据采集等工作与诊改工作有机融合,构建富有内生动力的常态化诊断改进工作机制。浙江经贸职业技术学院注重内部质量管理信息化、专业化建设,将数据分析、量化研究与定性研究相结合,通过校本状态数据平台建设,将教学业绩考核数据指标、高等职业教育质量年报数据指标、毕业生职业发展及人才培养质量跟踪调查数据与日常管理工作相结合,通过数据的实时采集、日常分析和阶段评估,建立常态化的SWOT信息化管理模式,查找短板、科学诊断、落实措施、持续改进,将PDCA质量管理程序常态化和制度化。

二、个案分析

金华职业技术学院作为浙江省首批诊改试点院校,诊改工作起步较早。从2016年起,学校围绕目标、过程、节点、结果等要素,运用信息化技术构建了全要素网络化的内部质量保障体系,探索实施了四方参与、四类评价、三个平台、四支队伍的"四四三四"内部质量诊断与改进之路(见图7-1)。"四四三四"内部质量保障体系内涵如下:

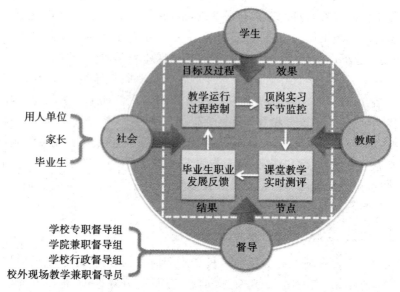

图7-1 金华职业技术学院"四四三四"内部质量保障体系

四方参与。根据高职教育的开放性和跨界特征,学校针对评价主体单一、监控指标抽象、督导时空局限、管理手段传统等问题,让更多的利益相关者参与进来,学生、教师、督导、社会共同参与评价,质量评价由校内向校外延伸。

四类评价。教学评价抓源头、重过程,聚焦课程与实践两个落实,抓好教学运行的过程控制、课堂教学的实时测评、顶岗实习环节的监控和毕业生职业发展的反馈，最终形成人才培养质量的成效评价。

三个平台。建立了"一主二辅"三个信息平台。"一主"是内部质量诊断与改进系统平台，打通与业务平台数据联通渠道，共建共享数据信息，使人人成为诊改平台的建设者和数据的使用者、监督者；"二辅"是教学质量管理系统和教学评价系统，将课程教学、毕业教学、教学评价、教研实践等环节通过系统平台进行管理，为内部质量诊改平台提供基础性的教学管理数据，全面推动诊改平台实现数据源头采集、即时采集、智能分析、全方位监测、分类预警等功能，并为周期性诊改（大循环）和即时性诊改（小循环）提供依据。

四支队伍。学校建立了校院结合、校企结合的专职督导、兼职督导、现场督导和行政督导四支督导队伍。督导人员来自政府、行业、企业、学校和社会，全面参与学校重点项目、专业培养方案、校内外实践教学、教师社会实践、毕业设计等各项工作的督查、评价与指导。

学校内部质量保障体系最大的特色和亮点就在于智能化。围绕质量控制关键节点与核心指标，构建了学校发展性诊改、专业发展性自我诊改、课程全过程自我诊改、教师发展性自我诊改、学生成长性自我诊改等五大内部诊改载体，运用课堂教学实时评价、教学质量过程监测、毕业生跟踪调查、学生学业评价、用人单位满意度评价等方式，全面实施教育教学质量诊断与改进，形成了从目标、过程到结果的质量评价体系，完善了从收集、分析到评价、控制、改进的质量信息闭环系统，如图7-2所示，其特点主要体现以下两方面：

一是诊改系统集成。学校立足现有信息化管理平台，通过自主开发和引进相结合的方式，打通已有的教务、人事、科研、学生等管理平台，按照"数据可采集、数据可存储、目标可设计、指标可对比、维度有画像、问题有预警、诊断有过程、改进有建议、报告可生成、结果可分析"的基本原则，搭建教学诊断与改进系统平台。该平台涵盖学校、专业、课程、教师、学生五个层面，包括大数据管理、智能填报系统、诊改过程管理系统、诊改展示系统等多个模块，集信息采集、数据治理、数据分析、数据画像、数据监测及预警等功能于一体。

二是诊改数据共享。学校管理系统的数据实现了"无感知"数据采集、整合与共享。通过教学诊改系统平台，实现对各管理平台日常数据的自动收集，并对各类诊改源数据进行清洗、转换、处理、深度挖掘和专业分析。如，在课程层面，实时抓取课程信息、授课资料与教学进度、学生到课与课堂参与、学生学习评价、督导评教等30余个质控数据，在分析、处理基础上，通过模型运算，以雷达图、柱状图等形式形成课程画像，对问题数据进行预警，提醒相关教师、学校进行改进，形成课程诊改分析报告。

图 7-2　金华职业技术学院教学诊改运行系统

第八章 科学研究与社会服务

教学、科研和社会服务是高职院校的重要功能,其中科研能力和社会服务能力已成为衡量高职院校综合实力的重要指标。对于高职院校而言,不仅要做好教学的主体工作,更需要在科研和社会服务方面有突破有贡献,这既是高水平高职院校建设的应有之义,也是高职院校反哺教学、服务经济社会发展的责任所在。无论是国家"双高计划"还是省"双高计划",都将提升社会服务能力作为重点建设内容。相较于本科高校,高职院校的科研和社会服务有自身的特殊性,贴近区域经济和产业发展前沿,立地式和应用型导向鲜明。特别是在浙江省经济结构调整、产业转型升级加快的时代背景下,应用型的科研和社会服务是经济高质量发展的重大支撑,高职院校更应该责无旁贷地发展高质量的科研和社会服务。

第一节 浙江省高职院校科学研究状况

内涵建设为科学研究夯实基础,科学研究引领内涵发展。国家级和省部级科研项目是高职院校科研水平的重要标志。本节主要在 2006—2015 年数据的基础上,梳理分析 2016—2020 年浙江省高职院校纵向科研项目状况。其中国家级项目主要分析国家社会科学基金项目、国家自然科学基金项目,省部级项目主要分析教育部人文社会科学项目、浙江省哲学社会科学规划项目、浙江省自然科学基金项目和浙江省科技厅公益性技术应用研究计划项目等。近年来,在内涵质量发展导向下,各高职院校越来越重视高层次科学研究成果的引领,积极组织搭建科研平台,悉心培育高层次科研项目,精心营造良好的学术氛围,涌现出了一批高层次、高质量、高水平的科研成果。从数据观测可知,浙江省高职院校各级各类纵向课题立项数量稳定增长,项目覆盖逐渐广泛,很好地彰显了科学研究的价值和功能。

一、浙江省高职院校国家级科研项目立项情况

(一)国家社会科学基金项目

十多年来,全国高职院校获国家社会科学基金项目立项仅 145 项,虽然总量上偏少,但是整体发展态势呈递增趋势。2016—2020 年间,西藏、甘肃、江西、海南、黑龙江、辽宁等省份的高职院校实现了国家社会科学基金项目立项数的零的突破。

相对于其他省份,浙江省获国家社会科学基金项目立项数不仅有先发优势,早在2009年便实现了国家社会科学基金项目的零的突破,还具有数量上的领先优势,截至2020年,浙江省共有14所高职院校的26项项目获国家社会科学基金项目立项,除去2012年和2015年,几乎每一年都有高职院校立项国家社会科学基金项目,立项总数居全国之首,占全国高职院校国家社会科学基金项目立项总数的17.93%,详见表8-1。进一步分析发现,2016—2020年间,浙江省新增的立项高职院校就有6所之多,新增的立项数就有14项,这意味着浙江省高职院校整体的科研实力在提升,越来越多的高职院校开始瞄准并在国家级科研项目上发力,如浙江工商职业技术学院、杭州职业技术学院、浙江经济职业技术学院和浙江广厦建设职业技术大学等学校近年来就实现了国家社会科学基金项目立项数的零的突破。浙江旅游职业学院、金华职业技术学院、温州职业技术学院和浙江金融职业学院则在原来的基础上实现了国家社会科学基金项目立项数的稳递增。

表8-1 2007—2020年全国高职院校国家社会科学基金项目立项数一览表

年份	总数	浙江	广东	江苏	湖南	新疆	云南	北京	广西	西藏	甘肃	河北	江西	福建	山东	河南	湖北	重庆	内蒙古	海南	四川	天津	黑龙江	辽宁
2007	4	1			1	1	1																	
2008	3		1	1											1									
2009	6	1	1		2	1	1																	
2010	10	2		2	2			1	1							1					1			
2011	13	3	1		3		1				1				1	1			1			1		
2012	5		2		1						1				1									
2013	10	4					1	2			1			1		1								
2014	6	2		2													1	1						
2015	3		2		1																			
2016	18	2	5	2	1		1	1			1	1								1		1	1	
2017	18	3	2	2	1	2	3				1		1		1	1						1		
2018	13	1	2	1		1	2		1		2	1					1							
2019	22	3	2	1	2		2	2	1		1	1	1		1	1	1		1		1			
2020	14	5			1	1	1				1		1			1								1
总数	145	26	21	12	11	10	9	8	7	6	4	4	4	4	4	3	2	2	2	2	2	1	1	1

从具体学校来看,2009—2020年,浙江省共有14所高职院校获国家社会科学基金项目立项,其中,浙江旅游职业学院以5项居榜首;金华职业技术学院和温州

职业技术学院以 4 项并列第二；浙江金融职业学院和丽水职业技术学院并列第三；宁波卫生职业技术学院、浙江警官职业学院、义乌工商职业技术学院、杭州万向职业技术学院、衢州职业技术学院、浙江工商职业技术学院、杭州职业技术学院、浙江经济职业技术学院和浙江广厦建设职业技术大学各 1 项。浙江省 6 所国家高水平学校建设单位、9 所国家高水平专业群建设单位中分别有 4 所高职院校和 3 所高职院校共 18 个项目立项，立项数占浙江省总立项数的 69.23%，具体见表 8-2 和表 8-3。

表 8-2　2009—2020 年浙江省高职院校国家社会科学基金项目立项数一览表

单位	总数	2009年	2010年	2011年	2012年	2013年	2014年	2015年	2016年	2017年	2018年	2019年	2020年
♯浙江旅游职业学院	5		1				1						3
*金华职业技术学院	4	1				1				1		1	
*温州职业技术学院	4		1	1		1							
*浙江金融职业学院	2									1		1	
丽水职业技术学院	2				1		1						
宁波卫生职业技术学院	1			1									
♯浙江警官职业学院	1					1							
义乌工商职业技术学院	1					1							
杭州万向职业技术学院	1								1				
衢州职业技术学院	1								1				
浙江工商职业技术学院	1									1			

续表

单位	总数	2009年	2010年	2011年	2012年	2013年	2014年	2015年	2016年	2017年	2018年	2019年	2020年
*杭州职业技术学院	1										1		
♯浙江经济职业技术学院	1											1	
浙江广厦建设职业技术大学	1											1	
总数	26	1	2	3	0	4	2	0	2	3	1	3	5

注：带*的为国家高水平学校建设单位，带♯的为国家高水平专业群建设单位，下同。

表8-3　2009—2020年浙江省高职院校国家社会科学基金项目立项名单

序号	项目名称	项目负责人	工作单位	项目类别	学科分类	立项时间
1	高职院校兼职教师有效管理的实践与研究	王振洪	金华职业技术学院	一般项目	教育学	2009年
2	旅游景区无形资产的构成因素及评价指标体系研究	王昆欣	浙江旅游职业学院	一般项目	应用经济	2010年
3	基于工学结合的高职系统化多层次实践教学体系的研究与实践研究	丁金昌	温州职业技术学院	一般项目	教育学	2010年
4	沿海发达地区新生代农民工城市融入研究	杨聪敏	宁波卫生职业技术学院	一般项目	人口学	2011年
5	高职院校高技能人才培养的绩效评估与应对策略研究	李小娟	温州职业技术学院	一般项目	教育学	2011年
6	我国民间信仰的当代变迁与社会适应研究	张祝平	丽水职业技术学院	青年项目	社会学	2011年
7	大数据技术：数据驱动下的警务模式与控制犯罪问题研究	付艳茹	浙江警官职业学院	一般项目	统计学	2013年

续表

序号	项目名称	项目负责人	工作单位	项目类别	学科分类	立项时间
8	来华非洲人社会交往和跨文化适应研究	李慧玲	义乌工商职业技术学院	一般项目	人口学	2013年
9	高职院校管理文化及其创新策略研究	王振洪	金华职业技术学院	一般项目	教育学	2013年
10	高职院校技术型人才培养路径的整体创新设计与实践研究	丁金昌	温州职业技术学院	一般项目	教育学	2013年
11	20世纪《孙子兵法》英译研究	裘禾敏	浙江旅游职业学院	一般项目	语言学	2014年
12	"新型农民学院"的创新机制实践研究	刘克勤	丽水职业技术学院	一般项目	教育学	2014年
13	孔氏南宗家庙与江南明代祠堂建筑史料整理研究	陆小赛	衢州职业技术学院	一般项目	艺术学	2016年
14	跨太平洋伙伴关系协定背景下的中国制造标准国际化路径研究	刘淑春	杭州万向职业技术学院	青年项目	应用经济	2016年
15	高等教育普及化背景下地方高校与县域合作办学的机制研究	姚奇富	浙江工商职业技术学院	一般项目	教育学	2017年
16	中国民营美术馆现状调查与可持续发展研究	张剑	金华职业技术学院	一般项目	艺术学	2017年
17	中国制造业国际生产环节优化的约束机制与破解路径研究	郑亚莉	浙江金融职业学院	一般项目	应用经济	2017年
18	现代学徒制运行机制的国际比较和中国路径优化研究	贾文胜	杭州职业技术学院	一般项目	教育学	2018年
19	基于人才链匹配产业链的高职院校专业群建构内在机理及实施路径研究	成军	金华职业技术学院	一般项目	教育学	2019年
20	我国职业教育产教融合立法研究	方益权	温州职业技术学院	一般项目	教育学	2019年

续表

序号	项目名称	项目负责人	工作单位	项目类别	学科分类	立项时间
21	《翰苑新书》整理与研究	李海洁	浙江经济职业技术学院	青年项目	中国文学	2019年
22	浙江当代戏曲史	蒋中崎	浙江旅游职业学院	重点项目	艺术学	2020年
23	文化记忆视野下的乡村旅游历史人类学意义及第三水平文旅融合理论研究	高长江	浙江旅游职业学院	一般项目	艺术学	2020年
24	线上线下融合的乡村文化旅游模式及实现路径研究	朱倩倩	浙江旅游职业学院	一般项目	艺术学	2020年
25	明清江南木雕史	张伟孝	浙江广厦建设职业技术大学	一般项目	艺术学	2020年
26	数字化时代高水平高职学校"三教"改革路径研究	郭福春	浙江金融职业学院	一般项目	教育学	2020年

(二)国家自然科学基金项目

从全国范围来看,每年高职院校立项国家自然科学基金项目屈指可数。2006—2019年,广东省高职院校以立项总数85项排名第一,江苏省高职院校以立项总数32项位居第二,浙江省高职院校共有27项项目获国家自然科学基金项目立项,立项总数位居全国第三,占全国高职院校国家自然科学基金项目立项总数的16.27%,如表8-4所示。但如果仅从2016—2019年的数据来看,浙江省高职院校国家自然科学基金项目总立项数与江苏省并列第二。2016年,全国共9所高职院校12个项目获国家自然科学基金项目立项,其中浙江省高职院校国家自然科学基金项目立项数为1项,占全国高职院校的比例是8.33%;2017年,全国共13所高职院校18项项目获国家自然科学基金项目立项,其中浙江省高职院校国家自然科学基金项目立项数为3项,占全国高职院校的比例是16.67%;2018年,全国共10所高职院校15项项目获国家自然科学基金项目立项,其中浙江省高职院校国家自然科学基金项目立项数为2项,占全国高职院校的比例是13.33%;2019年,全国共8所高职院校19项项目获国家自然科学基金项目立项,其中浙江省高职院校国家自然科学基金项目立项数为 5 项,占全国高职院校的比例是 26.32%,详见表 8-5。

表 8-4　2005—2019 年全国高职院校国家自然科学基金项目立项数一览表

年份	总数	浙江	广东	江苏	河北	河南	山东	北京	云南	福建	江西	广西	天津
2005	2		2										
2006	4	1	2	1									
2008	5		4	1									
2009	7		6	1									
2010	4		1	1	1	1							
2011	9	1	5	2					1				
2012	17	4	8	2	1		1				1		
2013	19	4	6	5			1	2			1		
2014	18	3	9	3	1	1						1	
2015	17	3	8	5									1
2016	12	1	8	1		1			1				
2017	18	3	9	3		1	1	1					
2018	15	2	7	4		1	1						
2019	19	5	10	3				1					
总数	166	27	85	32	3	5	4	4	1	2	1	1	1

注:2020 年国家自然科学基金项目立项情况的立项名单未公开,故暂未统计在内。另 2016 年后浙江医学高等专科学校、浙江水利水电专科学校已转成本科高校,未统计在内,下同。

表 8-5　2016—2019 年全国高职院校国家自然科学基金项目立项情况一览表

立项时间	依托单位	立项数	批准金额/万元
2016 年	深圳职业技术学院	3	138
	广东食品药品职业学院	2	40
	顺德职业技术学院	1	20
	浙江纺织服装职业技术学院	1	20
	广东轻工职业技术学院	1	19
	深圳信息职业技术学院	1	18
	厦门医学高等专科学校	1	17
	南阳医学高等专科学校	1	17
	江苏建康职业学院	1	17
	总计	12	306

续表

立项时间	依托单位	立项数	批准金额/万元
2017年	深圳信息职业技术学院	3	74
	深圳职业技术学院	2	119
	广东食品药品职业学院	2	40
	江苏农牧科技职业学院	2	48
	金华职业技术学院	1	60
	浙江医药高等专科学校	1	58.5
	宁波卫生职业技术学院	1	48
	广东轻工职业技术学院	1	25
	黄河水利职业技术学院	1	25
	苏州卫生职业技术学院	1	25
	北京电子科技职业学院	1	24
	山东医学高等专科学校	1	20
	顺德职业技术学校	1	16
	总计	18	582.5
2018年	南京工业职业技术学院	3	72
	深圳职业技术学院	2	50
	广东食品药品职业学院	2	46
	浙江医药高等专科学校	2	44
	江苏卫生健康职业学院	1	57
	山东医学高等专科学校	1	25
	广州民航职业技术学院	1	25
	黄河水利职业技术学院	1	21
	顺德职业技术学院	1	21
	深圳信息职业技术学院	1	17
	总计	15	378

续表

立项时间	依托单位	立项数	批准金额/万元
2019年	深圳职业技术学院	8	267
	金华职业技术学院	3	104
	深圳信息职业技术学院	2	84
	浙江医药高等专科学校	2	42
	北京电子科技职业学院	1	26
	江苏农牧科技职业学院	1	24
	无锡职业技术学院	1	22
	江苏医药职业学院	1	21
	总计	19	590

从具体学校来看,相比国家社会科学基金项目,浙江省高职院校在立项总数上差别不大,但是获国家自然科学基金项目立项的高职院校分布较为集中,主要集中在金华职业技术学院(10项)、浙江医药高等专科学校(8项)、浙江医学高等专科学校(6项)、浙江纺织服装职业技术学院(2项)、宁波卫生职业技术学院(2项)和浙江建设职业技术学院(1项),具体见表8-6和表8-7。可知,浙江省大多数高职院校尚未实现国家自然科学基金项目的立项突破,这既和高职院校本身的科研实力相关,也和高职院校自身的性质、专业分布等因素相关。

表8-6 2006—2020年浙江省高职院校国家自然科学基金项目立项数一览表

单位	总数	2006年	2011年	2012年	2013年	2014年	2015年	2016年	2017年	2018年	2019年	2020年
*金华职业技术学院	10	1		2		1		1			3	2
浙江医药高等专科学校	8					1	2		1	2	2	
浙江医学高等专科学校	6			4		2						
浙江纺织服装职业技术学院	2				1			1				

续表

单位	总数	2006年	2011年	2012年	2013年	2014年	2015年	2016年	2017年	2018年	2019年	2020年
宁波卫生职业技术学院	2				1				1			
♯浙江建设职业技术学院	1	1										
总数	29	1	1	4	4	3	3	1	3	2	5	2

表8-7 2006—2020年浙江省高职院校国家自然科学基金项目立项名单

序号	项目名称	项目负责人	工作单位	批准金额/万元	立项时间
1	大尺度结构面力学性质稳定阈值评价方法	杜时贵	浙江建设职业技术学院	40	2006年
2	基于根表铁膜控制的水稻耐铝性及调控机理研究	邢承华	金华职业技术学院	24	2011年
3	强力学仿生细胞外基质纳米纤维支架介导DCN shRNA长效转染ASCs的肌腱缺损修复研究	银国利	浙江医学高等专科学校	23	2012年
4	Ar细胞在SAH状况下的活化和作用研究	信照亮	浙江医学高等专科学校	10	2012年
5	转录因子Bhlhb2在ADHD中的调节网络研究	吴丽慧	浙江医学高等专科学校	80	2012年
6	Stkp/phpp-CiaH/CiaR信号网络及相关microRNA调控炎链球菌耐药分子机制	孙爱华	浙江医学高等专科学校	70	2012年
7	新型过渡金属双七钨磷氧簇化合物的有效可控合成及结构表征	张必松	金华职业技术学院	15	2013年
8	水稻联合收割机脱分选系统工作机理及设计方法研究	王志明	金华职业技术学院	25	2013年

续表

序号	项目名称	项目负责人	工作单位	批准金额/万元	立项时间
9	纳米表明壳聚糖-胶原复合膜对肝细胞P450酶诱导性的调节及其机制	杨菊林	宁波卫生职业技术学院	23	2013年
10	银-氯化银修饰纤维集合体作为柔性心电电极的动态电-力学性能研究	张 辉	浙江纺织服装职业技术学院	25	2013年
11	低频率电刺激海马下托对难治性癫痫的作用及其机制研究	钟 恺	浙江医学高等专科学校	23	2014年
12	Nckl在NMDA受体介导的缺血性神经损伤中的作用及其机制研究	艾 恒	浙江医学高等专科学校	25	2014年
13	腺苷酸激酶差异表达对茭白采后衰老的作用机制研究	罗海波	浙江医药高等专科学校	26	2014年
14	液氨熏蒸下黄瓜连作土壤微生物区系特征及其定向调控	张树生	金华职业技术学院	72	2015年
15	水溶性硫脲配体的合理设计、合成及应用于钯催化的交叉偶联反应研究	陈 维	浙江医药高等专科学校	21	2015年
16	糟鲭鱼中微生物多样性分析及其对组胺消长机制的研究	汤海清	浙江医药高等专科学校	20	2015年
17	海水环境Cr(X)N涂层磨蚀行为下动态钝化机制研究	单 磊	浙江纺织服装职业技术学院	20	2016年
18	软磁非晶合金多形相变结构模型建立及机理研究	葛健芽	金华职业技术学院	60	2017年
19	不同支架材料构建的三维炎症微环境对神经干细胞迁移的调控作用研究	宋 琴	浙江医药高等专科学校	58.5	2017年

续表

序号	项目名称	项目负责人	工作单位	批准金额/万元	立项时间
20	基于合作博弈的失智老人长期照护社会支持系统研究	贾让成	宁波卫生职业技术学院	48	2017年
21	基于肠道微生态和代谢组学的丹参清心除烦功效物质基础与生物学机制研究	蔡红蝶	浙江医药高等专科学校	23	2018年
22	药辅一体的齐墩果酸仿生口服给药系统研究	夏晓静	浙江医药高等专科学校	21	2018年
23	符号图的圆盘染色及k-染色	亢莹莉	金华职业技术学院	26	2019年
24	基于SCR反应的含稀土元素硅铝八元环分子筛的设计合成及晶化机理研究	边超群	金华职业技术学院	22	2019年
25	中国炭蜂虻亚科系统进化及分子系统学研究	姚 刚	金华职业技术学院	56	2019年
26	NO介导富氢水调控三叶青耐寒性及品质成分的分子机理研究	彭 昕	浙江医药高等专科学校	21	2019年
27	调控脉络丛微环境的多功能纳米传递系统的构建及其对缺血性脑卒中抗炎机制研究	纪忠华	浙江医药高等专科学校	21	2019年
28	新型高温镍基非晶态钎料及钎焊机理研究	杨晓红	金华职业技术学院	58	2020年
29	基于交替方向乘子法框架的求解逻辑回归的算法设计研究	黄宜真	金华职业技术学院	24	2020年

二、浙江省高职院校省部级科研项目立项情况

(一)教育部人文社会科学研究项目

2006—2020年,浙江省共37所高职院校200项项目获教育部人文社会科学研究项目立项(不含专项)。其中,2006—2015年29所高职院校立项了115项,2016—2020年有85项项目立项。总体来看,浙江省高职院校教育部人文社会科学

研究项目立项趋势较为稳定,但2019年立项数仅为9项,为近十年来最低值,详见图8-1。

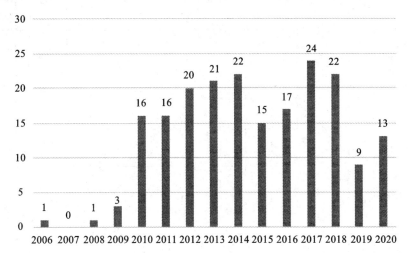

图8-1 2006—2020年浙江省高职院校获教育部人文社会科学项目立项数

浙江省高职院校中获教育部人文社会科学项目立项最多的是浙江金融职业学院,立项数为21项;金华职业技术学院和宁波职业技术学院以立项数15项并列第二;台州职业技术学院以立项数13项位居第三;宁波城市职业技术学院和浙江工商职业技术学院的立项数分别为12项和10项,其他高职院校的立项数均为个位数。其中6所国家高水平学校建设单位立项数为74项,占总立项数的37%;8所国家高水平专业群建设单位(浙江艺术职业学院未立项)立项数为40项,占总立项数的20%,详见表8-8。

表8-8 2006—2020年浙江省高职院校获教育部人文社会科学项目立项数一览表

单位	总数	2006年	2007年	2008年	2009年	2010年	2011年	2012年	2013年	2014年	2015年	2016年	2017年	2018年	2019年	2020年
*浙江金融职业学院	21					2	4	6	1	2		2		2	1	1
*金华职业技术学院	15	1			4			2	1	1			2	3		1
*宁波职业技术学院	15							1		3	2	5	1	1	1	1
台州职业技术学院	13			1	1	3	1		1	3	1	1		1		

续表

单位	总数	2006年	2007年	2008年	2009年	2010年	2011年	2012年	2013年	2014年	2015年	2016年	2017年	2018年	2019年	2020年
宁波城市职业技术学院	12						2		1	4	1	1	2	1		
浙江工商职业技术学院	10						1	2	3			3	1			
*浙江机电职业技术学院	9				1			1	1		2		2	1		1
*温州职业技术学院	9							1	2			2	2	1		1
♯浙江经济职业技术学院	8						1		1	2	1	1	1			1
♯浙江旅游职业学院	8			2	1	1				1		1	1		1	
♯浙江警官职业学院	7							2	1	2			1			1
湖州职业技术学院	5					1	1	2		1						
♯浙江建设职业技术学院	5								1	1	1		1			
杭州科技职业技术学院	5								1	1	1		2			
♯浙江商业职业技术学院	5								1			2	1	1		

续表

单位	总数	2006年	2007年	2008年	2009年	2010年	2011年	2012年	2013年	2014年	2015年	2016年	2017年	2018年	2019年	2020年
*杭州职业技术学院	5								1		1			1	2	
浙江工业职业技术学院	4						2	1				1				
浙江长征职业技术学院	4					1			2				1			
♯浙江经贸职业技术学院	4							1	1					2		
浙江特殊教育职业学院	4										1	1	1			1
浙江广厦建设职业技术大学（浙江广厦建设职业技术学院）	3											2				1
浙江东方职业技术学院	3					1							1			1
义乌工商职业技术学院	3						1							1		1
丽水职业技术学院	2						1	1								
衢州职业技术学院	2					1		1								

续表

单位	总数	2006年	2007年	2008年	2009年	2010年	2011年	2012年	2013年	2014年	2015年	2016年	2017年	2018年	2019年	2020年
嘉兴职业技术学院	2									1	1					
宁波卫生职业技术学院	2						1						1			
♯浙江交通职业技术学院	2									1			1			
绍兴职业技术学院	2													1		1
温州科技职业学院	2													1	1	
浙江横店影视职业学院	2															2
浙江医药高等专科学校	2												1		1	
浙江纺织服装职业技术学院	1					1										
浙江育英职业技术学院	1								1							
杭州万向职业技术学院	1												1			
♯浙江工贸职业技术学院	1													1		

续表

单位	总数	2006年	2007年	2008年	2009年	2010年	2011年	2012年	2013年	2014年	2015年	2016年	2017年	2018年	2019年	2020年
浙江体育职业技术学院	1													1		
总数	200	1	0	1	3	16	16	20	21	22	15	17	24	22	9	13

（二）浙江省哲学社会科学规划项目

2007—2020年,浙江省高职院校共立项599项省哲学社会科学规划项目（不含专项或基地、智库项目）。其中2007—2015年共有42所高职院校379项项目立项,2016—2020年有220项项目立项。由图8-2可知,浙江省高职院校获省哲学社会科学规划项目立项数总体呈增长趋势,2012年立项数增长尤为明显,高达73项,随后基本稳定在35～51项之间。

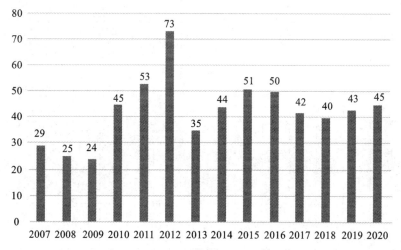

图8-2　2007—2020年浙江省高职院校省哲学社会科学规划项目立项数

具体分析发现,历年获省哲学社会科学规划项目立项数最多的是金华职业技术学院,有44项;浙江金融职业学院以43项位居省内第二;浙江商业职业技术学院以36项位居省内第三。其中6所国家高水平学校建设单位立项数为151项,占总立项数的25.21%;9所国家高水平专业群建设单位立项数为138项,占总立项数的23.04%。其他大多高职院校的立项数分布在5～20项之间,每一年也在不停地累积增量优势。虽然获省哲学社会科学规划项目的高职院校分布相对集中,不过近年获该项目的高职院校范围在不断扩大,越来越多的高职院校先后实现了立项数的零的突破,如浙江农业商贸职业学院、嘉兴市南洋职业技术学院、浙江育英职业技术学院和浙江安防职业技术学院等,详见表8-9。

表8-9 2007—2020年浙江省高职院校省哲学社会科学规划项目立项数一览表

单位	总数	2007年	2008年	2009年	2010年	2011年	2012年	2013年	2014年	2015年	2016年	2017年	2018年	2019年	2020年
*金华职业技术学院	44	6	2	1	6	5	7	3	2	1		3	2	3	3
*浙江金融职业学院	43	4	3	5	5	5	5	1	2	3	2	1	2	2	3
#浙江商业职业技术学院	36	2	3	3	2	5	4	1	4	1	7	1	2	1	
丽水职业技术学院	23			1	4	4	4		2	2	1		2	3	
#浙江经济职业技术学院	22	2	1		2	2	5	1	1	1	1	2	1	1	2
*杭州职业技术学院	22	4	3	1	2	2	1		1	2		1	1	2	2
浙江工商职业技术学院	21	2			2	2	3	1	3	2	1	1	1	1	2
#浙江旅游职业学院	20		1		2	2	1	1		2	4	2	1	1	3
*宁波职业技术学院	20	1			1		2	1	2	3		1	4	1	3
浙江水利水电专科学校	18	2	2	1	3	2	8								

续表

单位	总数	2007年	2008年	2009年	2010年	2011年	2012年	2013年	2014年	2015年	2016年	2017年	2018年	2019年	2020年
宁波城市职业技术学院	18			1	1	1	2	1	2	1	2	2	2	2	1
绍兴职业技术学院	17					1				1	3	4	4	2	2
温州科技职业技术学院	15				2	2	2	1	2	3	1	2			
#浙江建设职业技术学院	15		1	1	1		2	1	1		1	3	1	1	2
义乌工商职业技术学院	15			1	1	2		1	1	1	3		1	1	3
嘉兴职业技术学院	14	1			2	2	3		1		2	1	1		
*温州职业技术学院	14	1	1			2	2	1	1	2	1		2		1
湖州职业技术学院	14			3		1	2	1	2		2			1	1
杭州科技职业技术学院	14					3	2	1		3	1	1	1		2
#浙江经贸职业技术学院	13				2	1	2	1	1	2	2	1		1	
台州职业技术学院	13			3	1		1		1	3		1	1		1

续表

单位	总数	2007年	2008年	2009年	2010年	2011年	2012年	2013年	2014年	2015年	2016年	2017年	2018年	2019年	2020年
衢州职业技术学院	11		2	1	1		1	1	1		1	1	1	1	
#浙江工贸职业技术学院	11			1	1		1	1	1	1	1	1	1	1	1
宁波卫生职业技术学院	11				2				1	1	1		1	3	2
杭州万向职业技术学院	10					1	1	1	2	2	2			1	
浙江纺织职业技术学院	10		1		2	1	1	2	1			1		1	
浙江广厦建设职业技术大学（浙江广厦建设职业技术学院）	10					1	1	1	1	1		1	1	1	2
浙江医学高等专科学校	10		3		1	2	1	2	1						
#浙江艺术职业学院	9		1			2		2		2	1			1	
#浙江警官职业学院	8	2		1			1	1	1			1			
浙江同济科技职业学院	8					1	2	2	1	1				1	

220

续表

单位	总数	2007年	2008年	2009年	2010年	2011年	2012年	2013年	2014年	2015年	2016年	2017年	2018年	2019年	2020年
＊浙江机电职业技术学院	8		1			1			1	2		1	1	1	
浙江工业职业技术学院	8						1		1	2	1		1	1	1
浙江东方职业技术学院	7						1		2	1	2			1	
浙江横店影视职业学院	7							1	1		1		1	1	2
浙江特殊教育职业学院	6							1	1	2		1		1	
浙江舟山群岛新区旅游与健康职业学院	5										1	1	2	1	
浙江长征职业技术学院	5									1	1			1	2
台州科技职业学院	4				1	1	2								
♯浙江交通职业技术学院	4	2								1		1			
浙江体育职业技术学院	4									1		2			1

221

续表

单位	总数	2007年	2008年	2009年	2010年	2011年	2012年	2013年	2014年	2015年	2016年	2017年	2018年	2019年	2020年
浙江医药高等专科学校	4											1	1	1	1
浙江农业商贸职业学院	3									1					2
浙江国际海运职业技术学院	2						1		1						
嘉兴市南洋职业技术学院	1											1			
浙江育英职业技术学院	1												1		
浙江安防职业技术学院	1													1	
总数	599	29	25	24	45	53	73	35	44	51	50	42	40	43	45

(三)浙江省自然科学基金项目

2007—2020年,浙江省高职院校共有31所高职院校的176项项目获浙江省自然科学基金项目立项。其中2007—2015年共有29所高职院校的126项项目立项,2016—2020年有50项项目立项。由图8-3可知,2012年的立项数为23项,居历史之最,但之后,2016年和2017年回落比较明显,只立项了4项和5项,2018年、2019年和2020年的立项数又有明显增加。

进一步分析发现,历年获省自然科学基金项目立项总数最多的是金华职业技术学院,共计38项,具有明显的领先优势;浙江医药高等专科学校以立项数16项位居第二;温州职业技术学院以立项数14项位居第三;杭州职业技术学院以立项数

第八章 科学研究与社会服务

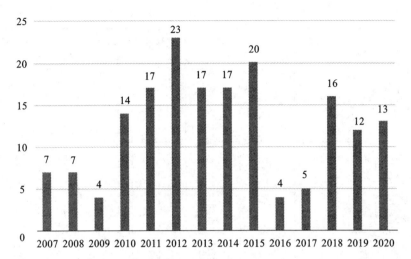

图 8-3 2007—2020 年浙江省高职院校获省自然科学基金项目立项数

11 项位居第四;其余高职院校立项数均为个位数,分布较为松散。其中 6 所国家高水平学校建设单位立项数为 78 项,占总立项数的 44.32%,7 所国家高水平专业群建设单位(浙江工贸职业技术学院和浙江艺术职业学院未立项)立项数为 25 项,占总立项数的 14.20%,详见表 8-10。

表 8-10 2007—2020 年浙江省高职院校获省自然科学基金项目立项数一览表

学校	总数	2007年	2008年	2009年	2010年	2011年	2012年	2013年	2014年	2015年	2016年	2017年	2018年	2019年	2020年
*金华职业技术学院	38	3	2		5	4	4	3	2	4	1		5	2	2
浙江医药高等专科学校	16		1			1	1	2	1	3		1	2	2	2
*温州职业技术学院	14					1	1	2	2		1			3	4
*杭州职业技术学院	11				1	1	2	1	4				1	1	
浙江医学高等专科学校	9			1	1	1		2	1		2	1			
浙江水利水电专科学校	9	1	1			1	2	4							

续表

学校	总数	2007年	2008年	2009年	2010年	2011年	2012年	2013年	2014年	2015年	2016年	2017年	2018年	2019年	2020年
♯浙江经贸职业技术学院	8			2		1	1	1	1	1			1		
*宁波职业技术学院	7					1	1		2	1					2
台州职业技术学院	7		1		1				1	1		1	2		
温州科技职业学院	6				1		1	1				1	2		
♯浙江建设职业技术学院	5	1			1	2	1								
浙江工业职业技术学院	5						1		1			1	1		1
衢州职业技术学院	4						1		1	1	1				
♯浙江交通职业技术学院	4				1		1	1	1						
*浙江机电职业技术学院	4	1							1	1				1	
嘉兴职业技术学院	4				1					2			1		
*浙江金融职业学院	4					2							1		1
浙江工商职业技术学院	3		1				1		1						

续表

学校	总数	2007年	2008年	2009年	2010年	2011年	2012年	2013年	2014年	2015年	2016年	2017年	2018年	2019年	2020年
♯浙江经济职业技术学院	3								1			1	1		
♯浙江旅游职业学院	2								1	1					
♯浙江商业职业技术学院	2							1		1					
宁波卫生职业技术学院	2													1	1
♯浙江警官职业学院	1	1													
湖州职业技术学院	1				1										
丽水职业技术学院	1					1									
浙江长征职业技术学院	1						1								
浙江同济科技职业学院	1						1								
杭州万向职业技术学院	1								1						
浙江纺织服装职业技术学院	1									1					
浙江国际海运职业技术学院	1									1					
杭州科技职业技术学院	1										1				
总数	176	7	7	4	14	17	23	17	17	20	4	5	16	12	13

(四)浙江省公益性技术应用研究计划项目

2007—2020年,浙江省公益性技术应用研究计划项目共有39所高职院校的446项项目立项,其中2007—2015年共有31所高职院校232项项目立项,2016—2020年有214项项目立项,整体发展呈明显递增态势,2019年的立项数高达56项,是近10年来省公益性技术应用研究计划项目立项数最高的年份,详见图8-4。

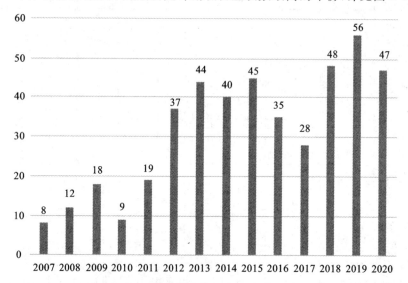

图8-4 2007—2020年浙江省高职院校获省公益性技术应用研究计划项目立项数

在众多高职院校中,立项省公益性技术应用研究计划项目最多的是金华职业技术学院,累计102项,遥遥领先,一年的立项数是其他很多高职院校十多年的累积立项数。浙江医药高等专科学校立项数为36项,位居第二,杭州职业技术学院以27项位居第三。其中5所国家高水平学校建设单位(浙江金融职业学院未立项)立项数为173项,占总立项数的38.79%,9所国家高水平专业群建设单位立项数为83项,占总立项数的18.61%。此外,浙江长征职业技术学院、浙江特殊职业学院、杭州科技职业技术学院、浙江艺术职业学院、浙江纺织服装职业技术学院、浙江广厦建设职业技术大学和浙江舟山群岛新区旅游与健康职业学院等高职院校近五年也实现了省公益性技术应用研究计划项目立项的零的突破,详见表8-11。

表8-11 2007—2020年浙江省高职院校获省公益性技术应用研究计划项目立项数一览表

学校	总数	2007年	2008年	2009年	2010年	2011年	2012年	2013年	2014年	2015年	2016年	2017年	2018年	2019年	2020年
*金华职业技术学院	102	3		4	4	5	12	11	7	9	8	7	8	14	10

续表

学校	总数	2007年	2008年	2009年	2010年	2011年	2012年	2013年	2014年	2015年	2016年	2017年	2018年	2019年	2020年
浙江医药高等专科学校	36			2	1	1		2	4	4	1	2	6	6	7
*杭州职业技术学院	27				1	2	5	1	3	5	2	2	2	3	1
*浙江机电职业技术学院	26	2	2	1		1	1	3	4			3	2	5	2
#浙江交通职业技术学院	20		1		1	1	2	2	3	2	2	1	3	1	1
#浙江经贸职业技术学院	19	2	1	1	1	1	2	4	3			1	1	1	1
温州科技职业学院	18						3		2	1	1	2	2	2	5
台州职业技术学院	17					1	3	2	2	3	2	1	1	1	1
浙江国际海运职业技术学院	15			2	1	1	1	2	1		1	1	2	2	1
嘉兴职业技术学院	13						1	2	1	2	1	1	2	1	2
*温州职业技术学院	12		1	1		1	1	1	1	1	1			3	1
#浙江商业职业技术学院	12		1							3	3	1	2	1	1
#浙江建设职业技术学院	11	1	1				1	3		1		1	2		1

续表

学校	总数	2007年	2008年	2009年	2010年	2011年	2012年	2013年	2014年	2015年	2016年	2017年	2018年	2019年	2020年
宁波卫生职业技术学院	11									1	2	1	2	4	1
浙江医学高等专科学校	11		1	1			1	4	2	2					
湖州职业技术学院	10		2					1	1	2		2	1	1	
浙江同济科技职业学院	9						1	2	2	1			2	1	
浙江工业职业技术学院	9						2		1	1	1	1		1	2
浙江工商职业技术学院	9			1						3			2	1	2
衢州职业技术学院	7					2			2	1			1	1	
丽水职业技术学院	7			1		2		1		1	1				1
♯浙江经济职业技术学院	7						1		2		1	1		1	1
*宁波职业技术学院	6												1	2	3
♯浙江工贸职业技术学院	5		1							1	1			1	1
♯浙江旅游职业学院	5							1			2		2		
义乌工商职业技术学院	4				1			1		1				1	

续表

学校	总数	2007年	2008年	2009年	2010年	2011年	2012年	2013年	2014年	2015年	2016年	2017年	2018年	2019年	2020年
♯浙江警官职业技术学院	3							1			1	1			
绍兴职业技术学院	2			1									1		
浙江水利水电专科学校	2		1	1											
杭州万向职业技术学院	2			1							1				
舟山职业技术学院	1					1									
浙江水利水电专科学校	1						1								
浙江长征职业技术学院	1										1				
浙江特殊职业学院	1												1		
杭州科技职业技术学院	1													1	
♯浙江艺术职业学院	1												1		
浙江纺织服装职业技术学院	1														1
浙江广厦建设职业技术大学	1														1
浙江舟山群岛新区旅游与健康职业学院	1											1			
总数	446	8	12	18	9	19	37	44	40	45	35	28	48	56	47

第二节　浙江省高职院校技术服务与社会培训

浙江是中小企业大省,全省30多万家企业中,中小企业占了99%以上。中小微企业呈现出劳动密集型和技术含量低的特点,在很大程度上制约了其产业转型升级步伐,迫切需要高职院校技术和智力支持。而高职院校与区域经济社会发展紧密结合,主要表现为技术服务和社会培训两个方面。因而,本节主要观测横向技术服务到款额、纵向科研经费到款额、技术交易到款额、非学历培训到款额和公益性培训服务五项指标,来窥探浙江省高职院校的社会服务情况。其中横向技术服务到款额是指为行业企业提供技术开发和技术服务、技术咨询、技术转让等已到账的经费,纵向科研经费到款额是指通过承担政府部门常设的计划项目或专项项目取得的科研项目经费,技术交易到款额是指政府或企业通过技术市场购买高职院校的专利和技术成果、购买技术转让、委托技术研发等支付到账的费用,非学历培训到款额是指为社会进行的非学历性培训已到账的收入,公益性培训服务是指为社会进行的免费培训的规模[①]。

一、技术服务能力提升明显但发展不均

在技术变革的推波助澜下,浙江省产业加快了转型升级步伐。高职院校作为地方产业发展的重大支撑,积极对接企业转型升级发展的技术研发需求,与行业企业共建各类应用技术协同创新中心,积极参与技术技能人才培养、企业技术研发与转换、科技成果应用推广,形成了集人才培养、技术研发和成果推广的一体化发展模式,成为区域产业转型升级的重要创新源、技术源和人才源。据统计,2020年,全省高职院校横向技术服务到款额51879.6万元,比2015年多37340.6万元;纵向科研经费到款额17411.9万元,比2015年多6197.9万元;技术交易到款额17439.3万元,比2015年多13512.3万元,详见表8-12。可见,近年来,全省高职院校无论是横向技术服务到款额,还是纵向科研经费到款额,抑或是技术交易到款额,均有较大幅提升,尤其是技术交易到款额增幅最大,增幅达到344.1%。这意味着浙江省高职院校技术研发水平逐渐提升、技术技能积累优势逐渐凸显,已成为中小微企业发展的重要助推力量。如温州职业技术学院聚焦区域企业难题搭建服务平台,对于大中型企业,学校与多家企业通过共建研究院的形式为企业提供技术支持;对于小微企业,学校直接提供技术开发、产品开发、成果转化、项目策划等"立地式"研发

---

① 横向技术服务到款额、纵向科研经费到款额、技术交易到款额、非学历培训到款额和公益性培训服务等五项指标的数据来自历年的《浙江省高等职业教育质量年度报告》。

服务。截至2020年,学校累计建立了41个技术研发服务平台,其中2016年就新增了与起步(中国)有限公司联合共建的浙江省起步儿童鞋服技术研究院、与康奈集团有限公司共建的浙江省康奈鞋类技术研究院、与温州兴机电器有限公司共建的电器配件研发中心等7家技术研发服务平台,尤为注重为小微民企提供科技创新和技术革新服务。

表8-12 2015—2020年浙江省高职院校技术服务到款情况   (单位:万元)

类型	2015年	2016年	2017年	2018年	2019年	2020年
横向技术服务到款额	14539.0	23053.0	20751.2	36023.0	98570.3	51879.6
纵向科研经费到款额	11214.0	12194.0	14278.7	14806.9	19571.0	17411.9
技术交易到款额	3927.0	5990.0	10307.4	12244.5	15108.7	17439.3

整体来看,近年来,浙江省高职院校的技术服务能力显著提升,国家高水平学校建设单位和国家高水平专业群建设单位领跑优势明显。为更清晰地呈现浙江省各高职院校的技术服务能力,本节统计了2016—2020年浙江省各高职院校的横向技术服务到款额、纵向科研经费到款额和技术交易到款额情况。

从横向技术服务到款额来看,浙江省各高职院校之间的差异显著,呈现明显的四个梯队,且梯队之间差异悬殊。第一梯队是排名1～3的高职院校,累计横向技术服务到款额突破亿元级,其中浙江交通职业技术学院累计横向技术服务到款46487.41万元,排名第一;宁波职业技术学院累计横向技术服务到款16492.80万元,排名第二;温州职业技术学院累计横向技术服务到款10739.84万元,排名第三。第二梯队是排名4～29的高职院校,累计横向技术服务到款额在1000万元以上,其中浙江旅游职业学院累计横向技术服务到款8987.87万元,排名第四;金华职业技术学院累计横向技术服务到款8772.49万元,排名第五。第三梯队是排名30～43的高职院校,累计横向技术服务到款额在100万元以上,其中宁波城市职业技术学院累计横向技术服务到款989.15万元。第四梯队是排名44往后的高职院校,第四梯队中累计横向技术服务到款额相对较高的是浙江特殊教育职业学院,详见表8-13。

表8-13 2016—2020年浙江省各高职院校累计横向技术服务到款情况   (单位:万元)

序号	学校名称	2016年	2017年	2018年	2019年	2020年	总计
1	#浙江交通职业技术学院	7073.19	8437.82	11109.62	9522.91	10343.87	46487.41
2	*宁波职业技术学院	2117.76	2134.22	3388.82	3563.74	5288.26	16492.80
3	*温州职业技术学院	964.58	1538.43	1796.94	3184.67	3255.21	10739.84
4	#浙江旅游职业学院	1368.94	1700.00	1850.00	1978.20	2090.73	8987.87

续表

序号	学校名称	2016年	2017年	2018年	2019年	2020年	总计
5	*金华职业技术学院	1160.97	1268.58	1745.06	2162.69	2435.19	8772.49
6	义乌工商职业技术学院	50.36	1255.43	1986.60	2673.70	2524.44	8490.53
7	#浙江建设职业技术学院	940.46	1171.78	1604.89	2033.99	2737.04	8488.16
8	浙江同济科技职业学院	377.51	1550.54	1639.43	1655.17	1376.24	6598.89
9	#浙江工贸职业技术学院	955.08	838.37	1159.55	1410.57	1427.21	5790.78
10	*杭州职业技术学院	811.16	1031.18	1139.91	1542.15	1113.82	5638.22
11	*浙江机电职业技术学院	546.19	511.35	764.47	1273.72	2119.45	5215.18
12	浙江纺织服装职业技术学院	396.30	818.00	982.00	1036.15	1064.30	4296.75
13	#浙江商业职业技术学院	274.17	302.60	474.05	555.76	2682.34	4288.92
14	杭州科技职业技术学院	359.09	408.19	460.99	990.79	1086.05	3305.11
15	浙江体育职业技术学院	1995.38	257.00	722.71	14.80	—	2989.89
16	台州职业技术学院	307.45	345.51	266.97	916.12	888.98	2725.03
17	#浙江经济职业技术学院	720.19	819.40	1030.20	—	—	2569.79
18	浙江国际海运职业技术学院	155.00	160.00	710.00	799.10	722.51	2546.61
19	浙江工商职业技术学院	240.00	282.26	327.37	666.35	707.49	2223.47
20	#浙江艺术职业学院	303.79	173.88	173.88	899.05	450.42	2001.02
21	*浙江金融职业学院	47.10	30.23	81.70	685.95	944.54	1789.52
22	浙江广厦建设职业技术大学（浙江广厦建设职业技术学院）	12.60	1.15	404.34	488.13	852.75	1758.97
23	温州科技职业学院	122.90	185.65	748.09	435.29	152.47	1644.40
24	浙江工业职业技术学院	153.80	203.64	214.09	303.89	736.21	1611.63
25	浙江育英职业技术学院	199.85	64.09	228.75	534.27	551.06	1578.02
26	嘉兴职业技术学院	263.13	246.80	129.93	219.00	677.14	1536.00
27	浙江医药高等专科学校	105.00	209.92	260.95	399.93	414.10	1389.90
28	宁波卫生职业技术学院	62.10	58.75	482.28	573.34	—	1176.47
29	#浙江经贸职业技术学院	95.23	152.90	215.02	230.40	317.90	1011.45
30	宁波城市职业技术学院	200.90	82.35	105.91	307.90	292.09	989.15
31	绍兴职业技术学院	95.20	95.62	132.50	153.85	423.69	900.86
32	湖州职业技术学院	29.30	43.50	71.10	101.80	614.25	859.95

续表

序号	学校名称	2016年	2017年	2018年	2019年	2020年	总计
33	浙江横店影视职业学院	145.13	186.50	118.00	126.33	146.40	722.36
34	浙江邮电职业技术学院	—	—	282.15	274.02	—	556.17
35	台州科技职业学院	1.95	4.00	6.06	204.92	325.79	542.72
36	#浙江警官职业学院	73.70	30.80	118.00	161.98	80.14	464.62
37	衢州职业技术学院	75.89	52.37	78.87	49.74	159.71	416.58
38	浙江安防职业技术学院	13.50	12.00	16.20	17.60	303.49	362.79
39	浙江长征职业技术学院	—	—	133.96	174.10	—	308.06
40	杭州万向职业技术学院	34.71	63.48	33.84	50.00	79.82	261.85
41	嘉兴南洋职业技术学院	36.9	51.99	42.60	30.00	98.80	260.29
42	浙江农业商贸职业学院	68.00	—	8.50	47.40	10.50	134.40
43	浙江东方职业技术学院	22.06	34.00	44.72	28.30	—	129.08
44	浙江特殊教育职业学院	6.72	6.72	1.00	26.00	7.25	47.69
45	浙江舟山群岛新区旅游与健康职业技术学院	10.00	7.30				17.30
46	浙江汽车职业技术学院	—	—	0.90	2.53	7.50	10.93

注：丽水职业技术学院由于资料显示不清，暂未统计，"—"表示当年到款额为0或没有到款信息或数据异常，下同。

从纵向科研经费到款额来看，浙江省各高职院校之间差异显著，呈现明显的四个梯队。第一梯队是排名第一的宁波职业技术学院，累计纵向科研经费到款10459.45万元，突破了亿元。第二梯队是排名2~20的高职院校，累计纵向科研经费到款额在1000万元以上，排名第二的是温州科技职业学院，累计纵向科研经费到款9224.70万元。第三梯队是排名21~38的高职院校，累计纵向科研经费到款额在100万元以上，其中相对较高的是浙江工商职业技术学院，累计纵向科研经费到款988.28万元。第四梯队是排名39往后的高职院校，累计纵向科研经费到款额相对最高的是嘉兴南洋职业技术学院，为77.12万元，详见表8-14。

表8-14　2016—2020年浙江省各高职院校累计纵向科研经费到款情况　　（单位：万元）

序号	学校名称	2016年	2017年	2018年	2019年	2020年	总计
1	*宁波职业技术学院	606.67	2099.60	2436.40	2522.23	2794.55	10459.45
2	温州科技职业学院	1386.50	1977.32	1582.60	2192.55	2085.73	9224.70
3	#浙江旅游职业学院	1161.80	1200.00	1344.00	1385.30	1393.82	6484.92

续表

序号	学校名称	2016年	2017年	2018年	2019年	2020年	总计
4	#浙江交通职业技术学院	966.40	518.35	629.70	1329.00	1517.05	4960.50
5	*温州职业技术学院	476.96	787.01	718.19	1058.47	1112.46	4153.09
6	*浙江机电职业技术学院	597.41	417.54	609.30	810.63	976.71	3411.59
7	义乌工商职业技术学院	137.26	738.99	863.99	1035.10	513.60	3288.94
8	衢州职业技术学院	901.96	1514.78	246.14	245.20	248.70	3156.78
9	浙江医药高等专科学校	477.33	634.88	718.82	418.11	433.20	2682.34
10	浙江同济科技职业学院	708.75	281.06	265.50	777.21	438.34	2470.86
11	*杭州职业技术学院	211.21	296.00	437.95	763.35	680.20	2388.71
12	*金华职业技术学院	375.60	502.30	544.65	418.00	445.97	2286.52
13	#浙江建设职业技术学院	656.84	527.52	343.00	316.02	293.62	2137.00
14	#浙江商业职业技术学院	107	119.89	972.10	665.51	253.80	2118.30
15	宁波城市职业技术学院	93.38	123.86	117.15	1114.35	388.45	1837.19
16	嘉兴职业技术学院	476.85	279.90	139.34	338.71	415.50	1650.30
17	浙江纺织服装职业技术学院	222.65	384.05	214.00	296.87	67.45	1185.02
18	台州职业技术学院	305.70	245.30	120.50	140.30	369.50	1181.30
19	#浙江工贸职业技术学院	349.58	190.48	299.49	168.15	171.97	1179.67
20	*浙江金融职业学院	95.64	154.73	115.86	464.06	266.10	1096.39
21	浙江工商职业技术学院	278.88	118.03	199.75	209.17	182.45	988.28
22	浙江育英职业技术学院	61.95	198.53	198.98	423.83	70.24	953.53
23	杭州万向职业技术学院	182.10	170.40	245.25	212.77	72.5	883.02
24	宁波卫生职业技术学院	75.54	217.29	215.40	365.20	—	873.43
25	#浙江艺术职业学院	28.80	9.60	332.10	319.03	96.98	786.51
26	#浙江经贸职业技术学院	103.84	86.80	113.70	60.50	342.80	707.64
27	#浙江警官职业学院	25.50	28.00	53.98	462.90	99.00	669.38
28	浙江国际海运职业技术学院	76.00	98.00	80.00	252.06	67.50	573.56
29	杭州科技职业技术学院	17.64	34.42	49.36	200.71	237.10	539.23
30	#浙江经济职业技术学院	122.70	152.15	127.87	105.03	—	507.75
31	浙江工业职业技术学院	62.84	61.60	61.00	101.00	151.80	438.24
32	湖州职业技术学院	52.80	38.10	60.13	91.30	80.00	322.33
33	浙江长征职业技术学院	—	—	165.00	57.00	—	222.00

续表

序号	学校名称	2016年	2017年	2018年	2019年	2020年	总计
34	绍兴职业技术学院	36.70	30.20	30.00	26.50	86.50	209.90
35	浙江特殊教育职业学院	16.10	56.60	44.70	57.05	3.60	178.05
36	台州科技职业学院	3.48	14.80	59.00	58.30	41.13	176.71
37	浙江广厦建设职业技术大学（浙江广厦建设职业技术学院）	6.30	37.80	44.70	42.40	23.50	154.70
38	浙江东方职业技术学院	20.40	14.00	28.75	37.00	—	100.15
39	嘉兴南洋职业技术学院	16.00	11.60	8.08	25.59	15.85	77.12
40	浙江舟山群岛新区旅游与健康职业技术学院	15.00	39.00	—	—	—	54.00
41	浙江邮电职业技术学院	—	—	22.64	23.58	—	46.22
42	浙江横店影视职业学院	5.25	7.95	2.80	11.74	18.00	45.74
43	浙江农业商贸职业学院	0.30	0.60	1.00	26.00	16.80	44.70
44	浙江安防职业技术学院	5.40	2.80	6.70	11.00	15.50	41.40
45	浙江体育职业技术学院	—	12.00	5.00	24.36	—	41.36
46	浙江汽车职业技术学院	2.60	3.50	1.80	3.45	11.89	23.24

从技术交易到款额来看,浙江省各高职院校之间差异显著,同样呈现明显的四个梯队。第一梯队是排名第一的宁波城市职业技术学院,累计技术交易到款11461.79万元。第二梯队是排名2~12的高职院校,累计技术交易到款额在1000万元以上,其中相对最高的是浙江旅游职业学院,累计技术交易到款8350.82万元。第三梯队的是排名13~27的高职院校,累计技术交易到款额在100万元以上,其中相对最高的是浙江艺术职业学院,累计技术交易到款809.36万元。第四梯队的是排名28往后的高职院校,其中相对最高的是湖州职业技术学院,累计技术交易到款63.10万元。此外,浙江经济职业技术学院、浙江经贸职业技术学院、杭州万向职业技术学院、嘉兴南洋职业技术学院、浙江安防职业技术学院、浙江农业商贸职业学院等多所高职院校的技术交易到款额为0万元,如表8-15所示。

表8-15 2016—2020年浙江省各高职院校累计技术交易到款情况　　（单位:万元）

序号	学校名称	2016年	2017年	2018年	2019年	2020年	总计
1	宁波城市职业技术学院	2321.20	2616.01	2135.03	2206.05	2183.50	11461.79
2	#浙江旅游职业学院	1353.04	1544.97	1602.00	1863.00	1987.81	8350.82
3	*浙江金融职业学院	1753.30	1628.79	1402.82	2266.00	1168.86	8219.77

续表

序号	学校名称	2016年	2017年	2018年	2019年	2020年	总计
4	#浙江工贸职业技术学院	637.64	1157.00	1376.00	1562.00	1315.00	6047.64
5	义乌工商职业技术学院	150.20	878.80	1390.70	1645.93	1657.72	5723.35
6	*宁波职业技术学院	458.80	449.00	1041.68	1309.61	1976.47	5235.56
7	*温州职业技术学院	48.50	555.00	679.55	773.34	862.44	2918.83
8	#浙江建设职业技术学院	54.53	118.49	495.75	439.14	1008.39	2116.30
9	*浙江机电职业技术学院	14.40	308.89	572.50	586.60	586.80	2069.19
10	#浙江交通职业技术学院	1.50	8.50	5.00	—	2033.00	2048.00
11	*杭州职业技术学院	—	84.50	370.24	594.60	961.13	2010.47
12	*金华职业技术学院	253.94	246.70	187.88	407.47	356.22	1452.21
13	#浙江艺术职业学院	96.76	131.12	126.13	317.87	137.48	809.36
14	浙江体育职业技术学院	—	—	722.71	14.80	—	737.51
15	绍兴职业技术学院	77.28	63.50	56.00	153.85	366.79	717.42
16	台州职业技术学院	94.90	69.00	55.30	169.00	292.68	680.88
17	浙江育英职业技术学院	20.00	—	183.30	337.58	92.71	633.59
18	温州科技职业学院	30.00	108.00	206.63	206.33	69.82	620.78
19	浙江东方职业技术学院	163.26	104.10	94.40	—	—	361.76
20	浙江国际海运职业技术学院	30.00	35.00	40.00	46.00	101.00	252.00
21	杭州科技职业技术学院	2.30	72.08	156.00	0.50	3.80	234.68
22	浙江医药高等专科学校	80.00	80.00	—	—	70.00	230.00
23	浙江纺织服装职业技术学院	92.00	101.37	18.58	12.00	0.90	224.85
24	衢州职业技术学院	—	49.66	64.68	—	73.00	187.34
25	宁波卫生职业技术学院	—	15.50	99.30	55.70	—	170.50
26	#浙江商业职业技术学院	35.00	38.70	37.90	14.00	11.00	136.60
27	浙江横店影视职业学院	55.80	59.20	—	—	—	115.00
28	湖州职业技术学院	—	11.55	33.95	10.20	7.40	63.10
29	台州科技职业学院	37.00	—	—	8.60	—	45.60
30	浙江长征职业技术学院	—	—	18.80	20.00	—	38.80
31	浙江特殊教育职业学院	—	6.72	14.64	14.25	—	35.61
32	浙江工业职业技术学院	10.00	1.00	4.05	3.10	13.40	31.55
33	#浙江警官职业学院	—	—	—	—	15.63	15.63

续表

序号	学校名称	2016年	2017年	2018年	2019年	2020年	总计
34	浙江工商职业技术学院	—	—	5.00	2.80	6.00	13.80
35	嘉兴职业技术学院	—	4.20	—	2.20	4.30	10.70
36	浙江广厦建设职业技术大学（浙江广厦建设职业技术学院）		2.70		3.16	3.05	8.91
37	浙江同济科技职业学院	5.00	—	—	—	—	5.00
38	#浙江经济职业技术学院						
39	#浙江经贸职业技术学院						
40	杭州万向职业技术学院						
41	嘉兴南洋职业技术学院						
42	浙江安防职业技术学院						
43	浙江农业商贸职业学院						
44	浙江汽车职业技术学院						
45	浙江邮电职业技术学院						
46	浙江舟山群岛新区旅游与健康职业技术学院						

二、社会培训量质并重

十九大报告指出，"完善职业教育和培训体系，深化产教融合、校企合作"。2020年9月，习近平在教育文化卫生体育领域专家代表座谈会上强调，"要大力发展职业教育和培训，有效提升劳动者技能和收入水平，通过实现更加充分、更高质量的就业扩大中等收入群体，释放内需潜力"。可见，社会培训已经成为一项重要的国家战略部署，职业教育大有可为。在国家政策、理念的引领下，浙江省高职院校高度重视社会责任的履行和社会功能的发挥，坚持"依托专业优势，服务省域经济战略，面向区域产业、企业需求，惠及当地民生"的宗旨，很好地展现了高职教育的责任担当，主要表现在以下方面。

1. 社会培训量的扩张

浙江省高职院校主动对接国家各项战略工程，为进城农民工、新型职业农民、现代产业工人和退役军人等重点人群提供继续教育培训、职业资格考试培训与职业鉴定等各类服务。据统计，2020年，全省高职院校非学历培训到款56686.6万元，较2015年的36471.0万元增长了55.4%；高职院校公益性培训服务达5519930

人日，较2015年的1387610人日增长了297.8%，如表8-16所示。高职院校社会培训服务较好满足了社会人力资源开发再教育再培训的需求，也产生了较好的经济效益以及广泛的社会影响。此外，浙江省高职院校社会培训服务的覆盖面不断扩大，辐射范围不断拓展，惠及甘肃、江西、山东、福建、云南、新疆、山西、安徽等诸多省份。

表 8-16　2015—2020 年浙江省高职院校社会培训服务情况

类型	2015 年	2016 年	2017 年	2018 年	2019 年	2020 年
非学历培训到款额/万元	36471.0	44466.0	48066.3	52656.6	61934.7	56686.6
公益性培训服务/人日	1387610	1680685	2214600	2757350	4908178	5519930

从具体学校来看，2016—2020 年，全省高职院校累计非学历培训到款额最多的是浙江警官职业学院，高达 18323.85 万元；金华职业技术学院累计非学历培训到款额为 18265.00 万元，位居第二；浙江邮电职业技术学院累计非学历培训到款额为 18171.24 万元，位列第三。另外，浙江机电职业技术学院、杭州科技职业技术学院、浙江建设职业技术学院、温州职业技术学院、浙江交通职业技术学院和宁波职业技术学院的累计非学历培训到款额也均在亿数量级上。其余大多数高职院校累计非学历培训到款额在 1000 万～9000 万之间，不过少数民办高职院校的累计非学历培训到款额偏低，见表 8-17。2016—2020 年，全省高职院校累计公益性培训服务最多的是温州职业技术学院，高达 1633450 人日；浙江工业职业技术学院累计公益性培训服务 1323897 人日，位居第二；杭州科技职业技术学院累计公益性培训服务 1123083 人日，位居第三，其余详细排名见表 8-18。可见，整体上，浙江省高职院校在非学历培训和公益性培训服务方面的优势还是较为明显的，且各高职院校之间的差异并没有技术服务差异那么显著。

表 8-17　2016—2020 年浙江省高职院校累计非学历培训到款情况　　（单位：万元）

序号	学校名称	2016 年	2017 年	2018 年	2019 年	2020 年	总计
1	#浙江警官职业学院	3366	3804	4184	4637	2332.85	18323.85
2	*金华职业技术学院	2751	2843	4134	4738	3799	18265.00
3	浙江邮电职业技术学院	—	—	8238.11	9933.13	—	18171.24
4	*浙江机电职业技术学院	2814	2940	2987	3142.5	3286.21	15169.71
5	杭州科技职业技术学院	2409.04	2672.89	2830.63	3317.26	3317.26	14547.08
6	#浙江建设职业技术学院	3213.04	2541.98	2552	2967.59	2630.42	13905.03
7	*温州职业技术学院	1107	2530	2669	2702	2712	11720
8	#浙江交通职业技术学院	1934	2710.62	1678.18	1983.65	2390.50	10696.95

续表

序号	学校名称	2016年	2017年	2018年	2019年	2020年	总计
9	*宁波职业技术学院	1721.72	1797.50	1925.14	1955.13	3184.54	10584.03
10	*浙江金融职业学院	1365.6	1725.94	1730.8	2672	901.09	8395.43
11	义乌工商职业技术学院	—	1360	1501.3	1722.3	1085	5668.6
12	浙江工业职业技术学院	1370	1510	669	826	1166	5541
13	温州科技职业学院	1314	830	717.9	1276.8	1392.39	5531.08
14	#浙江旅游职业学院	1200	1222.65	1243	1170.16	555.2	5391.01
15	#浙江工贸职业技术学院	473.5	1121.2	1324	1401	1034	5353.7
16	*杭州职业技术学院	612.94	1153.83	684.94	1405.31	1365.3	5222.32
17	#浙江商业职业技术学院	607.26	617	925	665.13	1475.91	4290.3
18	浙江同济科技职业学院	938.76	801.26	805	820	471.69	3836.71
19	浙江纺织服装职业技术学院	392	404	862.85	1085	925	3668.85
20	湖州职业技术学院	423.96	427.27	576	686	1473	3586.23
21	浙江国际海运职业技术学院	755	732.93	625	779.14	473.3	3365.37
22	#浙江经贸职业技术学院	691.32	798.23	848.93	809.22	134.77	3282.47
23	台州职业技术学院	350.7	370	532	719.19	1065.5	3037.39
24	宁波城市职业技术学院	508.81	222.45	329.89	571.12	1104.2	2736.47
25	衢州职业技术学院	665.8	743.93	238.05	458	516	2621.78
26	绍兴职业技术学院	360.52	688	547	367.07	472	2434.59
27	#浙江艺术职业学院	438.03	396.77	403.12	466.83	606.5	2311.25
28	嘉兴职业技术学院	562.92	305.95	296.48	481.25	593.5	2240.1
29	浙江横店影视职业学院	196.58	220.3	216.8	712.37	810	2156.05
30	#浙江经济职业技术学院	413.4	354.84	357.08	715.42	—	1840.74
31	宁波卫生职业技术学院	272.73	474.558	541.94	360.38	—	1649.608
32	浙江广厦建设职业技术大学（浙江广厦建设职业技术学院）	271	201	395	402	378	1647
33	浙江特殊教育职业学院	290	24.8	116.6	524.2	686.81	1642.41
34	浙江育英职业技术学院	162	268	145	443.7	515.94	1534.64
35	浙江工商职业技术学院	147.05	157.68	187.96	160.3	880	1532.99
36	浙江医药高等专科学校	454.60	312.28	188.37	192.28	131.08	1278.61
37	嘉兴南洋职业技术学院	115.2	275.93	647.83	189.72	—	1228.68
38	台州科技职业学院	133.2	151.8	214.37	255.7	327.99	1083.06

续表

序号	学校名称	2016年	2017年	2018年	2019年	2020年	总计
39	浙江安防职业技术学院	54.7	148.7	265	207.43	320.91	996.74
40	浙江农业商贸职业学院	108.92	111	158.64	257.81	223.22	859.59
41	杭州万向职业技术学院	42.7	84.4	151.84	202.11	330.5	811.55
42	浙江东方职业技术学院	118.96	76.33	172	117.63	—	484.92
43	浙江长征职业技术学院	—	—	124.6	128	—	252.6
44	浙江汽车职业技术学院	6.90	6.90	36	62.47	44.75	157.02
45	浙江体育职业技术学院	10.21	47.33	3.02	25.47	0.94	86.97
46	浙江舟山群岛新区旅游与健康职业技术学院	30	55.78	—	—	—	85.78

表8-18 2016—2020年浙江省高职院校累计公益性培训服务情况　（单位：人日）

序号	学校名称	2016年	2017年	2018年	2019年	2020年	总计
1	*温州职业技术学院	324441	329221	345914	348070	285804	1633450
2	浙江工业职业技术学院	210000	250000	260000	107781	496116	1323897
3	杭州科技职业技术学院	2099	108126	302650	333428	376780	1123083
4	*宁波职业技术学院	10718	11943	226295	308913	412367	970236
5	义乌工商职业技术学院	12200	25814	82002	236901	612783	969700
6	#浙江工贸职业技术学院	80192	209967	231490	244373	185103	951125
7	*浙江机电职业技术学院	147152	126590	180077	195228	205281	854328
8	*金华职业技术学院	20289	22367	218876	262295	289499	813326
9	台州职业技术学院	127340	604	226787	228520	212339	795590
10	#浙江旅游职业学院	85023	99500	104126	83804	218598	591051
11	*浙江金融职业学院	112647	131831	152116	160167	33333	590094
12	*杭州职业技术学院	82951	105177	101359	127811	155399	572697
13	#浙江建设职业技术学院	60999	74458	121988	150959	137828	546232
14	宁波卫生职业技术学院	133669	141425	141425	112563	—	529082
15	衢州职业技术学院	264331	26552	42395	52321	67355	452954
16	宁波城市职业技术学院	123890	59160	21852	159519	77532	441953
17	#浙江交通职业技术学院	63316	67554	81861	92923	133210	438864
18	#浙江警官职业学院	—	—	143065	166996	94103	404164

续表

序号	学校名称	2016年	2017年	2018年	2019年	2020年	总计
19	浙江邮电职业技术学院	—	—	—	373146	—	373146
20	#浙江商业职业技术学院	31130	32699	56979	62039	166998	349845
21	浙江纺织服装职业技术学院	6500	171188	46200	50820	19016	293724
22	浙江国际海运职业技术学院	4204.5	20518	42822	51465	156768	275777.5
23	浙江广厦建设职业技术大学（浙江广厦建设职业技术学院）	8550	34230	71367	74646	46273	235066
24	浙江同济科技职业学院	39494	40275	40320	34282	62028	216399
25	浙江横店影视职业学院	18286	21280	29300	75077	44978	188921
26	温州科技职业学院	34084	37003	43408	35998	32403	182896
27	嘉兴职业技术学院	24214	39189	33639	42767	41514	181323
28	#浙江经贸职业技术学院	15763	16567	42680	49968	55333	180311
29	湖州职业技术学院	—	—	42175	50932	59453	152560
30	#浙江艺术职业学院	20705	33697	30949	31945	35148	152444
31	浙江育英职业技术学院	8621	41984	21200	6240	34293	112338
32	杭州万向职业技术学院	19384	21532	22185	21242	21612	105955
33	绍兴职业技术学院	5608	4500	16427	16450	36945	79930
34	浙江农业商贸职业学院	5853	9621	20189	22199.5	18223	76085.5
35	浙江安防职业技术学院	140	150	21032	25132	21818	68272
36	台州科技职业学院	9658	8584	10087	11916	17560	57805
37	浙江东方职业技术学院	27357	15654	5694	5557	—	54262
38	浙江工商职业技术学院	16063	12266	15923	7051	—	51303
39	浙江舟山群岛新区旅游与健康职业技术学院	50000	1230	—	—	—	51230
40	浙江特殊教育职业学院	180	5450	12154	19292	10955	48031
41	浙江医药高等专科学校	1850	2962	3613	18199	12920	39544
42	嘉兴南洋职业技术学院	832	1533	7941	8210	18787	37303
43	浙江汽车职业技术学院	—	—	11166	11886	10670	33722
44	#浙江经济职业技术学院	10601	9700	10325	—	—	30626
45	浙江体育职业技术学院	3000	3200	3300	810	912	11222
46	浙江长征职业技术学院	—	—	—	10901	—	10901

2.社会培训质的提升

各高职院校在做好社会培训量扩张的同时,更专注质的提升。一是深化产教融合、校企合作。社会培训是职业教育深化产教融合、校企合作的发展基点,企业员工的再教育再培训既离不开学校的专业支撑,也离不开企业的技术支持,因而各高职院校高度重视社会培训过程中行业企业的全程参与。源头上创新办学模式,联合政府、行业、企业共建各类职业教育培训基地,让行业企业成为职业教育社会培训的重要主体,过程中聚焦企业培训需求,精准制定培训方案。如金华职业技术学院积极深入企业开展培训工作调研,为企业员工培训提供个性化和整体化培训方案,延长了职业培训服务链,拓展至全产业链人才培养,能很好地发挥企业主体的重要价值。宁波职业技术学院与大型企业联合开办"双元制"成人大专班,依据企业需求定制培训方案,开设的课程都是学员工作中需要用到的知识和技能,具有很强的实效性。二是立足专业特色优势,打造社会培训品牌。专业是高职院校做好社会培训的基础,也是高职院校社会培训工作特色彰显的依托。基于专业特色和优势,浙江省各高职院校形成了一批具有一定影响力和美誉度的社会培训品牌项目。从不同高职院校不同专业不同发展的层面考虑,如浙江艺术职业学院充分发挥全国文化干部培训基地和全国基层文化队伍培训基地功能,积极承办全省基层文化队伍素质提升工程,大力扶持民营文艺表演团体人才培养,举办浙江省农村文化礼堂系列培训等,深入打造彰显浙江特色的品牌项目;浙江医药高等专科学校依托自身医学专业特色,与宁波市场监管局联合开出全国首个食品药品专业学历函授教育班,重点针对系统内不具备食品、药品、医疗器械相关专业背景的干部进行在职学历教育,以提升全市食品药品监管队伍的专业素质和监管能力。从不同高职相近专业不同发展的层面考虑,以"三农"为例,千姿百态,各具特色。如浙江农业商贸职业学院主动对接服务供销社"三位一体"改革和地方乡村振兴,深入实施"百千万工程",与基层农合社共建新型职业农民培训基地,开展农产品(食品)检测技术、合作经济师、新型职业农民、电子商务师、茶叶评审等涉农培训。同样是涉农培训,温州科技职业学院则始终坚持农科教一体,产学研结合,围绕"农业生产智能化""农业产业电商化""农业管理数据化"和"信息服务在线化"四大核心任务,成立了温州市智慧农业研究院,同时还以温州农民学院为载体,开发了温州市农民培训移动学习云平台"温农云"。农民通过手机终端可实现线上报名、线上学习、线上考核、线上联系专家等,探索出了线上学习和线下培训相结合的新路子。浙江医药高等专科学校则凭借临床医学专业优势,结合农村医疗人员短缺的现实需求,开展了职业助理医师培训工作,有效缓解了基层专业医疗人员不足的问题。

三、对口支援帮扶精准化开展

职业教育精准扶贫是教育脱贫攻坚战的重要组成部分。为全面建成小康社会助力,浙江省高职院校积极响应教育部印发的《深度贫困地区教育脱贫攻坚实施方案(2018—2020年)》(教发〔2018〕1号)相关要求,积极参与职业教育东西协作行动计划,通过干部教师互派、学生交流培训、专业帮扶建设等多形式、深层次、多渠道的对口支援,扩大了优质高职教育资源向贫困地区供给,带动了贫困地区职业教育水平提升和经济社会发展,实现了相对发达地区和贫困地区的深度帮扶、合作交流和协同发展。

一是建立常态化合作交流机制。浙江省高职院校充分发挥自身的办学优势,与中西部地区的高职院校建立了交流合作与对口支援关系,全力支持中西部地区职业教育发展。如2015年金华职业技术学院与阿克苏职业技术学院签订对口援助协议,2017年与宝鸡职业技术学院结成战略合作伙伴关系,2018年与川北幼儿师范高等专科学校达成"东西协作、结对帮扶"实施方案,聚焦中西部地区欠缺、紧缺、急需的重要民生领域,结合学校的办学优势,以优势特色专业为引领,重点在机械制造与自动化、园艺技术、护理、康复治疗技术、学前教育等专业建设上结对帮扶。值得注意的是,职业教育扶贫不是一朝一夕的事情,仅凭几所高职院校的力量不可能达成,只有建立常态化的工作机制才能保障教育扶贫的专业化、规范化和常态化。因而,2015年浙江省教育厅牵头组建了"浙阿职业院校发展联盟",联合浙江经济职业技术学院、浙江机电职业技术学院、浙江纺织服装职业技术学院、浙江医学高等专科学校、金华职业技术学院5所高职院校对口帮扶阿克苏职业技术学院,积极探索集团化的教育援疆新模式。依照当地产业发展和人才需求实际,共同"扶智""扶志""扶技",全力支持阿克苏地区打造一批疆内一流的高职院校、培养一批社会急需的技术技能人才,实现职业教育精准扶贫的可持续发展。

二是校校对接提升办学水平,主要体现在专业建设指导、师资队伍帮扶、实训条件改善等方面。首先,专业建设指导。指导职业学校依据产业发展需求布局和优化专业,明确专业发展定位,及时调整专业设置,提高专业和产业发展的契合度;指导职业学校开展教育教学改革,推进课堂教学革命,开发行动导向的模块化课程和新形态教材等,推进优质教学资源共享等。其次,师资队伍帮扶。师资薄弱是贫困地区职业学校发展的瓶颈,在校校对接中,浙江省高职院校主要通过干部挂职、教师支教、培训指导等多种方式进行师资援助,以帮助这些学校教师树立先进教学理念、提升专业技能、提高职业素养,进而支撑和实现职业学校的办学水平提升。如浙江建设职业技术学院对接甘肃建筑职业技术学院,采取"来校培训、挂职锻炼"相结合的方式,在组织人事、招生就业、学工管理、图书文献、专业教学等方面组织开展对口师资培训。最后,实训条件改善。实训设备是学生实习实训质量的根本保障,但贫困地区职业学校的实训条件普遍较差,远不能满足学生实习实训的需求。浙江省高职院校便一方面通过捐赠捐助,帮助改善当地职业学校的实习实训设备,另一方面利用自身积淀的企业资源,帮助学校拓展校企合作关系,建立校外实习实训基地,解决学生实习和就业难题。

三是开辟招生就业绿色通道。对于贫困地区的学生,技能扶贫和就业扶贫是摆脱贫困的立身之本。让贫困地区的学生"有学上""上好学"和"能就业",浙江省高职院校为"三区三州"贫困家庭的学生开辟绿色招生通道,优先安排在校企合作程度较深的订单定向班或企业冠名班并推荐就业。如杭州职业技术学院依托电梯人才培养教育资源优势,在全国范围内首创"校企精准扶贫班",采用"免费培养、定向就业"的模式,其培养的学生全部在国内前十大电梯企业就业,协议起薪4000元,真正实现了"培养一个学生,脱贫一个家庭"的目标,赢得了社会各界的广泛关注和肯定。

四是助力贫困地区产业开发。高职院校精准扶贫并不仅仅局限于职业院校的援助,也不仅仅只是解决贫困人口的生存问题,而应针对整个地区产业和社会发展的需求进行整体援助和帮扶,解决当地经济和社会可持续发展问题,帮助贫困地区和贫困人口实现脱贫致富。其实很多中西部贫困地区资源禀赋条件良好,但缺乏产业化发展的思路和项目。因而,浙江省高职院校在扶贫开发的过程中较为注重产业资源禀赋的深挖,帮助贫困地区开发具有特色和比较优势的产业。如果没有产业的发展支撑,高职院校再多的技能培训和就业培训也将无用武之地。以浙江旅游职业学院为例,浙江旅游职业学院与陕西省留坝县人民政府签订《战略合作协议书》,协助留坝县组建专业团队和专家库,为留坝县旅游发展规划、活动策划、旅游景区服务与管理质量提升提供智力支持。同时,学校还利用学术资源和合作企业的产业资源,为留坝县旅游业搭建广泛的产业合作平台,让产业真正落地生根、开花结果。

五是扎实推进就业培训。就业扶贫是最有效、最直接、最持久的脱贫方式,通过技能培训,能够辐射带动贫困地区农村剩余劳动力、妇女、返乡创业者、残疾人等获得谋生立足的技能和资本。近年来,浙江省高职院校一直关注公益性培训,不仅要求公益性培训量的与日俱增,更要求脱贫举措和技能培训的精准对接。如浙江交通职业技术学院积极响应国家"精准扶贫"号召,与当地县乡政府合作建立脱贫攻坚就业培训基地,并联合兄弟院校开展"双百工程",探索了电商扶贫新方式,将浙江先进的电子商务模式推广到全国贫困地区,提升了精准扶贫的效率和效益。

第三节　浙江省高职院校科研平台建设与发展

高职院校科研平台汇聚了行业、企业、学校重要的人才资源,是高职院校科学研究、人才培养和成果转化的重要载体,也是区域经济社会发展的重要智力支撑。

实践证明，高职院校科研平台建设在一定程度上是高职院校整体科研实力的表征，凡是实力强的高职院校都离不开科研平台的重大支撑，这也是浙江省高职院校整体科研和社会服务能力强的重要原因。但站在新时代的历史节点，与浙江省经济高质量发展以及高职院校高质量发展的诉求相比，科研平台建设仍存在不少问题，也存有较大发展空间。

一、高职科研平台建设情况

近年来，浙江省各高职院校高度重视科研平台建设工作，聚焦区域优势主导产业和战略性新兴产业发展，探索了院校自建、与行业企业共建以及与区域政府共建等多元模式，很好地支撑和服务了区域经济社会发展需要，但高职院校科研平台建设的问题和矛盾依然较为突出，主要表现在科研平台的规模层次和资源投入两个方面。

首先，高职科研平台规模增长但层次不高。调查显示，各高职院校科研平台数量有明显的增加，大大小小的技术服务平台层出不穷。如金华职业技术学院建有应用技术协同创新中心、工程实验室、企业研究院和专业性公司等技术服务平台30余个。温州职业技术学院校企共建有科技研发平台44个。但数量上的增多并不能弥补层次上的短板，高层次、高质量的科研平台依然凤毛麟角。一般来说，高职院校科研平台可以分为校级、市级、省级和国家级四个级别，通过对国家"双高计划"高职院校申报方案的分析，发现15所高职院校中只有温州职业技术学院1所建有国家级应用技术协同创新中心，其他高职院校大多建立了省、市、校三级联动科研服务平台体系，且省级科研服务平台数量也不多。以省级协同创新中心为例，2017年、2018年两批共认定了20所高职院校的20个浙江省应用技术协同创新中心，详见表8-19。可见，整体来看，高职院校建有国家级和省级科研平台少之又少，高层次、高质量的科研平台建设突破任重道远。

表8-19 浙江省应用技术协同创新中心认定名单

序号	批次	牵头高校	协同创新中心
1	第一批	浙江工商职业技术学院	模塑制品表面装饰与智能成型技术协同创新中心
2		*金华职业技术学院	现代农机装备应用技术协同创新中心
3		*温州职业技术学院	浙南轻工装备智能技术协同创新中心
4		浙江医药高等专科学校	特色原料药及制剂质量提升协同创新中心
5		#浙江交通职业技术学院	长大桥梁安全运营应用技术协同创新中心
6		*杭州职业技术学院	电梯评估与改造应用技术协同创新中心
7		宁波卫生职业技术学院	健康养老应用技术与标准协同创新中心

续表

序号	批次	牵头高校	协同创新中心
8	第二批	*宁波职业技术学院	乙烯工程副产物高质化利用应用技术协同创新中心
9	第二批	#浙江旅游职业学院	乡村振兴与乡村旅游应用技术协同创新中心
10	第二批	*浙江机电职业技术学院	中小企业车间智能化改造应用技术协同创新中心
11	第二批	*浙江机电职业技术学院	中小企业车间智能化改造应用技术协同创新中心
12	第二批	#浙江商业职业技术学院	冷链物流应用技术协同创新中心
13	第二批	*浙江金融职业学院	跨境电商综合服务应用技术协同创新中心
14	第二批	#浙江经贸职业技术学院	县域农产品电商化应用技术协同创新中心
15	第二批	#浙江建设职业技术学院	浙江省古建保护及技艺传承应用技术协同创新中心
16	第二批	台州职业技术学院	工业机器人与智能制造生产线集成推广应用技术协同创新中心
17	第二批	#浙江工贸职业技术学院	浙江省激光制造与材料应用技术协同创新中心
18	第二批	#浙江经济职业技术学院	基于大数据的汽车故障诊断应用技术协同创新中心
19	第二批	宁波城市职业技术学院	浙江园林绿化应用技术协同创新中心
20	第二批	杭州科技职业技术学院	汽车模具及零部件智能制造技术应用技术协同创新中心
20	第二批	温州科技职业学院	浙南越冬蔬菜应用技术协同创新中心

其次,高职科研平台建设资源投入不足。高职院校科研平台建设资源离不开经费的投入和人才的支撑。一是从经费投入来看,高职院校科研平台建设对经费的依赖性较高,尤其是工科类专业,硬件、设备本身需要大量的投入,技术的更新迭代又加速设备升级换代的进程,这都需要大量经费的投入和支持。但现实是一方面高职院校科研经费紧张,用于支持科研平台购买仪器设备、开展项目立项和能力培训等建设的经费更是不足,另一方面立项认定的很多科研平台经费主要来源于市级财政配套,自身并没有经费支持。如上文提到的浙江省应用技术协同创新中心,认定为省应用技术协同创新中心的高职院校大多位于杭州、宁波和温州等地,这些地市的财政收入较殷实,为省应用技术协同创新中心提供了较好的经济基础和经费来源。相比之下,金华地区的财政收入在省内相对靠后,这意味着金华职业技术学院的"现代农机装备应用技术协同创新中心"不可避免地面临经费支持难

题。二是从人才支撑来看,科研平台和人才资源互为支撑,低层次的科研平台很难吸引高层次的科研人才,低层次的科研人才也很难推动高层次科研平台的建设。高职院校科研平台建设既需要一位本领域的科研带头人,也需要聚集一批从事该领域科学研究的高层次人才队伍。但是无论是科研带头人还是高层次人才队伍,对于各高职院校来说都较为欠缺,再加上高职院校教师自身科研能力和技术服务能力的不匹配,致使科研平台的作用发挥不明显。

二、高职科研平台发展思考

科研平台是高职院校内涵建设、质量发展的关键依托,成为高职院校科学研究和社会服务水平的重要标志,但科研平台建设并非轻而易举,需要有良好的内外部环境支撑。因而,未来高职院校科研平台建设需从以下几个方面努力。

首先,推进科研平台高端化建设。只有高端的科研平台才能聚集更多高层次的人才,也才能推进高标准、高水平、高质量的成果产出。《教育部、财政部关于实施中国特色高水平高职学校和专业建设计划的意见》中也明确了打造技术技能创新服务平台的改革发展任务。浙江省各高职院校也都将打造高端科研平台写入了"双高计划"建设目标中。与其他科研平台相比,其实高端科研平台主要体现在平台功能的综合和平台层次的升级两方面。因而,高职院校一方面须整合平台功能,高端科研平台不应局限于科学研究,而应将人才培养、团队建设、技术服务和社会培训融于一体,体现产品研发、工艺开发、技术推广、大师培育等集成化的功能,重点服务区域中小微企业的产品研发、工艺开发和技术升级与应用推广。另一方面需升级平台层次,引导高职院校慢慢由以往注重平台数量向提升平台质量转变,不少高职院校也在奋力推进省级重点实验室、院士工作站和博士(后)工作站建设。以金华职业技术学院为例,近年来,该学校以服务区域经济发展、双高建设目标为导向,高度重视技术创新服务平台体系建设,其申报的"浙江省农作物收获装备技术重点实验室"成为学校首个成功获批的浙江省重点实验室,学校也因此成为省内首个拥有省级重点实验室的高职院校,这不仅标志着学校在技术创新服务平台建设领域取得了历史性突破,还为学校进一步聚集资源、培育和吸引专业人才、开展重点领域技术攻关打下了坚实基础。

其次,加大高层次人才引进力度。高职院校科研平台建设离不开高水平师资队伍,而高层次人才是高水平师资队伍建设的关键主体,已成为高职院校实现高水平发展组织目标的核心支撑,被寄予了实现高质量发展的期望,教学、科研、社会服务等改革创新任务也都指向该群体。因而,要想打造高端科研平台,高职院校应重点引进以下三类高层次人才:一是大力引进"国千"、"省千"、院士专家、长江学者等权威性高端人才,通过院士专家工作站等柔性灵活的引进方式,充分发挥高端人才及高端团队的引领和标杆作用;二是大力引进以博士为主体的高层次人才,青年博士是高职院校科研的中坚力量,是高职院校科研能力提升的重要生力军;三是大力从企业、高校和科研院所等重点引进具有创新实践经验的企业家、高科技人才、高技能人才等。如此一来,既有高端型研发人才,又有市场应用型人才,进而大幅提升高职院校应用技术研发水平和自主创新能力。现阶段,高职院校前所未有地重视高层次人才队伍建设,争先恐后地出台高层次人才引进政策。从实施效果来看,近年来高职院校高层次人才集聚效应明显增强,但人才争夺战愈演愈烈,与高水平发展的现实需求相比,多数高职院校依然面临求贤若渴与引进困难的尴尬处境。这既有薪酬待遇因素,也有发展平台问题,更有职业前景因素。因而,高职院校应基于高层次人才引进困难的现状,既要做好"重引进",还要做好"重培养""重管理"和"重服务",真正形成"引得进、留得住、发展好"的良好人才生态,为科研平台建设汇聚优质的人才资源,推动形成高层次人才与高端科研平台建设的良性循环。此外,在注重高层次人才引进外在增量的同时,也要注重盘活校内教师存量资源,通过培养培训全面提升教师科研和社会服务能力。

最后,加强科研交流与协同合作。拓展外部科研资源对于高职院校科研平台建设至关重要。一是加强校地合作。高职院校要加强与属地的区、市、省级政府部门的联系,以争取政府更多的资金项目,增强科研平台的实际价值和社会影响力,如杭州、宁波、温州等地政府设有市级协同创新平台的评选机制,极大拓展了校级科研平台的发展空间。二是加强校企合作。高职院校的科研和社会服务深深根植于行业企业的需求,两者之间互动的频次和深度直接影响高职院校教师科研和社会服务的水平。《国务院办公厅关于深化产教融合的若干意见》指出,"支持企业、学校、科研院所围绕产业关键技术、核心工艺和共性问题开展协同创新,加快基础研究成果向产业技术转化""健全高等学校与行业骨干企业、中小微创业型企业紧密协同的创新生态系统,增强创新中心集聚人才资源、牵引产业升级能力"。这就要求高职院校必须要加强与地方政府、产业园区、行业企业深度合作,多渠道联合建设工程技术研究中心、重点实验室以及社科智库、社科研究基地、"双师"基地、教师工作站、博士(后)工作站等重要平台,如此才能及时把握产业变革发展趋势,全方位体系化提升高职院校教师科研和社会服务能力。三是加强校校合作,建立学校间常态化互动交流机制。高职院校既要加强与同类院校之间教学和科研的交流与合作,同时也要积极与本科院校进行交流学习,如联合申报课题和开展技术服务等,以形成合作育人、合作研究、合作服务、融合共生的发展态势。如温州职业技术学院联合50多家长三角地区的高职院校、科研机构、行业企业单位,共同发起成立长三角高职院校应用技术协同创新联盟,通过联盟建设促进联盟成员之间以及联盟与社会各界的技术研发、业务培训和其他社会服务活动等的合作交流,旨在建立全面协调可持续的应用技术协同创新发展和企业服务合作共赢体系,打造应用技术创新共同体,助力高质量一体化发展。

第四节 浙江省高职院校专利成果与成果转化

高职院校的科研出路在于错位发展,于是高职院校科研工作要以产学研用结合为切入点,以应用技术研究为主攻方向[①]。实用导向的科研定位使得高职院校较为重视专利成果与成果转化。本节统计了2016—2020年浙江省高职院校的专利成果、发明专利、实用新型专利、外观设计专利以及专利成果的转化,概览式地呈现了浙江省高职院校专利成果及成果转化的情况。

一、专利成果

(一)授权专利总况

根据佰腾专利检索系统的检索数据,截至2020年12月底,2016—2020年,浙江省高职院校共获专利数24298件,其中授权发明专利7921件,占比32.60%;实用新型专利13912件,占比57.26%;外观设计专利2465件,占比10.14%,如图8-5所示。

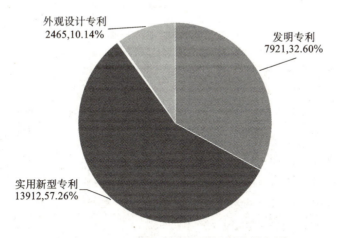

图 8-5 2016—2020年浙江省高职院校授权专利情况

由表8-20可知,与2006—2015年相比,2016—2020年间,浙江省高职院校授权专利总数增速迅猛,授权专利总数比2006—2015年多13477件,其中发明专利多

---

① 张森.错位发展:高职科研的定位与出路[J].中国高校科技,2014(09):77-79.

7466件，实用新型专利多6594件。授权专利总数内部的结构也发生了重要调整。发明专利占比由原来的4.2%增加至32.6%，实用新型专利占比由原来的67.63%减少至57.26%，外观设计专利占比由原来的28.17%减少至10.14%。可见，授权专利总数内部的结构不断优化，发明专利占比已升至近三分之一，外观设计专利占比成为最低。

表8-20 不同阶段浙江省高职院校授权专利发展情况

年份	总数/件	发明专利/件	发明专利占比/(%)	实用新型/件	实用新型占比/(%)	外观设计/件	外观设计占比/(%)
2006—2015	10821	455	4.2	7318	67.63	3048	28.17
2016—2020	24298	7921	32.6	13912	57.26	2465	10.14

从具体学校来看，浙江省绝大多数高职院校都有获授权专利，只有少数高职院校如浙江宇翔职业技术学院和浙江舟山群岛新区旅游与健康职业学院至今仍没有获得授权专利。近5年，授权专利获得最多的是浙江工业职业技术学院，共获授权专利2693件；浙江机电职业技术学院共获授权专利2076件，排名第二；嘉兴职业技术学院共获授权专利1925件，排名第三，见表8-21。

表8-21 2016—2020年浙江省高职院校授权专利情况一览表 （单位：件）

序号	学校	总数	发明专利	实用新型	外观设计
1	浙江工业职业技术学院	2693	437	2240	16
2	*浙江机电职业技术学院	2076	357	1588	131
3	嘉兴职业技术学院	1925	381	1492	52
4	*温州职业技术学院	1852	1417	403	32
5	*金华职业技术学院	1683	725	714	244
6	*杭州职业技术学院	1298	283	937	78
7	#浙江工贸职业技术学院	1160	649	448	63
8	义乌工商职业技术学院	1057	165	293	599
9	台州职业技术学院	963	296	665	2
10	衢州职业技术学院	847	263	570	14
11	浙江工商职业技术学院	814	354	151	309
12	#浙江建设职业技术学院	709	307	395	7
13	湖州职业技术学院	658	284	367	7
14	#浙江商业职业技术学院	585	82	475	28

续表

序号	学校	总数	发明专利	实用新型	外观设计
15	温州科技职业学院	561	277	266	18
16	宁波城市职业技术学院	524	98	108	318
17	*宁波职业技术学院	486	257	200	29
18	浙江农业商贸职业学院	480	55	410	15
19	浙江广厦建设职业技术大学（浙江广厦建设职业技术学院）	461	101	296	64
20	浙江国际海运职业技术学院	328	99	229	0
21	杭州科技职业技术学院	327	152	154	21
22	绍兴职业技术学院	314	96	217	1
23	台州科技职业学院	276	53	190	33
24	杭州万向职业技术学院	251	8	24	219
25	浙江纺织服装职业技术学院	238	111	113	14
26	♯浙江交通职业技术学院	221	100	121	0
27	浙江同济科技职业学院	220	54	155	11
28	宁波卫生职业技术学院	202	56	142	4
29	浙江医药高等专科学校	196	154	36	6
30	♯浙江经济职业技术学院	175	30	106	39
31	嘉兴南洋职业技术学院	136	30	73	33
32	浙江安防职业技术学院	104	27	69	8
33	浙江东方职业技术学院	90	16	68	6
34	丽水职业技术学院	89	43	40	6
35	♯浙江经贸职业技术学院	88	41	45	2
36	浙江邮电职业技术学院	79	19	53	7
37	浙江育英职业技术学院	32	8	13	11
38	*浙江金融职业学院	29	9	17	3
39	♯浙江旅游职业学院	19	8	8	3
40	♯浙江警官职业学院	11	5	5	1
41	浙江长征职业技术学院	11	4	7	0
42	浙江横店影视职业学院	11	0	1	10

续表

序号	学校	总数	发明专利	实用新型	外观设计
43	浙江体育职业技术学院	7	4	3	0
44	#浙江艺术职业学院	4	3	1	0
45	浙江汽车职业技术学院	4	2	2	0
46	浙江特殊教育职业学院	3	1	2	0
47	宁波幼儿师范高等专科学校	1	0	0	1
	合计	24298	7921	13912	2465

(二)发明专利情况

据统计,浙江省47所高职院校中,获授权发明专利最多的是温州职业技术学院,为1417件;金华职业技术学院获授权发明专利725件,排名第二;浙江工贸职业技术学院获授权发明专利649件,排名第三。2016—2020年,浙江省获授权发明专利数排名前十的高职院校见表8-22。

表8-22　2016—2020年浙江省获授权发明专利数排名前十高职院校　　（单位:件）

序号	学校	总数	发明专利
1	*温州职业技术学院	1852	1417
2	*金华职业技术学院	1683	725
3	#浙江工贸职业技术学院	1160	649
4	浙江工业职业技术学院	2693	437
5	嘉兴职业技术学院	1925	381
6	*浙江机电职业技术学院	2076	357
7	浙江工商职业技术学院	814	354
8	#浙江建设职业技术学院	709	307
9	台州职业技术学院	963	296
10	湖州职业技术学院	658	284

(三)实用新型专利情况

据统计,浙江省高职院校中,获授权实用新型专利最多的是浙江工业职业技术学院,为2240件;浙江机电职业技术学院获授权实用新型专利1588件,排名第二;嘉兴职业技术学院获授权实用新型专利1492件,排名第三。2016—2020年,浙江省获授权实用新型专利数排名前十的高职院校见表 8-23。

表 8-23 2016—2020 年浙江省获授权实用新型专利数排名前十高职院校　（单位：件）

序号	学校	总数	实用新型
1	浙江工业职业技术学院	2693	2240
2	*浙江机电职业技术学院	2076	1588
3	嘉兴职业技术学院	1925	1492
4	*杭州职业技术学院	1298	937
5	*金华职业技术学院	1683	714
6	台州职业技术学院	963	665
7	衢州职业技术学院	847	570
8	#浙江商业职业技术学院	585	475
9	#浙江工贸职业技术学院	1160	448
10	浙江农业商贸职业学院	480	410

(四)外观设计专利情况

据统计,浙江省高职院校中,获授权外观设计专利最多的是义乌工商职业技术学院,为 599 件;宁波城市职业技术学院获授权外观设计专利 318 件,排名第二;浙江工商职业技术学院获授权外观设计专利 309 件,排名第三。2016—2020 年,浙江省获授权外观设计专利数排名前十的高职院校见表 8-24。

表 8-24 2016—2020 年浙江省获授权外观设计专利数排名前十高职院校　（单位：件）

序号	学校	总数	外观设计
1	义乌工商职业技术学院	1057	599
2	宁波城市职业技术学院	524	318
3	浙江工商职业技术学院	814	309
4	*金华职业技术学院	1683	244
5	杭州万向职业技术学院	251	219
6	*浙江机电职业技术学院	2076	131
7	*杭州职业技术学院	1298	78
8	浙江广厦建设职业技术大学（浙江广厦建设职业技术学院）	461	64
9	#浙江工贸职业技术学院	1160	63
10	嘉兴职业技术学院	1925	52

二、成果转化

"双高"建设明确了打造技术技能创新服务平台,加强新产品开发和技术成果的推广转化,推动中小企业的技术研发和产品升级等提升服务发展水平的重任。因而,高职院校高度重视专利成果转化,纷纷采取建立健全科技成果转移转化工作机制、完善有利于科技成果转移转化的人事管理制度、依法推进科技成果转移转化落实相关激励政策等举措,致力于提高成果转化率,改变以往重发明创造轻成果转化的弊端。

整体来看,近5年浙江省高职院校在专利成果转化方面取得了丰硕的成果。通过对搜集到的高等院校和科研院所科技成果转化年度报告进行分析发现,2018年,浙江省有26所高职院校的科研成果实现转让,合同项目总数为1937项,转让收入为13386.73万元。而《浙江高校科研师资学科情况年度报告》数据显示,2013年,浙江省共有8所高职院校的科研成果实现转让,合同项目总数为52项,转让收入为339.6万元。可见,无论是合同项目数,还是转让收入数,浙江省高职院校在成果转化方面都有突飞猛进的发展。从成果转让收入来看,义乌工商职业技术学院转让收入为1870.51万元,排名第一;金华职业技术学院转让收入为1756.43万元,排名第二;浙江纺织服装职业技术学院转让收入为1177.36万元,排名第三。而从合同项目数来看,金华职业技术学院合同项目数为650项,排名第一;浙江纺织服装职业技术学院合同项目数为182项,排名第二;温州职业技术学院合同项目数为165项,排名第三。可见,浙江省高职院校合同项目数和转让收入之间有一定关系,但转让收入并不一定随着合同项目数的增加而增加。

虽然浙江省高职院校合同项目数和转让收入都有较为显著的提升,但是成果转化率和效益不高依然是不争事实。从与企业共建研发机构、转移机构、转化服务平台数量,自建技术转移机构数量,专职从事科技成果转化工作人数等其他相关指标来看,与企业共建研发机构、转移机构、转化服务平台数量方面,仅义乌工商职业技术学院、金华职业技术学院、温州职业技术学院、浙江交通职业技术学院、宁波职业技术学院等13所高职院校显示有,除义乌工商职业技术学院和金华职业技术学院的数量较多之外,其他高职院校的平台均是零星分布。自建技术转移机构数量方面,仅义乌工商职业技术学院、金华职业技术学院、温州职业技术学院、温州科技职业学院、台州职业技术学院、湖州职业技术学院和宁波城市职业技术学院7所高职院校显示有,每所高职院校1个。专职从事科技成果转化工作人数方面,仅金华职业技术学院、温州科技职业学院、温州职业技术学院等8所高职院校显示有,总人数有74人,其中56人集中分布在金华职业技术学院。与本单位合作开展科技成果转化的市场化转移机构数量方面,仅温州科技职业学院、温州职业技术学院等9

所高职院校显示有,且机构数量非常少,共 18 个,其中温州科技职业学院最多,有 5 个。在外兼职从事成果转化人员和离岗创业人员数量方面,金华职业技术学院、义乌工商职业技术学院等 8 所高职院校共有 23 人,平均每所高职院校不到 3 人。尽管很多高职院校出台了鼓励教师在岗兼职或者离岗创业的专门制度,但事实上真正在外兼职从事成果转化人员和离岗创业人员少之又少。创设新公司和参股新公司数量方面,仅义乌工商职业技术学院和温州职业技术学院 2 所高职院校显示有,而且创设新公司和参股新公司数仅为 9 个,详见表 8-25。

表 8-25　2018 年浙江省高职院校专业成果转化情况

学校	合同项目数/项	转让收入/万元	与企业共建研发机构、转移机构、转化服务平台数量/个	自建技术转移机构数量/个	专职从事科技成果转化工作人数/人	与本单位合作开展科技成果转化的市场化转移机构数量/个	在外兼职从事成果转化人员和离岗创业人员数量/人	创设新公司和参股新公司数量/个
义乌工商职业技术学院	68	1870.51	28	1	2	1	4	5
*金华职业技术学院	650	1756.43	13	1	56	2	4	0
浙江纺织服装职业技术学院	182	1177.36	0	0	0	0	0	0
*温州职业技术学院	165	1131.88	8	1	3	3	4	4
#浙江交通职业技术学院	68	1062.33	8	0	0	0	3	0
#浙江建设职业技术学院	47	983.25	0	0	0	0	0	0
*宁波职业技术学院	159	900.50	3	0	0	0	0	0

续表

学校	合同项目数/项	转让收入/万元	与企业共建研发机构、转移机构、转化服务平台数量/个	自建技术转移机构数量/个	专职从事科技成果转化工作人数/人	与本单位合作开展科技成果转化的市场化转移机构数量/个	在外兼职从事成果转化人员和离岗创业人员数量/人	创设新公司和参股新公司数量/个
温州科技职业学院	87	619.66	0	1	5	5	1	0
♯浙江商业职业技术学院	56	532.03	0	0	0	0	0	0
杭州科技职业技术学院	44	530.46	3	0	0	1	0	0
台州职业技术学院	105	460.49	2	1	1	1	0	0
浙江邮电职业技术学院	2	388.00	5	0	0	1	0	0
浙江医药高等专科学校	28	357.85	2	0	0	0	0	0
♯浙江经贸职业技术学院	38	341.02	6	0	0	0	3	0
丽水职业技术学院	44	329.31	2	0	0	0	0	0
浙江同济科技职业学院	28	272.94	0	0	0	0	0	0
浙江工业职业技术学院	52	219.89	0	0	0	0	0	0
*浙江金融职业学院	23	142.35	0	0	3	0	0	0

续表

学校	合同项目数/项	转让收入/万元	与企业共建研发机构、转移机构、转化服务平台数量/个	自建技术转移机构数量/个	专职从事科技成果转化工作人数/人	与本单位合作开展科技成果转化的市场化转移机构数量/个	在外兼职从事成果转化人员和离岗创业人员数量/人	创设新公司和参股新公司数量/个
湖州职业技术学院	44	92.50	0	1	1	1	3	0
嘉兴南洋职业技术学院	12	69.10	7	0	0	0	0	0
衢州职业技术学院	15	66.68	0	0	0	0	0	0
浙江农业商贸职业学院	9	44.40	0	0	0	0	1	0
浙江安防职业技术学院	4	20.60	2	0	0	0	0	0
宁波城市职业技术学院	1	7.00	0	1	3	3	0	0
♯浙江经济职业技术学院	2	5.13	0	0	0	0	0	0
台州科技职业学院	4	5.06	0	0	0	0	0	0
总数	1937	13386.73	89	7	74	18	23	9

深入分析可知,高职院校专利成果转化率和效益不高的原因是多方面的,最重要的是缺乏推广转化的有效平台和激励保障政策,未来高职院校须着力完善科研成果转化体系,重点抓好平台建设和制度完善工作。一是加强推广转化平台建设,建立学校与企业供需双向渠道的技术与成果信息交流平台,简化成果流通与转化流程,打通成果流通与转化通道,并为专利成果转化提供集交易信息、交易场所、成果评估、政策咨询、交易鉴证以及拍卖、登记过户、法律援助等综合服务于一体的专业化成果转化服务,通过系统化的服务改变以往科技成果转化零星、碰运气的状

态。如金华职业技术学院充分利用共建省市研发中心、共建协同创新中心等平台，拓展成果转化途径，同时加强与浙江省产权交易中心开展合作，购买专利评估服务，分类开展专利成果转化，推动成果与企业对接转化。二是完善成果转化激励机制。合理的利益分配机制是促进科技成果转化的重要保障，这方面国家出台了系列法律、政策文件，如《关于事业单位科研人员职务科技成果转化现金奖励纳入绩效工资管理有关问题的通知》（国办发〔2018〕127号）进一步明确了现金奖励计入所在单位绩效工资总量，但不受核定的绩效工资总量限制，不作为人力资源社会保障、财政部门核定下一年度绩效工资总量的基数。学校层面应积极贯彻落实国家文件精神，及时完善相关专利扶持与奖励制度，激发教师科技成果转化热情和潜力。如杭州职业技术学院规定，每一项科技成果拍卖所得的资金，校方只留5%，其他95%一律返还给科研团队，即使是职务发明专利也享受95%分成待遇，这项政策极大激励了学校老师和其他科研人员开展技术应用研发的积极性。宁波职业技术学院也在积极尝试健全以增加知识价值为导向的收益分配政策，对于科技成果转化的股权期权奖励的税收改由学校和当事人共同承担。

第五节 展 望

浙江省各高职院校都意识到科研这块短板不补，不仅专业建设缺少支撑，校企合作也很难进入深层次。在推进高职教育高质量发展的当下，浙江省高职院校高度重视科研工作，把科研工作和学校教学、学校发展和区域服务紧密结合，既能提升人才培养质量，服务学校发展，又能成为当地产业转型升级和产品技术变革的重要支撑。特别是在疫情期间，高职院校发挥专业、人才等资源，主动深入了解企业关键技术所需，为企业复工复产赋能。但在肯定成绩的同时，也要清醒认识到高质量发展背景下高职院校科研工作面临的新机遇和新挑战，未来需要重点在政策、人才和环境方面着手，提升高职院校科研能力。

一、完善校内科研政策

研究发现，浙江省高职院校中"双高校"整体科研发展水平要好于普通高职院校，且不同高职院校之间科研发展水平差异较大。进一步分析发现，水平差异之所以大，一是与高职院校本身的发展水平密切相关。整体发展实力靠后的高职院校普遍存在重教学轻科研的现象，对于科研，更多老师抱有心有余而力不足的心态。而发展水平较高的高职院校，一般比较重视科研的投入和产出，既有较充足的师资力量，也有充足的经费保障。二是与高职院校自身的科研政策制度高度相关。学校有良好的科研政策激励，就会有较好的科研成果产出，这是毋庸置疑的。既然学校发展水平很难在短时间内改变,那么完善校内科研政策制度便成为各个高职学校提高科研水平的关键发力点。各高职院校应建立较完善的科研业绩评价体系,充分发挥科研政策制度的导向作用,激励教师干事创业的积极性、主动性和创新性。

首先,在激励方面应增强力度。一是在标准上,高职院校应提高各类各级课题、论文、获奖等的奖励标准,同时拉大不同层级的奖励力度,重点奖励高层次、高质量、高标准的标志性成果,让科研做得好的教师能够获得真真切切的利益。二是在导向上,高职院校的奖励重点应从拥有转向应用,从数量转向效益,从个人转向团队,向关键岗位、业务骨干和有突出业绩的科研和服务人员倾斜。通过物质性的激励性奖励激发教师内在科研动力,引导教师科研朝着高质量科研成果的方向努力,同时,也要给予工资绩效、职务晋升、基金资助等方面的激励,以引领带动更多的教师参与科研,形成良好的科研氛围。

其次,在条件方面应提高要求。高职院校的科研既需要量上的积累,也需要质上的突破,必须两手抓、两手都要硬。具有高级职称的教师按理应是科研的主力,但是现实中普遍存在教师一旦评上高级职称,在科研上就呈现懈怠之意,难再维持之前的科研动力。因而,在对教师个人的年度考核和职称评审条件设置上,应适当提高科研的要求,适度增加教师的科研压力,以引导产出更高层次、更高水平的科研成果,使高职院校的科研服务走向高端。

再次,在对象方面应坚持分类。高职院校的教师来源多元,发展方向和发展类型也多样,不能以同样的标准衡量和要求不同类型的教师,必须坚持类型特征,如将教师类型划分为教学型、科研型、教学科研并重型和社会服务型,并设置不同的考核要求和奖励标准,引导教师分层分类发展,特别是引导偏向应用型研究和社会服务的教师能够真正帮助企业解决生产、技术革新、产品研发等问题。

最后,在机制方面应灵活导向。灵活的机制可以帮助激发教师科研的活力。最直接最有利的灵活机制就体现为学校的绩效工资。《教育部、财政部关于实施中国特色高水平高职学校和专业建设计划的意见》中提到,"建立以业绩贡献和能力水平为导向,以目标管理和目标考核为重点的绩效工资动态调整机制,实现多劳多得,优绩优酬"。各高职院校应以业绩贡献和能力水平为导向推进绩效工资制度改革,明确职业院校校企合作、技术服务、社会培训、自办企业等所得收入,可按一定比例作为绩效工资来源,且教师依法取得的科技成果转化奖励收入不纳入绩效工资,不纳入单位工资总额基数。

除此之外,还可建立教学工作量与科研活动量互相结合、互相转化的绩效管理制度,以科研促教学,以教学助科研;完善与落实科研收入分配与经费使用制度,简化科研经费审核及使用程序,为项目负责人松绑,使之腾挪出更多的科研时间,而不是消耗在经费审核和使用流程上等①;探索优秀人才岗位特聘制度,对有一定影响力、业绩突出的技术领军人才和大国工匠人才采用"以岗定责、按绩计酬"的特聘岗位管理,以此培育一批技术技能创新带头人和年轻骨干人才②。

二、推进教师团队建设

新时代职业院校教师教学创新团队迎来了前所未有的发展机遇。《国家职业教育改革实施方案》《教育部、财政部关于实施中国特色高水平高职学校和专业建设计划的意见》等,都对教师教学创新团队建设提出了明确要求。2019年5月,教育部印发了《全国职业院校教师教学创新团队建设方案》(教师函〔2019〕4号),提出经过3年左右的培育和建设,打造360个满足职业教育教学和培训实际需要的高水平、结构化的国家级团队。这是职业教育领域首个关于教师教学创新团队建设的专项文件,具有重要的开创性意义。国家之所以重视高职院校教师教学创新团队建设,既有遵循教学规律和提高教学质量的现实诉求,也考虑到教师教学创新团队是高职院校科研能力和社会服务能力提升的重要依托。调查发现,其实很多教师对学校教师教学创新团队建设寄予殷切的期待,因为他们意识到无论是教学、科研还是社会服务,仅依赖教师个体力量很难达到预期成效,要想做好做大做强,离不开教师教学创新团队的支撑。但同时,他们对现状也是忧虑的,不少高职院校的团队其实是"徒有虚名"的,许多教师教学、科研和社会服务处于"单打独斗"的状态。无法聚集教师的智慧就无法聚集团队的力量,团队服务成效也便无从谈起,这是多数高职院校科研能力和社会服务水平提升的最大受限因素。而通过团队这一有效的组织形式,能够增进专业教师内部之间的交流,改变教师长期以来"单兵作战"的窘境,促进专兼教师互动合作机制的完善,形成以合作共赢为核心的新型关系,于教师团队发展中实现学校科研能力和社会服务水平的提升。因而,浙江省高职院校想要既做好教学的主体工作,又在科研和社会服务方面有突破有贡献,必须大力推进教师教学创新团队建设,首要就是建立和完善校内教师教学创新团队培育机制。如金华职业技术学院在2007—2010年的高校国家级教学团队评选中,一直与国家级教学团队无缘。但2011年后,学校制定了《关于加强教学团队建设的实施意见》《优秀教学团队建设与管理办法》等,开始加强优秀教学团队的建设和培育工作,力争建成一批省级、国家级教学团队,从而形成校级、省级、国家级较为完善的教师教学创新团队发展梯队。经过多年的探索和实践,2019年8月,金华职业技术

---

① 杨心,冯水莲.多中心治理视角下高职院校科研激励机制的构建[J].职教通讯,2019(17):28-33.
② 韦清.高职院校技术创新能力发展现状及提升对策研究——基于78所国家示范性高职院校的实证分析[J].职业技术教育,2020,41(02):6-11.

学院学前教育专业被评为首批国家级职业教育教师教学创新团队。这是学校多年来培育和建设的成果。因而,对于没有教师教学创新团队培育机制的学校,建议尽快出台相关政策意见,而对于已经有教师教学创新团队相关政策的学校,建议进一步修订,增加新时代职业教育教师教学创新团队建设的新要求。调查也发现,尽管当前浙江省较多高职院校都较早地出台了教学团队建设的相关政策,如浙江交通职业技术学院、嘉兴职业技术学院等,但有些高职院校教学团队建设的政策出台年份较久远,滞后于当前教师教学创新团队建设的实践和需要,急需修订和调整。

三、完善学术科研环境

学术科研环境主要包括平台的硬件支持和文化氛围的软环境支持。硬件条件方面,在高职科研平台建设中已有相关表述,因而此处重点探讨科研文化氛围的营造。一是创造教师学术交流机会。高职院校应定期举办或参与国际、国家、省级等各类学术交流论坛,鼓励教师多"走出去"开展学术交流,及时了解专业领域前沿资讯和学术研究的变化和趋势,提高科研敏感度和科研适用性。二是完善教师能力提升制度。教师能力提升的路径有很多,如国内外进修、短期研修、企业实践、技术服务等,但任何一项活动的开展都离不开学校完善制度的支撑。以教师学历提升为例,浙江省各高职院校都瞄准高层次人才,但高层次人才面临引进困难以及流失率高的难题,为此,多数高职院校把目光转向了引育结合,通过实施"博士工程",鼓励富有潜力的教师到国内外高校攻读博士学位,并给予学费报销、科研启动经费、学位奖励等政策优惠。如2020年金华职业技术学院对《教职工在职攻读博士学历(学位)管理办法》进行了修订,规定国家高水平专业群核心专业的教师(学校未承担培养经费)按期(5年以内)毕业奖励金额22万元,省高水平、优势、特色等重点建设专业的教师(学校未承担培养经费)按期(5年以内)毕业奖励金额20万元,其他专业(含学生思政)的教师(学校未承担培养经费)按期(5年以内)毕业奖励金额18万元,这极大激发了教师进行学历提升的动力。教师企业实践和社会服务等亦如此。三是建立专业教师交流机制。很多教师并不是不想交流合作,包括新引进的高层次人才,其实他们都特别想抱团聚焦某一领域问题开展合作研究,只是因为教学任务或者行政任务繁重而没有时间进行交流。因而,学校或二级学院应尝试围绕不同方向培育多个专业教师学术共同体,定期聚焦问题开展交流,推动建立专业内教师常态交流机制,形成良好的科研合作氛围,助力教师专业成长。四是主动做好科研服务工作。申报高层次的人才项目和科研项目,既需要教师个人的努力,也离不开学校的鼎力支持。学校应积极创造外部条件,协助教师申报各类人才、科研项目等,如承办课题申报学术交流会、邀请专家给予专业指导,等等。

第九章　国际交流与合作

"一带一路"合作倡议、"构建人类命运共同体"等主张为高职教育国际化带来了重要发展机遇。为顺应时代发展要求,"十三五"期间,浙江省高职院校积极响应国家号召,贯彻落实《现代职业教育体系建设规划(2014—2020年)》(教发〔2014〕6号)、《推进共建"一带一路"教育行动》(教外〔2016〕46号)等文件精神,推动高职教育国际化的内涵深化和范式转型,取得了实质性进展和阶段性成果。依据《浙江省高等教育国际化发展规划(2010—2020年)》(浙教外〔2011〕1号)的要求,完成了合作重心从"规模扩大"到"内涵提升",合作构架由"引进"为主到"引进、输出"并重,合作渠道从"线下"延至"线上"的转变,逐渐形成了全方位、深层次、宽领域的立体式对外开放新格局,为进一步深化高职教育国际化发展,向世界输出中国模式、浙江范式的高职教育提供了有力保障。

第一节　浙江省高职院校国际交流与合作现状

以《浙江省高等教育国际化发展规划(2010—2020年)》中的高等教育国际化规划指标、《浙江省高等教育国际化发展年度报告(2016—2019)》以及《浙江省高等职业教育质量年度报告(2016—2020)》为参照,浙江省高职院校国际交流与合作内容主要包括国际合作协议签署、合作办学与研究、教师国际交流、学生国际交流、国际化课程建设以及高职教育"走出去"6个方面[①]。

一、国际合作协议签署

2016—2019年,浙江省高职院校与国(境)外机构合作签订的有效国际合作协议从2016年的736项增至2019年的1077项,增幅高达46.33%。从协议类型来看,人才培养类合作协议占比最大,基本占据了总协议的80%,从2016年的610项增长至2019年的853项,详见图9-1。其次是服务类和科研类合作协议,于2019年分别达到了122项与94项。虽然服务类与科研类的合作协议占比不高,但增长速度明显。从协议签署层面来看,合作协议以校级为主。由此可看出,浙江省高职院校国际合作协议在类型和层次上都有发展,但有进一步优化和提升的空间。

---

① 本节部分数据源于《浙江省高等教育国际化发展年度报告(2016—2019)》和《浙江省高等职业教育质量年度报告(2016—2020)》。

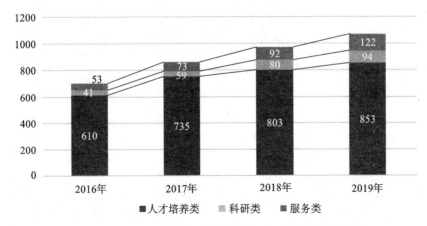

图 9-1　2016—2019 年浙江省高职院校国际合作协议签署情况

二、合作办学与研究

(一)与国(境)外机构合作办学情况

截至 2020 年,浙江省高职院校共有境内外合作办学项目 60 个,占全省境内外合作办学项目的 40%。境内外合作办学项目数最多的是杭州科技职业技术学院,共 5 项,其次是金华职业技术学院、浙江金融职业学院、浙江机电职业技术学院,各有 4 项,详见表 9-1。虽然高职院校境内外合作办学项目在数量上已占全省境内外合作办学项目的 4 成,但与之对应的具有境内外合作办学项目的院校仅有 27 所。换言之,拥有境内外合作办学项目的院校数占省内高职院校总数的比例还不足 60%。此外,截至 2020 年,浙江省高职院校共有境内外合作办学机构 4 所,它们分别是宁波城市职业技术学院中澳合作技术与继续教育学院、金华职业技术学院怀卡托国际学院、浙江纺织服装职业技术学院中英时尚设计学院和浙江旅游职业学院中澳国际酒店管理学院。

2016—2020 年,在浙江省教育行政部门的指导下,浙江省高职院校一方面进一步夯实国(境)外合作办学基础,加速内涵发展,另一方面积极响应国家办学评估的有关精神和要求,参加第三方办学评估,逐渐形成以评提质、以评促优的良好发展氛围。中国教育国际交流协会官网显示,截至 2020 年浙江省先后有 8 个中外合作办学项目通过了该协会的质量认证(浙江旅游职业学院和澳大利亚威廉·安格理斯技术与继续教育学院合作举办酒店管理专业高等专科教育项目由于学院合并等原因未列入表中),详见表 9-1,认证的国(境)外合作项目数居全国前列。该质量认证是目前我国国(境)外合作办学领域唯一与国际接轨的全国性质量认证,这也标志着浙江省的国(境)外合作项目在办学质量上得到了国内专业机构的认可,为浙江省高职院校国(境)外合作项目稳步深化发展奠定了扎实的基础。

表 9-1　浙江省高职院校境内外合作办学项目一览表

序号	学校	项目名称	项目有效期	项目总数	排名
1	杭州科技职业技术学院	杭州科技职业技术学院与澳大利亚墨尔本理工学院合作举办会计专业高等专科教育项目	2021年12月31日	5	1
2		杭州科技职业技术学院与澳大利亚墨尔本理工学院合作举办酒店管理专业高等专科教育项目	2021年12月31日		
3		杭州科技职业技术学院与台湾东南科技大学合作举办建筑设备工程技术专业高等专科教育项目	2023年12月31日		
4		杭州科技职业技术学院与新西兰理工学院合作举办学前教育专业高等专科教育项目	2022年12月31日		
5		杭州科技职业技术学院与澳大利亚高登职业技术学院合作举办机械制造与自动化专业高等专科教育项目	2026年12月31日		
6	金华职业技术学院	金华职业技术学院与美国卡普兰大学合作举办会计专业高等专科教育项目	2024年12月31日	4	2
7		**金华职业技术学院与加拿大皇家路大学合作举办酒店管理专业高等专科教育项目**	2022年12月31日		
8		金华职业技术学院与美国东北州立大学合作举办体育服务与管理专业高等专科教育项目	2025年12月31日		
9		金华职业技术学院与美国伯米吉州立大学合作举办护理专业高等专科教育项目	2022年12月31日		

第九章　国际交流与合作

续表

序号	学校	项目名称	项目有效期	项目总数	排名
10	浙江金融职业学院	浙江金融职业学院与美国西雅图城市大学合作举办国际商务专业高等专科教育项目	2023年12月31日	4	2
11		浙江金融职业学院与澳大利亚阳光海岸大学合作举办国际金融专业高等专科教育项目	2022年12月31日		
12		浙江金融职业学院与澳大利亚阳光海岸大学合作举办会展策划与管理专业高等专科教育项目	2022年12月31日		
13		浙江金融职业学院与美国尔湾协和大学合作举办会计专业高等专科教育项目	2026年12月31日		
14	浙江机电职业技术学院	浙江机电职业技术学院与美国纽约州立大学科贝尔斯基农业与技术学院合作举办物联网应用技术专业高等专科教育项目	2024年12月31日	4	2
15		**浙江机电职业技术学院与澳大利亚博士山学院合作举办国际贸易实务(跨境电商方向)专业高等专科教育项目**	2022年12月31日		
16		浙江机电职业技术学院与澳大利亚挑战者技术学院合作举办机械制造与自动化专业高等专科教育项目	2022年12月31日		
17		浙江机电职业技术学院与澳大利亚斯威本科技大学合作举办机电一体化技术专业高等专科教育项目	2024年12月31日		

续表

序号	学校	项目名称	项目有效期	项目总数	排名
18	浙江建设职业技术学院	浙江建设职业技术学院与美国贝茨技术学院合作举办建筑设计技术专业高等专科教育项目	2023年12月31日	3	5
19		浙江建设职业技术学院与美国贝茨技术学院合作举办建筑电气工程技术专业高等专科教育项目	2023年12月31日		
20		浙江建设职业技术学院与加拿大罗耶斯特文理学院合作举办建筑工程技术专业(国际工程方向)高等专科教育项目	2025年12月31日		
21	浙江工商职业技术学院	浙江工商职业技术学院与澳大利亚霍姆斯格兰学院合作举办国际商务专业高等专科教育项目	2022年12月31日	3	5
22		浙江工商职业技术学院与澳大利亚霍姆斯格兰学院合作举办会计专业高等专科教育项目	2022年12月31日		
23		浙江工商职业技术学院与美国阿肯色大学史密斯堡分校合作举办应用电子技术专业高等专科教育项目	2026年12月31日		
24	浙江商业职业技术学院	浙江商业职业技术学院与法国商业研究和行为学院合作举办市场营销专业高等专科教育项目	2024年12月31日	3	5
25		浙江商业职业技术学院与美国东北州立大学合作举办电子商务专业高等专科教育项目	2022年12月31日		
26		浙江商业职业技术学院与美国东北州立大学合作举办物流管理专业高等专科教育项目	2025年12月31日		

续表

序号	学校	项目名称	项目有效期	项目总数	排名
27	浙江经济职业技术学院	浙江经济职业技术学院与新加坡管理发展学院合作举办酒店管理专业高等专科教育项目	2020年12月31日	3	5
28		浙江经济职业技术学院与新加坡管理发展学院合作举办国际贸易实务专业高等专科教育项目	2020年12月31日		
29		浙江经济职业技术学院与英国格拉斯哥城市学院合作举办物流管理专业高等专科教育项目	2025年12月31日		
30	宁波城市职业技术学院	**宁波城市职业技术学院与澳大利亚新南威尔士州西悉尼技术与继续教育学院合作举办会计专业高等专科教育项目**	2023年12月31日	3	5
31		**宁波城市职业技术学院与澳大利亚新南威尔士州西悉尼技术与继续教育学院合作举办计算机应用技术(软件外包服务)专业高等专科教育项目**	2023年12月31日		
32		宁波城市职业技术学院与澳大利亚新南威尔士州西悉尼技术与继续教育学院合作举办旅游管理专业高等专科教育项目	2025年12月31日		
33	浙江纺织服装职业技术学院	**浙江纺织服装职业技术学院与日本杉野服饰大学合作举办服装与服饰设计专业高等专科教育项目**	2024年12月31日	2	10
34		浙江纺织服装职业技术学院与韩国大邱工业大学合作举办人物形象设计专业高等专科教育项目	2023年12月31日		

续表

序号	学校	项目名称	项目有效期	项目总数	排名
35	浙江水利水电学院	浙江水利水电学院与新西兰尼尔森马尔伯勒理工学院合作举办市场营销专业高等专科教育项目	2021年12月31日	2	10
36		浙江水利水电学院与新西兰尼尔森马尔伯勒理工学院合作举办计算机信息管理专业高等专科教育项目	2021年12月31日		
37	浙江国际海运职业技术学院	浙江国际海运职业技术学院与乌克兰马卡洛夫国立造船大学合作举办船舶工程技术专业高等专科教育项目	2024年12月31日	2	10
38		浙江国际海运职业技术学院与乌克兰马卡洛夫国立造船大学合作举办工业机器人技术专业高等专科教育项目	2024年12月31日		
39	湖州职业技术学院	湖州职业技术学院与英国南埃塞克斯学院合作举办机电一体化技术专业高等专科教育项目	2024年12月31日	2	10
40		湖州职业技术学院与英国南埃塞克斯学院合作举办建筑工程技术专业高等专科教育项目	2024年12月31日		
41	浙江工贸职业技术学院	浙江工贸职业技术学院与台湾中华大学合作举办电子信息工程技术专业高等专科教育项目	2020年12月31日	2	10
42		浙江工贸职业技术学院与台湾中原大学合作举办光电制造与应用技术专业高等专科教育项目	2022年12月31日		

续表

序号	学校	项目名称	项目有效期	项目总数	排名
43	浙江同济科技职业学院	浙江同济科技职业学院与美国贝茨技术学院合作举办机电一体化技术专业高等专科教育项目	2025年12月31日	2	10
44		浙江同济科技职业学院与美国圣马丁大学合作举办水利工程专业高等专科教育项目	2025年12月31日		
45	浙江交通职业技术学院	浙江交通职业技术学院与美国伯米吉州立大学合作举办通信技术专业高等专科教育项目	2022年12月31日	2	10
46		浙江交通职业技术学院与美国伯米吉州立大学合作举办汽车运用与维修专业高等专科教育项目	2022年12月31日		
47	宁波职业技术学院	宁波职业技术学院与澳大利亚本迪戈坎培门公立职业技术学院合作举办计算机网络技术专业高等专科学历教育项目	2025年12月31日	2	10
48		宁波职业技术学院与加拿大亚岗昆应用文理学院合作举办旅游管理专业高等专科教育项目	2024年12月31日		
49	温州职业技术学院	温州职业技术学院与加拿大不列颠哥伦比亚理工大学合作举办机械设计与制造专业高等专科教育项目	2020年7月31日	1	18
50	温州科技职业学院	温州科技职业学院与新西兰北方理工学院合作举办园林技术专业高等专科教育项目	2023年12月31日	1	18
51	杭州职业技术学院	杭州职业技术学院与新西兰维特利亚理工学院合作举办动漫设计专业高等专科教育项目	2023年12月31日	1	18

续表

序号	学校	项目名称	项目有效期	项目总数	排名
52	台州职业技术学院	台州职业技术学院与美国印第安纳理工学院合作举办机电一体化技术专业高等专科教育项目	2021年12月31日	1	18
53	浙江舟山群岛新区旅游与健康职业学院	浙江舟山群岛新区旅游与健康职业学院与韩国翰林大学合作举办护理专业（医疗美容方向）高等专科教育项目	2022年12月31日	1	18
54	义乌工商职业技术学院	义乌工商职业技术学院与新西兰北方理工学院合作举办国际商务专业高等专科教育项目	2023年12月31日	1	18
55	嘉兴南洋职业技术学院	嘉兴南洋职业技术学院与澳大利亚本迪戈坎培门公立职业技术学院合作举办船舶工程技术专业高等专科教育项目	2024年12月31日	1	18
56	宁波卫生职业技术学院	宁波卫生职业技术学院与韩国又松信息大学合作举办美容美体艺术专业高等专科教育项目	2024年12月31日	1	18
57	浙江农业商贸职业学院	浙江农业商贸职业学院与澳大利亚桑瑞亚理工学院合作举办西餐工艺专业高等专科教育项目	2025年12月31日	1	18
58	浙江工业职业技术学院	浙江工业职业技术学院与美国菲迪大学合作举办大数据技术与应用专业高等专科教育项目	2026年12月31日	1	18
59	杭州医学院	杭州医学院与美国加州浸会大学合作举办卫生信息管理专业高等专科教育项目	2022年12月31日	1	18
60	浙江旅游职业学院	浙江旅游职业学院与韩国顺天乡大学合作举办应用韩语专业高等专科教育项目	2020年12月31日	1	18

注：字体加粗项目为已通过中国教育国际交流协会境内外合作项目认证的项目。

(二)与国(境)外机构开展合作研究情况

2016—2019 年,浙江省从 2016 年的 14 所高职院校 50 个国际合作科研平台逐渐发展到 2019 年的 20 所院校 157 个国际合作科研平台。参与国际科研平台的教师数量也呈现明显增长,从 2016 年的 472 名增加到 2019 年 1129 名,增幅达到 139%,详见图 9-2。与此同时,截至 2019 年,浙江省 11 所高职院校共拥有仍在开展的国(境)外资助科研项目 43 项,资助经费总额达 1337.67 万美元,相较 2016 年的 8 所院校 17 个项目经费总额 604.5 万美元,无论是在项目数上还是在资助经费上都增加了一倍多,见图 9-3。虽然这一数据相较于浙江省普通本科院校依然存在一定的差距,但对比原有基础确实取得了较大的突破。

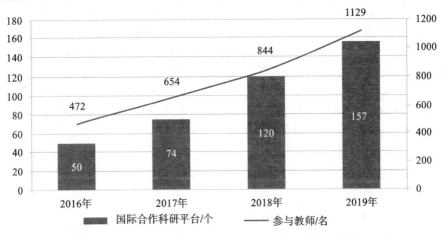

图 9-2 2016—2019 年浙江省高职院校国际合作科研平台以及教师参与情况

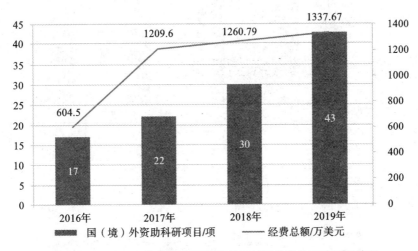

图 9-3 2016—2019 年浙江省高职院校国(境)外资助科研项目情况

三、教师国际交流

(一)聘用外国文教专家情况

2016—2019年,浙江省高职院校聘用外国文教专家的人数从2016年的210人,占专任教师总数的1.29%,增长至2018年的378人,占比2.17%,增幅明显。然而,2019年浙江省高职院校聘用外国文教专家的人数回落到318人,占比也下降至1.84%,详见图9-4。专业类外国文教专家占该层次高职院校所聘外国文教专家总数从2016年的63.33%增至2019年的72.96%,虽然该数据在2017年有所回落,但整体上升趋势明显。此外,在聘用的专业类外国文教专家中,聘期一年以上的占比和具有博士学位的占比分别从2016年的63.16%、18.8%降低至2018年的50.21%、15.61%,下降趋势明显。2019年两组数据又略有回升,达到53.02%、18.01%。具有高级职称外国文教专家的比例在2017年出现了较大增幅,达到29.13%,此后缓慢回落,至2019年下降至22.41%。

整体看浙江省高职院校聘用外国文教专家的各类数据,在明显的增长中都出现了回落,长聘期、高学历、高职称的文教专家比例均明显降低,反映出外国文教专家队伍的整体质量有所下降,聘用外国文教专家特别是高层次的文教专家依然是束缚浙江省高职院校国际化纵深发展的关键因素。

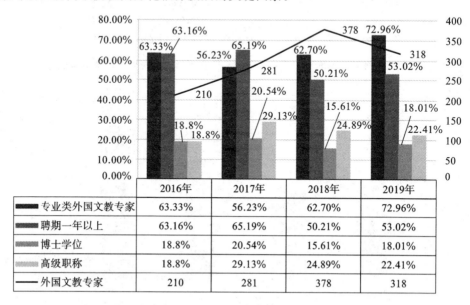

图9-4 2016—2019年浙江省高职院校聘用外国文教专家情况

（二）专任教师出国（境）访学情况

2016—2019 年，浙江省高职院校专任教师出国（境）进修、访学情况喜人，教师出国（境）进修人数、访学三个月以上人数分别为 776 人、1009 人、1243 人、1538 人，占专任教师的比例也从 2016 年的 4.75% 增至 2019 年的 8.89%，增长趋势十分明显，见图 9-5。截至 2019 年，浙江省高职院校累计有出国经验的教师达到 6501 人，占该类学校专任教师总数的 37.6%，相较于 2016 年 5676 人和占比 34.77%，增幅明显且整体发展趋势较好，见图 9-6。此外，2016—2019 年间，四次入围"浙江省高职院校出国（境）访学三个月以上教师加权总分前 10 位"的四所院校分别是浙江纺织服装职业技术学院、宁波职业技术学院、浙江金融职业学院和浙江旅游职业学院。

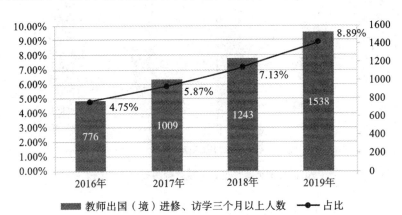

图 9-5　2016—2019 年浙江省高职院校教师出国（境）进修、访学情况

图 9-6　2016—2019 年浙江省高职院校累计有出国经验的教师情况

(三)聘用归国留学人员情况

2016—2019年,浙江省高职院校共新聘归国留学人员4768名,年聘用人数从2016年的984人上升至2019年的1388人,见图9-7。然而,聘用的归国留学人员中毕业于国外名校或在国外获得博士学位的留学归国人员的占比依然很低。因此,浙江省高职院校聘用归国留学人员在量上已有了稳步的提升,但在引进归国留学人员的质量上还有待进一步提高。

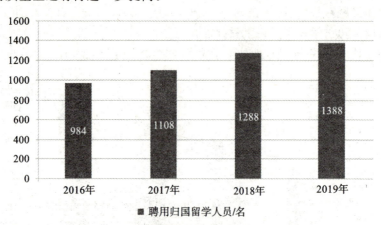

图9-7　2016—2019年浙江省高职院校聘用归国留学人员情况

(四)主办或承办国际(港澳台)学术会议

2016—2019年,浙江省高职院校分别主办或承办国际学术会议23场、29场、79场和97场,占全省高校主办或承办国际学术会议的9.35%、9.12%、16.81%和18.65%,增长趋势明显。同时,浙江省高职院校主办或承办的港澳台学术会议也从原来的7场,占全省该类会议的29.17%,增加至2019年的11场和36.67%,虽然相较于2018年的12场和占比46.15%略有回落,但不影响其增长趋势。总体而言,截至2019年,45.45%的高职院校都主办或承办了国际(港澳台)学术会议,其增长率和覆盖率均呈现出较好的发展趋势。

(五)教师、管理人员交流情况

浙江省高职院校教师、管理人员交流情况主要从教师参加培训进修的人次、管理人员参与国际交流的人数和接待来访的人次这三个方面加以说明。

从历年的数据可以看出,教师短期培训或进修一直是浙江省高职院校的强项,参与的人次占全省同类培训的比率相较于有硕博授权高校和本科高校一直处于领先位置。但这一现象在2018年出现了反转。浙江省高职院校教师短期培训或进修在全省该类培训人数的占比从 2016 年的 57.86% 下降到 2019 年的 33.39%，见图 9-8。反观同一时期浙江省高职院校教师进修、访学三个月以上的人数在全省该类培训人数中的占比从 2016 年的 6.7% 增长至 2019 年 10.63%，与短期培训、进修形成了鲜明的对比。由此可见，浙江省高职院校将师资交流的重心从短期培训逐渐转移到时间更长、效果更佳的中长期师资培训、交流项目。其间，浙江省高职院校还积极引进国外优秀高职教育师资培训模式，努力打造国际培训基地，使教师不出国门就能享受到国际认可的高职教育培训课程。如宁波城市职业技术学院与澳大利亚 TAFE 学院联合打造了国家级澳大利亚 TAFE 职业教育能力培训基地，目前已有 81 名教师获得澳大利亚 TAFE 四级认证证书并获准教授职业课程，极大地推进了师资队伍的国际化建设步伐。

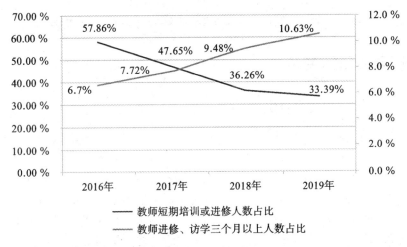

图 9-8　2016—2019 年浙江省高职院校教师培训或进修情况

2016 年浙江省高职院校管理人员国际交流的人数为 456 人，占全省高校管理人员派出总数的 19.09%，2018 年管理人员国际交流的人数达到峰值 508 人，占比为 16.95%，然而 2019 年该类人数下降至 466 人，占比仅为 13.77%，同比有较大幅度回落，见图 9-9。与此同时，派出的管理人员中，校级领导占比和处级干部占比都有所下降，这意味着普通管理人员赴国外高校考察学习的机会较往年有明显增加。

浙江省高职院校接待国外高校管理人员来访的人次增幅明显。从 2016 年的 927 人次，占浙江省高校接待国外高校管理人员来访总人次的 15.30%，到 2019 年的 1431 人次，占比 21.93%。这些数据反映出浙江省高职院校国际交流往来频繁，国际交流氛围良好。

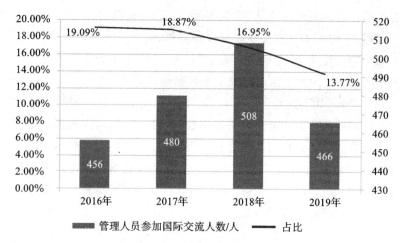

图 9-9　2016—2019 年浙江省高职院校管理人员国际交流情况

四、学生国际交流

(一)招收外国留学生情况

2016—2019 年,浙江省高职院校招收国际学生人数持续上涨,从 2016 年的 1819 人到 2019 年的 3751 人,增长了 106％,占全省高校招收国际学生人数的比例也从 5.99％增加至 9.08％,见图 9-10。这一数据虽然相较于 2018 年的 9.74％略有回落,但总体增幅依然明显,占在校生数的比例也逐渐趋向于 1％。同时,长期国际学生规模也在持续增长。浙江省高职院校招收三个月以上的长期国际学生人数

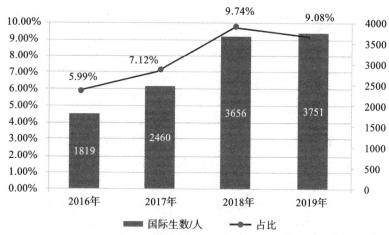

图 9-10　2016—2019 年浙江省高职院校招收国际学生情况

和其占招收留学生总数的比例分别是 2016 年 1364 人、74.99%,2017 年 1827 人、74.27%,2018 年 2599 人、72.73%,2019 年 2754 人、73.42%。由此可见,三个月以上的长期国际学生已成为浙江省高职院校国际学生的主力军,国际学生的稳定性进一步增强,见图 9-11。浙江省高职院校招收的国际学生的留学类型和层次分布以招收语言生和非学历生为主,留学生类型和层次分布仍需进一步优化。与此同时,招收国际学生的高职院校数量有了明显的增长,从 2016 年的 11 所增加到 2019 年的 18 所。这也反映出浙江省高职院校招收外国留学生的意识和意愿正逐步增强。

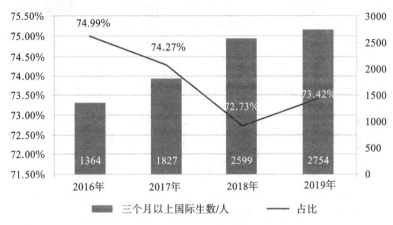

图 9-11　2016—2019 年浙江省高职院校招收三个月以上国际学生情况

(二)学生赴国(境)外交流、交换情况

2016—2019 年,浙江省高职院校交流、交换生情况大相径庭。据统计,2016—2019 年,浙江省高职院校交流的总人数从 2016 年的 903 人增加至 2019 年的 1959 人,增幅达到 116.94%,而与之相对的交换生人数则由 2016 年的 1010 人缩减到 2019 年的 281 人,下降了 72.18%,见图 9-12。由此可以看出,浙江省高职院校学生赴国(境)外交流的方式依旧以短期、浅层次的交流为主,该类别的交流层次和结构有待进一步优化。

五、国际化课程建设

(一)全外语和双语教学课程开设情况

截至 2019 年,浙江省高职院校已开设的全外语和双语课程占当年开课总数的 7.69%,开设全外语或双语课程的学院总量达到 36 所,占全部高职院校的 76.6%。其中 10 所高职院校的全外语课程达到 50 门以上,最多一所院校达到 297 门。另有 39 所高职院校开设了双语课程,其中有 23 所高职院校当年开设的双语课程达到 30

图 9-12 2016—2019 年浙江省高职院校学生赴国(境)外交流、交换情况

门以上,最多的达到 212 门。总体来看,浙江省高职院校全外语和双语课程总体态势和结构均呈现良好的状态,有利于国际化课程的进一步发展和延伸。

(二)课程与教学国际化标准建设情况

2017—2020 年,浙江省高职院校共开发国(境)外认可的行业或专业教学标准数 206 个,历年认可的行业或专业教学标准数分别为 36 个、48 个、57 个和 65 个,见图 9-13。2017 年为浙江省高职院校开发国际化课程的爆发期,此后逐年平稳递增,态势良好。2017—2020 年,浙江省高职院校共开发国(境)外认可的课程标准数 1263 个,分别为 117 个、287 个、412 个和 447 个,涨幅趋势明显,2020 年开发课程标准数是 2017 年的近 4 倍,见图 9-13。如宁波职业技术学院通过全面引进德国工商行会(IHK)职业认证标准、教学标准、管理办法和考核办法探索出符合中国国情的双元制本土化实践标准体系,并开展获得国际认可的 IHK 证照考试。总体而言,浙江省高职院校无论在开发国(境)外认可的行业或专业教学标准上,还是在开发的国(境)外认可的课程标准上都取得了显著的成绩。

六、高职教育"走出去"

高职教育"走出去"的范畴主要涵盖了国(境)外办学和培训,教师、学生服务"走出去"企业以及课程教学国际化标准输出等。课程教学国际化标准输出情况上文已涉及,下面着重介绍浙江省高职院校国(境)外办学和培训以及教师、学生服务"走出去"企业情况。

(一)国(境)外办学和培训情况

2019 年,浙江省高职院校共在国(境)外设立办学点 28 个,国(境)外人员培训

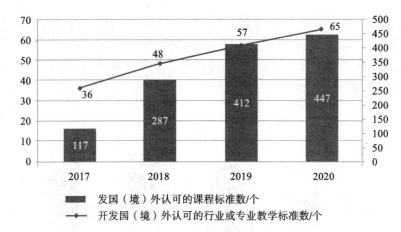

图 9-13　2017—2020 年浙江省高职院校课程与教学国际化标准建设情况

数从 2016 年的 25259 人日增加到 420490 人日，培训人数是 2016 年的近 17 倍，创下历史新高。2020 年受新冠肺炎疫情的影响，浙江省高职院校在国（境）外设立办学点数量缩减至 22 个，国（境）外人员培训数也回落到 274249 人日，但依旧远高于 2019 年以前的数量。在如此严峻的形势下，浙江省高职院校依然取得这样的成绩实属不易，这主要得益于全省高职院校上下一心，积极探索出了一条线上线下教学相结合的"互联网＋"国际教育与培训新模式。

（二）教师、学生服务"走出去"企业情况

2016—2019 年，浙江省高职院校在境外组织担任职务的专任教师人数由 2016 年的 32 名发展到了 2019 年的 126 名，随之增长的还有专任教师服务"走出去"企业国（境）外指导时间，时间长度从 2016 年的 4875 人日，增长到 2019 年的 25409 人日，是 2016 年的 4 倍。但受疫情影响，2020 年指导时长下降到 16935 人日，见图 9-14。此

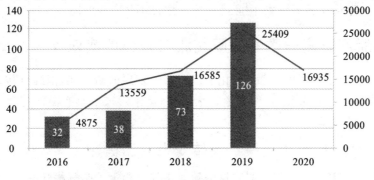

图 9-14　2016—2020 年浙江省高职院校专任教师服务国（境）外组织情况

外，2016—2019年在校生服务"走出去"企业国（境）外实习时间分别为89513人日、108042人日、118283人日、136240人日，总体增幅达到了52.2%，见图9-15。总体看来，在新冠肺炎疫情影响之前，浙江省高职院校的教师、学生服务"走出去"企业均取得了较为满意的成绩。

图9-15 2016—2019年浙江省高职院校学生服务"走出去"企业国（境）外实习情况

第二节 浙江省高职院校国际交流与合作的成效与问题

"十三五"期间，浙江省高职教育国际交流与合作在内涵建设的提升、合作框架的完善以及合作渠道的拓宽上均取得了丰硕的成果，为浙江省高职教育国际化水平的整体提升以及向高层次、宽领域发展迈进起到了重要作用。但同时，发展过程中还存在国际化发展不均衡、国际师资团队建设不扎实等问题。

一、浙江省高职教育国际交流与合作的成效

近年来，浙江省高职教育国际化呈现出蓬勃发展的新态势，国际合作内涵日益加深，合作框架日趋完善，合作渠道日渐丰富，逐渐形成了具有浙江特色的国际合作交流新格局。

（一）合作重点由规模扩大转变为内涵提升

"十三五"期间，浙江省高职院校国际交流与合作无论是规模还是层次、类型上均取得长足发展，合作与交流的重点也逐渐从"规模扩大"转变为"内涵提升"，着力打造高职教育国际化高地和高职教育国际化的"重要窗口"。

1. 指标引领提升国际化整体水平

浙江省建立了全面、细致、能反映高职院校国际化特色的指标,即浙江省高等教育国际化发展指标。该指标涵盖了学生国际化状况,师资队伍、管理队伍国际化情况,课程与教学国际化情况,国际合作情况四个大类,共12个一级指标,140个次级指标,几乎覆盖了高职教育国际化的各个领域,能够全面系统地引导和评估浙江省高职院校国际化发展。同时,根据各项指标对国际教育影响和贡献程度的不同,该指标还被赋予了不同的权重,能够更客观地评价各普通高校和高职院校国际化发展的整体达标情况,见表9-2。2019年浙江省高等教育国际化发展指标得到了进一步完善,生成了更细化的二级指标权重。浙江省高等教育国际化发展指标为浙江省教育行政部门全盘了解高等教育国际化总体状况和各所高职院校在推进国际化进程中的优势、特色和问题提供了数据支撑。同时为了体现不同层次高校办学的基础和特点,教育厅依据博硕授权院校、其他本科院校和高职高专院校三类对全省普通高校国际化总体水平和单项水平进行排序。这也让浙江省各高职院校不仅在横向上更易与同类院校比较,也能在纵向上以博硕授权院校及其他本科院校为参照,明晰自身差距与优势。

表 9-2　浙江省高等教育国际化发展指标体系

一级指标	权重	二级指标	权重
国际学生百分比	0.13	学历生	0.08
		国际学生总数	0.05
外派交换生、交流生百分比	0.13	交换生	0.08
		交流生	0.05
专任教师访学三个月以上人员百分比	0.13	留学归国	0.07
		出国访学	0.06
外国文教专家百分比	0.07	—	
全外语和双语授课课程比例	0.07	全外语课程	0.04
		双语课程	0.03
中外合作办学项目	0.07		
国际学术会议(主办或承办)	0.07		
国际合作科研平台	0.07		
获得国外或国际组织资助的项目	0.07		
经批准设立的中外合作办学机构数	0.07		
共建孔子学院数量	0.07		

续表

一级指标	权重	二级指标	权重
在境外设立办学机构数	0.05	—	—

2.专项突破补齐国际化短板

2016—2019年,浙江省开展了"浙江省国际化特色高校建设工程",引领高职院校走国际化特色发展道路,全省共有金华职业技术学院等6所高职院校入围,为高职教育国际化的深化发展起到了示范引领的作用。同时,针对高职教育国际化的重点、难点工作,也开启了从中外合作办学到国际化课程标准对接等一系列专项突破工作,为高职教育国际化发展补齐短板、突出优势起到了积极作用。

首先,以示范项目建设带动内涵发展。在中外合作办学项目方面,浙江省持续开展浙江省示范性中外合作办学项目的建设。2017年共有6所高职院校的合作项目入围浙江省示范性中外合作办学项目,它们分别是宁波城市职业技术学院与澳大利亚新南威尔士州西悉尼技术与继续教育学院合作举办会计专业高等专科教育项目、浙江机电职业技术学院与澳大利亚博士山学院合作举办国际贸易实务专业高等专科教育项目、浙江纺织服装职业技术学院与日本杉野服饰大学合作举办服装与服饰设计专业高等专科教育项目、金华职业技术学院与美国东北州立大学合作举办体育服务与管理专业高等专科教育项目、浙江金融职业学院与澳大利亚阳光海岸大学合作举办国际金融专业高等专科教育项目和温州职业技术学院与加拿大不列颠哥伦比亚理工大学合作举办机械设计与制造专业高等专科教育项目。这些入围项目具有办学上本土化特色化显著、师资团队上国际化水平突出、毕业生能力上国际竞争力明显等特质,对浙江省高职院校中外合作办学项目内涵建设起到了示范和引领作用。

其次,以质量评估提升项目质量。浙江省高职院校积极参加中国教育国际交流协会组织的中外合作办学项目质量认证,该质量认证体系包含5个标准、12个一级指标、48个二级指标、151个观测点(含个性指标),全面、系统地涵盖了中外合作办学的各个环节,为浙江省高职院校总结中外合作办学项目的经验、反思中外合作办学的问题、明确中外合作办学的方向起到了积极的助推作用。

在完成系列深化内涵建设的项目和改革后,浙江省高职院校整体国际化水平迈入了新的阶段。2016—2020年,据《中国高等职业教育质量年报》,浙江省每年均有6所高职院校入选最具国际影响力的50所高职院校。在已公布的三次年报中,连续三年入围的就有5所院校,它们分别是金华职业技术学院、宁波职业技术学院、义乌工商职业技术学院、浙江旅游职业学院以及浙江商业职业技术学院。浙江省高职院校大批量持续、稳定地入围"国际影响力50强",强有力地证明了其在高职教育国际化内涵建设方面已经走在了全国前列。

(二)合作构架由"引进"为主转变为"引进、输出"并重

回顾2016年之前,浙江省高职院校国际合作与交流的方式主要以"引进"为主,其阶段性目标主要聚焦在对国(境)外的优质资源进行引进、消化和吸收上,并为努力打造兼具国际化水平和中国特色的高职教育体系贡献自身的力量。在这期间,虽有一些高职院校已开始初步尝试输出,如建立培训实体等,但总体来看规模尚小,类型也比较单一,并不能成为浙江省高职院校国际合作交流舞台上的主旋律。2016年,教育部印发《推进共建"一带一路"教育行动》,提出"做到经贸走到哪里,教育的民心工程就延伸到哪里,教育的人才培养就覆盖到哪里"。为响应教育部号召,浙江省高职院校借"势"、汇"智"、聚"力",积极探索高职教育"输出"新途径、新模式、新办法,"输出"的规模日渐扩大,类型也更为丰富,逐渐形成了"引进、输入"并重的浙江省高职教育国际交流与合作的新格局。

首先,以语言学习为载体的文化输出。如温州职业技术学院率先在柬埔寨建立丝路学院,牵头成立中柬职教合作联盟,建立中柬语言文化交流中心,金华职业技术学院与泰国西那瓦大学共同创建金华职业技术学院泰国语言文化交流中心。这两所语言文化交流中心都以汉语言学习为载体,丰富了当地学生、老师以及培训人员深入了解中国历史和文化的渠道,为今后合作交流的深化奠定了基础。

其次,以研究机构为载体的科研成果输出。浙江金融职业学院成立捷克研究中心,着力打造"专业+语言+国别研究"特色鲜明的高水平"一带一路"国别研究智库,中心承担了教育部国际司等单位的多项课题研究,发表相关论文数十篇,出版《百年捷克》和《"一带一路"框架下浙江与捷克经贸合作发展报告(中、英、捷)》专著两本,《中国与捷克双边贸易发展的现状、趋势和对策分析》《中国互联网经济的发展与"走出去"分析》收录于捷克科学院《中国改革开放下的"一带一路"倡议》一书中。

再次,以专业培训为载体的职业技能、标准的输出。义乌工商职业技术学院的"一带一路"跨境电子商务培训、"义路同行"全球青年创业培训计划、"两岸同心·e路同行"台湾青年创业培训、瑞典青年创业培训、美国青年创业培训和香港青年学生创业体验营,累计培训来自"一带一路"沿线60余个国家和地区的5000余人次,逐步建立了以精品教材、师资培训、课堂教学、课程实践、全真化综合实训、创新创业实战、校企协同发展、实习就业指导为主体的跨境电商全程式人才培养培训体系。浙江交通职业技术学院新开发了"属地化培训无损检测技术""道路建筑材料""测量技术"等3门课程的课程标准,并被非洲喀麦隆、刚果(布)等国采用,为浙江省高职教育课程和标准的输出赢得了优良的口碑。

最后,以海外分校为载体的人才培养方案的整体输出。据不完全统计,截至2020年,浙江省已经有6所高职院校在"一带一路"沿线国家设立海外分校。如金华职业技术学院与卢旺达北方省穆桑泽理工学院合作创办金职国际学院,设立汉语言学习中心与技能发展中心,下设电子信息、设备制造建筑、施工技术、旅游酒店管理、农产品加工与检测等五大专业,整体输出相关专业标准和人才培养方案。

(三)合作交流渠道由"线下"延至"线上"

2019年底突发的新冠肺炎疫情,使全球的交通、贸易、交流等骤然停摆,全球高职教育国际化也迎来了前所未有的寒冬。面对如此严峻的形势,浙江省高职院校上下一心,主动适应新形势,化解新困局,努力探索出了一条线上线下相结合的国际交流与合作的新途径,开启了"云课堂""云大赛"等交流合作新方式,构建了丰富的高职教育国际化新生态。

1. 定制特色鲜明的"云课堂"

浙江省高职院校本着"停课不停学"的原则,充分利用互联网技术,努力打造双语课程共享平台,构建课程类目丰富的"云课堂",并借助职教云、ZOOM、腾讯会议等多媒体软件进行互联网直播或录播课程以确保国际教育的顺利进行。疫情期间,如杭州职业技术学院为菲律宾留学生量身定制酒店管理汉语云端课程,课程以当代中国社会生活、酒店行业管理服务为背景,通过线上的系统学习使学生充分掌握基本的汉语技能和跨文化交际能力。浙江省交通职业技术学院积极发挥行业优势,创新了"互联网+"国际教育合作模式,通过在线授课、录播、在线辅导与答疑、委托"走出去"企业外聘教师现场授课等方式,因地制宜,分对象、按需求地输出专业技术技能培训课程。仅2020年疫情期间共为柬埔寨、泰国、喀麦隆等国共培训1312人日,受到当地学生、相关学校和企业的一致好评。"云课堂"的高效运用为浙江省高职教育国际化的进一步升级和"一带一路"建设注入了新的活力。

2. 举办跨国汇智的"云大赛"

浙江省高职院校与国(境)外高职院校通过信息化手段,利用云平台精心策划开展了云大赛活动,保障国际赛事不中断。如浙江工贸职业技术学院承办的"2020中美青年创客大赛温州分赛区决赛"在云端举行,参赛选手通过线上PPT展示自己的创业项目,全球评委通过在线方式予以点评、打分。比赛获得圆满的成功,也得到了各界的认可,进一步推动了中美两国青年创客在创新领域的深度交流。据悉,"中美青年创客大赛"是由中华人民共和国教育部主办的中美青年创新创业比赛,该赛项已纳入"全国普通高校学科竞赛排行榜"。这次"云大赛"也开创了网络赋能浙江省高职教育国际化竞赛的先河,同时为今后举办国际竞赛开拓了新的途径。

二、浙江省高职教育国际交流与合作存在的问题

浙江省高职教育国际化发展中面临较为突出的问题主要有国际化发展不均衡、国际师资团队建设不扎实、"走出去"综合能力不强等三个方面。

(一)国际化发展不均衡

1.区域发展不均衡

浙江省高职教育国际化水平表现出区域发展不均衡。浙江省高职院校国际化总体水平前10位高职院校主要集中在杭州、宁波和金华这三个城市,位于浙江省的北部和中部,而南部高职院校除了温州的浙江工贸职业技术学院于2016年跻身前10位以外,其余地区的高职院校在"十三五"期间均未出现在榜单,见表9-3。

表9-3　浙江省高职院校国际化总体水平前10位的区域分布情况　　　(单位:所)

学校区域分布	2016年	2017年	2018年	2019年
杭州	4	5	5	5
宁波	3	3	3	3
金华	2	2	2	2
温州	1	0	0	0

通过梳理各个阶段的单项国际化指标[①]排名也不难发现,杭州地区的高职院校囊括了排名前十位高职院校中的约6成席位。例如,在浙江省高职院校经批准设立的中外合作办学项目数这一指标中,2019年排名前10位的16所院校中,有9所均来自杭州。除了这一指标,杭州高职院校其他指标的占比也均达到4成以上。占比排名第二的区域是宁波,再次是金华。而浙江省中、南部区域如台州市、衢州市、丽水市和北部区域绍兴市的高职院校在这五年中均没有出现在国际化发展年度报告的各类榜单中。

无论从高职教育国际化的整体指标还是单项指标来看,浙江省高职教育国际化的区域发展不均衡较为明显,而这一现象的形成也有一定的客观原因。众所周知,国际化教育的发展需要地方政府和高职院校统筹各方资源,如资金、人员、教学设备等,只有这样才能顺利完成国外优质资源从引进到内化的全部过程。因此,无论在政策的制定上,还是在实施过程中,国家和地方政府的资源势必向那些区域经济较为发达、办学基础比较好的学校倾斜,以确保高职教育国际化发展的既定目标

---

① 单项国际化指标包括外派交流生、交换生,聘用外国文教专家占专任教师百分比,全外语和双语课程数量,经批准设立的境内外合作办学项目数,建立国际合作科研平台数和在境外设立办学机构数等。

能如期完成,此类择优培养的方式也是高职教育国际化历史演进过程中不可避免的产物。但随着浙江省高职教育国际化发展的进一步深入,这种失衡的发展状态极大地限制了高职教育国际化的整体发展。

2. 校际发展不均衡

浙江省高职教育国际化校际发展也呈现不均衡的现象。根据《2019 年浙江省高等教育国际化发展年度报告》的综合得分可以看出,最高分是 20.349 分,最低分则为 0 分,与其余 3 类院校相比,职业院校是唯一有 0 分的高等教育类型。此外,自 2016 年起,国际化整体水平排名前十的浙江省高职院校在排名上虽有波动,但是入榜的院校名单较为固定,见表 9-4。四年来均入围前十的院校分别是金华职业技术学院、宁波职业技术学院、义乌工商职业技术学院、浙江旅游职业学院、宁波城市职业技术学院、浙江纺织服装职业技术学院和浙江机电职业技术学院。这一方面说明这些高职院校已具备较为扎实的国际化办学基础和较强的国际竞争力,同时说明其他院校与这些院校在国际化水平上存在较大差距,很难在短时间内赶上或者超越这些入围院校。即便是国际化水平较高的院校之间,国际化水平的差距也依然突出。以 2019 年为例,排名第一的金华职业技术学院的国际化总体水平得分为 21.182 分,而排名第十的浙江金融职业学院得分仅为 10.616 分,两者之间的得分相差 1 倍多,见表 9-5。虽然 2019 年国际化水平得分情况较 2014 年第一名与第十名之间差距 3 倍多有所改善,但是第一名与第十名之间的差距依然显著。此外,从单项指标来看,校级之间的差距也非常明显。差距最大的三个指标依次是外派交流生、交换生(含学位生),国际学生占在校生总数百分比和国际合作科研平台。由表 9-5 可知,浙江省高职院校外派交流生、交换生(含学位生)加权总分前十位中,排在第一位的浙江体育职业技术学院得分为 5.000 分,是排在第二位的浙江旅游职业学院的 6 倍多,是排在第十位的浙江工商职业技术学院的 45 倍多。同样,在国际学生占在校生总数百分比加权总分前十的排名中,排在第一位的义乌工商职业技术学院的得分为 5.269 分,而排在第十位的浙江交通职业技术学院得分仅为 0.331 分,前者是后者的约 16 倍。在国际合作科研平台加权总分前十位的榜单中,排名第一的金华职业技术学院得分为 4.266 分,并列排在第 8 位的 5 所学校得分是 0.438 分,前者与后者的比例也接近 10∶1。

表 9-4 2016—2019 年浙江省高职院校国际化总体水平排名前十的院校名单

位次	2016 年	2017 年	2018 年	2019 年
1	浙江体育职业技术学院	浙江旅游职业学院	金华职业技术学院	金华职业技术学院
2	宁波职业技术学院	金华职业技术学院	宁波职业技术学院	宁波职业技术学院
3	金华职业技术学院	宁波城市职业技术学院	义乌工商职业技术学院	义乌工商职业技术学院

续表

位次	2016年	2017年	2018年	2019年
4	浙江旅游职业学院	义乌工商职业技术学院	宁波城市职业技术学院	浙江旅游职业学院
5	浙江纺织服装职业技术学院	宁波职业技术学院	浙江旅游职业学院	宁波城市职业技术学院
6	义乌工商职业技术学院	浙江经贸职业技术学院	浙江纺织服装职业技术学院	浙江纺织服装职业技术学院
7	浙江机电职业技术学院	浙江纺织服装职业技术学院	浙江机电职业技术学院	浙江机电职业技术学院
8	宁波城市职业技术学院	浙江经济职业技术学院	浙江经济职业技术学院	浙江商业职业技术学院
9	浙江工贸职业技术学院	浙江机电职业技术学院	浙江金融职业学院	浙江经济职业技术学院
10	浙江经贸职业技术学院	浙江商业职业技术学院	浙江交通职业技术学院	浙江金融职业学院

注：字体加粗的院校为四次均入围浙江省高职院校国际化总体水平排名前十的学校。

表9-5 2019年浙江省高职院校国际化各类指标排名前十的情况

项目	位次	2019年	综合得分
国际化总体水平	1	金华职业技术学院	21.182
	2	宁波职业技术学院	18.853
	3	义乌工商职业技术学院	16.878
	4	浙江旅游职业学院	16.756
	5	宁波城市职业技术学院	16.177
	6	浙江纺织服装职业技术学院	13.934
	7	浙江机电职业技术学院	12.885
	8	浙江商业职业技术学院	12.210
	9	浙江经济职业技术学院	10.844
	10	浙江金融职业学院	10.616

续表

项目	位次	2019年	综合得分
外派交流生、交换生(含学位生)加权总分	1	浙江省体育职业技术学院	5.000
	2	浙江旅游职业学院	0.790
	3	义乌工商职业技术学院	0.499
	4	浙江纺织服装职业技术学院	0.374
	5	宁波职业技术学院	0.280
	6	金华职业技术学院	0.181
	7	浙江金融职业学院	0.152
	8	浙江育英职业技术学院	0.144
	9	杭州万向职业技术学院	0.121
	10	浙江工商职业技术学院	0.110
国际学生占在校生总数百分比加权总分	1	义乌工商职业技术学院	5.269
	2	宁波职业技术学院	2.495
	3	浙江商业职业技术学院	1.935
	4	浙江育英职业技术学院	1.119
	5	金华职业技术学院	1.093
	6	浙江机电职业技术学院	0.627
	7	浙江旅游职业学院	0.527
	8	嘉兴南洋职业技术学院	0.493
	9	浙江工商职业技术学院	0.476
	10	浙江交通职业技术学院	0.331
国际合作科研平台加权总分	1	金华职业技术学院	4.266
	2	义乌工商职业技术学院	2.516
	3	浙江经济职业技术学院	2.297
	4	宁波职业技术学院	1.859
	5	浙江商业职业技术学院	0.766
	6	浙江体育职业技术学院	0.656
	7	浙江金融职业学院	0.547
	8	温州职业技术学院	0.438
	8	浙江旅游职业学院	0.438
	8	杭州职业技术学院	0.438
	8	浙江经贸职业技术学院	0.438
	8	浙江国际海运职业技术学院	0.438

3. 类别发展不均衡

除了区域和院校之间的发展不均衡,浙江省高职教育国际化在发展过程中,各种不同类别的国际合作交流项目的发展差异也十分显著。表 9-6 为浙江省高职院校国际化指标,纵轴 2016—2019 年为浙江省高职院校完成国际化指标的实际数据,最后一列为 2020 年的规划指标。从表中可得出,一些发展较好、较快的国际合作交流项目不仅完成甚至超额完成了 2020 年的规划目标,如外国留学生百分比、专任教师访学三个月以上人员百分比、全外语和双语授课课程比例、国际学术会议(主办或承办)、国际合作科研平台和获得国外或国际组织资助的项目。而一些国际合作交流项目如中外合作办学项目数、外派交流生交换生百分比和外国文教专家百分比依旧没有达到规划指标,甚至还存在较大差距。

表 9-6 浙江省高职院校国际化指标完成情况

指标(校均数)	2016 年	2017 年	2018 年	2019 年	2020 年(规划)
外国留学生百分比	0.5%	0.7%	1.0%	0.9%	0.4%
外派交换生、交流生百分比	0.5%	0.6%	0.6%	0.6%	1%
外国文教专家百分比	1.3%	1.6%	2.2%	1.8%	3%
专任教师访学三个月以上人员百分比	4.8%	5.9%	7.1%	8.9%	8%
全外语和双语授课课程比例	6.3%	6.4%	7.5%	7.7%	6%
中外合作办学项目数/个	1.2	1.2	1.1	1.2	3
国际学术会议(主办或承办)/次	1.2	1.1	1.9	2.5	1
国际合作科研平台/个	1.1	1.5	2.5	3.6	0.6
获得国外或国际组织资助的项目/个	0.4	0.5	0.6	1.0	0.5

(二)国际师资团队建设不扎实

高职院校国际化师资队伍建设对深化职业教育国际化、抢占高职教育国际化的制高点以及扩大高职教育的国际影响力有着深远的影响。纵观浙江省高职教育国际化的演进历程,在浙江省政府的引领和各高职院校的共同努力下,国际化师资队伍建设虽然取得了一定的成绩,主要通过"外引"和"内培"两种途径来改善国际化师资队伍结构。但提高师资队伍整体的国际化水平,仍然是横梗在高职教育国际化发展道路上的一大难题。

首先,"外引"方面,相较发达国家以及浙江省其他类型的高校还存在较大的差距。根据 2016—2019 年浙江省高等教育国际化发展年度报告的数据,浙江省高职院校聘用外国文教专家的人数虽然从 2016 年的 210 人增加到 2019 年的 318 人,但是仅占到职业院校专任教师总数的 1.84%,占当年聘用外国文教专家总数的

1.45%。此外,高职院校聘用高层次外籍专家,如拥有博士学位或者高级职称的外教人数就更少了,仅占到聘用总人数的20%左右。造成这一现象的原因有很多,客观来说,高职院校相较于本科院校无论在办学层次、软硬件配套与其他资源上均存在较大差距。而这种差距较大程度上削弱了高职院校对外籍专家、教师,特别是高层次的外籍专家和教师的吸引力。主观来看,部分高职院校对聘用外籍专家、教师的工作并不重视,聘用的对象也主要以语言类外籍教师为主。这样的聘用结构极大限制了国际化师资队伍的发展,往往出现投入了足够的人力和物力但收效甚微的现象。

其次,"内培"方面还未能建成"三度"长效机制,即培训层面有广度、培训内容有深度和培训时间有长度。浙江省高职院校积极鼓励专任教师进行中长期的出国(境)培训,目前浙江省高职院校约有3成以上的专任教师具有出国(境)的培训经历,成效非常明显。然而师资国际化水平的提升并不是一蹴而就的,它是一个长期积累的过程。虽然目前众多的浙江省高职院校已经意识到这一问题,国(境)外师资培训的类型逐渐从短期培训转移到三个月以上的中长期培训项目上,但这种阶段性的培训在培训时长、培训效果和培训质量上仍未能达到师资国际化的最终要求。此外,培训的目标和内容还存在一定的盲目性,"走马观花"式的国(境)外培训依然存在,培训后的教学和科研转化成果也依然偏低。因此,建立一整套完整、高效的师资培训体系是实现国际化师资水平整体提升的有效路径。

(三)"走出去"综合实力不强

"十三五"期间,浙江省高职院校积极助力"一带一路"合作倡议,无论是在"走出去"的项目数量上,还是在输出的区域范围上都取得了一定的成效。但从各方数据和高职院校的质量年报来看,浙江省高职院校"走出去"目前还处于初级阶段,高职教育输出的整体能力还比较弱。

首先,输出层次、国别不够丰富。从办学层次来说,目前规模较大,发展较好的"走出去"项目主要集中在短期的非学历培训,如初具规模的义乌工商职业技术学院的"一带一路"跨境电子商务培训和全球青年培训,目前已面向全球培训了5000余人次。相较于短期的非学历培训,学历教育无论是在学生的稳定性上,还是在教学的渗透力和影响力上都更具优势。由于疫情等影响,浙江省高职院校以海外分校为载体的学历教育还未真正展开,大多处于计划招生阶段。且仅从计划招生的数量上来看也大多招收100~200名学生,整体的体量都还比较小。从输出的国别来看,无论是非学历的培训还是学历教育以及课程和教学的标准输出都以非洲和东南亚国家等发展中国家为主,国别类型相对单一。这也从侧面说明了浙江省的高职教育离发达国家还有距离,目前还未能得到发达国家的普遍认可。

其次,输出的质量还有待提高。浙江省各高职院校虽然在高职教育输出的数量上取得了较大突破,但由于质量监管体系的不健全导致各院校输出的质量参差不齐。一些院校为了完成任务指标,为"输出"而输出,将海外办学作为创收手段,重申报轻管理。许多院校的课程一经输出,就长期存在监管乏力的现象,致使质量无法保证,任务无法落实,问题无法纠正,为后续的可持续发展带来了极其不良的影响。

再次,政府的统筹引领作用有待加强。目前浙江省高职院校的高职教育输出还处在各自为政、单打独斗的局面,即使是面对相似需求、类似背景的目标国也未能凝聚成有效的合力,针对性地输出。这种局面不仅增加了浙江省各高职院校"走出去"的风险,也浪费了现有的教育资源。因此,政府若能在宏观上加以统筹,汇聚各类资源和信息,帮助高职院校指明方向,另外协同国(境)外各类合作主体形成浙江省高职教育"走出去"的共同体,必能打破现有的局面,形成"走出去"的中国模板、浙江范式。此外,高职院校"走出去"的过程极为复杂,面临诸多掣肘,其中还涉及两国的政策法规等,这也亟须政府层面的疏通并解决。

第三节 浙江省高职院校国际交流与合作的展望

我国高职教育国际化已迈入一个崭新的时代,成为高职教育整体水平提升以及内涵建设的重要支撑。浙江省作为全国高职教育国际化建设走在前列的省份,更应发挥自身优势,整合各类资源,以更加开放包容的姿态与世界各国展开宽领域、高层次的国际合作,向全球呈现更为具象的具有中国特色的高职教育国际化合作新范式。

一、合作主体趋向协同化

浙江省高职教育国际化将从政府或院校一元主导的发展模式逐渐走向多元主体即校企政协同发展的新阶段。高职教育国际化是一个复杂的工程,包含高职院校、企业和政府等多元主体,又受到诸如制度、资源、人才等多重因素的影响,因此通过构建多主体协同合作的方式以达到统筹规划、合作共赢和资源共享的三重优势。

首先,统筹规划。通过多主体的协同合作将各类信息和资源进行有效整合和提炼,形成相关报表,有利于浙江省教育行政部门和高职院校动态掌握浙江、全国乃至全球的高职教育以及相关领域的发展态势,把握全球化发展的新趋势和教育改革的新理念,为教育行政部门制定高职教育国际化宏观战略、合理规划发展布局提供有力支撑,也为浙江省高职院校进一步推进国际化进程提供建议或行动指导。同时,基于多主体协作的多渠道、跨行业的信息整合和分析,也为浙江省教育行政部门精准把脉浙江省高职教育国际化发展的症结、及时疏通相关政策阻滞、优化教育资源配置提供了现实依据。

其次,合作共赢。高职教育国际化所承载的主体和范围十分宽泛,它不仅融入了境内的协作,也涵盖了跨境的协作,致使高职教育国际化所面临的诉求更为多元、更为复杂。因此,单靠一所或几所高职院校的力量是远远不够的,只有院校与院校、院校与企业结伴而行、抱团发力才能实现优势互补、合作共赢。就目前而言,各高职院校虽有合作意识,但仍处于相对独立的状态,大多凭借自身的发展基础和资源优势找寻服务突破口,并没有形成院校间常态化的合作交流机制。此外,高校与企业合作共同"走出去"实现招生培养就业一体化,也能有效缓解"走出去"企业对本土高技能人才的需求得不到满足以及高职院校"走出去"经验不足的双重困境,实现双方的共赢。如中国有色集团与北京工业职业技术学院等8所学校共同在赞比亚开展技能培训,累计培训了数百名专业技能人员,为企业和当地经济社会的发展提供了技能支撑。在多元合作主体协同化的驱使下,各高职院校将增加相互间的合作机会,打破单个主体之间制度、资金等的壁垒,实现主体之间要素、资源的协同,从而构建更为完整和多元的国际合作生态环境,最终实现多方主体的共赢。

最后,资源共享。多元主体的协作方式还能构建出更宽泛和更深层次的资源共享模式去满足各方需求,改变以往条块分割、分散存储的资源管理方式。通过构建纵向集成和横向融通的资源分享的多元协作平台,使各方主体在充分利用自身资源的基础上,实现多方人、财、物、信息之间的流转,达到资源利用的最大化,协同培养更具特色的高素质人才,形成强大的国际竞争力。

二、职教输出趋向品牌化

高职教育输出的外部环境变得更为复杂,竞争也日趋激烈,以德国、日本、美国为代表的发达国家凭借其更为完整和成熟的高职教育生态链,依然占据着全球高职教育的主导位置,争相将自身的高职教育理念、人才培养方式、专业技能标准等源源不断地输送到全球各个地方。面对如此激烈的外部竞争环境,浙江省高职教育输出必须立足差异化和特色化,走品牌发展之路。在建设过程中,浙江省高职院校需充分遵循品牌建设的规律,牢牢抓住两个建设基本点,即"内塑"和"外拓"。

"内塑"就是通过夯实高职教育输出的内在核心要素,如课程和教学标准、师资队伍、实训基地等塑造高职教育品牌的内力,从而提升高职教育的国际竞争力。在课程和教学标准建设方面,需借鉴和学习发达国家先进的理念,积极对接国际标准,补齐原有课程和教学标准建设上的短板,构建国际化融合度高、特色鲜明的国际化课程体系。此外,针对已处于全球领先的产业,如电子商务,可借鉴行业标准,紧贴行业需求,制定出国际领先的课程和教学标准。在师资队伍方面,高职教育输出的核心载体是师资,但由于种种原因,国际化师资团队建设一直是浙江高职院校国际化发展中的短板。因而,浙江省高职院校仍需一方面通过"内培外引""专兼结合"等多种途径相融合的方式增强国际化师资团队的储备力量,另一方面借助互联网和多媒体技术进行远程授课,以缓解师资力量不足的困境。在实训基地建设方面,高职院校要结合专业和行业需求积极建设符合国际化标准的实训场地,为当地开展切实有效的技能培训奠定基础。

"外拓"即品牌在全球范围内的延伸和拓展。浙江省高职院校应以需求为导向,针对不同的国家进行分层分类的输出。如对于发达国家,浙江省高职院校应以特色和优势专业品牌为突破口,从点到线再到面,循序渐进地打开发达国家高职教育市场的大门。对于发展中国家则应侧重于输出那些专业建设和课程体系相对成熟的专业品牌,这些专业可能在全球范围内并非处于领先位置,但是它们在中国改革发展的进程中所承载的中国经验和浙江范式将更符合大多数发展中国家的国情和现阶段的诉求。

三、合作交流趋向网络化

随着新冠肺炎疫情在全球的持续蔓延,由此引起的逆全球化以及经济的紧缩对全球教育国际化构成了前所未有的严峻挑战。自疫情开始以来,全球超过191个国家和地区关闭学校和教育机构,近16亿学生因此受到影响。浙江省高职教育国际化发展也受到了一定程度的阻滞,特别是在来华留学生、师生出国(境)交流等国际交流合作项目上均出现停摆现象。面对如此严峻的形势,浙江省高职院校积极探索以网络技术为载体的国际合作和交流的新路径,如云培训、云竞赛和云会议等,一定程度上缓解了疫情带来的不良影响。这种依托于互联网技术的国际合作和交流的新模式因不受时间、地域的限制,而在全球高职教育领域呈现出强劲的发展态势,将逐渐成为高职教育国际合作交流的新常态。面对疫情后更趋复杂的国际形势,浙江省高职教育国际化要想持续高质量、高速度地发展,必须借助互联网技术进一步拓宽合作路径、深化合作内涵,利用互联网、云计算、大数据等现代化信息技术,构造出更多元、丰富的国际合作新生态。

首先,改进授课方式。浙江省高职院校在疫情期间利用网络对境外学生以远程授课的方式进行短期培训,在当地取得了良好的反响。这种方式可在今后的国际合作交流中逐步推广,深化其在教学上的应用,打破原有单一化、模块化、班级化的授课方式,使信息流、物质流、服务流、资金流和人员流快速流转形成新的无边界的授课模式。同时,基于互联网对优质教学资源进行积累、挖掘和更新,再通过短视频平台、微博、即时通信工具等多种传媒工具进行多渠道分享和传播,从而构建出全新的国际化教育的生态网络体系。此外,还应积极尝试建立智慧化、虚拟化、慕课化的国际化专业课程或培训包,利用国际知名 Facebook、Youtube、Tiwtter、TikTok 等多媒体平台,以慕课(MOOC)、私播课(SPOC)、大众开放在线研究课(MOOR)、大众开放在线实验室(MOOL)等更灵活、更多样的形态呈现给更多的受众群体[1]。这样多元开放的学习生态不仅可以促使全球范围的学子更好地利用碎片化的时间,在世界任一角落能进行系统地学习,也能更好解决目前浙江省高职教育国际化建设中受众不均、覆盖不广的问题。

  其次,完善项目管理。借助现代信息技术手段,合作双方共同建立全过程网络动态管理平台,不仅全面客观记录涵盖学生、课程、教师、实训等多个维度的信息,还可对数据进行动态跟踪实时更新,以便合作双方能随时查阅审核学生的学习情况、教师的授课情况以及项目的运行情况,全方位多维度地实时跟进人才培养全过程,以确保人才培养的方式和质量符合双方既定的标准,为项目的顺利实施和质量保证提供更为坚实的基础。

---

[1] 文君."互联网+"视域下高等教育国际化发展[J].中国高等教育,2017(05):22-24.

第十章　教育教学研究

开展教育教学研究对高职院校发展具有重大意义,有利于转变教育思想、解决教育实践中的问题、形成学校的学术文化。"十三五"期间,全国高职教育得到了快速发展,从《国家职业教育改革实施方案》颁布实施到高职扩招政策落地,从"创新发展行动计划(2015—2018年)"收官验收到"双高计划"启动建设,都赋予了高职教育发展全新的时代内涵。高职教育如火如荼地发展,急需教育教学研究的深入指导,且教育教学研究本身也是高职教育高质量发展的内涵要求。在各种利好形势下,浙江省高职院校积极努力探索,在教育教学研究中走出了一条具有浙江特色的高职发展道路,有效提升了全省高职院校的影响力。

第一节　浙江省高职教育教学研究队伍和活动

"十三五"期间,浙江省关于高职教育教学的研究机构日益增多,开展的高职教育教学研究活动对提升高职教育质量和话语权产生了积极影响。

一、高职院校主导的研究机构

浙江省高职院校历来重视教育教学研究,形成了教育教学研究的良好生态,也产生了一批具有较大影响力的职业教育研究机构,如金华职业技术学院浙江省现代职业教育研究中心、宁波职业技术学院发展中国家职业教育研究院、浙江金融职业学院捷克研究中心等,它们已经成为省内高职教育教学研究的重要力量。

(一)浙江省现代职业教育研究中心

1. 发展概况

浙江省现代职业教育研究中心是2012年5月由金华职业技术学院和浙江省教育科学研究院联合成立的职业教育研究机构。2013年1月,浙江省现代职业教育研究中心获批成为"浙江省哲学社会科学扶持型研究基地"。2015年2月,中心获批成为"浙江省哲学社会科学重点研究基地",是浙江省目前唯一依托高职院校的省级社科重点研究基地。2017年,中心获中国高等教育学会颁发的"全国优秀高等教育研究机构"称号。中心坚持问题导向,积极推进职业教育的内涵建设,服务区域经济发展,回应政府关切,以"现代职业教育发展战略与政策""职业院校创新发展与高技术技能人才培养""现代职业教育服务区域经济社会发展"三个研究领域为主攻方向,下设高职教育、职教政策、装备制造产业发展与服务、信息经济产业发展与服务、健康产业发展与服务、文化传承与创意产业等研究所。中心聚集了一批职业教育研究领域的权威专家、一流学者,研究实力雄厚。厦门大学教育研究院潘懋元先生担任中心顾问,中国职业技术教育学会原副会长、华东师范大学职成教研究所名誉所长石伟平担任中心学术委员会主任,教育部职业技术教育中心研究所姜大源、金华职业技术学院党委书记王振洪担任首席专家。中心现有专兼职研究人员80余名,其中享受国务院政府特殊津贴专家3名、浙江省有突出贡献中青年专家1名、省"151人才"6名、省"五个一批人才"1名,正高职称44名、博士后1名、博士23名。中心坚持走具有职教特色的专业化发展之路,借鉴国外、面向全国、根植本土,以服务国家职业教育发展为宗旨,努力打造省内一流、国内外有影响力的职业教育研究新高地。

2. 平台建设

中心搭建了高层次的学术对话平台,创办了"高职教育研究论坛",成为高职教育研究交流与对话的专业化高端平台,多次与光明日报社联合举办"教育沙龙"等学术活动;中心搭建了高品质的信息分享平台,建有浙江省职业教育数据共享平台,编有《现代职业教育决策参考》,政策建议通过新华社内参、光明日报社内参以及《浙江社科要报》等载体报送上级领导参阅;中心搭建了高品位的思想交流平台,主编系列丛书"现代职业教育研究前沿论丛",其中《浙江省高职教育发展报告(2006—2015)》为浙江省第一本全面回顾和总结浙江高职教育发展的综合性研究报告。

3. 研究成果

中心深耕职教研究,围绕高水平专业群建设、职教本科建设、职教服务中国制造 2025、职教服务精准扶贫和乡村振兴等职业教育热点、重点问题,涌现出了一批优秀的研究成果。中心成员承担国家社科基金、教育部人文社科项目、浙江省哲学社会科学规划项目等省部级以上项目 20 余项,承担教育部、省教育厅委托研究任务 40 余项;在《教育研究》《人民日报》等刊物发表文章 460 多篇,20 多篇被《新华文摘》《中国社会科学文摘》等转载;出版著作 10 多部;30 多项成果获全国教育科学研究优秀成果奖、国家级教学成果奖和省哲学社会科学优秀成果奖等;向各级政府提交对策建议 90 多项,60 多项被编入政府重要内参,其中获得省部级及以上领导批示 40 余次、厅局级领导批示 20 余次。

(二)发展中国家职业教育研究院

1. 发展概况

为推进发展中国家职业教育研究,服务"一带一路"建设,2013 年,宁波职业技术学院、宁波市教育局和教育部职业技术教育中心研究所三方签署共建协议,成立发展中国家职业教育研究院。研究院主要从事发展中国家职业教育研究、中国援外政策与项目绩效评估研究、职业教育合作论坛和多边交流平台建设等工作,为发展中国家职业教育发展提供智力支持、项目策划、人员培训和决策咨询服务等。研究院以研究为主、援助为辅,重在经验传播、理念提升、前景预测、问题分析与解决。研究院现为宁波市哲学社会科学"一带一路"职业教育研究基地、国家发改委—浙江大学中国西部发展研究院共建"一带一路"职业教育研究基地。

2. 平台搭建

研究院积极搭建国际职业教育合作研究和交流平台,举办发展中国家职业教育论坛,邀请来自发展中国家的教育界官员、专家出席研讨会,共同为发展中国家职业教育的发展,为国际经济合作和文化交流,扩大中国职业教育的国际影响力献计献策。在2018年12月举办的第三届发展中国家职业教育研究国际研讨会上,还成立了"中国—南亚职业教育研究中心"。该中心由宁波职业技术学院、孟加拉国文凭工程师协会、斯里兰卡职业技术大学三方合作成立,总部设在宁波职业技术学院,并分别在孟加拉国文凭工程师协会、斯里兰卡职业技术大学设立分中心。中心的成立对于进一步统筹国内外研究资源,推进中国和南亚各国职业教育研究的深入合作,增进各国之间职业教育的相互了解和认同,服务各国职业教育的发展,努力形成"一带一路"教育行动国际合作新局面具有重要的现实意义。

3. 研究成果

研究院成立以来,积极开展职业教育国际化研究,坚持理论研究与实地调研相结合,对贝宁、肯尼亚、南非、赞比亚、也门、斯里兰卡、孟加拉国等发展中国家的职业教育进行了实地调研;出版了《"一带一路"沿线国家职业教育研究蓝皮书·南亚卷》,这是国内第一本相关领域的研究蓝皮书,完成了《援助缅甸曼德勒第二工业培训中心建设方案》《援助也中友谊科技学院建设方案》等对外职业教育援助建设方案4项;积极服务政府决策,连续8年参与编制《中国高等职业教育人才培养质量年度报告》,连续6年组织编写《浙江省高等职业教育人才培养质量年度报告》;组织起草《宁波市关于加快发展现代职业教育的若干意见》《宁波市高职院校专业设置中长期发展规划》《宁波市创建国家级"职业教育与产业协同创新试验区"方案》等多项文件,撰写《宁波市中等职业教育人才培养质量报告》,充分展示了浙江省和宁波市职业教育的发展特色。

(三)捷克研究中心

1. 发展概况

浙江金融职业学院捷克研究中心于2017年9月正式揭牌,是浙江省唯一由高职院校举办、经教育部备案的国别和区域研究中心,是长三角地区唯一一家捷克研究中心,目前全国仅有两家捷克研究中心。中心成功入选教育部国别和区域研究高水平建设单位、浙江省重点培育智库、中国—中东欧国家智库交流与合作网络理事单位、浙江省"一带一路"建设智库支持单位、浙江省服务"一带一路"新型智库培育单位和浙江省"一带一路"研究智库联盟成员单位。中心明确发展定位,以捷克(中东欧)为研究对象,致力于构建政、产、学、研协同创新的区域国别研究生态系统,重点开展中国(浙江)与捷克以及中东欧国家在经贸、投资、金融、社会发展等领域的应用对策研究。中心采用双主任制,由北京大学国际关系学院教授孔凡君和浙江金融职业学院校长郑亚莉担任主任,聘请外交部中国-中东欧国家合作事务特别代表霍玉珍为中心首席专家。中心现有专兼职研究人员80余名,其中捷克籍研究人员5名。中心以服务国家发展战略和外交大局,服务浙江省及长三角地区,深化"一带一路"建设,培育国际化应用人才助力企业"走出去"为使命,围绕咨政、咨企、启民、育人功能,积极实践高职开展国别研究的可行路径。

2. 平台建设

中心发挥汇智平台作用,广泛集聚国内外专家学者智慧,为地方发展提供高质量决策参考。截至2021年底,中心共提交专报56篇,获省级以上政府部门采纳49篇,获省领导肯定性批示22次,承担国家社科基金、教育部、商务部、外交部、省社科基金等研究项目69项;连续三年以中、英和捷三种语言出版《"一带一路"框架下浙江与捷克经贸合作发展报告》,为业内企业家开展专业培训;出版专著《百年捷克》、《捷克教情手册》、《中国和捷克的故事》(捷文版)、《别样的国度:捷克》,多维解读捷克发展的基本情况;相关成果或观点被三报一刊、主流媒体报道60余次。中心坚持以学术搭台,持续优化研究生态,截至2021年底,中心共主办讲座、论坛、研讨会等活动70余场,其中开展常态化学术工坊讲座44场。中心积极拓宽智库合作网络,与捷克科学院全球研究中心、查理大学、利贝雷茨技术大学、布拉格金融管理大学、"一带一路"捷克站5家捷克高校和机构签订合作协议。

3. 特色工作

中心直面"国别研究助力国际化人才培养"新命题,创新实践"专业+语言+国别"国际化应用人才培养模式。开设"捷克语言和文化"和"捷克与欧洲:历史、文化与现实"公共选修课;开展国际课堂,邀请捷克前总理等专家学者为学校学生做专题讲座;与捷克查理大学、利贝雷茨技术大学、布拉格金融管理大学合作开发各类文化交流、语言培训、夏令营等活动;组建国际化培优班,邀请校内相关课程及社团组织的学生、捷克留学生参观作为第二课堂教学基地的校建国别馆"捷克馆",帮助了解捷克的历史文化和经济发展;举办捷克文化节、"一带一路"货币展,拍摄《捷克货币故事》,有效结合了学校的金融特色与捷克元素,搭建起了中捷文化体验沟通的桥梁;新建"中捷文化交流中心",进一步提供良好的人才培养环境。

此外,浙江金融职业学院、温州职业技术学院、杭州职业技术学院、义乌工商职业技术学院、湖州职业技术学院、丽水职业技术学院、浙江工业职业技术学院等学校的高职教育研究机构也取得了长足发展。如浙江金融职业学院构建了"一院、五会、六中心"的研究机构格局,"一院"是应用型金融人才培养研究院,"五会"是高品质幸福金院建设研究会、金融研究会、教学研究会、党建研究会、学生思想政治工作研究会,"六中心"是捷克研究中心、浙江地方金融发展研究中心、高等职业教育发展研究中心、浙江互联网金融研究中心、马克思主义中国化研究中心、校史与校友文化研究中心。温州职业技术学院联合温州大学设立了温州职业教育与社会发展研究中心,以"关注本土现实问题,聚焦温州社会发展"为宗旨,从职业教育与温州社会发展、生态环境与温州社会发展、社区建设与温州社会发展等多维视角,深入探索研究事关温州社会发展的诸多规律性问题。义乌工商职业技术学院联合义乌市委、义乌市人民政府、浙江省委党校、中国人民大学重阳金融研究院、复旦大学发展研究院、对外经济贸易大学全球价值链研究院、浙江省商业经济研究所共建了义乌创新研究院,本着以服务义乌地方经济发展为宗旨,着力打造政治方向正确、德才兼备、富有创新精神的公共政策研究和决策咨询队伍,搭建政府、高校、企业多元融合的高层次理论研究与实践交流平台,努力建设成为省内有较大影响力、国内有一定知名度的新型智库。

二、相关职业教育研究学会、协会

中国高等教育学会职业技术教育分会、中国职业技术教育学会高等职业技术教育分会、浙江省高等职业教育研究会,以及浙江省成人教育与职业教育协会是推动浙江高职教育研究和学术交流的重要平台。

(一)中国高等教育学会职业技术教育分会

中国高等教育学会职业技术教育分会前身是 1985 年 11 月成立的中国职业大学教育研究会,1988 年 4 月,中国高等教育学会批准同意更名为"高等职业技术教育研究会",21 世纪后更名为"中国高等教育学会职业技术教育分会"。经过三十余年发展,中国高等教育学会职业技术教育分会已经成为"高等职业教育领域的代言人"之一,是全国高职教育领域"规模最大、影响最好、成效突出"的学术团体之一。目前,中国高等教育学会职业技术教育分会为第十届理事会,理事长为浙江金融职业学院党委书记周建松教授,秘书长为浙江金融职业学院副校长郭福春教授。会员单位以高职院校为主,包括部分高等专科学校、普通高校下设的高职学院、民办高校等。其主要业务包括理论研究、学术交流、专业培训、书刊编辑、展览展示、国际咨询、咨询服务等,围绕高职领域的热点和难点问题,开展政策性研究、战略发展研究和学术性研究,促成全国高职院校考察学访、项目合作、信息共享、专家推介等领域的沟通交流,不断增强在全国高职教育领域的影响力和凝聚力。

(二)中国职业技术教育学会高等职业技术教育分会

中国职业技术教育学会高等职业技术教育分会于2018年6月在杭州成立,由浙江机电职业技术学院院长丁金昌教授任首届会长,四川交通职业技术学院党委书记王东平等31人任副会长,北京电子科技职业学院、联想集团等100余个学校和企业出任常务理事。中国职业技术教育学会高等职业技术教育分会是由企事业单位、行业协会(学会)、研究机构、高等职业院校等法人实体及其人员组成的全国性、学术性和非营利性社会团体。分会的宗旨是以习近平新时代中国特色社会主义思想为指导,遵守国家法律、法规,全面贯彻党的教育方针,遵循高等职业教育规律,团结、组织全国热心从事高等职业教育事业的工作者,坚持"百花齐放,百家争鸣"的方针,开展学术活动,研究高等职业教育的理论和实际问题,繁荣社会主义职业教育科学,为推进高等职业教育改革与发展、实现社会主义现代化建设服务。其成立旨在通过打造高等职业教育改革发展的咨询平台、交流平台、合作平台、服务平台、宣传平台,共同探索高等职业教育在新的时代要求和新的经济形态下的战略定位、发展理念、根本任务和实践路径,携手推进高职院校内涵式发展,服务国家经济社会发展大局,服务企业技术进步和产业转型升级,服务高职院校改革发展。

(三)浙江省高等职业教育研究会

浙江省高等职业教育研究会是研究高职教育发展规律的学术性团体,长期致力于高职教育政策理论研究和实践研究,在"十三五"期间召开了系列主题会议,为推动全省高职教育的改革发展做出重要贡献。2016年学术年会暨专业建设与教学质量管理研讨会在台州召开,由台州职业技术学院承办,来自全省49所高职院校的160多名代表参加了会议。会议围绕着浙江高职教育的发展实际,就如何构建和完善教学质量保障体系、加强专业建设和教学管理、推动浙江高职教育的教学改革创新和人才培养创新等主题进行认真研讨与交流,厘清了全省高职教育的发展方向。2017年学术年会暨高职院校优势专业建设研讨会在温州召开,由温州职业技术学院承办。来自全省49所高职高专院校的300余名代表出席了会议。年会以"高职院校优势专业建设"为主题,从优势专业建设角度,深入探讨高职院校优质发展、创新发展,为各高职院校进一步推进专业建设、加强教学质量管理、构建内部质量保障体系指明了方向,有力推动了全省高职院校的规范运行与创新发展。2019年,由浙江省高等职业教育研究会主办、绍兴职业技术学院承办的学习贯彻《教育部关于职业院校专业人才培养方案制订与实施工作的指导意见》研讨会在绍兴召开。来自全省50所高职高专院校、23所中职学校代表等近200人出席了会议。会议以"学习贯彻《教育部关于职业院校专业人才培养方案制订与实施工作的指导意见》"为主题，从学习贯彻"职教20条"、落实《教育部关于职业院校专业人才培养方案制订与实施工作的指导意见》的角度，深入探讨人才培养工作这一核心命题，共商职业教育优质发展、创新发展，为高职院校内涵建设和教学标准建设指明了方向。

（四）浙江省成人教育与职业教育协会

浙江省成人教育与职业教育协会是浙江省成人教育与职业教育系统的群众性、学术性团体组织，前身为浙江省成人教育协会，成立于1989年12月，是由从事职业教育和成人继续教育的各级各类职业院校、成人继续教育院校、职业培训机构、职成教科研机构、企事业单位，以及从事并热心于职业教育和成人继续教育、有志于研究职业教育和成人继续教育的各方面人士自愿组成的全省性、学术性、群众性、非营利性社会团体。协会的主管部门是浙江省教育厅，协会是中国成人教育协会、中国职业技术教育学会、省社科联团体会员单位。下设高职教学工作分会、高职科研工作分会、高职学生工作分会、高校继续教育分会、中等职业教育分会和社区教育分会6个分会机构。其中高职教学工作分会是全省从事高等职业教育理论和实践研究、交流、协作、联谊的群众性的教学研究学术团体，原则上由全省各高职院校的教学管理部门等单位自愿参加组成，分会秘书处设立在浙江机电职业技术学院。高职科研工作分会是全省从事高职教育理论与实践研究、交流、协作、联谊的群众性的科学研究学术团体，原则上由全省各高职院校的科研管理部门等单位自愿参加组成，分会秘书处设立在金华职业技术学院。协会将开展职业教育和成人继续教育的科学研究、学术交流和教育教学改革实践等活动，规划、立项、组织、协调有关职业教育和成人继续教育课题的研究，加强科学研究成果推广，探索职业教育和成人继续教育适应社会经济发展的改革创新作为主要业务范围。经过三十余年的发展历程，尤其是进入新时代以来，办会兴业的积极性不断提高，学术研究团队建设不断壮大，研究成果不断涌现，为全省成人教育与职业教育事业的改革和发展做出了重要贡献。

三、其他职业教育研究机构

一些本科院校依托相关学科设立了职业教育研究机构，开展职业教育研究以及研究人员培养。如浙江工业大学教育科学与技术学院建有2个省部级科研智库平台，职业教育现代化研究中心获批浙江省新型高校智库，长三角产教融合与职业教育发展研究院获批长三角教育一体化重点协作项目。这些机构聚集了一批职业技术教育博士和高职称的研究人员,结合"十三五"期间高职教育发展需求与研究热点,开展了系统的研究,成为省内职业教育研究的重要力量,对提升职业教育的话语权发挥了积极作用。

近年来,浙江省高职院校联合《中国高教研究》编辑部、中国高等教育学会、中国职业技术教育学会等举办了系列全国性乃至国际性的学术研讨会,充分展示了浙江省高职教育发展的成果,加强了全国高职院校之间的交流合作,其中较有影响力的学术会议见表10-1。

表10-1 浙江省高职院校举办的全国性、国际性职业教育研讨会一览表

时间	会议名称	会议主题	主办单位	承办(协办)单位
2016年	2016年浙江省高职教育研究论坛	我国高等职业教育发展所处背景、存在问题及对策、高职教育实践与研究	浙江省现代职业教育研究中心、《中国高教研究》编辑部	金华职业技术学院
2016年	第四届中国职业教育与现代流通行业对话活动	"互联网+"流通与创新创业人才培养	中国对外贸易经济合作企业协会、中国商业企业管理协会	绍兴职业技术学院
2016年	健康管理与促进类专业教学指导委员会成立大会暨健康管理与促进类专业建设研讨会	医学营养健康管理专业、老年保健与管理专业的建设现状等	全国卫生职业教育教学指导委员会	宁波卫生职业技术学院
2017年	2017年浙江省高职教育研究论坛	新时代的高职教育改革研究、高水平高职院校的院校管理、高水平高职院校的专业建设	浙江省现代职业教育研究中心、《中国高教研究》编辑部	义乌工商职业技术学院
2017年	全国跨境电商教育发展联盟成立大会	—	中国国际贸易学会	义乌工商职业技术学院
2018年	2018年全国高职教育研究论坛	新产业 新业态 新高职	浙江省现代职业教育研究中心、《中国高教研究》编辑部	金华职业技术学院

续表

时间	会议名称	会议主题	主办单位	承办(协办)单位
2018年	中国职业技术教育学会高等职业技术教育分会成立大会	新时代 新高职 新作为	中国职业技术教育学会	浙江机电职业技术学院
2018年	2018年第二届职业教育国际开放论坛	发展职业教育,助力"一带一路"	宁波市政府、中国教育科学研究院	中国教育科学研究院职业与继续教育研究所、宁波市教育局、宁波职业技术学院
2018年	2018年全国创新创业教育交流研讨会	质量·融通·升级	中国职业技术教育学会创业教育专业委员会	义乌工商职业技术学院
2018年	2018年中国高等教育学会系统主办刊物负责人研讨会	学习习近平总书记在北京大学师生座谈时发表的重要讲话、改革开放40年教育类期刊的发展经验与新时代教育类期刊未来展望、期刊评价与期刊互动发展等	中国高等教育学会	浙江省现代职业教育研究中心、义乌工商职业技术学院
2018年	第三届发展中国家职业教育研究国际研讨会	"一带一路"倡议与职业教育国际合作	—	宁波职业技术学院
2019年	2019年全国高职教育研究论坛	高质量 高水平 高标准	浙江省现代职业教育研究中心、《中国高教研究》编辑部	金华职业技术学院

303

续表

时间	会议名称	会议主题	主办单位	承办(协办)单位
2020年	2020年1+X证书制度试点工作研讨会暨《中国职业技术教育》第四届理事会2020年会	落实《国家职业教育改革实施方案》、稳步推进"学历证书+若干职业技能等级证书"制度试点工作	教育部职业技术教育中心研究所、高等教育出版社	杭州职业技术学院
2020年	第四届发展中国家职业教育研究国际研讨会	产教融合推动中国经济社会发展产业转型升级,双循环新发展格局与"一带一路"高质量发展,后疫情时代职业教育国际化发展,从"引进来"反观职业教育"走出去"等	—	宁波职业技术学院
2020年	中国高等教育学会职业技术教育分会第十次会员代表大会暨2020年学术年会	职业高等教育提质培优高质量发展	中国高等教育学会职业技术教育分会、浙江金融职业学院	高等教育出版社
2020年	第七届高职教育文化建设与可持续发展暨中国特色高水平高职学校党委宣传部长论坛	—	中国高等教育学会职业技术教育分会、浙江金融职业学院	兴合田职业教育研究院、浙江省高职院校党建研究会
2020年	2020年世界青年科学家峰会——人工智能和工业互联网国际论坛	人工智能赋能新基建,万物互联开启新时代	中国科协、浙江省人民政府	浙江省科协、温州市人民政府、温州职业技术学院

注:根据省内高职院校相关网站不完全统计,统计时间为2016年1月到2020年12月。

第二节 浙江省高职教育研究热点梳理

从公开发表的研究成果看,浙江省高职教育研究者对以下 8 个研究领域给予了较多关注。

一、关于高职教育基本理论及宏观问题的研究

近年来,浙江省高职教育研究者对一些高职教育基本理论及宏观问题进行了探索研究,主要内容包括现代职业教育体系构建、作为类型教育的高职教育内涵、高职教育发展演进、本科层次职业教育等。

现代职业教育体系建设是我国教育改革的重要战略之一,对于促进我国教育结构整体性优化,完善系统化的技术技能型人才培养体系具有重要意义。有研究者从理论视角出发,认为传统的现代职业教育理论体系多基于学科论的思维方式,导致理论界对许多职业教育的基本理论或研究范畴无法达成共识,影响了现代职业教育理论体系的科学建构,他们提出应将职业教育作为一个领域,基于跨学科的视野重构现代职业教育理论体系(刘晓、徐珍珍,2017)。也有研究者从地方职业教育体系构建视角出发,提出移植和创新是地方体系建设政策的主要举措(陈衍、李阳、柳玖玲、袁柳,2019),并且基于对地方实践的分析,提出发展县域高职教育是地市高职院校引领区域现代职业教育体系的一种选择,服务产业集聚则是地市高职院校引领区域现代职业教育体系的立足点(孙峰,2016)。

2019 年《国家职业教育改革实施方案》明确提出"职业教育与普通教育是两种不同的教育类型,具有同等重要地位",对于高职教育是高等教育中的一种类型还是职业教育中的一种层次在政策上给出了明确的答案。对此,研究者对职业教育作为一种类型教育纷纷展开了理论探讨。有研究者从跨界性剖析高职教育类型特色,指出高职教育跨界特征在于制度跨界、机构跨界、运行跨界、体系跨界(陈正江,2019)。有研究者从杜威普职融合的视角提出职业教育和普通教育存在着相互包含和容纳的部分,要建立完整的职业教育体系,倡导职业教育和普通教育适当融合,走出职业教育和普通教育的对立误区(何杨勇,2020)。

我国高职教育经过多年的发展,已经探索出一条具有中国特色的发展路径,不同研究者也从不同角度进行了梳理。有研究者指出高职教育在其 40 年的发展历程中开辟出了一条独特道路,即党的领导统领发展方向、立德树人确立发展根本、双重属性奠定发展格局、深化改革形成发展动力、对外开放拓宽发展思路、多元办学助力发展繁荣、产教融合夯实发展基础、创新探索锻造发展特色、体系建设延伸发展链条、项目引领打造发展先锋(周建松,2020)。也有研究者从职业教育思想的

视角回顾了70年来我国职业教育思想的演变过程,主要经历了新中国成立初期职业教育思想的形成与发展、职业教育体制的调整和变革、新时期职业技术教育体制的建立、现代职业教育体系的建设和发展四个阶段(楼世洲,2019)。

近年来,贯通技术技能人才成长通道,发展职业本科教育已经成为高职教育发展和人民群众追求高质量教育的共同诉求,也成为研究者关注的重点领域。有研究者认为本科层次职业教育的发展存在固有观念影响、顶层设计欠缺和职校自身发展不足等诸多问题。针对现实情况,因地制宜地选取合作办学或独立办学的路径,是未来本科层次职业教育发展的理想选择(郭福春,2017)。也有研究者从应用技术大学建设的视角出发,认为我国应用技术大学建设过程中存在目标定位模糊、发展道路窄化、管理体制封闭等突出问题,需要科学定位,服务区域经济社会转型发展;多元发展,拓展应用技术大学建设路径;加强制度保障,创设灵活优良的政策发展空间,加快推进应用技术大学建设进程(邵建东,2018)。随着稳步发展职业本科教育逐渐成为主基调,有研究者基于充分认识新时代发展本科层次职业教育的重要性,厘清了本科层次职业教育"谁来办""谁来学""谁来教""培养什么人"的基本问题,并提出了一要正确处理类型、层次、结构之间的关系,二要有序推动专科层次高职教育升本办学,三要建立健全设置标准和评价指标的发展路径(周建松,2021)。有研究者梳理了当前本科层次职业教育"转型""合作办学""升格""转设"等多种实践形式,客观分析了当前存在的标准制度建设落地难、办学条件支撑保障难、专业建设迭代升级难等问题,认为迫切需要加强顶层设计、完善配套制度,找准发展路径、稳定办学规模,强化支撑保障、提升办学质量,注重专业建设、推进合作育人,着力推动职业本科教育行稳致远(梁克东,2021)。有研究者从国家发展本科层次职业教育的政策出发,将之划分为地方试点探索(2014—2018年)和国家试点开展(2019至今)两个阶段,并提出了加快推进本科层次职业教育落地的建议(郑亚莉、王玉龙,2021)。也有研究者基于逻辑起点、培养定位、组织使命的学理逻辑分析,提出我国本科职业教育制度建构必须标准先行,首先确立本科职业教育机构和本科职业教育专业的设置标准,以标准为"门槛"并根据产业发展的需求遴选符合条件的办学机构和专业开展本科职业教育试点,在试点过程中坚持类型定位完善制度要素,最终通过学位制度的突破夯实本科职业教育发展的基础(王亚南,2020)。还有研究者较为关注公众舆论,基于知乎相关话题和评论进行了文本分析,发现职业本科教育在实际建设过程中在归属认知、建设主体、培养质量与配套制度等方面存在冲突或困境,并结合职业本科教育发展的公众需求,提出了职业本科教育可持续发展的现实路径(梁艳艳、刘晓,2021)。

二、关于高职教育产教融合、校企合作的研究

产教融合、校企合作不仅是高职教育事业发展的重要难点,也是高职教育研究

的重点。近年来,研究者对高职产教融合、校企合作的基本观点既有共识,对其内部的某些关键点也有争议。集团化办学、混合所有制办学、产业学院、现代学徒制作为近年来产教融合、校企合作的重要实现形式,研究者对其表现出极大的热情和关注。

集团化办学是职业教育基本的办学制度。有学者认为集团化办学作为我国职业教育管理体制、运行机制改革的制度创新,经过二十多年的发展,已成为具有中国特色的职业教育办学模式。但由于集团化办学仍处于实践探索阶段,且影响与制约因素众多,因此,基于集团化办学发展现状,通过对各主要影响因素的关系分析,探究内在规律尤为必要(沈铭钟、徐珍珍,2016)。还有研究者进一步探讨了集团化办学的多元产权关系与治理(高丽娟、沈建根,2016)以及规范、认定与评价(刘晓宁、刘晓,2016)。

与集团化相伴的便是混合所有制办学,通过混合产权,实现将多元的利益紧紧联系在一起。有研究者指出推进高职院校混合所有制改革必须首先厘清"谁来混、为何混、怎么混、混什么"等四大核心议题,这将有助于在复杂的改革背景下更好地厘清高职院校混合所有制改革的基本方略(王俊杰,2017)。但是,有研究者指出当前高职院校混合所有制办学在实践层面非公即私发展理念有待突破,在理论层面基本问题有待厘清,在制度层面办学机制有待完善(陈丽婷,2017)。对此,有研究者提出混合所有制产业学院是我国深化产教融合、校企合作的重要载体和实践范本,要加快构建以现代化治理体系为准绳的合作机制、以市场化运作为规制的运行机制、以校企合作能力提升为模型的保障机制(郭雪松、李胜祺,2020)。

现代学徒制是从微观视角体现产教融合、校企合作的手段,通过校企共同培育,提升技术技能人才的产业适应性。有研究者提出现代学徒制的"现代性"表现为以下几点:在现代生产条件下开展的学徒制;与现代教育体系紧密相关的人才培养模式;旨在促进就业的现代职业教育学习形式;要求相关权利主体开展有效合作的现代职业教育办学模式。现代学徒制的"复兴"具有必然性,它是生产力发展与科技进步对人才质量的新要求,是应对就业竞争压力的积极探索,是人们寻找教育价值"真谛"的必然表现(陈明昆、颜磊、刘亚西,2016)。通过研究者对德国、英国、美国等国家的现代学徒制运行机制的分析(郭雪松、李胜祺,2018;贾文胜,2018),有研究者提出我国现代学徒制试点在借鉴德国双元制的同时,要注意德国双元制面临的重大挑战和形成协商性人才市场的现实困境,把现代学徒制与我国的文化政治和经济制度相结合。现代学徒制需要合理划分层级,如果把学徒制分层和学校教育的序列简单对应,则混淆了学徒的培养形式和复杂等级,违背了"职业平等"的理念,这是不恰当的(张瑶祥、何杨勇,2018)。对此,有研究者提出要构建政府协调、校企"双主体"合作的现代学徒制培养新生态,资源共享、工学结合的双元制课程体系,灵活弹性的学业管理制度,因地制宜地扩大试点规模与范围(孔德兰、蒋文超,2020)。

三、关于高职院校宏观治理的研究

作为一种跨界的类型教育,高职院校在治理策略上也不同于其他类型学校,具有一定特殊性。浙江省高职教育研究者特别是一线院校领导在院校管理实践的基础上对高职院校治理问题进行了一些探索研究,主要内容包括高职院校党建治理、系统治理思想、评价管理等。

加强党对教育事业的全面领导,全面贯彻党的教育方针,落实中央教育工作领导小组各项要求,保证职业教育改革发展正确方向。有研究者指出通过健全党的领导制度体系,锁定职业教育治理中轴;增强基层党组织的组织力,提升职业教育治理能力;坚持"四个治理"原则,优化职业教育治理方式,把党的领导落实到职业教育治理各方面各环节,推动教育类型制度向更好发展(陈仕俊、谢骏,2020)。有研究者从二级学院治理的角度认为高职院校二级院系党组织处于落实全面从严治党、教书育人工作的关键节点上,应当主动作为,担当责任(吴刚群,2019;蓝少鸥,2019)。也有研究者从基层党建的视角指出高职院校基层服务型党组织建设是党的建设的重要组成部分,长效服务机制的确立是组织有序运行的保障,要从思想支柱、人员保障、平台建设、活动创新、制度确立等五个方面探究服务机制的建设路径,建立一套可长期运行的服务机制体系(陈姝静、周纯江,2016)。

高职院校系统治理理念往往是高职院校长期在一线治理学校过程中总结的经验与感悟,其中也蕴含着研究者对高职院校自身内涵发展的思考。有研究者从学校内部治理的视角认为当前高职院校的内部治理结构与普通高校具有严重的同质性,存在科学论证缺乏、行政化现象严重、制度建设薄弱、整体优化不足、外部参与缺失、特色不明显、组织机构变革甚微、治理能力提升较慢等问题(邢晖、邹琦姝、王维峰,2019)。如何进一步提升高职院校治理水平,有研究者基于"双高"建设背景认为,提升高职院校治理能力的关键节点包括围绕核心价值确立善治为本的治理观念、聚焦类型特色完善校本治理框架与结构、提升全员素质推动治理工作落实落地(周建松,2020)。同样的,也有研究者基于这一视角认为在"双高"语境下,高水平高职院校建设任务中的治理内涵主要凸显了院校治理中"依法、协同、专业、民主、基层"等特征(张国民、梁帅,2020)。其他研究者从利益相关者(吕新福,2016)、权责清单(武南、孙凯,2019)等视角提出了自己的观点。

高职院校评价管理是高职院校保障整个办学质量的重要手段,更是院校治理推进的一种常用方式。近5年,浙江省高职教育教学研究者从外部评价、绩效评价、教学评价等多视角开展研究。有研究者认为当前面向高职院校的人才培养状态数据采集、质量年报、社会适应能力评估、大学排名等外部质量评价方式仍有待改进之处,高职院校的外部质量评价应着力从制度设计、责任主体、评价标准、评价队伍等方面改进。有研究者从教师绩效视角认为高职学校教师绩效评价需充分认识高职学校组织特性及教师特点,树立以教师发展为目标的绩效评价导向,建立由学校、教师、学生、行业企业等多元主体参与的教师绩效评价体系(陈悦、吴雪萍,2020)。有研究者从第三方评价的视角认为高职教育第三方评价在评价指标、评价过程和评价监督等方面存在问题,制定科学的评价指标,设立公正的评价制度,正确认识第三方评价的功能,是高职教育开展第三方评价的重要对策(蒋丽君、何杨勇,2017)。

四、关于高职院校人才培养质量的研究

人才培养质量是高职教育的生命线,提升高职院校人才培养质量始终是浙江省高职教育事业发展改革的核心任务。面对近年来加快的产业转型升级步伐,研究者从课程思政、专业建设等方面开展了一系列研究。

"课程思政"理念的提出,有效地解决了高职院校思政教育单一化的问题。有学者认为"课程思政"指向一种新的思想政治工作理念,是一种全新的课程观,是高等教育实现全过程、全方位育人的必然选择。它对高校坚持社会主义办学方向,贯彻和落实立德树人根本任务,强化和坚定政治理想信念,确保高校育人工作贯彻教育教学全过程具有重要推动作用。"课程思政"突出问题导向,聚焦高校育人的价值本源,彰显新时代中国特色社会主义高校育人根本,实现各学科、课程与思想政治理论课同向同行、协同育人(敖祖辉、王瑶,2019)。有研究者认为必须将高职院校思想政治理论课教学目标与专业人才培养目标贯通融合起来,对高职专业群课程思政教学目标贯通融合的现状进行全面深入的探讨并提出贯通与融合的实践路径(何丽丽,2019)。对此,有研究者提出文化自信视阈下建设高职课程思政的四维路径,主要包括教师和学生互为主客体,共同提升文化素养;丰富课程思政教学资源,多维度融入文化内容;以课堂为主阵地,结合隐性教育培育文化自信;以评价为导向,增加文化性考核内容(韩玲,2020)。

专业建设是高职院校提升人才培养质量的重要抓手,是优质高职院校建设的核心(成军,2017)。特别是当前专业建设从独立专业转向专业群,进一步强调了对同质专业资源的整合、对产业链的对接以及对复合型人才的培育。有学者提出现有专业群建设的实践存在建群逻辑不清晰、人才培养改革力度不够、专业群管理与保障机制不健全等问题。对此,高职学校可根据产业群、岗位群以及群内关系三种建群逻辑,从技术链出发深化专业群顶层设计,依据组群逻辑重组群内资源,推进制度体系保障工作,实现专业群可持续发展(刘晓,2019)。在此基础上,研究者对

于以群建院的组群模式开展了一系列实践研究总结(丁金昌、陈宇,2020)。同时,专业带头人如何起到对整个专业的引领发展作用,成为重要命题,有研究者认为,当前高职院校专业带头人专业化面临相关制度因素制约:在科层管理"等级制"逻辑下,专业身份弱化;在组织期待"执行者"定位下,身份建构迷失;在职称评审"指挥棒"指引下,发展动机异化;在师资培养"项目化"运行下,成长效益偏低。亟须通过身份彰显、赋权增能、激励重构、路径规划等举措优化制度环境,助推专业带头人实现专业化(王亚南、邵建东,2019)。此外,专业人才培养模式始终是一线教师以及院校教务管理部门的关注点,研究者们从人才培养方案设计(孔德兰、周建松,2017)、长学制人才培养(丁明军、易烨、陈宇,2016)、人才培养评价(梁克东、王亚南,2019)等多方面进行了探讨。

五、关于高职院校师资队伍建设的研究

纵观过去5年,对职教师资,研究者们多关注在"三教"改革、"双师型"教师队伍建设、教师专业能力发展、教师管理等方面的研究。

"三教"改革的关键在于教师,以教师作为纽带,让教师、教材、教法形成一个系统。有研究者认为高职院校应将"三教"改革作为深化内涵建设的切入点和突破口,明确符合高职教育规律的"三教"改革内涵,在此基础上,聚焦教师、教材、教法改革,探索推动高职教育实现"三个转变"的具体路径,提升人才培养质量,进一步夯实高职教育高质量发展的微观基础(周建松、陈正江,2019)。研究者进一步赞同,以"教师"为重心,应当是"三教"改革的出发点和切入点,并指出教师引领课堂并构建课堂新形态,引领促成课堂与课程的同一性(唐鸣,2020)。

"双师型"教师队伍建设强调职教教师的专业化发展,注重教师专业技能水平和实践能力的锻炼。有研究者提出"双师型"教师队伍建设的关键在于正确理解和把握"双师型"教师内涵,注重提升现有教师的"双能"素质,注重引进企业高技术技能人才,注重建立"双能"导向的教师激励和评价机制,从而加快和保证教师素质和教师队伍的整体转型(冯旭芳、张桂春,2017)。针对当前"双师型"教师队伍建设现状,有研究者指出浙江省高职院校"双师型"教师队伍建设中普遍存在的认定统一标准缺失、建设培养路径不畅、激励考核机制不健全、合作企业缺乏热情以及宏观政策支持缺乏等现实问题,建议从制定认定标准、完善激励机制、创新培养模式和建设培养基地四个层面着手推进,以加快"双师型"教师队伍建设,促进专业化发展,提升实践教学能力和社会服务水平(雷炜、王成方,2018)。也有研究者从产教融合的视角出发,提出建设"双师型"教师队伍要深化高职院校管理体制机制改革,构建知识共享的产教融合平台,建立多元化教师引进和专业发展机制,构建分层分类的教师评价体系(楼世洲、岑建,2020)。

高职院校教师还应该具备良好的政治素养、社会服务能力等。针对高职课程思政教师队伍,有学者认为需要及时总结高校思想政治理论课教师队伍建设的制度经验,明确队伍建设的制度目标,增强队伍建设的制度自觉。通过制度的制定、组织实施与评价跟进的系统化运行实现制度用人、管人与发展人,是推进高校思想政治理论课教师队伍建设的重要任务(程勤华,2020)。在如何进一步激发教师专业服务,为区域企业解决技术难题,有研究者提出通过成立产业研究联盟、建设产教信息共享平台、调整学校教师评判机制、构建多重激励机制、设立服务效果评价机制等方式,构建合理路径,激发职业院校教师的主动性和能动性,从结构上调整研究型、教学型、应用型三类服务,引导教师深度沉入企业运行实际,运用循环演进的方式开展服务,促进企业在经济新常态下的发展,同时为教学积累实践经验,提升人才培养质量(史庆滨,2020)。

六、关于高职院校国际化建设的研究

国际化建设是当前高职院校现代化改革,服务产业升级和国家双循环格局建设的重要支撑。近年来,研究者们主要聚焦高职院校国际化建设、国际化人才培养以及支持"一带一路"开展了系列研究。

高职院校国际化建设是促进人才培养规格与国际对接,丰富学校文化,提高我国职业教育国际影响力的重要抓手。有研究者指出近年来我国高职教育国际化发展过程中仍然存在一些制约,如国际化内涵不清、教育资源过于集中、重学轻术等,可以通过建立高职教育分层系统、加大国际化校企合作力度、建立慕课在线平台等改进高职教育国际化(何向彤,2016)。也有研究者提出目前高职院校国际化与高职教育总体规模不相称,存在国际化办学理念滞后、国际合作交流规模小、综合协同创新平台缺乏、国际化产教融合层次低等问题,需要通过强化国际化办学理念、加强国际化师资队伍建设、推进国际职教标准制定、深化留学生教育教学改革、创新校政行企合作模式、打造科教创新平台服务等路径全面提升国际化水平和国际影响力(郑亚莉、刘仿强、魏吉,2020)。高职院校的国际化最重要的便是师资的国际化,有研究者认为高职院校教师国际化需要提高高职院校对师资队伍国际化发展的认识、提高教师队伍的国际化程度,为高职院校师资队伍建设提供支持(孔珊,2017)。

人才培养依旧是高职院校国际化建设的重心,通过国际化培养,扩大学生视野,技术技能与国际接轨,进一步提高产业适应性。对此,有研究者分析了高职院校国际化人才培养的现状及存在的问题,提出"专业+语言+国别"国际化应用人才培养的新模式,从"精专业""懂外语""融文化"三个方面界定模式内涵,分析该模式的改革着力点及具体实施路径,探索提升高职院校学生国际化能力的人才培养模式改革机理(张海燕、郑亚莉,2019)。除了国内学生国际化,高职院校国际化人才培养也涵盖着海外留学生培育,有研究者提出跨境电商留学生人才培养方案的制定要以国家政策为导向,以国家战略需求、跨境电商行业需求、留学生需求三方为基,结合本校的实际教学条件和留学生通用技能水平,确定人才培养目标,制定课程体系。针对在人才培养实施过程中有可能出现的国际化师资不足、国际化实训条件不足、国际化教学资源不足、文化融入不足等问题,可采用在线开放课程(英文字幕)、生成性教学资源、"政校企"产教融合实训实习、与英语专业合班上课等方法(蒋轶阳,2020)。

"一带一路"的实施必然迅速而深刻地影响高职教育发展,为职业教育带来前所未有的宏大发展空间和难得的机遇,同时对正在发展中的高职教育提出了新的严峻考验,如何趁着"一带一路"的政策红利实现高职教育"走出去,引进来",成为研究者研究的重要话题。有研究者基于自身单位的实践提出旅游类高职院校在"一带一路"国家设立境外办学机构,既是旅游类高职院校国际化发展的内生诉求,也是"一带一路"赋予旅游类高职院校的新使命(周李俐、张慧彦,2020)。有研究者从标准输出的角度提出当前高职教育教学标准输出存在标准输出不足、建设不完善、顶层设计与规划欠缺、运行保障不完备等问题。完善标准输出实践要加强规划引导,注重标准完善,开展调研比对,配套运行保障,推动教育教学标准"走出去"向更广、更深发展,更好地服务"一带一路"倡议(唐正玲,2020)。也有研究者从中外合作项目的视角出发提出"协同广度、协同速度和协同深度,是提高职业教育国际协同的重要路径"(张慧波、叶伟巍、刘春朝,2016)。

七、关于高职院校社会服务的研究

近年来,高职教育的内涵发展不断深化,高职教育从原来面向就业到面向产业再到当下面向整个经济社会发展,高职教育如何立足经济发展与人民美好生活需要,服务产业转型升级、乡村振兴、精准扶贫、百万扩招、社会培训等成为研究者重要的研究议题。

高职教育除了在人才供给方面支撑产业转型升级,更为重要的是通过服务企业技术创新嵌入地方经济发展中,由此也形成了一批产教融合型企业。研究者认为产教融合型企业建设能够提升校企融合的紧密度,提升企业对高职办学质量的关注度,提升高职院校质量诊改工作的有效度,是高职院校质量保障体系的必要主体。应通过开展分级分类政策指导、构建产教一体化质量管理体系、参与育人全过程、校企共建质量文化等方式来形成校企命运共同体(崔巍、潘奇,2020)。对于高职院校如何主动服务企业转型升级,研究者通过对高职院校技术技能创新能力现状的分析,认为"三螺旋"模式的技术运行系统将高职院校不仅定位为技术传授主体,也定位为技术应用与创新主体,认为可以应用技术孵化企业,实现高职院校教学的技术与企业生产应用的技术同频共振(韦清,2020)。在实施路径上,高职院校应突出技术运行系统的实践性,具体措施包括校企共建三层次递进式实践教学体系,构建"政企校"技术创新体系,创建技术型企业孵化平台(祝成林、丁金昌,2016)。

从精准扶贫到乡村振兴,再到平衡城乡发展,提升农村发展活力是高职教育重要的社会服务能力之一。研究者从理论层面构建出新时代技能扶贫体系,从目标人群、主要内容和价值功能三个维度进行内涵逻辑的审视(刘晓、刘婉昆,2020)。考虑当前高职教育在支撑乡村振兴方面发挥的作用,研究者提出农村职业教育发展基础薄弱,因而造成了城乡职业教育的二元割裂(梁宁森,2020);也有研究者提出确立职业教育精准扶贫的战略地位,构建职业教育精准扶贫的政策体系,完善职业教育精准扶贫的质量保障体系,成为中国职业教育精准扶贫的宝贵经验(梁宇坤、梁宁森,2020)。

随着现代职业教育体系的不断完善,将学校职业教育与职业技能培训相统一已经逐渐成为研究者们的共识。要切实发挥高职院校面向社会大众的技能供给能力。一是从公共实训基地的视角,研究者提出在以共同推动公共基础设施项目建设与发展为主要目的的 PPP 模式下,推进高职院校公共实训基地建设是一项重要举措(陈衍、郭珊、李阳,2017)。针对公共实训基地建设项目,政府主导型缺乏内部发展动力和外部竞争机制,学校主导型缺乏企业参与和使用效率不高,企业主导型缺乏外部环境支撑和内部治理机制不健全的现实困境,可以采取政府引导与市场化运作、学校主动与企业参与、企业主体与内外部治理三大公共实训基地优化发展策略(梁宇坤、梁宁森,2018)。二是对低技能群体的培育,如对农民工(王金震,2019)、退伍军人(孙仕祺,2018)等,提出要建立和完善贯通劳动者全生命周期的职业技能培训体系。

八、关于高职院校数字化建设的研究

数字化改革始终是浙江省改革发展的重要抓手。近年来对于数字赋能高职教育,研究者们从信息化教学、数字资源库、数字化管理等多个角度开展研究。

信息化教学是借助信息技术向学生教授职业技术技能,这个教学活动不光对学生信息素养有着较高要求,也是对传统教学思路的革新。研究者发现由相对优势和复杂性组成的信息化教学实施阻力对教师信息化教学实施意愿影响程度达到了 66%,其中相对优势对信息化教学实施阻力有较显著的负向影响,而复杂性对实施阻力有积极正向影响;个体惯性是阻碍信息化教学实施的主要因素,但个体创新性并未增加教师使用信息化教学意愿(李浩君、王文靖、戴海容,2019)。随着信息化教学的开展,推动线上与线下知识链接,是保证学生始终处于学习兴奋状态的重要举措,研究者提出要变教学设计为学习设计,做好教学项目设计中的线上线下任务分工,重视线上线下课堂中师生之间的情感衔接(吕勇,2020)。

在明确信息化教学策略的基础上,要进一步丰富数字资源库以满足学生的个性化学习。研究者提出职业教育专业教学资源库建设推动了信息化时代的教学改革与创新(成军,2016)。通过数字资源库推动学生自主学习,可以从云基础设施、数据中心、应用支撑层、业务应用四方面设计自主学习过程的资源平台功能(米高磊,2017)。随着教学资源库的不断丰富,研究者提出教学资源库在使用过程中呈现出三种典型的学习形态:以视频观摩和教学互动为主的浅层学习,以实场模拟和创作设计为主的深度学习,以线上自学和线下共学为主的混合式学习(成军、杜丽静,2016)。

此外,数字化技术不仅在学生教育教学上发挥了巨大作用,也在高职院校管理中为相关人员带来了便利。研究者指出利用数字化技术的智慧校园可以从治理体系、智慧环境、智慧应用、网络安全、特色创新五大维度进行评价(张永波、胡小杰,2020),也可以通过信息化手段优化学校资产管理(张水根,2019)、教师档案管理(虞凯,2019)、财务管理(赵桦,2019)等。

第三节　浙江省高职教育研究成果及其影响

"十三五"是浙江省职业教育大发展大变革的重要时期,产教融合、校企合作成为基本办学模式,优质校建设、双高校建设等成为高职院校建设过程中的热点词。围绕高职教育理论和实践问题,也涌现出了一批在全国范围内具有一定影响力的学者。

一、课题立项

"十三五"期间,浙江省高职教育研究者积极申报全国教育科学规划、教育部人文社科、浙江省哲学社会科学规划以及浙江省教育科学规划等教育类课题。2016—2020年,全国教育科学规划课题职业教育研究立项数量每年维持在50项左右,占比10%左右。浙江省高职院校人员申报立项11项,其中国家一般课题5项,教育部重点课题6项,详见表10-2。从立项课题情况可以发现,浙江省高职教育科研呈现出以下特色:一是申报群体多元化。课题负责人有高职院校的领导、管理人员,也有专业教师,形成了多层次的课题研究队伍。二是申报学科多样化。职业教育因为其跨界属性,研究者们除了聚焦于教育学外,对于其自身专业所在学科也开展了一些深入研究,涉及管理学等社会学科,在稳步推动高职教育高质量发展的同时,通过交叉学科的研究进一步反哺教育教学,有利于提高人才培养质量。三是申报主题多维化。职业教育的研究更应该是一个个问题领域的研究,通过多学科多主体的视角来共同回答所要解决的问题。从浙江省高职院校立项课题的主题来看,覆盖了思政教育、人才培养、产教融合、国际化、社会服务等,为进一步凸显高职教育类型特色奠定了扎实的理论研究基础。四是立项院校集中化,36.4%的项目集中在高水平院校,特别是国家级项目。

表 10-2　浙江省高职院校立项全国教育科学规划课题一览表

项目名称	项目负责人	编号	项目类别	立项院校
国家级课题				
高等教育普及化背景下地方高校与县域合作办学的机制研究	姚奇富	BIA170182	国家一般	浙江工商职业技术学院
现代学徒制运行机制的国际比较和中国路径优化研究	贾文胜	BJA180096	国家一般	杭州职业技术学院
基于人才链匹配产业链的高职院校专业群建构内在机理及实施路径研究	成军	BJA190103	国家一般	金华职业技术学院
我国职业教育产教融合立法研究	方益权	BJA190092	国家一般	温州职业技术学院
数字化时代高水平高职学校"三教"改革路径研究	郭福春	BJA200098	国家一般	浙江金融职业学院
教育部重点课题				
"漂移"与"回归":二元发展框架下高职院校"学术漂移"现象研究	朱芝洲	DJA180340	教育部重点项目	衢州职业技术学院
"制度嵌入性"视角下残疾人职业教育产教融合的路径选择研究	陈瑞英	DJA180344	教育部重点项目	浙江特殊教育职业学院
高校"三位一体"综合评价招生模式的跟踪与评价研究	陈江	DIA190402	教育部重点项目	绍兴职业技术学院
基于"一带一路"人才供给侧的跨文化通识教育实践研究	王飞凤	DIA190420	教育部重点项目	金华职业技术学院
新时代城市老年人自主学习的现实困境与优化路径研究	虞红	DKA190447	教育部重点项目	浙江工商职业技术学院

续表

项目名称	项目负责人	编号	项目类别	立项院校
分类视角下省域高水平高职院校差别化发展研究	何超萍	EJA200400	教育部青年项目	浙江农业商贸职业学院

注：根据全国教育科学规划领导小组办公室网站公布的历年立项课题名单统计。

二、著作出版

2016—2020年，浙江省高职教育著作成果丰富，涵盖党建、立德树人、产教融合、国际化、人才培养、教师发展、绩效评价、实训基地、管理文化等方方面面，如表10-3所示。

表10-3 浙江省高职教育研究部分著作一览表

序号	著作	作者	时间	出版社
1	区域策略——省市职业教育发展报告（2008—2014）	陈衍	2016.01	高等教育出版社
2	服务型区域教育体系的校企合作研究	任君庆	2016.01	高等教育出版社
3	"国家示范性高等职业院校建设计划"骨干高职院校建设项目绩效评价报告	童卫军等	2016.01	机械工业出版社
4	高职院校技能人才有效培养研究	何应林	2016.01	西安电子科技大学出版社
5	高职院校立德树人研究	周建松	2016.04	中国人民大学出版社
6	高职院校党建工作研究与实践	周建松	2016.04	中国人民大学出版社
7	中外职业教育概论	陈明昆	2016.04	高等教育出版社
8	高等职业教育创新发展综论	周建松	2017.03	浙江工商大学出版社
9	职业教育产学研一体化办学模式研究	刘晓、徐珍珍	2017.03	浙江大学出版社
10	从边缘到中心——职业教育办学中的利益主体行为机制研究	刘晓、刘晓宁	2017.03	南京大学出版社
11	优质高职院校建设指南	周建松	2017.06	浙江工商大学出版社
12	职教园区建设模式与实证研究	胡斌武	2017.06	浙江大学出版社
13	近代宁波职业教育史研究	任君庆	2017.07	浙江大学出版社
14	党建引领育人	周建松	2017.07	浙江工商大学出版社

续表

序号	著作	作者	时间	出版社
15	高等职业教育创新发展行动计划精解	周建松等	2017.07	浙江工商大学出版社
16	高职教育教学文化研究	王琦、陈正江	2017.07	浙江工商大学出版社
17	职业院校技能人才培养要素研究	何应林	2017.10	西南交通大学出版社
18	现代职业教育体系建设与高职教育创新发展	周建松	2017.11	浙江工商大学出版社
19	高职院校管理文化及其创新策略研究	王振洪	2017.12	浙江大学出版社
20	高等职业教育内涵建设探索与实践	周建松	2018.01	浙江工商大学出版社
21	公共实训基地"杭州模式"创新与实践	贾文胜等	2018.04	西安电子科技大学出版社
22	浙江金融职业学院办学理念与实践	周建松、郑亚莉	2018.07	浙江工商大学出版社
23	高等职业教育内涵发展综论	周建松	2018.07	浙江工商大学出版社
24	高水平高职院校建设导引	周建松	2018.08	浙江工商大学出版社
25	宁波高等职业教育国际化研究	任君庆	2018.08	浙江大学出版社
26	高等职业院校文化建设理论与实践	周建松等	2018.09	中国人民大学出版社
27	"一带一路"沿线国家职业教育蓝皮书·南亚卷	任君庆	2018.11	厦门大学出版社
28	高职创新发展之路——金华职院的探索历程	邵建东	2018.12	华中科技大学出版社
29	高等职业教育优质学校建设综述	周建松	2019.01	浙江工商大学出版社
30	高职院校教师专业发展研究	王琪、任君庆	2019.03	浙江大学出版社
31	职业教育中的校企合作：行为机制、治理模式与制度创新	刘晓	2019.07	浙江大学出版社
32	优质高职院校建设理论与实践研究	胡正明等	2019.08	华中科技大学出版社
33	高职学生职业技能与职业精神融合培养研究	何应林	2019.10	浙江大学出版社
34	职业院校顶岗实习与管理100例	王琦、李娌	2020.03	旅游教育出版社
35	学习贯彻国家职业教育改革实施方案	周建松、郑亚莉	2020.05	浙江工商大学出版社
36	虚实融合环境下的实训教学研究	朱孝平、朱希涯	2020.07	华中科学技术大学出版社

续表

序号	著作	作者	时间	出版社
37	浙江教育现代化研究	胡斌武、吴向明	2020.08	浙江大学出版社
38	论中国特色高水平高职学校建设	周建松	2020.09	浙江工商大学出版社
39	中国特色高水平高职学校建设的金院思考	周建松、郑亚莉	2020.09	浙江工商大学出版社
40	中国特色高等职业教育发展道路探索与研究	周建松、陈正江	2020.11	浙江工商大学出版社
41	高等职业教育高质量发展研究	周建松	2020.12	浙江大学出版社

三、学术论文

科研论文是学术研究的重要载体,反映了本学术领域内研究者、科研机构、研究热点等基本状态和变化[①]。浙江省高职教育研究者围绕各研究热点和主题,在全国各类期刊发表了大量职业教育研究文章。

据《中国高教研究》编辑部对全国高校高等教育科研论文统计分析,2016—2020年浙江省高职院校在教育类中文核心期刊发文数量占全国高职院校的三分之一左右,发表2篇以上文章的院校数也约占全国高职院校总数的三分之一,其中浙江金融职业学院累计发文40篇,省内排名第一;金华职业技术学院累计发文15篇,省内排名第二;宁波职业技术学院累计发文12篇,省内排名第三,详见表10-4和表10-5。

表10-4 "十三五"期间浙江省高职高专院校教育类核心刊物发文情况(高等教育科研论文)

年份	发文院校数	发文数	2篇以上学校数（浙江/全国）	浙江省2篇以上学校
2016	103	166	12/23	浙江金融职业学院(18)、金华职业技术学院(9)、浙江经贸职业技术学院(5)、浙江机电职业技术学院(4)、浙江工商职业技术学院(4)、温州职业技术学院(4)、宁波城市职业技术学院(3)、浙江商业职业技术学院(2)、浙江经济职业技术学院(2)、浙江工业职业技术学院(2)、义乌工商职业技术学院(2)、宁波职业技术学院(2),共57篇

---

① 王小梅,周详,李璐,等.2019年全国高校高职教育科研论文统计分析——基于18家教育类中文核心期刊的发文统计[J].中国高教研究,2020(12):96-102.

续表

年份	发文院校数	发文数	2篇以上学校数（浙江/全国）	浙江省2篇以上学校
2017	99	161	9/34	浙江金融职业学院(13)、宁波职业技术学院(6)、金华职业技术学院(4)、浙江经贸职业技术学院(4)、浙江工商职业技术学院(3)、义乌工商职业技术学院(3)、台州职业技术学院(2)、浙江旅游职业学院(2)、温州科技职业学院(2)，共39篇
2018	49	71	4/13	浙江金融职业学院(4)、宁波职业技术学院(4)、温州职业技术学院(4)、温州科技职业学院(2)，共14篇
2019	37	59	6/10	浙江金融职业学院(5以上)、金华职业技术学院(5以上)、宁波职业技术学院(2~4)、浙江机电职业技术学院(2~4)、浙江经贸职业技术学院(2~4)、杭州职业技术学院(2~4)
2020	45	56	3/7	浙江金融职业学院(5)、金华职业技术学院(2)、杭州职业技术学院(2)，共9篇

表10-5 "十三五"期间浙江省高职高专院校教育类核心刊物发文一览表（高等教育科研论文）①

学校名称	2016年/篇	2017年/篇	2018年/篇	2020年/篇	总计/篇
浙江金融职业学院	18	13	4	5	40
金华职业技术学院	9	4	—	2	15
宁波职业技术学院	2	6	4	—	12
浙江经贸职业技术学院	5	4	—	—	9
温州职业技术学院	4	—	4	—	8
浙江工商职业技术学院	4	3	—	—	7
义乌工商职业技术学院	2	3	—	—	5
浙江机电职业技术学院	4	—	—	—	4
温州科技职业学院	—	2	2	—	4
宁波城市职业技术学院	3	—	—	—	3
浙江商业职业技术学院	2	—	—	—	2
浙江经济职业技术学院	2	—	—	—	2

① 2019年由于没有具体的发文数量，因而暂未统计。

续表

学校名称	2016 年/篇	2017 年/篇	2018 年/篇	2020 年/篇	总计/篇
浙江工业职业技术学院	2	—	—	—	2
台州职业技术学院	—	2	—	—	2
浙江旅游职业学院	—	2	—	—	2
杭州职业技术学院	—	—	—	2	2
总计/篇	57	39	14	9	119

注：教育类核心刊物文章，据《中国高教研究》历年的全国高校高等教育科研论文统计，2016 年和 2017 年为 18 家，2018 年删减了《黑龙江高教研究》《现代大学教育》《现代教育管理》和《大学教育科学》，新增《高校教育管理》和《研究生教育研究》，调整为 16 家，2019 年删减了《教育发展研究》《中国大学教学》《研究生教育研究》和《高教发展与评估》，新增《大学教育科学》和《现代大学教育》，调整为 14 家，2020 年也是 14 家。

据《中国高教研究》编辑部对全国高校高职教育科研论文统计分析，2016—2020 年浙江省高职院校在教育类中文核心期刊发文数量较为稳定，平均每年 143 篇。其中浙江金融职业学院累计发文 130 篇，发文量遥遥领先，全国排名第一，省内排名第一；宁波职业技术学院累计发文量 82 篇，省内排名第二；金华职业技术学院累计发文量 57 篇，省内排名第三；杭州职业技术学院累计发文量 52 篇，省内排名第四，详见表 10-6 和表 10-7。可见，无论是高等教育科研论文还是高职教育科研论文统计分析，浙江省高职院校的发文数量都具有一定的领先优势，尤其是"双高校"的示范引领作用明显。

表 10-6 "十三五"期间浙江省高职高专院校教育类核心刊物发文情况（高职教育科研论文）

年份	发文院校数	发文数	3 篇以上学校（浙江/全国）	浙江省 3 篇以上学校
2016	362	1224	22/149	浙江金融职业学院(24)、宁波城市职业技术学院(14)、宁波职业技术学院(13)、温州职业技术学院(9)、金华职业技术学院(9)、浙江机电职业技术学院(9)、浙江建设职业技术学院(9)、浙江工业职业技术学院(8)、杭州职业技术学院(8)、浙江经贸职业技术学院(7)、浙江工商职业技术学院(6)、浙江经济职业技术学院(6)、湖州职业技术学院(5)、义乌工商职业技术学院(5)、浙江纺织职业技术学院(5)、杭州科技职业技术学院(5)、台州职业技术学院(4)、浙江工贸职业技术学院(4)、浙江医药高等专科学校(4)、浙江商业职业技术学院(4)、嘉兴职业技术学院(4)、浙江国际海运职业技术学院(3)，共 165 篇

续表

年份	发文院校数	发文数	3篇以上学校（浙江/全国）	浙江省3篇以上学校
2017	359	1167	20/139	浙江金融职业学院(34)、宁波职业技术学院(15)、宁波城市职业技术学院(11)、浙江工商职业技术学院(9)、杭州职业技术学院(8)、浙江国际海运职业技术学院(8)、金华职业技术学院(7)、浙江建设职业技术学院(7)、台州职业技术学院(6)、浙江机电职业技术学院(6)、浙江经贸职业技术学院(6)、浙江农商职业技术学院(6)、浙江商业职业技术学院(5)、浙江医药高等专科学校(5)、浙江工业职业技术学院(4)、杭州科技职业技术学院(3)、温州科技职业学院(3)、义乌工商职业技术学院(3)、浙江经济职业技术学院(3)、浙江旅游职业学院(3)，共152篇
2018	307	890	16/112	宁波职业技术学院(25)、浙江金融职业学院(19)、义乌工商职业技术学院(11)、杭州科技职业技术学院(10)、杭州职业技术学院(8)、浙江建设职业技术学院(7)、金华职业技术学院(7)、温州职业技术学院(5)、宁波城市职业技术学院(4)、浙江工商职业技术学院(4)、浙江经贸职业技术学院(4)、浙江经济职业技术学院(4)、浙江工贸职业技术学院(4)、浙江机电职业技术学院(3)、浙江商业职业技术学院(3)、衢州职业技术学院(3)，共121篇
2019	325	874	15/72	浙江金融职业学院(25)、金华职业技术学院(20)、宁波职业技术学院(14)、杭州职业技术学院(13)、义乌工商职业技术学院(9)、浙江经济职业技术学院(7)、杭州科技职业技术学院(7)、浙江旅游职业学院(6)、浙江工商职业技术学院(5)、浙江经贸职业技术学院(5)、宁波城市职业技术学院(4)、台州职业技术学院(4)、浙江机电职业技术学院(4)、衢州职业技术学院(4)、浙江国际海运职业技术学院(4)，共131篇

续表

年份	发文院校数	发文数	3篇以上学校（浙江/全国）	浙江省3篇以上学校
2020	294	879	16/68	浙江金融职业学院(28)、宁波职业技术学院(15)、杭州职业技术学院(15)、义乌工商职业技术学院(15)、金华职业技术学院(14)、浙江机电职业技术学院(9)、杭州科技职业技术学院(8)、浙江工商职业技术学院(6)、浙江旅游职业学院(6)、宁波城市职业技术学院(5)、浙江建设职业技术学院(5)、衢州职业技术学院(5)、浙江经贸职业技术学院(4)、浙江经济职业技术学院(4)、浙江工业职业技术学院(4)、嘉兴职业技术学院(4)，共147篇

表10-7 "十三五"期间浙江省高职高专院校教育类核心刊物发文一览表（高职教育科研论文）

学校名称	2016年/篇	2017年/篇	2018年/篇	2019年/篇	2020年/篇	总计/篇
浙江金融职业学院	24	34	19	25	28	130
宁波职业技术学院	13	15	25	14	15	82
金华职业技术学院	9	7	7	20	14	57
杭州职业技术学院	8	8	8	13	15	52
义乌工商职业技术学	5	3	11	9	15	43
宁波城市职业技术学院	14	11	4	4	5	38
杭州科技职业技术学院	5	3	10	7	8	33
浙江机电职业技术学院	9	6	3	4	9	31
浙江工商职业技术学院	6	9	4	5	6	30
浙江建设职业技术学院	9	7	7	—	5	28
浙江经贸职业技术学院	7	6	4	5	4	26
浙江经济职业技术学院	6	3	4	7	4	24
浙江工业职业技术学院	8	4	—	—	4	16
浙江国际海运职业技术学院	3	8	—	4	—	15
浙江旅游职业学院	—	3	—	6	6	15
温州职业技术学院	9	—	5	—	—	14
台州职业技术学院	4	6	—	4	—	14

续表

学校名称	2016年/篇	2017年/篇	2018年/篇	2019年/篇	2020年/篇	总计/篇
浙江商业职业技术学院	4	5	3	—	—	12
衢州职业技术学院	—	—	3	4	5	12
浙江医药高等专科学校	4	5	—	—	—	9
浙江工贸职业技术学院	4	—	4	—	—	8
嘉兴职业技术学院	4	—	—	—	4	8
浙江农商职业技术学院	—	6	—	—	—	6
湖州职业技术学院	5	—	—	—	—	5
浙江纺织职业技术学院	5	—	—	—	—	5
温州科技职业学院	—	3	—	—	—	3
总计/篇	165	152	121	131	147	716

注：全国高校高职教育科研论文统计范围为当年高教核心期刊再加4家职教核心期刊。

四、国家教学成果奖

国家教学成果奖是迄今为止我国教育领域中唯一由国务院设立并由教育部组织实施的国家级教学奖励，每四年评审一次，是与国家自然科学奖、国家技术发明奖、国家科技进步奖等比肩的国家级奖励，获奖成果代表了高等教育教学工作的最高水平。在2018年（第八届）国家级教学成果奖获奖项目名单中，高职项目共计294项，其中特等奖1项，一等奖32项，二等奖261项。浙江省高职院校共获国家级教学成果奖一等奖5项，占比15.63%，二等奖17项，占比6.51%，获奖数居全国高职院校前列，详见表10-8。

表10-8　2018年职业教育国家级教学成果奖浙江省高职院校获奖项目名单

序号	成果名称	成果完成人	完成单位
一等奖			
1	"三创型"农经人才培养创新与实践	潘凤钗,徐和昆,杨露,周胜芳,沈佩琼,陈方丽,陈国胜,邹良影,王细红	温州科技职业学院
2	公共实训基地"杭州模式"的创新与实践	贾文胜,陈加明,梁宁森,童国通,张赵根,郑永进,姜发利	杭州职业技术学院

续表

序号	成果名称	成果完成人	完成单位
3	基于国际化校企合作的高职汽车专业"双主体、多元化"人才培养创新与实践	马林才,刘美灵,刘大学,朱福根,陈文华,吴志军	浙江交通职业技术学院
4	系统构建高职电子商务专业与产业同步发展机制的创新与实践	张红,盘红华,商玮,林锋,徐慧剑,童红斌,傅俊,邹玉金,曹春益	浙江经贸职业技术学院
5	基于产教融合的药学类人才"三药"职业特质培养模式建立与实践	任文霞,胡季强,许莉勇,崔山风,张佳佳,丁静,王华锋,赵黛坚,汪东平,杨欣欣,李博,罗国良	浙江医药高等专科学校
二等奖			
1	"四创"特色的高职电器电子类专业创新型人才培养的探索与实践	金文兵,张耀,刘哲伟,黄忠慧,丁明军,夏敏磊,程文峰,王芳,钱永林,戎小戈,吕俊,葛惠民,孟庆波,劳顺康,代红艳,张伟中,江炳林,朱荔,胡幸鸣,罗鹏举	浙江机电职业技术学院
2	标准与竞赛双驱引领基于制品生产流程的模具专业人才培养模式探索与实践	徐志扬,吕永锋,孙佳楠,刘彦国,韩权,范建蓓,董一嘉,陈川,徐春伟,叶俊,李美珍,章学愚	浙江机电职业技术学院
3	高职土建类专业"互联网+"校内实训智慧工场的创新探索与实践	何辉,沙玲,徐哲民,夏玲涛,金睿,陈伟东,姜健,邵梁,何向彤,项建国,陈园卿,刘俊龙	浙江建设职业技术学院
4	高职院校建筑类专业"五化"教学法的研创与应用	杜国平,蒋晓燕,孙秋砚,吕淑珍,陈晓燕,杨震樱,蒋晓云,周晖,秦继英,于小林,张学钢,刘如兵,梅杨,南振江,李晓枫,任玲华,戚甘红,项贻强,黎志宾	绍兴职业技术学院

续表

序号	成果名称	成果完成人	完成单位
5	面向中小微企业的"一对多"现代学徒制人才培养创新与实践	戴欣平,胡新华,戴素江,刘鲁平,徐振宇,王志明,沈建鹏	金华职业技术学院
6	"强融合、重研创、深贯通"中高职系统培养"设计工匠"创新与实践	王志梅,施凯,童卫军,钱小微,叶志远,邢旭佳,祝成林,谢炳冲,张建兴	温州职业技术学院
7	地方戏曲传承人群系统培养的"三联"模式	朱海闵,支涛,李旭芳,周应中,杨晓,苏苏,陈丽,谢青	浙江艺术职业学院
8	基于"能学辅教"的物流资源库可持续开发、应用及质量监控机制探索与实践	郑卫东,周亚,沈文天,邱渡军,舒旭丽,刘智慧,王顺林,章玲玲,欧阳泉,宋文官,都国雄,梁世翔,薛威,仪玉莉,杨明,胡延华,肖旭,杨紫元	宁波职业技术学院
9	基于国际贸易综合改革试点,培养中外国际化商贸人才的探索与实践	李慧玲,程路,陈宇鹏,盛湘君,龚苏娟,高燕,朱萍	义乌工商职业技术学院
10	基于现代学徒制的零售店长人才培养体系构建与实践	阚雅玲,谭福河,门洪亮,黄雪薇,张晓青,熊自先	浙江商业职业技术学院
11	金融专业群国家级数字化教学资源开发与应用	郭福春,谢峰,张国民,吴金旺,刘丽,董瑞丽,李敏,王忠孝,杨则文,马玉兰	浙江金融职业学院
12	跨境电子商务紧缺人才培养体系的构建与实践	戴小红,肖旭,王婧,王琼,陈旭华,王晴岚,韩斌,吕希,郑亚莉,韦昌鑫,张帆,方叶,张敏,朱慧芬,李岚,辛玉麟,沃群锋,王薇,李金徽	浙江金融职业学院
13	以"淑女学院"为平台,精准培养现代金融"五美"职业女性的探索与实践	王华,郑亚莉,王瑛,邹宏秋,吴军飞,徐烨,韩缨,袁清心,张佳,曾盈村,郑春瑛,付泽伟,平萍	浙江金融职业学院

续表

序号	成果名称	成果完成人	完成单位
14	创业型职业农民"全程化"培育的创新与实践	徐和昆,骆秋琴,陈家离,张呈念,郑乾生,高春娟,林利迈,李上献,谢志远,黄瑛,陈国胜,邹良影,李炎炎,叶隐隐,刘晓玲	温州科技职业学院
15	三对接三融合:卫生类高职院校健康服务人才培养模式的研究与实践	任光圆,贾让成,应志国,祁义霞,朱晓卓,周国明,俞立军,沈萍,陈聪诚,郭春燕,周菊芝,况炜	宁波卫生职业技术学院
16	三维并重、三环联动、三阶评价:高职护理专业质量提升路径的研究与实践	胡野,胡爱招,张雁平,楼宏强,潘惠英,黄利全,盛秀胜,叶向红,盛胜航,李春燕,李佳,章晓幸	金华职业技术学院
17	学、训、评、管:基于资源库建设的学前教育专业教学改革研究与实践	成军,方卫飞,余俊帅,纪红霞,吴春瑛,樊丰富,张淑琼,许兴建,罗巧英,杜丽静,林小平,于红卫	金华职业技术学院

从获奖名单可以看出,2018年浙江省高职院校获奖成果生动回应了新时代职业教育改革发展的新形势和新要求,透视出了近年来职业教育教学改革的发展态势,全面展示了现代职业教育教学改革的新成就,呈现出以下方面的特点:一是人才培养模式取得了重大创新。分析获奖成果主题的关键词发现,聚焦系统性人才培养模式改革与创新的成果多于单一关注专业建设、课程建设、教学实施、实习实训的成果。二是职业教育的跨界性愈加凸显。本次获奖成果绝大多数是校企联合申报的。从成果完成单位的多元性、研究主题的多样性,可以看出职业院校教学改革中教育与产业、学校与企业、政府行业产学研用的融合越来越深入,体现了产教统筹融合发展的新格局。三是教学改革的实践性落地有声。成果全面展示了职业院校在转变教育思想观念、加强立德树人、优化专业设置等方面的创新和发展,展示出职业教育教学改革内容的丰富性和参与主体的活跃性,呈现了理论研究的指导效和实践应用的示范效应相结合的教学改革新局面。

五、高影响力学者

根据《浙江省哲学社会科学发展数据分析报告(2011—2020)》,高影响力学者统计主要涵盖省内总被引频次Top30作者统计、省内H指数Top30作者统计、省内北大核心发文数量Top30作者统计和省内南大核心发文数量Top30作者统计。

1. 省内总被引频次 Top30 作者统计

据统计，浙江省 2011—2020 年发表教育学论文的总被引频次最高的 30 位学者中，来自高职院校的作者有 4 位，分别是浙江金融职业学院周建松、金华职业技术学院王振洪、温州职业技术学院丁金昌和宁波城市职业技术学院刘锐。而且相对普通本科高校，他们的排名相对靠前。如浙江金融职业学院的周建松，总发文量 165 篇，总被引频次 1335 次，排名第六；金华职业技术学院王振洪，总发文量 33 篇，总被引频次 1061 次，排名第十，详见表 10-9。

表 10-9 浙江省 2011—2020 年省内总被引频次 Top30 高职院校作者统计

序号	作者姓名	机构名称	总发文量/篇	总被引频次/次	总下载频次/次	位次
1	周建松	浙江金融职业学院	165	1335	73126	6
2	王振洪	金华职业技术学院	33	1061	24427	10
3	丁金昌	温州职业技术学院	16	990	22187	12
4	刘锐	宁波城市职业技术学院	11	975	23619	13

2. 省内 H 指数 Top30 作者统计

浙江省 2011—2020 年教育学学科发文作者 H 指数 Top30 中，来自高职院校的作者有 6 位，分别是浙江金融职业学院周建松、金华职业技术学院王振洪、温州职业技术学院丁金昌、浙江金融职业学院郭福春、金华职业技术学院成军和金华职业技术学院邵建东，如表 10-10 所示。

表 10-10 浙江省 2011—2020 年省内 H 指数 Top30 高职院校作者统计

序号	作者姓名	机构名称	H 指数
1	周建松	浙江金融职业学院	18
2	王振洪	金华职业技术学院	15
3	丁金昌	温州职业技术学院（2015 年后任浙江机电职业技术学院院长）	14
4	郭福春	浙江金融职业学院	12
5	成军	金华职业技术学院	11
6	邵建东	金华职业技术学院	11

3. 省内北大核心发文数量 Top30 作者统计

浙江省 2011—2020 年教育学学科发表北大核心论文数量 Top30 作者中，来自高职院校的共有 4 位，分别是浙江金融职业学院周建松、浙江金融职业学院郭福春、浙江金融职业学院陈正江、浙江经贸职业技术学院何杨勇。尤其是周建松，发表的北大核心论文数最多，共134篇，被引用1297次，被下载6.9万次，如表10-11所示。

表10-11　浙江省2011—2020年省内北大核心发文数量Top30高职院校作者统计

序号	作者名称	机构名称	北大核心论文量/篇	北大核心论文总被引频次/次	北大核心论文总下载频次/次	位次
1	周建松	浙江金融职业学院	134	1297	68856	1
2	郭福春	浙江金融职业学院	36	374	19645	12
3	陈正江	浙江金融职业学院	31	195	14560	21
4	何杨勇	浙江经贸职业技术学院	30	160	11184	23

4. 省内南大核心发文数量Top30作者统计

浙江省2011—2020年省内南大核心发文数量Top30作者中，高职院校共有2位作者入选，浙江金融职业学院周建松发文量为41篇，总被引频次635次，总下载频次29584次；金华职业技术学院王振洪发文量为25篇，总被引频次970次，总下载频次22335次。

总体来看，在高影响力学者Top30排名中，尽管高职院校入选的作者不是很多，但是位次、发文量和被引频次都基本靠前，有些排在了普通本科高校的前面，有些甚至排在了第一，如省内北大核心发文Top30作者统计。由此可知，高职院校学者的学术影响力是较为广泛的。

六、高影响力机构

高影响力机构统计主要涵盖省内总被引频次Top30机构统计、省内北大核心发文数量Top30机构统计和省内南大核心发文数量Top30机构统计。

1. 省内总被引频次Top30机构统计

浙江省2011—2020年发表教育学论文产生的总被引频次最高的30家机构主要为高校。浙江大学发文6393篇，总被引频次为3.1次，总下载频次为199.4万次，位居第一。浙江金融职业学院、金华职业技术学院等9家高职院校入选，占比30%。其中浙江金融职业学院发文量1125篇，总被引频次5432次，总位次第九，金华职业技术学院发文量1801篇，总被引频次5049次，总位次第十，详见表10-12。

表10-12　浙江省2011—2020年省内总被引频次Top30高职院校排名情况

序号	机构名称	总发文量	总被引频次	总下载频次	位次
1	浙江金融职业学院	1125	5432	273336	9

续表

序号	机构名称	总发文量	总被引频次	总下载频次	位次
2	金华职业技术学院	1801	5049	231079	10
3	宁波城市职业技术学院	840	4504	162574	15
4	温州职业技术学院	686	3667	143044	21
5	浙江工商职业技术学院	903	3186	133615	25
6	浙江经贸职业技术学院	998	3055	150926	26
7	浙江商业职业技术学院	1036	2998	136105	27
8	台州职业技术学院	1072	2769	107523	29
9	杭州职业技术学院	845	2730	117567	30

2. 省内北大核心发文数量Top30机构统计

浙江省2011—2020年发表教育学北大核心论文数量最多的30家机构中,浙江大学发文1902篇,总被引频次为2.2万次,位居第一。浙江金融职业学院、金华职业技术学院、宁波职业技术学院、温州职业技术学院等8家高职院校入选,占比26.67%。其中,浙江金融职业学院发文量484篇,总被引频次3966次,总位次第七;金华职业技术学院发文量209篇,总被引频次2618次,总位次第十四,详见表10-13。

表10-13 浙江省2011—2020年省内北大核心发文数量Top30高职院校排名情况

序号	机构名称	北大核心论文量	北大核心论文总被引频次	北大核心论文总下载频次	位次
1	浙江金融职业学院	484	3966	201481	7
2	金华职业技术学院	209	2618	103458	14
3	宁波职业技术学院	190	1182	72484	17
4	温州职业技术学院	161	2755	89578	21
5	台州职业技术学院	149	1246	43007	23
6	浙江商业职业技术学院	149	1233	48242	24
7	浙江经济职业技术学院	147	1174	44860	25
8	浙江经贸职业技术学院	144	1580	66227	26

3. 省内南大核心发文数量Top30机构统计

浙江省2011—2020年发表教育学南大核心论文数量最多的30家机构中,高职院校有6家,占比20%,分别是浙江金融职业学院、金华职业技术学院、温州职业技术学院、浙江经贸职业技术学院、宁波职业技术学院和浙江工商职业技术学院,详见表10-14。

表10-14 浙江省2011—2020年省内南大核心发文数量Top30高职院校排名情况

序号	机构名称	南大核心论文量	南大核心论文总被引频次	南大核心论文总下载频次	位次
1	浙江金融职业学院	91	1157	59950	14
2	金华职业技术学院	76	1841	60643	17
3	温州职业技术学院	58	2079	61903	21
4	浙江经贸职业技术学院	49	863	39428	25
5	宁波职业技术学院	45	398	26804	26
6	浙江工商职业技术学院	38	769	29609	29

总体来看，在高影响力机构Top30排名中，高职院校入选的机构数量较多，占比在20%～30%之间。像浙江金融职业学院、金华职业技术学院、温州职业技术学院等一批高水平的职业院校都非常重视教育教学研究，教育教学研究成果数量和影响力居全国及省内高职院校前列。

第四节 研究展望

近年来，随着高职教育实践的深入开展，高职教育研究蓬勃发展，在研究机构、队伍建设、课题立项、著作出版、论文发表等方面取得了显著成绩。"双高"建设背景下，高职教育高质量发展更需要高层次、高质量、高水平教育理论与实践研究的支撑和引领。如果没有高水平的教育科学研究，将难以建设高水平的学校和高质量的教育。

一、提高学术研究引领性

高职教育发展要有充分的、合适的、相应的科学理论与研究成果提供指导与支撑，而且类型化发展中也需要探索新规律、新特征、新途径、新发展，必须提高高职教育学术研究的引领性，以支撑高职教育高质量发展。其学术引领性提高主要体现在以下方面：一是前瞻性。研究应该走在"政策"和"实践"的前面，但当前高职教育研究的逻辑还停留在"政策—实践—理论"阶段，绝大部分是证明政策正确性，部分是跟踪政策探索实施效果，少部分是超前政策制定，急需以"问题"为导向，直面现实，增强研究的战略性、前瞻性和针对性。二是跨界性。职业教育具有跨界性，职教研究也应该具有跨界的特性。高职教育研究应跳出高职教育的圈子，将高职教育与经济、劳动就业、人力资本管理等结合，从更宽、更广的视角来审视高职教育发展。三是效用性。比如在对象上,既关注政策制定、制度标准等宏观问题,也关注"三教"改革、教学评价等微观问题;在方法上,体现定量与定性、实证与思辨相结合;在比较上,注意在介绍国外经验的基础上,探索本土化的实践;在合作上,搭建常态化的品牌化的合作交流平台,充分发挥职教研究服务科学决策和院校发展的价值。

二、强化院校研究的导向

强化院校研究的关键点在于研究主题和研究队伍。首先,在研究主题上,高职院校要充分发挥院校实践优势,积极开展基于自身改革的研究,引导广大教师围绕院校发展、专业建设、师资队伍、教学改革等方面开展院校实践研究,同时还要紧跟新时代发展需求,聚焦产教融合、校企合作、师资队伍建设、教学诊断与改进等某些关键领域和重点话题,服务学校发展需要。其次,在研究队伍上,高职教育研究既需要研究水平高与研究经验丰富的本科院校或者科研机构的参与,也需要来自高职院校内部的教师的强力支持。广大高职院校一线实践者不仅仅是高职教育成果的创造者,更是高职教育科研的重要参与者,他们熟知高职教育发展实践,洞悉高职教育发展存在的最新问题,其研究成果也能够及时指导高职教育发展。因而,各高职院校应以院校研究为导向,进一步壮大高职院校内部研究队伍,逐步形成专业的、稳定的、高水平的高职教育研究队伍,整体提升高职教育科学研究的综合水平与能力。

三、注重高质量成果培育

虽然"十三五"期间浙江省高职教育研究的数量和层次较"十一五""十二五"有很大的提升,但相比于高等教育研究、基础教育研究,全国和浙江的高职教育研究都还比较薄弱。在课题立项方面,由于主客观因素影响,全国范围内职教战线的课题立项少、占比低,如2019年全国教育科学"十三五"规划课题共立项521项,其中职业教育科研立项52项;教育部人文社会科学研究一般项目共立项3675项,教育学门类下为240项,职业教育科研立项24项。两项共计76项。而这76项中,职业院校立项36项,占比47%[①]。在科研成果获奖方面,2019年浙江省第二十届哲学社会科学优秀成果评选共评出了200项获奖成果,但省哲学社会科学的研究力量主要集中在普通本科高校,高职院校获奖比例仅占1%,只有浙江旅游职业学院和

---

① 王扬南.全面提升职教科研服务高质量发展整体贡献力——基于《2019中国职业教育科研发展报告》[J].中国职业技术教育,2020(12):5-15.

温州科技职业学院分别获二等奖 1 项和三等奖 1 项。这与职业教育与普通教育各占"半壁江山"的格局存在差异,也与国家提倡的"职业教育与普通教育具有同等重要地位"相悖。未来,浙江省高职院校应加强高质量成果培育,完善高级别课题成果培育机制,引导孵化出更多高层次、高水平、高质量的研究成果。

第十一章　高职教育高质量发展的典型案例

随着国家优质校、"双高计划"建设项目的深入推进,浙江省高职教育呈现高质量发展态势,一批实力强劲、特色鲜明、优势突出的高职院校脱颖而出。为进一步回顾和总结 2016—2020 年浙江省高职院校建设成果和经验,本报告从立德树人、产教融合、师资队伍、技术研发和社会服务、创新创业、国际合作与交流等多个视角,分别选取了金华职业技术学院、浙江金融职业学院、杭州职业技术学院等多所高职院校的实践案例,着力全方位、多角度、立体化展示和分享浙江省高职教育高质量发展成果,同时发挥示范引领带动作用,为省内及国内其他高职院校发展提供相关经验借鉴。

第一节　金华职业技术学院:产教综合体,走产教融合实体化发展之路

金华职业技术学院是金华市本级唯一一所公办高职院校,始终坚持服务地方、促进就业的办学定位,坚持产教融合、校企合作的办学主线。学校在机械制造与自动化国家高水平专业群建设中,开创性地实施了"产教综合体"建设,在体制上大胆突破,将传统的校企合作从"虚拟"向"实体"突破,学校以场地、技术等入股,吸引企业投资或引入投资基金,共同组建公司化的运营实体,建立企业化的运行制度,实现产教融合的"自我造血";在机制上大力创新,将原来"单一"的基地向"综合"的平台提升,立足"产学研训创"一体化,以产助学、以研促产,学训结合、训创融合,实现了技术链和人才链的无缝对接,走出了一条实体化运作、一体化提升的产教融合发展新路。

一、实践举措

(一)聚力实体化运作,创建"3+1+N"产教综合体新平台

要实现产教融合"真融真合",首先需要搭建政、校、企多元参与的产教融合平台。金华职业技术学院聚焦实体化运作,发挥各方优势资源,探索形成了"3+1+N"产教综合体新平台(见图 11-1)。

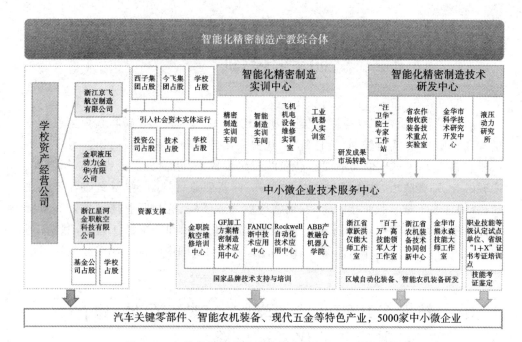

图 11-1 智能化精密制造产教综合体"3+1+N"功能图

"3"是指学生实训中心、技术研发中心和企业技术服务中心3个中心,"1"是1家学校资产经营公司,"N"是指与企业合作成立的多家实体性公司。在遴选企业或引进社会资本共同建设产教综合体过程中,学校综合考虑目标公司类型、股权结构和发展路径。目前,产教综合体已成立了3家不同类型的合资公司:学校设备入股,与骨干企业合资成立生产型公司(浙江京飞航空制造有限公司),共管精密制造实训中心,形成精密零部件规模化生产,建设教学车间,实现全流程项目实习;学校技术入股,引入风投基金成立研发型公司[金职液压动力(金华)有限公司],联合省重点实验室等研发中心,组建"混编"研发团队,开展技术创新和成果转化,实现科研反哺教学;学校品牌入股,引入产业基金成立培训型公司(浙江星河金职航空科技有限公司),共建航空维修培训中心,与校内专业融通师资和设备,实现民用航空器维修领域技术技能人才培养培训一体化。

平台建设中,金华当地政府职能由办职业教育向管理与服务转变,针对产教综合体的实体公司,制定可操作性政策以激发企业办学的积极性。在金融支持方面,对于高端装备制造类产教融合企业,政府分5年每年给予企业1200万元融资贴息补助和1000万元的特殊产业补助;在人才引进方面,对于研发型企业所需的高层次紧缺人才给予"一揽子"奖励资助;在资产属性转化方面,因产教融合所需的学校非经营性资产向经营性资产转化,"一事一议"给予政策支持;此外,政府还在环评、节能等政务审批及完善企业发展环境方面给予帮助。

(二)聚力一体化提升,打造"产学研训创"产教综合体新形态

产教融合的生态效应在于其综合职能的有效发挥,金华职业技术学院以产教综合体平台为支撑,通过强化真实生产、实训教学、科技研发、社会培训、创新创业等产教综合体平台"产学研训创"的一体化建设,以产助学、以研促产,学训结合、训创融合,形成良性循环,如图11-2所示。

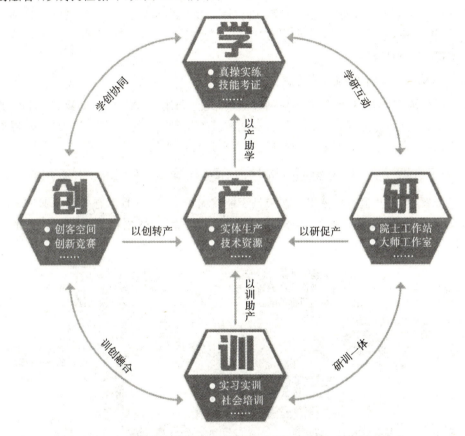

图 11-2 智能化精密制造产教综合体"产学研训创"一体化运行模式

1.围绕协同育人,实现"产学一体"

通过校企双方设备、场地、师资技术团队共享,共同制订人才培养方案,共同建立实践教学体系等手段,合作开发生产标准和教学资源,实施分段分层培养、工学交替现代学徒制培养,推动教学组织与企业生产紧密契合。

2. 依托高端平台，实现"产研一体"

依托产教综合体的省级重点工程实验室、院士工作站、高新技术研发中心等科研平台引进高端研究型高层次人才，开展核心技术领域科研攻关。结合省技能大师工作室、企业技术服务中心等应用技术服务平台，使"研发工程师"和"能工巧匠"融合，保障技术研究成果落地。

3. 聚焦产业新技术，实现"产训一体"

依托产教综合体的企业技术服务中心，开展手板制作、专机研发、精密件加工、数字化设备与工艺改进等技术服务，以实际案例为载体，对内开展项目制、导师制培训，进行拔尖人才培养，对外开展"回炉班"等特色培训项目，有效助力高端技术人才的输入和稳定。

4. 激发创新创业，实现"产创一体"

通过成立创客空间，开展各项创客活动，充分利用产教综合体实验实训平台的技术优势、资源优势、师资力量、创新实践教育资源和创业的丰富经验，共同开展创业活动，培养创新创业人才，同时将优质项目进行产业化。

（三）聚力全方位融通，构建"三融三通"产教综合体新机制

产教融合的"最后一公里"，在于是否能将研究、生产和教学有效结合起来。金华职业技术学院依托产教综合体全方位统筹校企资源，探索构建"三融三通"的运行机制，如图11-3所示。

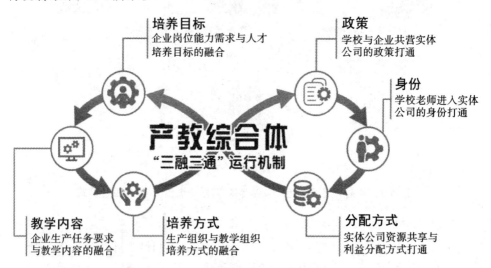

图11-3 产教综合体"三融三通"运行机制

"三融"是培养目标融合、教学内容融合、培养方式融合。将企业的真实岗位能

力需求作为学校的人才培养目标,校企双方共同制定培养方案、设置教学内容和标准,实现培养目标融合;将企业的生产任务和技术研发项目作为学校教学内容载体,校企双方合作开发教学资源,实现教学内容融合;校企双方建立更加弹性的教学组织培养方式,设计一体化校企学习内容,解决教学安排与企业生产的冲突,实现培养方式融合。

"三通"是将学校与企业共营实体公司的政策打通,学校老师进入实体公司的身份打通,实体公司资源共享与利益分配方式打通。政校企共同成立产教综合体理事会,实现管理平台的政策打通;进入实体公司的学校教职工保留学校人事关系,遵循"职岗对应、岗变薪变"原则,在专业技术职务评聘、岗位晋级等政策上给予突破,实现身份打通;各方按占股分红,学校提高设备利用率产生经济效益,实现利益分配打通。

(四)聚力全过程协同,探索"全链式"人才培养改革新模式

产教融合落地于人才培养,关键是要实现专业课程链与产业链、创新链更加匹配。金华职业技术学院积极探索现代学徒制、学研互动的项目导师制,推进"精益求精"职业素养养成,倡导全链式人才培养模式。

1. 分层分段,校企协同创新工学交替"现代学徒制"

发挥产教综合体实体化公司场地、技术、设备优势,建成开放式教学实训车间,组建校企无界化"讲师团",以岗位认知与基础训练、专项训练、岗位综合实习为内容,模块化选修,实施分层分类教学。前四学期学习基础性专业实践课程,第五学期设置企业真实产品和企业实践内容的模块化选修课,保障"工"与"学"在内容与进程上的衔接,提升岗位能力。

2. 双能并重,校企协同推行学研互动"项目导师制"

对接新技术岗位能力需求,依托产教综合体实体公司,实施校企双导师指导下的"项目导师制"(见图11-4)。将航空零部件制造、柱塞泵研发、车间精益管理等实际案例,经过凝练、派生,再设计成应用创新实践项目,学徒在不同阶段完成量身定制的导师项目,以专利、实物、实施方案等成果形式完成结题。以成果导向激励学徒的创新热情,培养学生创新实践能力。

3. "三融教育",校企协同推进"精益求精"职业素养养成

产教综合体已通过行业 AS9100D 质量管理体系标准和 CCAR147 标准认证,学校紧密对接标准,设置贯穿六个学期的"精益求精"管理课程,将学生跟师实践、课程学习、专业活动等纳入该课程考核,形成工匠精神培育与体系内容、企业岗位训练、课程教学及学生日常规范教育相融合的"三融教育"职业素养养成途径。

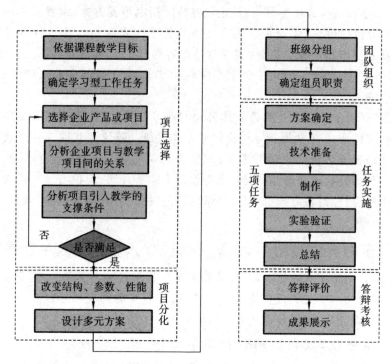

图 11-4 "项目导师制"实施路径

二、建设成效

(一)服务产业贡献突出

依托产教综合体,金华职业技术学院机械制造与自动化专业群参与制定国家和行业标准 15 项、浙江制造团体标准 8 项;年产 50 万件航空部件产品成功下线,实体公司年产值超 4000 万元;年培训超 3 万人次,年均企业服务到款超 1000 万元;获批省级科技创新项目 43 项,为金华周边近 50 家中小企业提供技术服务,完成 25 家企业的 100 余种产品开发。

(二)教学改革成果丰硕

联合主持国家专业教学资源库建设 1 个;出版新形态教材 15 本,其中国家规划教材 7 本,获全国优秀教材奖一等奖 1 项;成为教育部精密数控加工、工业机器人操作与运维等"1+X"证书考证培训基地,学生考证通过率 95% 以上;学生获全国职业院校技能大赛等奖项 200 余项。

(三)应用推广辐射广泛

入选全国智能制造产教融合联盟,获评全国示范职业技能鉴定所、浙江省产教融合示范基地、浙江省中小学劳动实践基地。在推进全国职业教育高质量发展现场会等平台进行专题交流 50 余次,《光明日报》《中国教育报》《浙江日报》等媒体对产教综合体进行专题报道,每年有近百家政府部门、中高职院校和行业企业前来考察交流,形成了广泛影响力。

三、经验总结

(一)产教综合体走出了一条产教融合实体化运营的新路径

产教综合体的建设模式破解了产教融合之困,推动了学校和企业进行实质性的资源协同与整合,保证了各方话语权平等和利益分配平衡。专业企业一体统筹和政策、岗位、利益三个打通的制度创新,推动了校企利益、资源、技术和人员的全面融合,打通了产教融合的"最后一公里"。

(二)产教综合体创设了"产学研训创"一体化运行的新形态

以"产"拓维度,促进了人才培养"供给"和产业发展"需求"有效对接;以"学"把宽度,提升了教学内容的鲜活性和教学组织实施的柔性;以"研"掘深度,推动了专业发展从跟跑产业到并跑、领跑产业的转变;以"训"促强度,深化了课堂教学模式创新和教学资源转化;以"创"提高度,增强了教师服务产业能力和学生工程创新实践能力。

在产教融合实体化平台的创新实践中,将国有资产注入实体公司十分关键,但这牵涉到地方政府、国资委、学校资产经营公司等多方,沟通渠道还有待顺畅,教师全职入企相关人事制度和激励政策尚有待优化。下一步,院校将进一步积极争取政府出台盘活国有资产的激励政策,并从内部进一步厘清产教融合主体的权利义务,完善更具吸引力的师资入企激励政策,全面激发多方主体参与产教融合的积极性。

四、推广应用

本案例的实践成果具有普适性,适合在职业院校、职教本科、应用型本科等院校推广,重点适合院校在实体化产教融合平台建设与运行体制机制创新、校企协同人才培养改革等方面的应用推广。借鉴应用的学校需具有一定规模的产教融合建设场地、相应的师资团队、相应的产教融合项目建设经费,还应能取得地方政府的相关政策支持。应用时,产教融合的专业方向应与区域重点产业发展方向相匹配,选择合作企业时应充分考虑其行业优势和教育情怀,并事先约定融合的权利和义务。

第二节 浙江金融职业学院:以"教师千万培养"为载体 持续推进"人才强校"战略

浙江金融职业学院是中国特色高水平高职学校和专业建设计划建设单位,首批国家示范性高职院校,浙江省重点高职院校。学校以习近平新时代中国特色社会主义思想为指导,始终牢记时任浙江省委书记习近平在学校30周年校庆贺信中提出的希望,深入学习贯彻习近平关于人才工作系列重要讲话精神,以立德树人为根本,将师德师风作为评价教师队伍素质的第一标准,将高层次人才引育作为人才强校的重要内容,将专业技术职务与岗位评聘作为引导教师队伍发展的重要杠杆。过去5年,学校通过创建省重点高职院校、全国"双高"校,为师资队伍建设提供了更高平台,也提出了更高要求。在学校党政的有力领导和全校教工的不懈努力下,学校持续推进"人才强校"战略,不断深化制度建设,系统实施"九大计划",全面落实"教师千万培养"工程,师资队伍建设工作取得了显著成绩。

一、主要举措和成效

(一)坚持党管人才原则,师资工作制度不断完善

学校党委高度重视师资工作,深入调研、分析学校师资队伍建设的问题与需求,先后出台了《博士培养与提升计划》《高层次人才引进实施办法》《柔性引进人才管理办法》《青年拔尖人才培养计划实施办法》等一系列制度。同时,学校把师德师风作为教师评价的第一标准,强化党总支的师德师风评价、鉴定作用,在评奖评优、职称职级晋升、人才项目推荐等方面实行师德师风问题一票否决制,积极引导广大教师将外在的制度约束逐步内化为自身的师德修养。

(二)坚持立德树人根本任务,师德师风建设形成品牌

学校把师德师风建设放在师资队伍建设之首来推动,在学校升格为高职院校之时,就系统凝练了校风、教风、学风"三位一体"的校园精神,大力弘扬"尚德、精业、爱生"的教风,倡导"爱国守法、敬业爱生、教书育人、严谨治学、服务社会、为人师表"的师德规范,激励教师争做"四有"好老师。出台《高水平师德师风建设计划》,强化了党建引领的师德师风建设机制,打造了以二级学院党总支为主体,以"一院一品"师德师风品牌建设为主线,以若干个"课程思政"特色项目为载体的各二级学院师德师风建设"1+X"品牌,培育了11个"一院一品"二级学院师德师风建

设品牌项目,培育了199个"课程思政"典型案例,实施职称评聘、评奖评优等师德师风问题一票否决制,奠定了学校师德师风建设的基础。

(三)打造"千人大金融智库","双师"队伍建设树立典范

实施《高水平"双师"队伍建设计划》,培养省级青年专业带头人12人,引进具备行业企业工作经验的技术能手22人,柔性引进行业企业技术能手与科研专家21人,培养胜任企业咨询和行业智库的教学名师45名,吸收胜任业务讲师、职业导师的行业骨干、杰出校友481人,211名教师参加了行业企业挂职锻炼。2020年,《打造"千人大金融智库" 深化基于"业务流程"的模块化教学改革》入选全国职业院校"双师型"教师队伍建设典型案例,为全国职业院校"双师"队伍建设提供了金院经验与方案。

(四)加大机制保障,师资队伍建设可持续发展

学校按照"培养提高、充实引进、规范分流"三结合的思路,以提高素质、优化结构为重点,从规划、投入、管理、考核、激励等各个环节,设立师资队伍建设组织领导、日常运行、考核评价的工作机制,通过科研教研立项、科研教研奖励、先进荣誉评定等多种途径在全校营造教书育人光荣、敬业爱岗崇高、创特树优伟大的良好风尚。与此同时,学校还积极争取政策支持宽度、加大奖优励先力度,丰富完善"三金"机制。职能部门发挥政策合力,统筹协调,做好服务工作,有计划、有针对、有组织地开展各级各类师资培训,强化了校本培训,支持教师参与社会实践和学习进修,发挥教学名师、高职称教师、行业专家等在新教师和青年教师培养过程中的作用。

过去5年,学校新增国家"万人计划"教学名师2人、国务院特殊津贴专家1人、国家级教师教学创新团队1个、国家级"双师型"教师培养培训基地2个、全国职业院校"双师型"教师队伍建设典型案例1项、省"万人计划"教学名师2人,教师教学发展中心成功入选浙江省高校教师教学发展示范中心;此外,另有20余人次入选省级人才项目。同时,学校公开招聘与引进96人,柔性引进国家级技能大师1人以及高校、行业高层次科研技术人才20余人,专业教师中"双师型"教师占比达到90.26%,师资队伍水平显著提升。

二、主要特色和亮点

(一)顶层设计谋划人才发展布局

学校党委高度重视人才队伍建设工作,深入调研、分析存在的问题与需求,并每三年召开一次师资工作会议,系统规划阶段性师资队伍建设重点。2020年教师

节前举行"学校第七次师资暨人才工作会议",提出学校"159高水平人才战略",明确"五个一百",即引育百名博士、百名专业(学科)带头人、百名教授、百名名师、百名"双师",打造全国高职师资队伍卓越校的建设目标;启动"三类创新团队建设行动、三类名师培养行动、三类工作室建设行动、三大青年发展平台建设行动、三类师资工作制度优化行动"五大行动;实施新一轮师资队伍建设九大计划,即高水平师德师风建设计划、高水平"双师"队伍建设计划、高水平结构化教师教学创新团队建设计划、高水平科研创新团队建设计划、高水平教学名师培养计划、高水平育人名师培养计划、高水平国际化领航人才培养计划、高水平青年英才培养计划、高水平博士引育计划。具体内容见表11-1。

表11-1 学校"159高水平人才战略"主体框架

一个目标	
内容	主要内涵
全国高职师资队伍卓越校	落实"五个一百":引育百名博士、百名专业(学科)带头人、百名教授、百名名师、百名"双师"
五大行动	
内容	主要内涵
三类创新团队建设行动	教学创新团队、科研创新团队、育人创新团队
三类名师培养行动	教学名师、国际化名师、行业名师
三类工作室建设行动	大师工作室、博士工作室、名师工作室
三大青年发展平台建设行动	青年拔尖班、青年金骨班、青年助讲班
三类师资工作制度优化行动	师德师风建设制度、教师校企轮训制度、人才考评激励制度
九大计划	
内容	主要目标
师德师风建设计划	打造"三全育人"典型学校,培育课程思政教育案例与思想政治课示范课堂,打造10个左右的二级学院"1+X"师德师风建设品牌
"双师"队伍建设计划	健全5年一轮教师校企轮训制度,引育一批专业带头人,专业教师中"双师型"教师占比超过90%,建立7~8个技术技能大师工作室,建设"双师型"教师培养培训基地和教师企业实践基地,探索现代产业导师特聘岗位计划
结构化教师教学创新团队建设计划	培育8~10个教师教学创新团队、思想政治课教学创新团队

续表

内容	主要目标
科研创新团队建设计划	培育6~8个学术领军型创新团队,培育6~8个社会服务型创新团队,培育6~8个青年学术能力提升型创新团队,打造技术技能创新服务平台,加强新产品开发和技术成果的推广转化
教学名师培养计划	培养省级、国家级"万人计划"教学名师1~2名,培养100名校级教学名师,健全教学能力比赛机制
育人名师培养计划	培养10名育人名师,建设名班主任工作室,培养德育骨干管理人员、思政课专任教师
国际化领航人才培养计划	培养15名左右高水平国际化领航人才,积极参与"一带一路"建设和国际产能合作,支持青年专业带头人和骨干教师出国研修访学
青年英才培养计划	建设教师发展中心,促进教师职业发展,每年至少投入1000万强化青年人才培养,继续夯实2035班和2025班平台,培养35名青年拔尖人才和100名青年骨干人才,建立健全教师职前培养、入职培训和在职研修体系
博士引育计划	每年至少投入1000万用于引育博士,三年拟引育博士50人,培养不少于20名优秀博士、拔尖博士或顶尖博士,打造以优秀青年博士为主体的博士工作室10个

(二)打造青年教师培养"三大平台",服务青年人才优质成长

1.优化青年人才培养机制,系统推进青年教师发展

针对学校青年教师占教师总数逾2/3的特点,根据青年教师不同成长阶段的需求,学校打造了"青年拔尖班""青年骨干班""青年助讲班"三大平台,累计组织专题培训26次,青年教师参与780余人次。近五年,第一期"青年拔尖人才"培养35人,其中共有30人获得了职称(职级)、职务的晋升;第二期"青年骨干人才"培养100人;"青年助讲工程"培养100余人。2020年,遴选了第二期"青年拔尖人才"培养对象37人,第三期"青年骨干人才"培养对象80人,结对"青年助讲工程"培养对象50人。选派了200余名青年教师赴德国、英国、澳大利亚等职业教育发达国家培训。

2.强化青年教师人才培养保障,加大青年博士引育力度

学校出台《青年英才培养计划》,加大青年人才培养力度,保证每年用于青年人才培养的经费不低于一千万;实施《博士培养与提升计划》,加大博士校本培养与引进力度。2020年,入选"博士提升计划"12人,给予5万~40万的人才津贴与科研

资助;立项博士工作室10个,资助青年博士项目10项。同时,将博士人才每月津贴由300元提升至1000元,有效推动形成了学校尊重博士人才、用好博士人才的良好氛围。

(三)打造分类发展评聘制度,推动教师成长成才

1.探索岗聘制度,支持教师优质发展

2018年,根据《浙江省人力资源和社会保障厅关于做好事业单位专业技术职务评聘结合工作的通知》(浙人社函〔2017〕129号)文件精神,落实评聘结合、逐级晋升的要求,每年进行专业技术职务岗位评聘工作的探索,修订了专业技术岗位评聘办法,为广大教师特别是广大优秀青年教师的岗位职级晋升提供了更为便捷的通道。目前省内只有该校每年进行岗聘的尝试。

2.完善职称制度,促进分类发展

细化分类引导的评聘标准,明确了不同岗位职级晋升职称的具体条件。新的评聘办法设置了专技六级、专技五级不满三年、专技五级满三年评正高(专技九级、专技八级不满三年、专技八级满三年评副高)的具体标准,丰富了指标的选择性,建立优秀人才快速晋升通道,破除"五唯"倾向,突出教育教学、技术服务、国际化拓展绩效,有效实现了岗位聘任与职称评聘的制度对接。

3.实现"岗位聘任""职称评聘"最多跑一次

为贯彻落实学校"最多跑一次"改革,2019年实现"岗位聘任"和"职称评聘"全流程在线开放服务,涵盖资格申请、材料填报、佐证上传、材料审核、师德师风鉴定意见等所有关键环节,同时教师基础信息数据自动同步,无需申报人重复录入,真正做到变"教师跑"为"数据跑",变"反复跑、多部门跑"为"最多跑一次"。

(四)打造一流教师发展中心,凝聚高层次人才力量

学校教师教学发展中心被评为浙江省教师教学发展示范中心。中心围绕专业、教学、信息三类教师核心素养,整合教学训练、学术研讨、发展咨询三大功能,投入330万元,完成了1000平方米的现代化教师教学发展中心的场地设计与基本建设。面向全体教工,开展"一月一讲"的教师教学工坊19讲,参与教工2000余人次。

三、存在的主要问题

(一)高职院校引进高端人才依然较难

限于当前社会公众对高等职业教育的有限认知和地位评价,以及在高层次人才需求上的信息不对称,一些高端的或国际化的人才资源往往倾向于本科院校,难以接收高职院校抛出的引才"橄榄枝",造成高职院校高端人才引进难度系数始终较高。

(二) 博士引进和培育还有待加强

博士引进渠道还不够多,视野还不够宽,"走出去"对接的资源利用还不足。另外博士培养制度虽已建立,但在实施过程中还存在一定难度,特别是经费资助还需落实落地。

(三) 引进金融领域"双师型"人才较难

《国家职业教育改革实施方案》中提出"从2019年起,职业院校、应用型本科高校相关专业教师原则上从具有3年以上企业工作经历并具有高职以上学历的人员中公开招聘"。但作为一所以经济类专业为优势特色的高职院校,却在引进金融领域"双师型"优质人才方面存在较大瓶颈,主要原因在于金融行业人才管理、评价体系与高校不同,职称晋升存在较大差异;同时金融行业属于高收益高风险行业,薪酬待遇存在较大差距,一定程度上为"双师型"人才引进工作增加了难度。

(四) 职称岗聘标准中的分类评价特色不够鲜明

目前的评聘类型仍以"教学为主、科研教学并重、科研为主、社会服务"四类划分,评聘标准还不具特色,特别是符合财经类人才发展标准不够明确。评聘条件一定程度上还存在"五唯"倾向,评聘标准与市场经济条件下对人才的评价理念不太吻合,一定程度上制约了高素质专业技术人才的培养,致使一些业务水平较高、实践能力较强而缺少论文和科研成果的专业技术人员达不到评聘要求,评聘标准的可替代性还不够多。另外高技能人才考察直聘制度、高层次人才学校特聘制度还需进一步探索,通过项目制、年薪制的方式,分类设置学校特聘岗位,解决其职称、待遇的校企衔接问题。

(五) 教师培养培训体系不够完善

培训相关的制度和政策还不够完善,暂时还未建成数字化培训平台。培训类型和方式较单一,缺乏针对性和专业性,主要以短期培训、网络培训为主,大多采用"课堂式"的授课教学方式,重理论轻实践。

第三节 杭州职业技术学院:基于"融"理念的文化育人创新与实践

杭州职业技术学院坚持以优秀传统文化和办学历史为本源,立足办学定位和区域特征,秉持高职教育的跨界属性,提出了以"融"为核心的文化理念,凝练了"融惟职道、善举业德"的文化诉求和核心价值,根据"校企合作、工学结合、文化育人"的办学思路,聚焦"区域、企业、大学"三大指向,通过理念引领、制度规范、行为塑造和环境熏陶,构建了"融入区域文化、融通企业文化、融合大学文化"三位一体的校园文化育人体系,打造了"是校非校,似企非企"特质的文化校园生态,着力培育"德技并修"的复合型技术技能人才。

一、实践举措

(一)融善惟举,凝练先进理念文化

1. 宗旨使命引领办学方向

《杭州职业技术学院章程》规定:"学校贯彻党和国家教育方针、坚持社会主义办学方向,以人才培养、应用研究、社会服务和文化传承创新为己任。"学校始终牢记习近平总书记为党育人、为国育才的嘱托,积极践行办人民满意高职教育、培养德智体美劳全面发展的社会主义建设者和接班人的办学宗旨,培养了大批经济社会发展急需的高素质技术技能型人才,成为浙江省优质高职学校、国家优秀骨干高职学校和国家"高水平高职学校"立项建设单位。

2. 目标愿景凝聚发展合力

2016年,学校"十三五"发展规划明确提出"到2020年,将学校建设成为国内一流、国际上有一定影响力的优质高职院校"的发展目标。2018年,学校第二次党代会明确提出"到2035年,……初步建成中国特色、世界一流的职业院校"的发展目标,描绘了学校改革发展的宏伟目标和美好愿景,极大地鼓舞了全体师生的信心和决心,凝聚起广大师生员工勇担使命,砥砺奋进,为建设国内一流、国际上有较大影响力的"高职名校"不懈奋斗的强大合力。

3. 核心价值厚植文化底蕴

学校始终坚守立德树人、教书育人的初心使命,贯彻"校企合作、工学结合、文化育人"的办学思路,凝练形成师生广泛认同、彰显学校价值追求的"融"核心理念和"融惟职道、善举业德"校训精神。融入区域文化,熏染学生的人文素养和文化底蕴;融通企业文化,培养学生的职业素养和工匠精神;融合大学文化,倡导学生的个性养成和全面发展。通过文化治校和文化育人,同化集体舆论、更新教育观念并形成了共同的情感气氛和行为倾向。

(二)标本兼治,构筑现代制度文化

1. 健全制度,固化文化理念

修订《杭州职业技术学院章程》,建立现代职业学校制度,完善学校内部治理结构,构建符合国家政策与法规,适应经济社会发展与学校发展需求,充分体现法治

精神、办学宗旨和校情民意的校内管理制度体系。全面梳理、修订和完善学校各类规章制度,做好制度"废改立"工作,完善以《杭州职业技术学院章程》为核心的制度体系,印发《规章制度汇编》,以制度建设保障人才培养、校企合作、专业建设、科研转化、人事管理、资金使用、对外交流、社会服务、后勤保障等全领域改革。

2. 优化机制,促进制度运转

加强法律法规和规章制度教育,组织师生学习学校教学、科研和管理的规章制度,在自我教育、自我管理中内化为制度意识和职业能力。健全制度执行的监督约束机制,深入推进党务公开、校务公开,建立和完善情况通报制度、情况反映制度,以及重大决策征求党代会、教代会代表意见制度。发挥专家委员会、发展委员会、教学委员会、学术委员会的作用,坚持和完善教代会、工代会、团代会、学代会制度。

3. 夯实组织,确保目标落地

成立校园文化建设领导小组,负责全校校园文化建设的组织领导工作,决定校园文化建设的重大问题,明确各部门在校园文化建设和管理上的职责,督促校园文化各项建设和管理的落实工作,协调校园文化的全面发展。学校每年设立文化建设专项经费,连续5年平均投入超100万/年,用于开展文化景观建设、文化设施改造以及各类文化项目的建设。修订《部门目标责任制考核办法》,完善以绩效为导向的指标体系,将文化建设列为考核重点,加强过程指导,提高考核实效。

(三)神形并重,打造优质环境文化

1. 完善设施,升级文化供给

持续推进国家职业院校人文素质教育基地建设。建设浙乡非遗馆,形成浓厚的非遗文化"展学研"氛围;以浙乡非遗馆为依托,建设非遗教育传承示范基地,创新非遗文化的学习传承和展示传播方式;将非遗文化融入学生课堂与社会实践,打造非遗文化传承与创新专业教学资源库,对接校内外非遗文化培训项目;创建西泠学堂、传拓学堂等教学载体。加强职业环境建设,建好专业博物馆,完善校史馆、职业素养展示中心等场馆建设。校企共建"校中厂""厂中校"文化育人基地,重点引入友嘉集团制造文化、达利国际丝绸文化等企业先进文化。完善学生活动中心、学生服务中心、学生心理健康教育中心、教工活动中心功能,改造升级体育场馆。

2. 亮化景观,增色文化生态

建设"一轴二翼三带"的美丽杭职人文景观,构建"是校非校、似企非企"的高职类型文化校园生态。以校门、银杏林、融石、善湖为中心景观轴,实施校前区广场文化设施改造。以特色文化连廊为景观二翼,围绕中心景观轴建设两侧楼宇文化及文化连廊,实现楼宇贯通互联,增设思政文化元素并配套设置师生互动休闲空间。

以三条景观带实施多点辐射,规划建设贯穿学校东西的三条景观大道,并增设文化区、园林区、雕塑群等,厚重校园文化底蕴。

3.打造精品,提升文化品位

建设独具特色的文化识别系统,提升学校楼栋名称、牌匾道旗、宣传橱窗、道路指示牌等的文化内涵。持续开展"书记面对面"等品牌项目,重点打造"校、最、节、礼"四个系列活动品牌。"校"系列重在增强校徽、校训、校歌等文化标识的感召力,"最"系列重在扩大"我最喜爱的教师""最美杭职学子"等评比活动的影响力,"节"系列重在激发技能文化节、文化艺术节、社团文化节等活动的创新力,"礼"系列重在系统提升开学典礼、毕业典礼、表彰典礼等活动的凝聚力。

(四)知行合一,塑造和谐行为文化

1.铸魂育人,孕育优良学风

把文化素养内容细分为"学生素养、职业素养和公民素养"三个层次,通过进课程、进网络、进场馆、进实践开展文化育人。科学构建必修课和选修课并行,区域文化、企业文化、大学文化共融的文化育人课程体系。联合西泠印社及10所中高职学校,开发"传统手工业(非遗)技艺传习传承与创新"国家级职业教育专业教学资源库。推进国家职业院校人文素质教育基地建设,打造了西泠学堂、传拓学堂、国家青少年体验基地、专业博物馆、浙乡非遗馆、职业素养展示中心等精良的文化基地场馆。在加大社会实践方面,学校引导学生立足文化素养锻炼,积极投身于行业企业调研、创新创业、社区援助、公益支教、支援农村建设等社会实践活动。

2.立德力行,涵养高尚师风

制定《师德师风建设实施意见》,并将师德师风考核作为目标责任制考核的评优专项。组织教职工开展师德师风专题研讨,总结提炼教师应具备的品德素养,形成《教师公约十条》。开展各级各类优秀教师评选和事迹报告会等,整理完成《师德师风案例集》,将其作为启发教工的优秀读本进行推广,树立一批师德典型。

3.德业赋能,积淀和谐校风

融合学校管理目标和全体成员的价值取向,融合课程教学、管理制度等文化特点,形成对教职工具有凝聚作用、对学生具有陶冶作用、对社会具有示范作用的优良校风。重点培育杭职人的职业奉献行为、职业创新行为、职业礼仪规范,将学校核心价值观融入师生员工"血液"里,将学校精神和办学理念融入师生员工的职业行为中,实现学校办学规范、管理机制运作、师生行为规范、校园生活运行的互相融通,积淀形成"融惟职道、善举业德"的校园文化。

二、建设成效

(一)管理机制顺畅,实现了文化育人长效化、全员化、跨界化

践行文化育人绩效考核制度、年终督察制度、项目激励制度和交流研讨制度,在工作机制上坚持党委统筹引领、党政齐心共事、部门学院协同,在实施主体上坚持学校设计为先、二级学院为主、专业教师为重,实现了文化育人的长效化。学校文化建设专家指导委员会、文化建设领导小组、专业带头人和专任教师三级联动,推动文化育人进课程、进网络、进场馆、进实践,实现了文化育人的全员化。加强校园人文和职业环境建设传承的大学文化,在校园中融入杭州市域优质文化、特色文化和传统文化,将紧密合作企业文化、管理经验和生产经营理念融入校园文化和教育教学,实现了文化育人的跨界化。

(二)育人成效明显,培育了德技并修、专业对口、企业急需的人才

为区域产业升级和经济结构调整提供人才支撑作为总体目标,坚持以人为本,引导学生在学习知识技能的同时树立正确的世界观、人生观和价值观,学生素质深受行业企业好评。学校课程思政教学改革覆盖全部 37 个专业,近三年共计 22 门课程获省级精品在线开放课程立项。近年来,连续两届获国家级教学成果一等奖,累计获得国家级技能大赛奖励 49 项,获省级技能大赛奖励 402 项。近三年毕业生初次就业率均在 98% 以上,留杭人数连续 4 年在全省高职院校中位列第一。学生毕业三年后自主创业率达 13.33%,个别专业达 38%。

(三)育人载体丰富,实现基地、场馆、活动、环境一体化育人

不断推进国家职业院校人文素质教育基地建设,打造了西泠学堂、传拓学堂、国家青少年体验基地(暨杭州青少年职业体验中心)、专业博物馆、浙乡非遗馆、职业素养展示中心、校史馆等精良的文化基地场馆,涌现出"非遗传承""清廉杭职""青少年职业体验"等一批文化品牌,激发技能文化节、文化艺术节、社团文化节的创新力,提升开学典礼、毕业典礼、表彰典礼的凝聚力,学校的文化区、园林区、师生休闲区、教学区无处不在地浸润着文化元素。

(四)社会反响热烈,深受学生、社会、同行认可

以"融"为引领,融入区域文化、融通企业文化、融合大学文化,从工作机制、内容体系、实施主体和实践路径四个维度构建的杭职特色文化育人顶层设计和实践行动被广泛认同和借鉴,近五年累计 597 批次 5566 人次来校观摩和学习。学校入选首批"国家职业院校文化素质教育基地",近五年累计有231批次8418名中小学师生先后到学校进行职业体验。近五年以来,中央电视台、人民日报、中国教育报、浙江日报等各大媒体对学校进行报道近600篇。学校成为浙江省"三全育人"综合改革重点支持高校,出版《文化梯度育人研究》《文化梯度育人实践》等文化育人系列丛书9本。

三、特色与创新

(一)文化育人资源整合的路径得到进一步优化拓展

1. 深化与地方政府合作,将非遗文化、属地文化等融入校园

在校内建成集开放性、科技性、可视性和示范性于一体,线上线下相结合,虚拟实体相融合的浙乡非遗馆,将学校打造成区域非遗文化传承中心。

2. 加强校企深度融合,凸显高职教育鲜明的职业特色

依托8个校企共同体,将优秀的企业(行业)文化植入校园,建成首个建在高职院校校内的"机床博物馆",建成10个极具职业特色的"校中厂"实训基地,学校成为区域职业文化传播中心和青少年研学基地。

3. 深入挖掘校本资源,让"融"文化日用而不觉

校内文化景观、楼宇、道路,皆以"融"命名,融石、融池、融主题雕塑、融善主题广场,已经成为校园文化的独特标志,"融"文化理念在校内时时可见、处处能显、人人会讲。

(二)高职院校文化育人的方法得到进一步完善细化

1. 融入课程,发挥好课堂教学的主阵地作用

探索实践了职业素养融入专业课程教学的教学改革。把文化素养内容细分为"学生素养、职业素养和公民素养"三个维度,通过优化载体、搭建平台、推出方法指南,提高了全体教师将文化素养教育融入专业课程的能力水平,增强了文化育人与专业课教学的融合度。

2. 虚实结合,让文化育人看得见、摸得着

校内先后建成校史馆、机床博物馆、西泠学堂、职业素养展示中心、浙乡非遗馆等文化体验基地,牵头建成国家级职业教育专业教学资源库——传统手工业(非遗)技艺传习传承与创新专业教学资源库,线上线下搭建文化"虚功"与育人"实绩"的转化平台。

3. 创新实践,增强文化育人的内驱力和塑造力

以学生内在兴趣为驱动,以开展职业教育反哺基础教育、专业志愿服务、乡村文化礼堂建设、高水平竞赛等为牵引,通过师生共同参与,共同感悟,全面提升师生对"融"文化的获得感和认同感,进而实现以文化人、以文育人。

近年来,杭州职业技术学院在文化育人实践中取得了成效,形成了特色。然而,文化育人在实践路径和育人实效方面仍然存在一些不成熟的地方。学校将坚持整体协调推进,把文化育人的重心转向第一课堂,既要推动思政课程与课程思政同向同行,又要促进第一课堂与第二、第三课堂有效贯通,避免就文化谈文化的"两张皮"倾向。学校将持续整合校内外资源,落细落小落实育人载体,将文化育人工作与生动的企业生产实际相结合,与市场需求、学生实际相结合,形成更为清晰的实践路径,进一步提升文化育人的实效性。

第四节　宁波职业技术学院:产教协同谋发展　国际合作创特色

为贯彻教育部《高等职业教育创新发展行动计划(2015—2018年)》《教育部等八部门关于加快和扩大新时代教育对外开放的意见》《国家中长期教育改革和发展规划纲要(2010—2020年)》等文件精神,践行浙江省"八八战略",以"四个全面"战略布局和五大发展理念为指导,按照《浙江省人民政府关于推动全省高等教育新一轮提升发展的若干意见》《浙江省高等教育国际化发展规划(2010—2020年)》的要求,宁波职业技术学院大力夯实内涵建设,完善治理体系,发挥自身优势,大胆创新与实践,着力构建产教协同"走出去"发展机制,在服务国家战略过程中,全面推进学校国际化工作全局性、跨越式、特色化发展,争当中国职教辐射"一带一路"国家的"重要窗口"模范生。

一、创新与特色

"十三五"期间,学校通过持续建设,探索形成了标准引领下的"三机制,三平台,三特色",即在"对接国际标准—输出中国标准"的探索与实践中,走出了"引进来—整合吸收—本土化—走出去—国际化—再本土化"的国际化办学路径,构建了跨境交流常态机制、产教协同长效机制和内涵提升倒逼机制三大机制,通过建设商务部职业技术教育援外培训基地、教育部发展中国家职业教育研究院和"一带一路"产教协同联盟三大平台,形成了"国际培训""海外办学""职教研究"三大特色,有效形成了"交互 Interactive/融合 Integrative/创新 Innovative"的国际化发展 I3 要素体系,实现了"对接国际标准—优化本土标准—输出中国标准"的有机融通。

(一)创新机制,成功创建多维度国际化发展模式

为有效推进国际化建设,学校积极探索,进行体制机制创新。内部联动机制

上，特别设立"宁波职业技术学院丝路学院"，通过机构设置创新实现校内部门联动上的机制创新。丝路学院院长由校长兼任，分管国际化工作的领导担任执行院长，副院长由二级学院和相关职能部门负责人兼任，从而实现全校资源统筹与盘活，实现虚拟学院实体运作。外部运作机制上，学校发起成立"一带一路"产教协同联盟，充分发挥高职院校、行业企业优势，形成合力，开展海外办学、人才培养、人文交流和科研合作等。内外并举实现在高度上"把脉形势"与"抢抓机遇"相结合，宽度上"实践探索"和"理论研究"相结合，向度上"走出国门"和"引进国来"相结合，深度上"跨境办学"和"产教协同"相结合，成功构建多层面、多样性立体互动交流与合作，有效保障了跨境交流常态机制、产教协同长效机制的不断深化。

(二)多元融合，有效构建国际化发展 I3 要素体系

学校积极探索多元国际化办学，招收来华留学生、聘请国(境)外优质师资，推动教师国际合作，优化教师发展路径，拓展学生双向交流，通过合作办学、本土化标准开发、跨境人才培养等工作，逐步构建了优质资源和多元文化交互(Interactive)、融合(Integrative)、创新(Innovative)的国际化发展 I3 要素体系，配合硬件建设，学校国际化水平整体提升并实现跨越式发展。

(三)引输并举，形成系列国际化工作成果

学校大力推进国际化办学，与加拿大、澳大利亚、英国、德国、日本、韩国等国家的院校机构建立合作关系，引进国际优质职教资源，内化吸收提升专业内涵；配合"一带一路"建设，构建产教协同"走出去"发展机制，着力探索海外办学模式；开展国际职教研究，拓展人文交流，"引进"与"输出"双轮驱动，"实践探索"与"理论研究"双管齐下，形成了一系列国际化建设成果，通过特色国际化办学扩大中国职业教育国际影响力。

二、举措与成效

(一)标准引领，整合优质资源，促学校国际化全面提升

1.开展中外合作办学，接轨国际人才培养标准

学校开展中澳合作计算机网络技术专业和中加合作旅游管理专业合作办学。通过引进澳大利亚与加拿大优质教育资源，优化课程设计，对接国际标准并进行本土化教学资源建设，构建适应国内外人才需求的专业人才培养体系，确保学生可持续发展；完善硬件设施，建立与国际接轨的理实一体化教学环境；同时，建设国际化的"双师双能双语"教师队伍，培养了一批适应国际需求的复合型专业技术人才。

2. 引进国际职业资格证书，接轨国际职业资格标准

学校积极借鉴德国"双元制"和英国"学徒制"的成功模式与理念，引进德国 AHK 职业资格证和中英 EAL 认证中心。在对接国际人才培养标准基础上，综合分析本土人才培养需求，开发适合本土产业人才培养的职教标准，探索实现国际标准与本土标准的有机融合，有效促进学校教学国际化改革和专业人才培养质量提升，服务长三角区域高端装备制造、精密智能制造产业转型升级。

3. 共享跨国企业资源，接轨国际行业企业标准

学校与瑞士＋GF＋集团、日本 FANUC 等世界著名跨国企业合作，探索高职教育国际化的新模式、新途径。引入国际行业标准，共建共享国际先进水准的实训设备和实训基地，合作探索技术工艺研发和管理流程改进，合作共同开发课程，共同培养培训教师和学生。校企共同探索"双元制"精密加工人才培养模式，共建区域技术服务中心和中小企业服务平台，搭建"全流程、多功能、高端业"的技术支持中心和中小企业公共服务平台，为区域人力资源培训服务。

4. 借鉴专业认证范式，接轨国际专业建设标准

学校积极以国际"专业认证"标准范式为引领，坚持以形成"国际标准·中国特色·宁职实践"的典型范式为指导原则，将专业建设作为学校内涵提升的核心，为国际化工作保驾护航。经过多年的探索实践，学校形成了《宁职院专业认证通用标准（2019版）》和《宁职院专业（群）课程体系建设技术标准》，各试点专业形成了相应的专业教学标准，进一步提升专业建设整体质量与水平，为学校海外办学和职教输出夯实专业内涵。

（二）搭建平台，拓展国际交流，促师生国际化发展提质

1. 打造"三双"师资队伍，完善创新引培机制

学校大力支持教师多元国际化发展，实施分类培养六大工程，包括教师团队培育工程、专业带头人提升工程、双师（骨干）培养工程、博士教师培养工程、青年教师培养工程、外（台）籍教师队伍建设工程。组织国际职教专家为专业教师开展教学能力培训；鼓励教师赴境外开展中长期交流活动。依托国际化项目，派遣优秀教师赴国（境）外开展专业、教学方法等培训，有效提高教师国际化教学水平。通过海外办学、援外培训等途径，定期选派专业教师赴海外授课，在实践中提升师资国际执教能力，有效构建"双师双语双能"教师队伍。

2. 打造"多元"交流平台，拓宽学生国际视野

学校重视学生跨文化交际能力的培养，助力学生成长成才。一是依托各级各类平台和交流项目，遴选优秀学生参与赴国（境）外交流活动，提高学生对多元世界

的认知。二是积极依托姐妹校,建立学分互认机制,促进学生参与校际交流与交换学习项目,在提高专业语言水平的同时,拓展学生的国际视野。三是加强学生跨文化交际技巧培养,包括涉外礼仪、团队合作、目的国概况等,有效增强学生国际交流主人翁意识,提高其国际交流的有效性与积极性。

3. 打造"技能+"留学品牌,促进中外文化认同

学校高度重视来华留学教育工作,致力于培养知华、友华、亲华的优秀来华留学生,积极打造"技能+"留学品牌,吸收留学生来校学习。一是发挥中国职业技术教育援外培训基地和学校海外办学点优势,大力吸引海外留学生,尤其是"一带一路"沿线留学生来校学习。二是创新海外学历留学生培养途径,通过与"走出去"企业深度合作,培养当地经济发展急需的技术技能人才。三是完善软硬件建设,推进全外语和双语授课课程建设,为来华留学做好软硬件支持与保障。

(三)发挥优势,打造特色品牌,促"一带一路"合作增效

1. 打造国际培训品牌,"授人以渔"创特色

学校依托全国唯一的中国职业技术教育援外培训基地,开展包括援外培训、企业委托国际培训、国际组织合作培训等多类型的国际培训。培训语种包括英语、法语、阿拉伯语和西班牙语,培训领域涵盖职业教育类、港口管理类、汽车维修类、产业技术类等。学校秉承"授人以鱼不如授人以渔"理念,通过职业教育国际培训,更好地服务受援国的人力资源开发,也为已经"走出去"和即将"走出去"的中国企业创造良好的当地人力资源环境,助力优化合作环境,促进民心相通,为职教服务"一带一路"提供强有力的实践支撑,打响了中国职教国际培训品牌,创出了中国高职教育国际培训特色。截至2020年底,学校已成功举办141期援外培训班,共培训外国官员和技术人员共3326人,学员遍及122个发展中国家。

2. 打造职教智库品牌,"职教研究"扩影响

依托教育部职业技术教育中心研究所、宁波市教育局与联合成立的发展中国家职业教育研究院,学校与浙江大学中国西部发展研究院共建"一带一路"职业教育研究基地,打造职教智库。团队已率先发布职教领域的"一带一路"职业教育研究蓝皮书系列;定期召开发展中国家职业教育研究国际研讨会,推介我国职业教育发展特色和学校办学经验,为职教服务"一带一路"提供理论研究保障。

3. 打造海外办学品牌,"跨境培养"拓模式

学校积极配合国家"一带一路"建设,在"一带一路"产教协同联盟的协同机制下,通过多种合作模式推动中国职业教育"走出去",提升中国高职教育国际影响力。学校先后成立中非(贝宁)职业技术教育学院、中斯丝路学院、中马职业技能与

文化中心等海外办学点，创新海外办学模式，服务中资企业"走出去"，输出中国理念和职教标准。后疫情时代，学校及时调整相关举措，大胆创新"互联网＋"跨境交流新模式，依托原有海外办学点以及新成立的中印尼云教学中心，开展"语言＋"云培养及线上研学项目等，为新冠肺炎疫情下学生的国际交流提供新途径，扎实推进人文交流与跨境人才培养工作。

三、外延效应与影响力

（一）输出职教"中国方案"，扩大中国职教国际影响力

学校携手中机六院、中元国际等中资企业，全面参与中国政府职业教育援助项目整体规划的制定，以技术、服务、标准及理念的输出，推动职业教育顶层设计与整体解决方案的输出，努力做到"有质量、有标准、有特色"。学校与企业协作完成"援卢旺达职业教育扩建项目""援缅甸曼德勒工业培训中心扩建项目""援老挝乌多姆赛职业技能发展中心项目"等中国政府职业教育援建项目的可行性方案、受援国职教发展和院校建设方案等，将项目援建、物资援助与院校管理、课程开发、人员培训等职业教育援助"软服务"充分结合起来，配套"软服务"方案，精心设计后期综合管理与运维可实施方案，为发展中国家职业教育整体提升发展贡献"中国方案"。

（二）勇挑南南合作"职教担当"，改善发展中国家民生

作为中国高职战线大家庭的一员，学校牢记职教使命与担当，认真开展海外办学、国际培训以及职教研究等工作，把使命与责任化作行动指南与实践自觉。学校的国际培训工作辐射122个发展中国家，惠及3326学员。学校海外办学工作获得当地政府、民众及学生的广泛认可与好评，产生了良好的社会效应，提升了中国职业教育的知名度与美誉度。2019年6月10日，贝宁科托努市市长伊斯道尔·农隆丰来校访问，表示中非（贝宁）职业技术教育学院在科托努市具有很高的知名度，学生学到了很多实用型的技能，提升了就业机会，改善了家庭经济状况。学校开展的职教研究，为院校与发展中国家开展合作、助力企业更好地"走出去"提供了强有力的支撑。

（三）凸显品牌"涟漪效应"，产生广泛的国内外影响力

学校国际化建设成效突出，连年蝉联"全国高职院校国际影响力50强"，荣获2020年世界职业院校与技术大学联盟（WFCP）产教融合卓越奖等。学校的特色国际化工作产生了广泛的国内外社会影响力。刘延东副总理在教育部推进职业教育现代化座谈会上，对学校海外办学成绩予以高度肯定；中共中央对外联络部专题发函通报学校在援助古巴港口管理技术人员培训中所做的贡献；东帝汶总理夫人专

程写来感谢信,感谢学校对东帝汶人才的精准培养;中国驻外大使馆、商务部、教育部等都对学校海外办学及国际培训工作给予高度评价。新华社、人民日报等数十家主流媒体50余次对学校国际化相关工作进行了专题报道。《人民日报海外版》以《宁波职业技术学院追求卓越,打造国际化高品质职教之路》为题,CHINA DAILY·AFRICA 以 Learning Skills for a Connected World(《中国日报·非洲版》以《为通向世界之路提升技能》)为题对学校进行了全面报道,引起国际社会广泛关注。

山东省教育厅、民盟福州市委、北京师范大学珠海分校、郑州工业大学等全国各地100余家单位和学校,赴学校考察借鉴并给予高度认同与积极评价。贝宁交通部部长、经济财政部部长、总统顾问;肯尼亚总统特使、2030年远景规划办主任;南非东开普敦省省长、柬埔寨洪森亲王及夫人奖学金协会会长、首相长子洪马内阁下等国外政要,澳大利亚、墨西哥、波兰、老挝、哈萨克斯坦、阿根廷等十余国驻华使领馆官员纷纷率团来到学校,寻求职业教育人才培养合作。

四、国际化工作的思考

高职院校国际化办学过程中,机遇与挑战并存。宁波职业技术学院始终以习近平新时代中国特色社会主义思想为引领,以立德树人为根本,着眼国际,打造"引进"和"输出"双向融通良性国际化发展生态;立足职教优势,构建充满活力的多元国际合作交流机制;依托自身特色,苦练内功,以国际化工作倒逼专业内涵提升,以专业内涵发展促国际化工作发展,与行业龙头企业构建命运共同体,为"一带一路"建设发展提供支撑;打造区域高素质技术技能人才培养高地,进一步打造职业教育国际化宁职品牌。

第五节 温州职业技术学院:坚持立地式研发 促进新技术应用

温州职业技术学院牢牢抓住温州创建国家自主创新示范区的机遇,坚持扎根温州大地办学、服务温州产业发展,坚持"立地式"研发、"产学研"协同发展,走出了一条"与区域经济互动、与企业行业共赢"的办学之路,被誉为高职教育的"温州模式"。学校主动对接高端装备制造、信息、时尚、现代服务等区域支柱产业,依托全国高等职业院校技术应用服务联盟、浙南职教集团等产教融合大平台,与地方政府、产业园区、行业企业深度合作,着力打造科技研发、创新创业、成果转化相融合,集技术开发、应用研究、决策咨询、技术服务、人才培养、创新创业于一体,资源共享、机制灵活、产出高效的全链式技术技能创新服务平台,共建有国家级平台1个、省级平台4个、市级平台20个、校级平台21个,助推地方经济创新发展,努力破解企业生产一线急需的关键技术难题和技术应用"最后一公里"的问题。

一、社会服务成效

2016年、2018年获得高等职业院校服务贡献50强;多模式电磁场可控涂层技术及装备研发成果获2019年浙江省科技进步一等奖;近五年服务到款额2亿元以上;近五年获授权专利884项,其中发明专利566项,转让310项;2018—2020年连续三年发明专利授权数全国高职院校排名第一,截至2020年,专利转让数位列全国高校第82;根据高职发展智库发布的2021中国高职院校科技创新活力榜,温职院以绝对优势位列全国高职院校第一;毕业生就业率连续15年达98%以上,留温率达到68%以上。

二、具体措施

(一)产学结合,服务产业转型发展,打造产教融合的高地

学校坚持产教融合、工学结合,建校之初就坚持"与民营经济互动、与企业行业共赢"的办学之路,在布局上精准对接国家、省市发展战略,在专业设置上精准对应温州支柱特色产业,在培训上精准服务温州新兴产业发展需求。

1. 有什么战略需求,就形成什么样的布局

学校坚持"大战略到哪里,学校布局跟到哪里"的发展理念,对接国家创新驱动发展战略,注重立地式研发,解决技术应用"最后一公里"的问题。对接省级特色小镇建设,与瓯海区政府共建温州设计学院;服务县域经济,与瑞安市政府共建瑞安学院,与永嘉县政府共建永嘉学院。

2. 有什么样的支柱产业,就设置什么样的专业

学校积极适应区域产业发展要求,现有41个专业全部根据温州支柱产业和特色行业设置,形成了以工科类专业为主、设计类专业为特色、经管类专业协调发展的专业格局,可以说学校专业的变迁史就是温州产业的发展史。学校温州生源不到50%,却有67%的毕业生留在温州就业。

3. 有什么样的新兴产业,就开展什么样的培训

学校积极对接温州市"三大产业培育提升工程",大力发展新兴产业的社会培训。每年面向企业和社会共培训2.8万余人次,被评为"全国示范学习服务中心",与温州市战略新兴产业相关的数字经济、新材料、文化创意等培训达到8000余人次/年。

(二) 产学研结合,服务企业创新发展,打造技术应用服务的高地

学校依托现有专业,坚持"需求、条件、方向"相一致,建设研发平台,根据企业需求,调整研究方向,配套相应的人、财、物,破解温州区域经济发展的难题,力争解决生产一线急需的关键技术难题和技术应用"最后一公里"的问题。

1. 共建协同创新中心,服务行业关键技术

由学校牵头,与浙江大学、华中科技大学、浙江省温州低压电器技术创新服务平台和奔腾激光等合作组建的浙南轻工装备智能技术协同创新中心,2017年获评浙江省应用技术协同创新中心,2019年经教育部认定为国家级协同创新中心。该中心联合政产学研用多主体,打造智能制造领域创新链的科技平台。该中心面向温州制造业转型升级,实施"立地式"研发服务,开发了一批高端智能装备,已获得专利547项,其中发明专利254项,并转让167项;实施技术开发372项,获得省市各项支持208项;实施技术技能专项培训和咨询服务580余项。中心"多模式电磁场可控涂层技术及装备研发"成果获得浙江省科技进步奖一等奖,成为国内迄今为止唯一以第一完成单位获省部级科技进步一等奖的高职院校。

2. 共建省级企业研究院(研发中心),服务大中型企业

学校与大型企业共建省级企业研究院(研发中心)21家,如共建浙江省康奈鞋类技术研究院、智能电器省级企业研发中心等企业研究院(中心)等。其中浙江省康奈鞋类技术研究院已为企业开发省级创新产品40余项,3项获得新产品(新技术)奖,相关技术的产业化应用均取得了国家专利,新产品新技术项目为企业增加产值超10亿元。

3. 共建产学研基地,服务中小微企业

针对温州中小企业技术提升与改造能力薄弱的问题,学校与836家企业建立了合作关系,围绕企业技术难题,问需于企业;同时,学校与中小微企业共建研发中心、产学研合作基地71家。例如学校通信技术应用研发平台与浙江腾腾电气有限公司共建的企业研发中心,已为企业开发出基于"互联网+"的智能路灯节能系统并投入使用,为企业实现新增产值5000万元,助力企业创新发展。

4. 共建产教融合研究院,服务企业智能制造领域转型升级

中国联通温州市分公司与温州职业技术学院共同成立中国联通(温职)工业互联网研究院,成为政产学研合作的示范基地。双方重点在联合承担项目研究、技术攻关、信息技术与服务、科技孵化、人力资源培训与管理等领域开展密切合作,为企业解决智能制造问题,打造智能工厂。研究院在工业企业的工厂自动化、流程自动

化、HMIs与IT系统、物流与仓储、监控与预测维护五大应用领域及运动控制、C2C控制等十大应用场景开展联合攻关与推广应用。目前,研究院已完成10余家智能工厂的建设或设计,如瑞立集团智慧工厂项目认定为工信部国家级智能制造新模式应用项目,海安工厂智能工厂项目认定为瑞安市工业企业智能制造试点示范项目,汇润机电MES项目认定为经开区制造企业上云试点示范项目。

5. 培育新型研发机构,提升创新体系整体效能

学校积极筹建多方共建的混合所有制独立法人实体研究院(有限公司),与行业龙头企业、科研骨干机构共同出资成立瑞安市温职毓蒙智能制造研究院、温州市温职汽车新技术研究院、温州温职智能技术有限责任公司、温职幻视互联网科技(温州)有限公司等新型研发机构,打造优势互补的创新共同体。

6. 搭建高端科技融通平台,支撑温州企业科技创新

学校和市经信局成立温州市企业综合服务平台,利用学校全国高等职业院校技术应用服务联盟和长三角高职院校应用技术协同创新联盟牵头单位的优势,深化"帮企云"新推出的"科技云"服务模块,组织联盟会员单位的技术成果上"科技云"、专家上"科技云"、企业技术需求上"科技云",打通科技创新供给侧与需求侧,让需求企业找得到合适的技术成果和专家,解决企业缺乏科研人员、自主研发成本高、找不到适用的科技成果等问题;让科研人员针对企业技术需求,定向研发、定向转化、定向服务,解决科研人员找不准研发重难点、研发经费不足、研发成果转化难等问题,助力区域智能制造产业发展。目前,平台注册企业超过9万家,年惠企数超80万家次,被评为省级、国家级优秀企业服务平台。

7. 突出应用和转化,实行技术成果产业化

紧密围绕企业技术需要、高新技术产品产业化、民生领域需求等方面开展研究,已在镀膜、功能鞋、轻工装备等10余项核心技术和关键设备上取得突破。目前,学校每年服务企业50000余家,为企业解决难题580余项,2020年新增省级成果转化平台1个,共有112个项目实现落地转化,成果转化及技术服务产生的经济效益近9亿元。

(三)产学研创结合,服务实体经济壮大发展,打造创新创业的高地

学校积极把握新一轮科技革命和产业变革,借助区域行业纽带和产业基础,以新技术应用为导向,孵化具有科技含量的小微企业,服务实体经济壮大发展。

1. 构建国家级众创空间,提升师生创业能力

学校设立国家级"温州产业科技众创空间",依托平台,对接学生创新创业团

队,近两年成功孵化出具成长性的新技术应用型创业企业 14 家、在孵企业 39 家,年营业额达 3600 余万元;创业团队授权专利 80 项、师生共同授权专利 22 项。众创空间 2018 年、2019 年均被评为省级优秀众创空间,获 2017 年度全国创新创业典型经验高校 50 强等众多荣誉。

2. 以新技术应用为导向,提升师生新技术应用能力

学校主动把握新科技革命和产业变革的趋势,打造以实训为基础、研发为动力、创新创业为导向的"训研创"一体的实践教学体系,设立"新技术应用产业提升项目",引进世界 500 强企业的新技术,牵头组建中国青年脚型数据库,与李校堃院士团队合作,成立中国足踝健康装备研究院。

3. 构建"三师三生"人才培养模式,提升学生创新能力

"师研生随",即以教师的科研项目带动学生参与研发;"师导生创",即教师给予学生创业团队技术指导;"师生共创",即学生出资当法人,教师出力当技术总监,专注于培养新技术应用人才。如东南电子股份有限公司分期投入研发经费 210 余万元,主动委托学校开发产品检测与包装作业流水线,帮助企业实现生产数字化管理,提高产能,降低成本,减少库存,降低资金链周转压力。

通过以上三大举措,产教融合、校企合作,促进教育链、人才链与产业链、创新链有机衔接,倡导温州教育优先发展、人才引领发展、产业创新发展、经济高质量发展,并推动各项发展相互贯通、相互协同、相互促进。

三、存在问题和有关建议

(一)进一步加强对科技创新支持政策的宣传

从战略高度充分认识加强地方高校科技创新工作的重要性,政校企协同对相关科研支持政策进行共同研究和大力宣讲,充分意识到提高地方高校创新能力和综合实力,不仅是推动地方高校持续、稳定、协调发展的重要举措,也是促进区域内高校和谐发展的重要推力。合作过程中,很多企业还不知道有创新券及如何使用创新券。如温州乐清市的委托技术开发抵扣比例只有 5%,企业普遍反映比例太低,下一步将向各县、区科技局建议加大对科技新政的宣传力度,统一创新券抵扣比例。

(二)进一步加强科技创新和转换的支持力度

多渠道增加对学校科技创新工作的投入。当前,有些科技创新和成果转化政策规则太复杂、条件太苛刻、兑现手续太烦琐,如对承担温州市域范围内企业委托研发项目补助 10% 的政策,兑现手续太烦琐,且必须顺利完成项目才能获得相应的补贴,这在很大程度上影响了教师的积极性。下一步,将各方协同,争取简化规则、简化兑现流程,降低条件。再比如,经信局的技改补助条件有点高,200万以上才有补助,一般的中小型企业最希望得到技改补助,却不能补助,只能靠一点创新券,太少。对于高校教师科研团队来说,科研劳务收入的征税太高,接下来,要争取按照专利转让收入所得,再减50%所得税。

(三)进一步夯实学校科技创新工作的基础

加大对学校科技创新工作的统筹力度,进一步结合区域经济社会发展现实需求和长远目标,研究制定高校科技发展中长期规划,加强对地方高校科技创新工作的指导和支持;加强与主管部门的沟通联系,通过主动调整、多方合作、自主选择等方式,优化科技资源配置,提高区域自主创新能力,特别要加强政府层面组织学校、企业面对面对接的活动,多举办企业技术需求、高校科研院所技术成果对接会,让企业技术需求准确及时地对接到合适的高校、科研院所专家。实施人才强校战略,积极培养和造就优秀的中青年学术带头人和科研团队,开创人尽其才、才尽其用、人才辈出的新局面,让温州人才政策真正落到实处。

第六节　义乌工商职业技术学院:构建"1333"模式,打造双创教育"义乌样板"

一座创业城孕育一所创业校,一所创业校提升一座创业城。义乌是享誉世界的国际商贸名城、国际贸易综合改革试验区。义乌工商职业技术学院充分发挥义乌市场优势,积极服务义乌经济社会发展,打造了影响力大、示范性强的高职双创教育"义乌样板",成为推动义乌创新创业的重要引擎。作为全国最早开展双创教育的高校,学校坚持以"创"立校,以"创"文化为牵引,以培养具有创新精神、创业能力、德才兼备的学生为目标,以电商创业、创意创业为发展重点,通过推进"1333"创新创业教育改革(见图11-5),形成了"市场共舞、师生同创、专创融合"双创人才培养特色,构建了与义乌产业发展深度融合的特色化的双创教育体系。"十三五"期间,学校创新创业工作取得了显著成效,应届毕业生创业率稳定在12%左右。

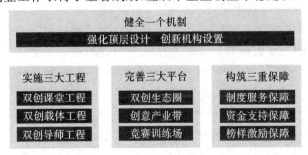

图11-5　"1333"创新创业教育改革

一、特色举措

(一)强化顶层设计,健全创新创业教育协同机制

1. 强化顶层设计

学校明确人才培养目标,将双创教育融入学校办学文化。成立由院长担任组长的创新创业管理领导小组,每学期专题研究部署创新创业教育工作,并将双创教育纳入年度工作考核。出台《创新创业教育实施方案》《创新创业教育专项发展规划》等规章制度,明确教务、学工、人事、科研、团委等部门职责,形成推动创新创业教育工作的合力。

2. 创新机构设置

成立创业学院、创意设计学院,负责全校创新创业通识课程建设和创业班、创业精英班管理,进一步完善专业支撑创业、创业提升专业的新机制。设立创业管理处,负责具体协调、管理双创教育工作。学校与复旦大学等高水平院校联合成立义乌创新研究院,共同推进双创教育理论高层次研究。此外,学校专门建立创业园、创意园,为大学生开展双创实践提供充足的场地保障。

(二)实施三大工程,推进双创教育教学改革

针对不同的专业特性和学生的不同需求,搭建创业班、创业精英班、专创工作室三大载体,不断优化完善人才培养方案,从课内到课外,从大一到大三,实现创新精神、创业能力的全过程培养。

1. 深入推进双创课堂工程

一是开设面上普及的双创必修课。出台《创新创业学分管理办法》,设置2学分的创新创业必修课。学生不仅可以通过学习创新创业通识课程获得该学分,还可以将参与过的各类创新创业实践活动相关经历折算为学分。打破传统课堂模式,将课堂植入活动、搬入市场,打造了"志愿者服务—勤工助学—创业活动"模式。每年让50%的学生参加志愿服务,80%的学生有勤工助学经历,100%的学生接受创新思维训练、创业实践教育。二是开设线上带动的双创精品课。规定各专业教学计划中必须设置不少于4学分的创新创业类相关课程,重点培育学生的创新思维和创业精神。开设"创业法律实务""大学生创业与创新教育""创意营销"等校级在线平台课程、"就业创业指导""大学生创业基础""创意思维训练"等核心课程,与企业共建创业教育在线平台,引进共建创新创业类课程。三是开设点上培育的双创定制课。重点为创业班、创业精英班量身定制课程,满足学生对创业知识的个性

化需求。开发具有专业创业融合特色的双创教材,如结合电子商务行业前沿和实践教学经验,自主开发《电子商务运营实务》《跨境电商创业》等线上线下教材;结合电商视觉设计及产品设计行业实际,开发《旅游产品设计》《电商视觉营销》等实践类教材资源库。

2. 深入开展双创载体工程

一是开设创业班。从大一学生入校就开始组建创业班,引导学生边学习边创业,重点突出学中做、做中学,让学生在全真情境下开展创业实践。由资深双创指导教师担任创业班班主任,建立"导师＋项目＋学生"的培养模式。近年来,学校年均开设8个创业班,涉及电商、国际贸易、市场营销、计算机信息管理、模特与礼仪等专业学生,实现了专业创业人才和专业技能人才培养的良性互动。创业班学生毕业时自主创业率超95%。二是开设创业精英班。遴选创业业绩优异的在校生,组建创业精英班。教学由创业教育教研室负责,内容上以工商税务、知识产权、企业家精神等为主,形式上以讲座、游学、企业考察等替代传统课堂,创业精英班学生根据创业需求自主选择课程。学生创业业绩达到规定要求的,每学期可替代4门非专业核心课。根据毕业生回访调研结果,该模式培养的学生毕业后有75%继续从事自主创业。三是开设专业创业工作室。专业创业工作室双创导师承接项目,学生利用课余时间参与真实项目的运作,构建"教室与市场同台、教师与教练同体、实训与实战同步"的"三同"双创技能训练体系。学校先后建立了30个专创工作室,覆盖文秘、印刷媒体技术、建筑工程技术等全校2/3的专业,工作室学生自主创业率超30%。

3. 深入实施双创导师工程

一是创新性实施"先锋—优秀—卓越"递进式双创导师工程,选聘具备创新创业指导和实践经历的专任教师担任专任双创导师,聘请企业家、优秀创业毕业生、外国商人等兼任双创导师,建立了一支校内专任双创导师和校外兼任双创导师队伍。二是设立创新创业导师发展中心,定期组织沙龙研讨,邀请知名专家入校讲座;每年选派双创导师参加省级以上双创培训。鼓励教师创业,出台《双创导师管理办法》,导师指导学生创业实践可折算为教学课时。每年开展优秀双创导师评选,并在职称评审文件中明确卓越创业导师可破格晋升。

(三)完善三大平台,打造全真创新创业实践育人共同体

1. 大力构建双创生态圈

与地方政府共建大学生创业园,与阿里巴巴、Wish等电商平台紧密合作,为大学生"全真式"电商创业实践提供"一站式"服务。以创业园为中心,构建辐射周边区域的创业生态圈。秉持共建共享理念,在学校周边建立大学生创业实验室、创新

创业引擎中心、全国跨境电商人才培养基地等各类创新创业孵化基地,为学生创业实践提供与社会和产业紧密对接的配套资源。

2.大力打造创意产业带

建立以"小商品创新设计"为主要研发方向的创意园,深度对接校内各类协同创新平台,构建以服务创意产业升级为主要目标的创意产业带。引进高端设计机构、产品研发科技型企业、国家级旅游商品研发中心和林产品创意中心,入驻高端设计机构、产品研发科技型小微企业、师生共创工作室等56家。创意产业带成为中国美术学院、华中科技大学、台湾辅仁大学等150余所知名高校设计学子的实践基地,每年安排接待实习实训师生2000余人,累计开发文创产品1万余款,年均服务生产企业3000余家。丰富的市场资源有效转化为学生创新创业实践资源,创意设计成果转化成效显著,创意产值累计达到4亿元。

3.大力建设竞赛训练场

学校成立创新创业竞赛领导小组,建立双创竞赛训练场,制定《创新创业竞赛管理办法》,构建校院两级项目孵化机制,力争学生100%参加校级创新创业大赛,推进项目落地升级。围绕双创主题开展学生创新创业实践活动,打造"一院一品"双创活动品牌,开办创业文化节、创意文化节,开设"凤鸣论坛""创新创业大讲堂"等活动。

(四)构筑三重保障,完善双创实践服务支持体系

1.制度服务保障到位

构建从大学生创业成果认定,到创新创业学分管理,再到创新创业孵化项目扶持等多角度全方位的制度保障体系。推行弹性学制,允许学生休学创业。成立学生就创服务中心,建立微信公众号,为学生提供创业咨询服务和政策指导。

2.资金扶持保障到位

设立创新创业教育专项工作经费,拓宽学生资金来源渠道,成立大学生创业基金。建立孵化扶持机制,双创项目可申请不少于2000元的经费支持。对接政府相关部门,明确对创业带动就业、优秀创业项目等给予补贴,设立额度在30万元以上的全额贴息创业担保贷款。联合银行机构为学生提供低息大学生创业贷款。

3.榜样激励保障到位

每年组织优秀创业毕业生评选,大力宣讲学生创业事迹;聘请优秀创业学生担任创业助教,传授"创业秘籍";邀请优秀校友来校举办讲座,分享创业经验,讲授工匠精神、企业家精神;在校园招聘会中设立创业校友招聘专区,用榜样的力量激励学生参与创新创业。

二、主要成效

(一)深化了以创业实践为导向的创新创业教育模式

创新创业教育已成为学校三大办学特色之一,也是学校核心竞争力的重要组成部分。"十三五"期间,学校对双创人才培养模式进行了升级,重点推进了创业班、创业精英班、专创工作室三大平台。经过多年的发展,学校以电商创业、创意创业为重点,形成了"市场共舞、师生同创、专创融合"的创新创业教育模式,荣获全国创新创业典型经验高校、浙江省示范性创业学院等荣誉,获评全国高校实践育人创新创业基地、浙江省大众创业万众创新示范基地、浙江省众创空间。近五年,学校应届毕业生创业率稳定在12%左右,一类创新创业大赛中获得省级一等奖以上奖项18项,其中国赛获得2金1银1铜。

(二)形成了与地方产业深度融合、相互支撑的创新创业教育体系

学校传承了义乌城市的创新创业基因,形成了独具特色的创新创业文化体系,引领提升了义乌城市创新创业形态。推进创业平台协同工程,升级青岩刘大学生创业实验室合作共建模式,与浙江中国小商品城集团股份有限公司共建多元混合所有制商城设计学院,与悦为(浙江)供应链管理股份有限公司共建混合所有制悦为电商学院。学校应届创业毕业生留在本地区创业达到70%以上,批量培养的创新创业人才成为推动义乌和全省电商产业发展的生力军。

(三)形成了有独特效应的创新创业教育管理体制机制

学校深入探索创新创业教育内在规律,在全省高校中率先增设创业管理处,负责具体协调、管理创新创业教育工作。成立了创新创业管理领导小组,明确教务、学工、人事、科研、团委等多部门职责。加强创业学院、创意设计学院建设,进一步完善专业支撑创业、创业提升专业的新机制。这些专业机构的调整和设置,形成了部门统筹协调、二级学院分工协作、研究所配合协助的管理体系,实现了创新创业教研创一体化。

(四)建立了一支实战复合型创新创业师资队伍

学校不断加强创新创业导师队伍建设,制定出台《创新创业导师管理办法》等制度,成立创新创业导师发展中心,推行创新创业导师分类培养和管理,鼓励创新创业导师专业化发展。累计初定专职创新创业导师91名,聘请企业家、风险投资人、优秀创业毕业生等兼任创业导师128人,其中贾少华是省级电商名师,陈民利

成为全国首个"乡学院"院长,还有多名青年创业导师被政府相关部门借调参与双创工作。选派54人参加浙江省创业导师培育工程培训提升,32人被评为学校"优秀创新创业导师",其中8位导师还荣获学校"十大标兵"称号,有6位导师被评为"义乌市创业导师",有4位导师入选浙江省优秀创新创业导师人才库。

(五)提升了学校创新创业教育的社会影响力和美誉度

学校创新创业办学特色被人民日报、中国教育报、新华社、纽约时报等国内外高端媒体关注,中央电视台《新闻调查》栏目播出学校的专题报道《我在高职上大学》,《中国教育报》头版头条刊发学校改革发展文章《办在小商品市场里的大学》,充分展示了学校创新创业教育的成效。在服务好义乌的同时,学校走进西部,与甘肃、青海建立电商精准扶贫对接,助力甘肃陇南获评"全国电商扶贫示范市",扶持打造全国推广的"甘肃广河实践";与阿坝师范学院合作共建汶川电商学院,受到两省省委书记的点赞。学校持续拓展海外创新创业平台建设,成立了港澳青年电商创业实践基地、中欧(西班牙)跨境电子商务培训学院、中西跨境电子商务培训基地等海内外交流平台,截至目前已累计开展创新创业培训4万余人次,覆盖"一带一路"沿线60多个国家和地区。

三、存在的问题

虽然学校创新创业教育工作取得了一定成效,但也存在一些问题,如创新创业教育与专业教育的融合有待提升,开办创新创业教育的格局有待拓展,从特色到品牌还有一定的距离。"十四五"期间,学校将立足提质培优,坚持以学生创新素质养成为中心,高起点重构创新创业人才培养体系,高标准建设创新创业人才和项目双孵化平台,高质量凝练创新创业教育国际化特色,高水平提升创新创业教育的社会溢出效应。实现从"特色化"到"品牌化"的转变,实现从"小舞台"到"大熔炉"的转变,实现从"立足义乌"到"面向全球"的转变,打造"引领型、研究型、国际化"的双创教育"义乌样板"。

结语与展望

"十三五"期间,浙江省高职教育发展取得的成就如同"轻舟已过万重山",而今面临建设高质量教育体系的远景规划更要迈步从头越。作为高职教育发展的"桥头堡",浙江省更应牢牢把握高质量发展新趋势、新要求,奋力打造与"重要窗口"、社会主义现代化先行省、高质量发展建设共同富裕示范区相适应的全国职教高地,为打造中国特色、世界一流职业教育贡献更多浙江范例和浙江经验。

一、提升内涵建设

我国高职教育已进入提质培优、增值赋能新阶段,要想实现高质量发展,已经不能仅凭征地基建、仪器设备水平等外在办学条件的改善,而要抓实抓好能体现学校实力和专业质量的内涵建设,这是适应高职教育从规模发展向质量发展、外延发展向内涵发展、模仿发展向特色发展、传统发展向创新发展、非均衡发展向均衡发展的根本举措。特别是发展本科层次职业教育,更需要在基本办学条件达标的基础上深化内涵建设。第一,加强专业群建设,服务区域产业转型升级。专业群建设是高等职业教育与社会对人才需求的桥梁和纽带,是主动适应经济发展和产业升级的关键环节[①]。浙江省高职院校要主动适应新一轮科技革命和产业变革趋势,主动对接区域发展需求,围绕产业发展重点领域布局专业群,重点研究职教本科专业内涵,努力建成一批招生受青睐、就业受欢迎、内容有特色、学生能上岗、岗位好发展的特色或者品牌专业及专业群,实现教育链、人才链与产业链、创新链的有效对接。第二,深化产教融合,构建"校企命运共同体"。高职院校要与行业领军企业构建寓人才培养、技术创新、社会服务、就业创业、文化传承等于一体的校企协同育人机制,深化复合型技术技能人才培养培训模式改革,打造技术技能人才培养高地和技术技能创新平台,强化技术技能人才和社会服务的有效供给。第三,加强师资队伍建设,提升教师专业化水平。无论是从专业建设还是学校发展的角度,师资队伍建设既是高职院校的薄弱环节,同时也是建设的重中之重。一是规范双师认定工作,进一步明确双师教师必须具备的基本条件,并出台详细的认定工作细则,以解决当前标准不科学、过程不规范、审核不严谨的问题;二是完善教师分类分项培训

---

① 任占营.新时代高职院校强化内涵建设的关键问题探析[J].中国职业技术教育,2018(19):53-57.

培养制度,一方面努力打造一批高水平专业带头人和教学名师,另一方面建立完善青年教师培养机制,充分发挥教师专业发展的示范、引领作用,培育一大批中青年骨干教师;三是健全企业兼职教师聘用培养机制,在加大高技能和多类别兼职教师引进力度的同时,完善兼职教师聘任机制,规范兼职教师日常管理和教学管理;四是组建服务面向多元的专业教学团队,真正做到专兼结合、双师组合、机制融合,切实发挥好其教书育人、人才培养、社会培训和技术服务的多重功能。

二、完善院校治理

院校治理是高职院校高质量发展的重要方面。完善院校治理很大程度上依赖于信息技术的赋能。恰巧浙江省是数字经济大省,数字化转型"先人一步",也正逐渐向高职教育的方方面面渗透,尤其是疫情防控背景下对高职院校治理水平和数字化改革提出了新的要求,加快了高职院校从传统管理向现代治理转变的改革步伐。一是完善学校章程,优化内控机制。高职院校一方面应完善政策制度体系,建立健全依法自主管理、民主监督、社会参与的法治结构,明确学院党委会、校长办公会、校学术委员会、学校工会等校级机构的职权范围,另一方面应正确处理好制度制定与执行的关系,强化制度执行意识,维护制度权威,推进"最多跑一次"改革,切实把制度优势转化为治理效能。二是优化二级管理,下放办学自主权。高职院校要推动以人事分配和财务管理制度改革为核心的二级管理改革,充分赋予二级学院办学自主权,探索建设股份制、混合所有制二级学院,最大限度激发二级学院创新发展的内生动力与活力。三是推进智慧校园建设,强化高职教育数字化支撑。当下,为解决学生个性化与大规模培养、过程评价与结果评价、传统管理与精细管理、资源供给与需要满足的矛盾,高职院校必须推动现代信息技术深度融入教育教学和管理服务全过程,构建包含教学管理、学生管理、质量评价、后勤保障等各管理环节在内的智能化管理体系,有效解决信息孤岛、数据传递不顺畅等问题,以提升决策和管理的精准化、科学化水平。

"三教"改革是高职院校数字化转型的关键切入点,因而,高职院校在教法上要创新教学方式,充分运用人工智能、大数据、虚拟仿真等信息技术手段构建智慧课堂和新型教学空间,广泛应用线上线下混合教学;教材上要扩大优质教育资源覆盖面,鼓励校企合作开发新型活页式、工作手册式的融媒体教材及配套的数字化资源,形成泛在化、智能化学习资源体系;教师上要开展全员信息化培训,提升教师信息化教学能力和素养,以适应新技术和数字化时代的教学新趋势,促进精准教学和精细管理。此外,面对多元生源结构,高职院校还需积极探索和创新弹性学制、完全学分制等教学管理制度,满足学生个性化和多样化的学习需要。

三、强化社会服务

《中国教育现代化2035》明确将"职业教育服务能力显著提升"列为八大主要发展目标之一,《浙江省高职教育创新发展行动计划(2016—2018年)》也把"服务经济转型升级,服务经济社会发展需要,加强人才培养和应用技术的传承应用研发能力"作为高职教育发展的首要任务。因而,高职院校承担社会教育培训、强化技术研发与服务责无旁贷。但高职院校服务能力总体欠缺是不争事实,尤其是技术服务,既面临以往成果转化不高的老问题,也面临协同创新能力不够、技术研发实力不足、技术技能积累创新不强、产学研合作不深等新问题,迫切需要高职院校进一步适应经济社会发展新趋势,精准对接经济社会发展的关键问题、关键需求、关键环节,不断增强技术研发能力和社会服务能力,促进高职教育与产业发展有机衔接、深度融合。一是深化人才培养、师资队伍建设、社会服务一体化发展共识。高职院校要运用系统化思维,考虑人才培养、师资队伍建设和社会服务一体化,扭转以往专业建设中人才培养、师资队伍建设和社会服务单一的条块发展思维,把专业建设向社会服务端和技术研发端延伸,实现技术研发、人才培养、社会服务的良性互动。二是建立校政行企协同创新机制。高职院校要强化与地方政府、区域产业对接,同现代化经济体系和技能型社会建设深度融合,协同创建院士工作站、重点实验室、应用技术协同创新中心等高端技术创新服务平台,全面融入行业企业技术创新体系,促进知识、技术、信息等双向流动,政策、资源、成果等共享,特别是服务中小微企业的技术研发和产品升级。同时,多种形式完善技术转移机制,大力促进技术成果转化,提升技术创新服务能力,力争成为区域行业人才供给、技术创新和科技服务的重要高地。三是拓展社会培训主体功能。在保障升学和就业的基础上不断拓展培训功能,主动承担建立开放式教育培训体系的职责,如完善面向行业的继续教育培训制度,面向企业的技能资格鉴定和技能升级培训及面向社区的技能补偿教育培训等,以回应老龄化趋势和学习型社会的建设诉求。

四、深化国际合作

浙江省高职教育凭借较好的区位优势和资源优势,关注世界职教发展趋势,配合国家"一带一路"倡议,坚持"引进来"和"走出去"并重的原则,在国际交流与合作的规模、层次、内容、水平方面均取得了较为丰硕的成果,形成了具有鲜明浙江特色的高职教育国际化发展模式。但整体观之,浙江省高职院校依然面临国际化水平不高、国际影响力不足、国际化均衡度不够等问题,需进一步扩大对外开放领域、丰富合作办学形式、建立灵活体制机制,为服务国家"一带一路"发展建设积极贡献浙江智慧。一是继续扩大范围,深化与"一带一路"沿线国家合作范围。坚持"国家战略布局到哪里、中国企业走到哪里,高等职业教育就服务到哪里"的理念,合理统筹国家战略、企业和"一带一路"沿线国家的发展需求,积极拓展国际交流与合作渠道,增强互利共赢的整体意识,进一步深化与"一带一路"沿线国家的职业教育合作,努力扩大国际交流与合作的覆盖范围。二是坚持引进和输出并重,提升国际交流与合作的影响力。当前,高等职业教育国际合作办学正逐步由以引进资源为主的依附式模式向引进和输出并重的均衡式模式过渡,因而,浙江省高职院校要想打造具有一定国际影响力的国内一流高职院校,必须秉承立足国际视野、实施国际战略、提升国际地位的发展理念,一方面将引进国外优质教育资源与本土转化创新相结合,探索国际交流与合作的新形式、新内容和新模式,大力培养具有国际视野、通晓国际规则的技术技能人才,另一方面主动输出优质教育资源,以优势专业为试点,主动接轨国际标准,参与国际规则制定、国际教育教学评估和认证,积极开展国际科研合作,全方位彰显专业建设的国际化水准。同时,依托专业优势,广泛开展援外培训服务,为海外中资企业输送大批高素质劳动者和技术技能型人才,加快中国企业"走出去"步伐。三是培育国际合作品牌平台和项目,打造高职特色国际化道路。与其他本科高校相比,高职院校国际化各项指标均处于弱势,但并不影响高职院校在服务国家"一带一路"发展中的独特优势,我们应充分挖掘高职院校在国际交流与合作方面的资源优势、技术优势和竞争优势,通过广泛稳定的师生交流、合作办学、科研合作、联合培养等多层次、多形式的交流合作关系打造特色化、高端化、品牌化的国际合作平台,如高职院校特色留学品牌,大力吸引"一带一路"沿线国家的留学生来华交流学习。

参 考 文 献

政策文件：

[1] 教育部.高等职业教育创新发展行动计划(2015—2018 年)[Z].教职成〔2015〕9 号,2015-10.

[2] 教育部办公厅,国务院扶贫办综合司.关于贯彻落实《职业教育东西协作行动计划(2016—2020 年)实施方案》的通知[Z].教职成厅〔2017〕3 号,2017-06.

[3] 国务院办公厅.关于深化产教融合的若干意见[Z].国办发〔2017〕95 号,2017-12.

[4] 教育部等六部门.关于印发《职业学校校企合作促进办法》的通知[Z].教职成〔2018〕1 号,2018-12.

[5] 国务院.国家职业教育改革实施方案[Z].国发〔2019〕4 号,2019-01.

[6] 教育部,财政部.关于实施中国特色高水平高职学校和专业建设计划的意见[Z].教职成〔2019〕5 号,2019-03.

[7] 教育部等六部门.关于印发高职扩招专项工作实施方案的通知[Z].教职成〔2019〕12 号,2019-05.

[8] 教育部.关于印发全国职业院校教师教学创新团队建设方案的通知[Z].教师函〔2019〕4 号,2019-05.

[9] 国务院办公厅.关于印发《职业技能提升行动方案(2019—2021 年)》的通知[Z].国办发〔2019〕24 号,2019-05.

[10] 教育部.关于职业院校专业人才培养方案制订与实施工作的指导意见[Z].教职成〔2019〕13 号,2019-06.

[11] 人力资源和社会保障部.关于改革完善技能人才评价制度的意见[Z].人社部发〔2019〕90 号,2019-08.

[12] 教育部等四部门.关于印发《深化新时代职业教育"双师型"教师队伍建设改革实施方案》的通知[Z].教师〔2019〕6 号,2019-08.

[13] 教育部办公厅等七部门.关于教育支持社会服务产业发展,提高紧缺人才培养培训质量的意见[Z].教职成厅〔2019〕3 号,2019-09.

[14] 教育部.关于加强新时代教育科学研究工作的意见[Z].教政法〔2019〕16 号,2019-10.

[15] 教育部办公厅.关于办好深度贫困地区职业教育助力脱贫攻坚的指导意见

[Z].教职成厅〔2019〕4号,2019-10.

[16] 教育部等九部门.关于印发《职业教育提质培优行动计划(2020—2023年)》的通知[Z].教职成〔2020〕7号,2020-09.

[17] 中共中央国务院.深化新时代教育评价改革总体方案[Z].中发〔2020〕19号,2020-10.

[18] 教育部等六部门.关于加强新时代高校教师队伍建设改革的指导意见[Z].教师〔2020〕10号,2020-12.

[19] 浙江省人民政府.关于加快发展现代职业教育的实施意见[Z].浙政发〔2015〕16号,2015-06.

[20] 浙江省教育厅.关于开展四年制高等职业教育人才培养试点工作的通知[Z].浙教高教〔2015〕40号,2015-11.

[21] 浙江省教育厅.关于开展高校"十三五"优势特色专业建设的通知[Z].浙教高教〔2016〕106号,2016-08.

[22] 浙江省教育厅,财政厅.关于在高职院校实施优质暨重点校建设计划的通知[Z].浙教高教〔2016〕144号,2016-09.

[23] 浙江省教育厅.浙江省高等职业教育创新发展行动计划(2016—2018年)实施方案[Z].浙教办高教〔2016〕87号,2016-09.

[24] 浙江省教育厅.关于实施浙江省职业院校教师素质提高计划(2017—2020年)的通知[Z].浙教师〔2017〕49号,2017-06.

[25] 浙江省人力资源社会保障厅.关于完善高校专业技术岗位结构比例调控的通知[Z].浙人社发〔2017〕105号,2017-09.

[26] 浙江省人民政府办公厅.关于深化产教融合的实施意见[Z].浙政办发〔2018〕106号,2018-11.

[27] 中共浙江省委,浙江省人民政府.关于全面实施高等教育强省战略的意见[Z].浙委发〔2018〕36号,2018-08.

[28] 中共浙江省委,浙江省人民政府.关于全面深化新时代教师队伍建设改革的实施意见[Z].浙委发〔2018〕37号,2018-08.

[29] 浙江省教育厅,财政厅.关于组织开展高水平职业院校和专业群建设工作的通知[Z].浙教职成〔2020〕45号,2020-10.

[30] 浙江省人民政府.浙江省深化产教融合推进职业教育高质量发展实施方案[Z].浙政发〔2020〕27号,2020-11.

[31] 教育部,浙江省人民政府.关于推进职业教育与民营经济融合发展助力"活力温台"建设的意见[Z].浙政函〔2020〕136号,2021-01.

报告：

[1] 上海市教育科学研究院,麦可思研究院.中国高等职业教育人才培养质量年度报告(2016—2019)[R].北京:高等教育出版社.

[2] 浙江省教育厅办公室.浙江省高等职业教育质量年度报告(2015—2020)[R].杭州:浙江省教育厅.

[3] 浙江省教育厅办公室.浙江省高等教育国际化发展年度报告(2015—2019)[R].杭州:浙江省教育厅.

著作：

[1] 任君庆.服务型区域教育体系的校企合作研究[M].北京:高等教育出版社,2016.

[2] 王振洪.高职院校管理文化及其创新策略研究[M].杭州:浙江大学出版社,2017.

[3] 刘晓,刘晓宁.从边缘到中心——职业教育办学中的利益主体行为机制研究[M].南京:南京大学出版社,2017.

[4] 胡斌武,吴杰.职教园区建设模式与实证研究[M].杭州:浙江大学出版社,2017.

[5] 周建松.高等职业教育创新发展行动计划精解[M].杭州:浙江工商大学出版社,2017.

[6] 周建松.高等职业教育内涵发展综论[M].杭州:浙江工商大学出版社,2018.

[7] 邵建东.高职创新发展之路——金华职院的探索历程[M].武汉:华中科技大学出版社,2018.

[8] 任君庆.宁波高等职业教育国际化研究[M].杭州:浙江大学出版社,2018.

[9] 王琪,任君庆.高职院校教师专业发展研究:基于宁波市六所高职院校的实证研究[M].杭州:浙江大学出版社,2019.

[10] 刘晓.职业教育中的校企合作:行为机制、治理模式与制度创新[M].杭州:浙江大学出版社,2019.

[11] 何应林.高职学生职业技能与职业精神融合培养研究[M].杭州:浙江大学出版社,2019.

[12] 周建松.高等职业教育高质量发展研究[M].杭州:浙江大学出版社,2020.

学位论文：

[1] 许朝山.地方产业转型升级背景下高职院校专业设置及优化机制研究[D].合肥:中国科学技术大学,2020.

[2] 桑雷.高职学生职业核心素养及其培养研究[D].南京:南京师范大学,2020.

[3] 俞亚萍.高职院校教学名师能力素质模型构建及应用研究[D].南京:南京师范大学,2020.

[4] 嵇新浩.适应性专长视野下高职学生职业行动能力发展研究[D].上海:华东师范大学,2019.

[5] 李艳.技术知识生产的路径[D].上海:华东师范大学,2018.

[6] 郭文富.现代治理视角的高等职业教育质量保障研究[D].上海:上海师范大学,2018.

[7] 王亚南.高职院校专业带头人能力模型构建及发展研究[D].上海:华东师范大学,2018.

[8] 何谐.我国高等职业教育学位制度的构建研究[D].重庆:西南大学,2017.

[9] 聂强.跨界与融合:基于职业素养教育的高职课程建构研究[D].重庆:西南大学,2017.

[10] 郭达.产业演进趋势下高等职业教育与产业协调发展研究[D].天津:天津大学,2017.

[11] 朱建柳.高职院校专业教师职业能力模型建构及其应用[D].上海:华东师范大学,2016.

[12] 武正营.我国高职院校企业工作背景新教师社会化研究[D].南京:南京大学,2016.

[13] 左彦鹏.高职院校"双师型"教师专业素质研究[D].大连:辽宁师范大学,2016.

[14] 宋明江.高职院校"双师型"教师教学能力发展研究[D].重庆:西南大学,2015.

期刊论文:

[1] 王振洪."虹吸效应"下中小城市高职院校的办学困境及破解策略[J].中国高教研究,2021(02):91-97.

[2] 成军,王亚南,张雁平.高职院校专业群治理:内涵、现实困境及优化路径[J].高等工程教育研究,2021(02):141-147.

[3] 刘晓,钱鉴楠.高职院校专业群人才培养的理论框架与行动策略——基于技能习得视角[J].高等工程教育研究,2021(01):142-148.

[4] 邵建东,牛晓雨.高职院校专业教师团队建设的特征差异及关系研究——以装备制造大类专业为例[J].中国高教研究,2021(04):103-108.

[5] 马君,张玉凤.专业群视域下高职院校教学创新团队构建及治理[J].高等工程教育研究,2021(01):136-141+200.

[6] 董伟,陶金虎,郄海霞.高职院校专业群组织模式识别及其特征——建设方案内容挖掘视角[J].高等工程教育研究,2021(02):148-154.

[7] 陈新民,高飞,张朋,等.资源整合视角下高职院校产教融合绩效评价研究[J].

高等工程教育研究,2021(02):155-162.

[8] 吴宝明.产教融合视野下高职院校"三教"改革[J].教育与职业,2021(06):51-54.

[9] 杨璐,史明艳,田静.高职院校产教融合实训基地建设的困境与对策[J].中国高校科技,2021(Z1):103-106.

[10] 宣翠仙,邱晓华,王成福.面向创新人才培养的高职院校专业教学团队建设研究[J].黑龙江高教研究,2021,39(04):108-112.

[11] 邵建东.高职院校教师绩效管理存在的问题及改进策略[J].职业技术教育,2021,42(06):33-38.

[12] 王玉龙,郭福春.高职院校深化产教融合的现实样态与路径选择[J].职教论坛,2021,37(02):40-45.

[13] 王亚南,成军.我国职业教育专业群研究的轨迹、热点及未来趋势[J].教育与职业,2021(03):5-12.

[14] 周建松.精准把握中国特色高水平高职学校和专业建设的要义[J].中国高等教育,2020(12):62-64.

[15] 周建松,陈正江.高职百万扩招的战略意义与实现路径——基于全纳教育视角的分析[J].江苏高教,2020(02):113-119.

[16] 王亚南,成军.高职院校高水平专业群建构:内涵意蕴、逻辑及技术路径[J].大学教育科学,2020(06):118-124.

[17] 梁克东."双高计划"背景下高职院校治理现代化的理性思考及实践路径[J].中国职业技术教育,2020(01):26-30+61.

[18] 成军."双高计划"引领下高职院校教育科研的价值与发展路向[J].中国职业技术教育,2020(18):26-30.

[19] 丁金昌,陈宇.高职院校"双高计划"建设问题与路径选择[J].中国职业技术教育,2020(19):60-65.

[20] 丁金昌,陈宇.高职院校"以群建院"的思考与运行机制[J].高等工程教育研究,2020(03):122-125.

[21] 丁才成.新时代高职院校专业质量评价策略的研究与实践[J].中国职业技术教育,2020(35):70-74.

[22] 崔志钰,陈鹏,倪娟.高职院校专业群建设:意义辨析·问题剖析·策略探析[J].高等工程教育研究,2020(06):136-140+181.

[23] 王宏兵,华冬芳.高职院校师资队伍提质培优:新要求、新挑战与新路径[J].职教论坛,2020,36(11):88-93.

[24] 王惠莲.高职院校特色高水平专业群建设的逻辑解构、关键维度及实施向度

[J].中国职业技术教育,2020(32):54-61.

[25] 徐金华.新形势下高职院校师资队伍培养的基本方向与多维路径[J].教育与职业,2020(18):67-70.

[26] 赵蒙成.高职院校专业群建设的偏误及其纠正:微观组织变革的视角[J].教育发展研究,2020,40(09):63-70.

[27] 宋志敏."双高"建设中高职院校专业群建设及其指标体系构建[J].职业技术教育,2020,41(13):12-16.

[28] 万卫,段巧灵.高职院校高水平专业群:内涵、要素与优化策略[J].职业技术教育,2020,41(13):6-11.

[29] 李梦卿,邢晓."双高计划"背景下高职院校专业建设的路径[J].高等教育研究,2020,41(05):72-79.

[30] 刘晶晶,和震."双高计划"高职院校深化产教融合的维度及内涵研究[J].教育发展研究,2020,40(17):52-58.

[31] 陈正江.类型特色视域下高职院校产教融合体系构建研究[J].黑龙江高教研究,2020,38(09):127-131.

[32] 费杉杉.高职院校产教融合机制设计探析[J].教育与职业,2020(17):58-61.

[33] 徐溧波,秦珂,孟晓蕾,等.产教融合视野下高职院校教师互兼互聘机制构建[J].职业技术教育,2020,41(24):35-39.

[34] 邓华.产教融合背景下高职院校教师的转型发展[J].教育与职业,2020(15):81-86.

[35] 李梦卿,李鑫."双高计划"高职院校深化产教融合的实践壁垒与破解路径[J].职教论坛,2020,36(06):44-50.

[36] 楼世洲,岑建.产教融合视角下高职院校"双师型"教师团队建设的创新机制[J].职业技术教育,2020,41(03):7-11.

[37] 方益权,黄云碧,郭丽莹.基于命运共同体的我国高职院校产教融合新探索[J].职教论坛,2020(01):128-132.

[38] 梁克东,王亚南.基于"三教改革"的职业教育人才培养与评价改革创新路径[J].中国职业技术教育,2019(28):28-34+41.

[39] 杨剑静.职业院校参与"一带一路"建设的挑战与推进策略[J].中国高教研究,2019(01):34-37.

[40] 常晓宇.基于产教融合的高职院校创新创业教育教学改革[J].教育与职业,2019(21):76-80.

[41] 王亚南,邵建东.高职院校专业带头人专业化的制度制约及优化路径[J].高等工程教育研究,2019(02):147-153.

[42] 王亚南,贺艳芳.高职教育学位体系构建争议的学理澄明及路径抉择——双轨制抑或三轨制?[J].学位与研究生教育,2019(09):34-42.

[43] 刘博,李梦卿.产教融合背景下高职院校兼职教师队伍建设的效能、困惑与消解策略[J].教育与职业,2019(17):66-73.

[44] 李梦卿,刘晶晶.高职院校深化产教融合的教育生态学意旨、机理与保障[J].高等教育研究,2019,40(03):71-75.

[45] 朱爱青.高职院校人才培养体系构建与长效机制研究——基于产教融合视角[J].职教论坛,2019(03):151-157.

[46] 李梦卿,刘博.高职院校深化产教融合的价值诉求、现实困境与路径选择[J].现代教育管理,2019(03):80-85.

[47] 顾志祥.产教融合背景下高职院校"双师型"教师队伍建设路径研究[J].职教论坛,2019(02):99-102.

[48] 周建松,陈正江.高职院校产教科教双融合机制的构建与实践——基于学校发展系统的视角[J].中国高校科技,2019(Z1):89-93.

[49] 蔡瑞林,徐伟.新公共管理理论视野下高职院校产教融合平台的构建[J].高等职业教育探索,2019,18(01):11-15.

[50] 许淑燕,何树贵,吴建设.解码高职院校专业建设的产教融合[J].职业技术教育,2019,40(01):41-45.

[51] 于舒.高质量发展背景下高职院校专业建设内涵的再审视[J].职业技术教育,2019,40(35):16-20.

[52] 张栋科,李园园,冯瑞.职业生涯导向下高职院校专业群建设路径研究[J].高等工程教育研究,2019(05):147-154.

[53] 梁克东,成军.中国特色高水平高职院校建设的逻辑、特征与行动方略[J].教育与职业,2019(13):9-16.

[54] 周建松,陈正江.改革开放以来我国高等职业教育发展政策的演进[J].教育学术月刊,2019(12):3-8.

[55] 陈正江,周建松.基于共同体理念的高职院校治理机制构建与实践[J].高等工程教育研究,2019(05):155-158.

[56] 周建松,陈正江.高职院校"三教"改革:背景、内涵与路径[J].中国大学教学,2019(09):86-91.

[57] 周建松,陈正江.如何构建产业支撑高职教育发展新机制[J].中国高校科技,2019(08):61-65.

[58] 周建松,陈正江.新时代中国特色高等职业教育的内涵与发展路径[J].中国高教研究,2019(04):98-102+108.

[59] 何应林,眭依凡.高职学生职业技能与职业精神融合培养体系研究[J].中国高教研究,2019(07):104-108.

[60] 丁金昌.高职教育供给侧改革及其实施路径[J].高等工程教育研究,2019(01):129-132+200.

[61] 任君庆.新时代职业院校技术技能人才培养的成效、问题与对策[J].中国高教研究,2019(12):99-103.

[62] 任君庆,胡晓霞.打造高水平双师队伍高质量实施"双高"建设[J].职教论坛,2019(04):30-32.

[63] 周建松.基于高水平目标的高职院校教师队伍建设方略[J].高教探索,2018(12):92-96.

[64] 邵建东.高职教师领导力:内涵、价值及发展路径[J].江苏高教,2018(10):72-76.

[65] 周建松,陈正江.高等职业教育内涵式发展:基本要素、主要特征与实现路径[J].黑龙江高教研究,2018,36(04):122-126.

[66] 何静,代晓容.高职院校师资队伍分类分层管理与建设机制研究[J].职教论坛,2018(10):72-77.

[67] 戴晓云.基于职业发展能力的高职院校师资队伍建设与激励机制[J].教育与职业,2018(19):78-82.

[68] 安冬平,冼雪琳,闫飞龙.新时代高职院校师资队伍建设的系统思考:时代透视与战略抉择[J].职业技术教育,2018,39(13):44-50.

[69] 王向红.立地式研发:高职院校产教深度融合的新途径[J].中国高教研究,2018(12):98-101.

[70] 杨应慧,杨怡涵.产教融合背景下高职院校产业学院发展研究[J].职教论坛,2018(12):114-118.

[71] 宿哲骞,宋柏林,盖笑松.产教融合中高职院校的角色定位研究[J].中国高校科技,2018(12):68-71.

[72] 邵建东.我国应用技术大学建设:挑战与推进策略[J].教育研究,2018,39(02):75-79.

[73] 刘海明,谢志远,刘燕楠.高职教育人才转型的战略思考:推进产教融合,服务产业发展——兼谈高职院校"新技术应用"人才培养方略[J].高等工程教育研究,2018(02):182-188.

[74] 谢志远,刘燕楠.深化产教融合推动职业教育技术革命——高职院校新技术应用人才发展战略思考[J].中国高教研究,2018(03):103-108.

[75] 陈烨,贾文胜,郑永进.高职院校创新创业教育:理性反思与模式构建[J].高

等工程教育研究,2018(02):170-175.

[76] 王志明,戴素江,戴欣平,等.职业院校工程创新人才培养策略研究[J].高等工程教育研究,2017(05):197-201.

[77] 陈运生.产教融合背景下高职院校专业群与产业群协同发展研究[J].中国职业技术教育,2017(26):27-32.

[78] 贺红.高职院校推行现代学徒制的师资队伍建设实践策略研究[J].中国职业技术教育,2017(13):71-74.

[79] 张锋.校企合作视角下高职院校师资队伍建设路径探析[J].教育理论与实践,2017,37(09):14-15.

[80] 慕玮,杨春平.论高职院校师资队伍整合的出发点及路径[J].黑龙江高教研究,2017(03):138-140.

[81] 成军.高水平专业建设:优质高职院校建设的核心[J].教育发展研究,2017,37(23):3.

[82] 周建松,孔德兰,陈正江.高职院校高水平专业建设政策演进、特征分析与路径选择[J].中国职业技术教育,2017(25):62-68.

[83] 贾文胜,潘建峰,梁宁森.高职院校现代学徒制构建的制度瓶颈及实践探索[J].华东师范大学学报:教育科学版,2017,35(01):47-53+119.

[84] 任君庆,张菊霞.高职院校教师职业压力:模型检验与实证分析[J].中国高教研究,2017(09):89-93+104.

[85] 任君庆.职业教育协同服务"一带一路"的策略:内育与外培[J].教育发展研究,2017,37(17):69-74.

[86] 周建松,吴国平,陈正江.创新发展高等职业教育:政策变迁与行动方略[J].高等工程教育研究,2016(06):158-163.

[87] 周建松.基于示范再引领的高职教育创新发展研究[J].教育发展研究,2016,36(19):37-41.

[88] 李卫华.基于"协同创新"视角的高职院校师资队伍建设[J].教育与职业,2016(19):58-60.

[89] 杨富.全面薪酬视域下的高职院校师资队伍建设[J].职业技术教育,2016,37(23):54-58.

[90] 杨彦.高职院校师资队伍多元化建设与协同创新路径研究[J].高等工程教育研究,2016(02):163-166.

[91] 成军.职业教育专业教学资源库的功能定位及其实现路径[J].中国高教研究,2016(10):107-110.

[92] 邵建东,徐珍珍.现代职教体系下高职师资队伍建设的诉求、问题与路径[J].

中国高教研究,2016(03):100-103.

[93] 刘根华,胡彦.行业组织参与职业教育的问题及路径研究[J].高等工程教育研究,2016(04):146-150.

[94] 张雁平.高职院校教学创新的推进策略与实施路径[J].中国高教研究,2016(04):101-104.

[95] 唐金花,王瑞敏.产业柔性集聚背景下高职校企合作新模式研究:基于服务外包途径[J].教育发展研究,2016,36(21):15-21.

[96] 祝成林,丁金昌.高职院校技术运行系统及其创新发展[J].高等工程教育研究,2016(05):178-182+188.

[97] 丁金昌.高职院校创新发展的问题与路径选择[J].高等工程教育研究,2016(04):132-135.

[98] 张庆堂,朱征宇.产教融合背景下的高职院校科研管理创新研究[J].职教论坛,2016(11):45-48.

[99] 戴素江,王振洪,张雁平,等.高职院校与企业集群互动机制研究[J].高等工程教育研究,2015(05):157-162.

后　　记

《浙江省高职教育发展报告(2016—2020)》是较为系统地呈现"十三五"时期浙江省高职教育内涵建设和质量发展的一部研究读物。"十三五"以来,根据经济高质量发展和产业转型需要,浙江高职教育坚持内涵发展和改革创新,实现规模和质量双提升,现代职业教育体系初步形成,职业教育学生从中职到高职、职业(应用)本科的成长通道顺利构建并逐步拓宽,支撑职业教育发展的政策体系和工作体系取得突破性进展,产教融合、校企合作深入推进,院校育人水平和服务能力显著增强,在区域经济社会发展特别是产业转型升级中的"助推器"作用初步显现,整体发展水平走在全国前列。特别是在"十三五"时期,国家实施中国特色高水平高职学校和专业建设计划,浙江有15所高职院校入选,此后,浙江省又启动省级高水平职业学校和专业建设计划,为打造全国职业教育高质量发展的重要窗口奠定了坚实的基础。

肩负着记录浙江高职教育改革发展的重大历史使命,编写组在延续《浙江省高职教育发展报告(2006—2015)》风格的基础上,历经一年多的深入调研、反复研讨、精心修改,终于使得《浙江省高职教育发展报告(2016—2020)》与大家见面了。本报告由浙江省现代职业教育研究中心专兼职研究人员以及省内兄弟院校相关研究力量共同完成。全书各章节分工为:第一章,发展概览,韦清、张晓超;第二章,专业设置与发展,王斌、王亚南;第三章,产教融合与校企合作,王丽;第四章,师资队伍建设,徐珍珍;第五章,课程建设,孙凤敏;第六章,学生发展,何应林;第七章,质量保障,徐珍珍、王亚南;第八章,科学研究与社会服务,徐珍珍、韦清;第九章,国际交流与合作,王丽;第十章,教育教学研究,赵俞凌、徐珍珍;第十一章,高职教育高质量发展的典型案例,各高职院校相关负责人。韦清、王亚南、徐珍珍对各章节初稿提出了具体的修改意见,王振洪、成军、邵建东对各章节的撰写进行了指导,并审阅统稿。

本报告作为金华职业技术学院与浙江省现代职业教育研究中心的品牌成果,在编写和出版过程中得到了多方指导和帮助。金华职业技术学院领导大力支持,部门协同合作,提供了大量翔实的基础资料,以及指导性的意见;浙江省现代职业教育研究中心首席专家姜大源认真审阅了初稿,提出了许多有建设性的意见;兄弟院校积极响应,并慷慨提供了宝贵的案例素材;金华职业技术学院学报编辑洪琴仙和华中科技大学出版社郭星星对书稿文字进行了精益求精的打磨,在此一并表示敬意和感谢。本书在撰写过程中参考和引用了国内外专家、研究者的相关著作、论文成果,因篇幅有限,未能一一说明,在此表示诚挚的感谢!

编写《浙江省高职教育发展报告(2016—2020)》是一项较为庞大、繁复和挑战的工作,要系统梳理、客观呈现、精准分析"十三五"时期浙江省高职教育发展的方方面面,涉及面广,工作量大,任务艰巨,尤其是报告中列举的各类统计和调查数据,由于来源较多,统计口径各异,难免存在疏漏和不妥之处,恳请专家、研究者、院校同仁和广大读者批评指正。

编著者
2021 年 12 月
于金华职业技术学院